浙江文化研究工程成果文库

宋代研究文萃丛书

包伟民　总主编

知宋
宋代之交通

曹家齐　主编

浙江人民出版社

图书在版编目（CIP）数据

知宋·宋代之交通 / 曹家齐主编. -- 杭州 ：浙江
人民出版社，2025. 1. -- ISBN 978-7-213-11772-5

Ⅰ. F512. 9

中国国家版本馆CIP数据核字第20247MB105号

知宋·宋代之交通

曹家齐　主编

出版发行：浙江人民出版社(杭州市环城北路177号　邮编　310006)

　　　　　市场部电话：(0571)85061682　85176516

丛书策划：王利波　李　信　　　　　营销编辑：陈芊如

责任编辑：李　信　　　　　　　　　责任校对：何培玉

责任印务：程　琳　　　　　　　　　封面设计：毛勇梅　袁家慧

宋代研究文萃印章设计：高　阳

电脑制版：杭州天一图文制作有限公司

印　　刷：杭州钱江彩色印务有限公司

开　　本：710毫米×1000毫米　1/16　　印　　张：20.5

字　　数：273千字　　　　　　　　　插　　页：6

版　　次：2025年1月第1版　　　　　印　　次：2025年1月第1次印刷

书　　号：ISBN 978-7-213-11772-5

定　　价：79.00元

"浙江文化研究工程成果文库" 总序

有人将文化比作一条来自老祖宗而又流向未来的河，这是说文化的传统，通过纵向传承和横向传递，生生不息地影响和引领着人们的生存与发展；有人说文化是人类的思想、智慧、信仰、情感和生活的载体、方式和方法，这是将文化作为人们代代相传的生活方式的整体。我们说，文化为群体生活提供规范、方式与环境，文化通过传承为社会进步发挥基础作用，文化会促进或制约经济乃至整个社会的发展。文化的力量，已经深深熔铸在民族的生命力、创造力和凝聚力之中。

在人类文化演化的进程中，各种文化都在其内部生成众多的元素、层次与类型，由此决定了文化的多样性与复杂性。

中国文化的博大精深，来源于其内部生成的多姿多彩；中国文化的历久弥新，取决于其变迁过程中各种元素、层次、类型在内容和结构上通过碰撞、解构、融合而产生的革故鼎新的强大动力。

中国土地广袤、疆域辽阔，不同区域间因自然环境、经济环境、社会环境等诸多方面的差异，建构了不同的区域文化。区域文化如同百川归海，共同汇聚成中国文化的大传统，这种大传统如同春风化雨，渗透于各种区域文化之中。在这个过程中，区域文化如同清溪山泉潺潺不息，在中国文化的共同价值取向下，以自己的独特个性支撑着、引领着本地经济社会的发展。

从区域文化入手，对一地文化的历史与现状展开全面、系统、扎实、有序的研究，一方面可以借此梳理和弘扬当地的历史传统和文化资源，繁荣和丰富当代的先进文化建设活动，规划和指导未来的文化发展蓝图，增强文化软实力，为全面建设小康社会、加快推进社会主义现代化提供思想保证、精神动力、智力支持和舆论力量；另一方面，这也是深入了解中国文化、研究中国文化、发展中国文化、创新中国文化的重要途径之一。如今，区域文化研究日益受到各地重视，成为我国文化研究走向深入的一个重要标志。我们今天实施浙江文化研究工程，其目的和意义也在于此。

千百年来，浙江人民积淀和传承了一个底蕴深厚的文化传统。这种文化传统的独特性，正在于它令人惊叹的富于创造力的智慧和力量。

浙江文化中富于创造力的基因，早早地出现在其历史的源头。在浙江新石器时代最为著名的跨湖桥、河姆渡、马家浜和良渚的考古文化中，浙江先民们都以不同凡响的作为，在中华民族的文明之源留下了创造和进步的印记。

浙江人民在与时俱进的历史轨迹上一路走来，秉承富于创造力的文化传统，这深深地融汇在一代代浙江人民的血液中，体现在浙江人民的行为上，也在浙江历史上众多杰出人物身上得到充分展示。从大禹的因势利导、敬业治水，到勾践的卧薪尝胆、励精图治；从钱氏的保境安民、纳土归宋，到胡则的为官一任、造福一方；从岳飞、于谦的精忠报国、清白一生，到方孝孺、张苍水的刚正不阿、以身殉国；从沈括的博学多识、精研深究，到竺可桢的科学救国、求是一生；无论是陈亮、叶适的经世致用，还是黄宗羲的工商皆本；无论是王充、王阳明的批判、自觉，还是龚自珍、蔡元培的开明、开放，等等，都展示了浙江深厚的文化底蕴，凝聚了浙江人民求真务实的创造精神。

代代相传的文化创造的作为和精神，从观念、态度、行为方式和价值取向上，孕育、形成和发展了渊源有自的浙江地域文化传统和与时俱进的浙江文化精神，她滋育着浙江的生命力、催生着浙江的凝聚力、激发着浙江的创造力、培植着浙江的竞争力，激励着浙江人民永不自满、永不停息，在各个不同的历史时期不断地超越自我、创业奋进。

悠久深厚、意韵丰富的浙江文化传统，是历史赐予我们的宝贵财富，也是我们开拓未来的丰富资源和不竭动力。党的十六大以来推进浙江新发展的实践，使我们越来越深刻地认识到，与国家实施改革开放大政方针相伴随的浙江经济社会持续快速健康发展的深层原因，就在于浙江深厚的文化底蕴和文化传统与当今时代精神的有机结合，就在于发展先进生产力与发展先进文化的有机结合。今后一个时期浙江能否在全面建设小康社会、加快社会主义现代化建设进程中继续走在前列，很大程度上取决于我们对文化力量的深刻认识、对发展先进文化的高度自觉和对加快建设文化大省的工作力度。我们应该看到，文化的力量最终可以转化为物质的力量，文化的软实力最终可以转化为经济的硬实力。文化要素是综合竞争力的核心要素，文化资源是经济社会发展的重要资源，文化素质是领导者和劳动者的首要素质。因此，研究浙江文化的历史与现状，增强文化软实力，为浙江的现代化建设服务，是浙江人民的共同事业，也是浙江各级党委、政府的重要使命和责任。

2005年7月召开的中共浙江省委十一届八次全会，作出《关于加快建设文化大省的决定》，提出要从增强先进文化凝聚力、解放和发展生产力、增强社会公共服务能力入手，大力实施文明素质工程、文化精品工程、文化研究工程、文化保护工程、文化产业促进工程、文化阵地工程、文化传播工程、文化人才工程等"八项工程"，实施科教兴国和人才强国战略，加快建设教育、科技、卫生、体育等"四个强省"。作为文化建设"八项工程"之一的文化研究工程，其任务就是系统研究浙江文化的历史成就和当代发展，深入挖掘浙江文化底蕴、研究浙江现象、总结浙江经验、指导浙江未来的发展。

浙江文化研究工程将重点研究"今、古、人、文"四个方面，即围绕浙江当代发展问题研究、浙江历史文化专题研究、浙江名人研究、浙江历史文献整理四大板块，开展系统研究，出版系列丛书。在研究内容上，深入挖掘浙江文化底蕴，系统梳理和分析浙江历史文化的内部结构、变化规律和地域特色，坚持和发展浙江精神；研究浙江文化与其他地域文化的异同，厘清浙江文化在中国文化中的地位和相互影响的关系；围绕浙江生动的当代实践，深入解读浙江现象，总结浙江经验，指导浙江发展。在研究力量上，通过课题组织、出版资助、重点研究基地建设、加强省内外大院名校合作、整合各地各部门力量等途径，形成上下联动、学界互动的整体合力。在成果运用上，注重研究成果的学术价值和应用价值，充分发挥其认识世界、传承文明、创新理论、咨政育人、服务社会的重要作用。

我们希望通过实施浙江文化研究工程，努力用浙江历史教育浙江人民、用浙江文化熏陶浙江人民、用浙江精神鼓舞浙江人民、用浙江经验引领浙江人民，进一步激发浙江人民的无穷智慧和伟大创造能力，推动浙江实现又快又好发展。

今天，我们踏着来自历史的河流，受着一方百姓的期许，理应负起使命，至诚奉献，让我们的文化绵延不绝，让我们的创造生生不息。

2006年5月30日于杭州

引言：认识一个时代

我们这一套"知宋"丛书，旨在为有一定文史基础并有兴趣进一步了解两宋历史的读者，提供一个方便学习的门径。

中华民族五千多年文明史的各个发展阶段，都有其独特的历史地位，两宋时期尤其如此。历史的演进，如长河奔流，不舍昼夜，平缓湍急，变化百态，然而必有关键河段，决定着下游走向。如长江之出三峡、黄河之过龙门，终于一泻千里，奔腾入海。由唐入宋，正是这样一个关键节点。不同解释体系，从各自视角出发，截取的起讫时间往往并不一致：陈寅恪先生观察古代文化史流变，以唐代中后期的韩愈为"唐代文化学术史上承先启后转旧为新关捩点之人物"；近数十年来，不少欧美学者从社会阶层演变入手分析，多视两宋之际为转变节点。国内学界更多视唐（五代）宋之际为转折点，除了由于改朝换代具有天然的标识意义外，还因为国家制度大多随着新政权的建立而更新。对这一历史转折的定性，无论视之为"变革"，还是"中国封建社会从前期向后期的演进"，总之可以肯定的是，自南宋以降，我国传统农业社会进入发展后期，从唐末到南宋三四百年间则是它的调整转折时期。前贤曾论今日中国"为宋人之所造就"，就是指自南宋以降奠定了我国传统社会后期基本格局这一点而言的，所以南宋尤其值得重视。

但是，想要全面地认识一个时代，并不容易。人类社会现象之错综复杂，无论怎样强调都不为过。如果说自然界最复杂的事物是宇宙，那么与之相对应的人类社会中最为复杂的事物就是社会本身了。对于我们生于此、长于此的现实世界，且不说域外他国，即便身边的人与事，人们也不免常有孤陋寡闻之叹；更何况对千百年前的历史世界，存世的资料总是那么的零散与片面,想要接近真实就更难了。

具体就10—13世纪的中国历史而言,在传统正史体系中,除《宋史》外,同时有《辽史》《金史》并存。还有其他未能列入正史的民族政权,例如西北的西夏、西南的大理国;更往西或西南,包括青藏高原,都存在众多地方性的族群与统治力量。赵宋政权尽管占据了以黄河与长江两大流域为主的核心经济区,历时也最久,但毕竟不过是几个主要政权中的一个而已。在某些重要方面,例如对西北地域的经略以及国家政治的走向等,赵宋甚至难说代表着一般的发展趋势。

这套文萃选编以两宋为中心,有一定的局限性,并不能等同于10—13世纪全部的中国历史。选编共列出了政治制度、君臣、法律、科举、军事、城市与乡村、货币、交通、科技、儒学、文学、书画艺术、建筑等专题,每题一册,试图尽可能涵盖目前史学研究中关于两宋历史的核心议题,但难免仍有欠缺。出于各种原因,还有其他一些重要议题,例如经济生产、人口性别、社会生活、考古文物等,都暂未能列入。即便是已经列入的这些议题,今人既有的认识——假设它们准确无误,对于极其丰富的真实历史生活而言,恐怕也不过是浮光掠影而已。这既有我们当下的认识能力尚有不足的原因,也因史文有缺,造物主吝于向我们展现先人生活的全貌。总之,我们必须直面历史知识不得不大量留白之憾,切不可为既有的史学成就而沾沾自喜。

但是,人们认识先人生活的努力从未懈怠。自20世纪80年代以来,中国史学成绩斐然,两宋史领域也不例外。可以说,举凡存世资料相对充分、足以展开讨论的议题,差不多都已经有学者撰写了专书,更不必说数量无法统计的专文了。近半个世纪以来,在两宋史领域,每一个知识点基本上都得到了更新与拓展。在许多议题上,学者们更是相互讨论辩难,意见纷呈,远未取得相对一致的"共识"。那么,在这样先天不足、后天失调的前提之下,以每册区区20余万字的篇幅,来反映目前史学界对宋史领域相关议题的研究成果,又有什么意义呢?或者说,我们将如何坦然面对挂一漏万之讥,以使选编工作对读者,同时也对选编者都能呈现一定的价值呢？

首先必须指出，每一专题对于相关研究文献的择取，都出于选编者自身的理解，具有一定的主观性。也可以说，选编工作本身就体现了对相关专题的某种认识思路，这自然毋庸讳言。

其次，我们请每册主编都撰写了一篇导言，以尽可能客观地总结各不同专题的学术史概况。这既是对每册字数容量有限之憾的弥补，也是对每个专题学术史展开的基本路径的梳理，以供读者参考。也正因此，在尽可能选择最新研究成果的前提之下，选编者还会择取少量发表时间稍早、但在学术史上具有重要地位、迄今仍具有相当影响力的专文。

最后，本套文萃选编的目的不是试图提供关于各个专题的"全面"的知识框架，而是借几篇研究精品，向读者展示本领域研究者如何利用可能获取的历史信息，在大胆假设与小心求证之间驰骋智力，以求重现先人生活某一侧面之点滴的过程与成果。因此，本丛书除了对相关史学领域的初学者在了解两宋历史时提供一些帮助外，相信还能使更广大的资深文史爱好者开卷有益。

以上就是我们出版这一套文萃选编的基本设想，谨此说明。

总主编　包伟民

2023 年 10 月

目录

导　论 .... 曹家齐 / 001

陆路编

宋东京至辽南京驿路考 .... 王文楚 / 013

宋代湘桂黔相邻地区堡寨及交通 .... 廖幼华 / 036

宋代岭南交通路线变化考略 .... 陈伟明 / 059

官路、私路与驿路、县路

　　——宋代州（府）县城周围道路格局新探 .... 曹家齐 / 68

南宋对邮传之整饬与更张述论

　　——兼谈朝廷与岳飞军前诏奏往来问题 .... 曹家齐 / 90

南宋朝廷与地方间文书传递的速度

　　——以四川地区为中心 .... 陈希丰 / 110

水路编

论北宋漕运法 .... ［日］青山定雄　著　朱庆永　译 / 145

宋代惠民河考 .... 邹逸麟 / 165

浙东运河的变迁 .... 陈桥驿 / 180

宋代国内海道考 .... 冯汉镛 / 188

两宋和高丽海上航路初探 .... 王文楚 / 213

五代北宋时期泉州海上交通之发展 .... 李东华 / 229

北宋汴河、淮南运河的通航能力与漕粮定额 .... 吴　同 / 292

后　记 316

导　论

曹家齐

　　交通是人类生存的基本条件之一，更是人类文明发展及文化交流的重要标志和基础保障。在人类文明的发展历程中，一个国家的发展与盛衰，亦无不表现在交通的建设与成就方面。然交通之建设与发展因乎地理，成乎地理，虽今日之空中交通，亦莫能外。故自古以来，国家的存立，莫不迁就于因山川地理所成的交通形势。10—13世纪的两宋王朝之立国，尤为如此。其国家的财政保障、国家安全，以及统治秩序维持等立国之计，甚是仰赖当时之交通。

一、交通：两宋定都汴京和临安的因与果

　　周秦汉唐时期，中国王朝的都城多在长安和洛阳，唯六朝都在建康（今江苏南京）。但无论建都何处，易守难攻的地理之险是必需的选项。但从五代开始，北方王朝的建都地则逐渐舍弃长安和洛阳，向东和东南、东北转移，从此开启了中国王朝建都的新格局和历史新时代。五代之中，除后唐建都洛阳外，其余四个皆建都开封。北宋继立后，仍然建都开封，称为汴京，为时160多年。后又有伪齐和金朝短期在此建都。此后，南宋建行都于临安府，元、明、清三朝皆建都北京（明初短期建都南京）。

　　开封与长安、洛阳相比，属于"四战之地"，无险可守。北宋建立之初，曾为定都洛阳还是开封展开过讨论，但讨论的结果，仍是放弃有险可守的洛阳而都开封，则主要考虑的是开封便利的水路交通条件，便于运输全国各地，特别是东南地区的粮食入京。正如秦观所称："开封地平，四

出诸道辐辏","无名山大川之限，而汴、蔡诸水参贯其中，车错毂击，蹄踵交道，舳舻衔尾，千里不绝，四通五达之郊也"。

唐代建都长安后，关中地区的资源渐渐无法满足王朝政治中心的需要，而经济重心逐渐向东南转移。为解决这一问题，唐高宗时便着重营建东都洛阳，武则天时称为神都，以之作为能够满足中央官兵和民众物资需求的新的政治中心。这是因为，洛阳居于隋开大运河的中心，便于漕运东部与东南产粮区的粮食和其他物资。尽管唐玄宗以后曾任用裴耀卿、刘晏等改革漕运制度，将一定数量的物资运抵长安，但洛阳至长安的运输成本相当高。又由于唐代后期战乱不断，洛阳以东的运道亦渐渐湮阻，而处于平原的汴州（开封）之地位日益凸显。故五代的后梁、后晋、后汉和后周，皆以开封为都，并先后称为东都和东京。宋朝立国后，在有险可守和能够满足京师物资供应这两个不可兼得的选项中，还是选择了能够满足京师的物资供应这一条件，继续定都在开封。

北宋定都开封后，开封便成为全国的交通重心。如史书所载："江南、淮南、两浙、荆湖路租籴，于真、扬、楚、泗州置仓受纳，分调舟船溯流入汴，以达京师，置发运使领之。诸州钱帛、杂物、军器上供亦如之。陕西诸州菽粟，自黄河三门沿流入汴，以达京师，亦置发运司领之。粟帛自广济河而至京师者，京东之十七州。由石塘、惠民河而至京师者，陈、颍、许、蔡、光、寿六州，皆有京朝官廷臣督之。河北卫州东北，有御河达乾宁军，其运物亦廷臣主之。广南金银、香药、犀象、百货，陆运至虔州，而后水运。川益诸州金帛及租市之布，自剑门列传置，分辇负檐至〔京。租布及官所市布，自〕嘉州水运达荆南，自荆南遣纲吏运送京师。"

南宋定行都于临安府，虽然亦考虑到江南为"重江之险"，利于防御金人的进攻，以及杭州周围的经济支持，但交通仍是其考虑的重要条件之一，此便是杭州位于钱塘江口，北连江南运河，南有浙东运河，便于运输各地的物资入京。正如陆游所称："朝廷所以能驻跸钱塘，以有此渠（指运河）耳。汴与此渠皆假手隋氏而为吾宋之利，岂亦有数耶！"宁宗时臣僚称："国家驻跸钱塘，纲运粮饷，仰给诸道，所系不轻。水运之程，自大江而下，至镇江则入闸，经行运河，如履平地。川广巨舰，直抵都城，盖甚便也。"

两宋先后定都开封和临安，从大的格局上看，是中国交通重心的东移和南移；从具体形势看，又是以兵为险的无奈选择，以及对交通的更加仰赖。北宋尤其突出。如秦观曾论称："本朝惩五季之弊，举天下之兵宿于京师，名挂于籍者号百余万，而衣食之给，一毫已上皆仰县官，又非若府兵之制一寓之于农也。非都四通五达之郊，则不足以养天下之兵，此所谓以兵为险者也。夫以兵为险者，不可以都周雍，犹以地为险者不可以都梁也。"

京师兵民之众，更加重了对外来物资的需求，而保障这一需求的主要交通线就是运河。

二、运河：两宋国计所依

从隋到宋，运河格局有所变化，但宋代汴河基本承袭隋开通济渠，与相连的淮南运河、江南运河等，成为漕运东南物资的交通大动脉。关于汴河对于北宋国计的重要性，太宗至道元年（995），参知政事张洎曰："今天下甲卒数十万众，战马数十万匹，并萃京师，悉集七亡国之士民于辇下，比汉、唐京邑，民庶十倍。甸服时有水旱，不至艰歉者，有惠民、金水、五丈、汴水等四渠，派引脉分，咸会天邑，舳舻相接，赡给公私，所以无匮乏。唯汴水横亘中国，首承大河，漕引江、湖，利尽南海，半天下之财富，并山泽之百货，悉由此路而进。"神宗熙宁时，张方平亦曰："今日之势，国依兵而立，兵以食为命，食以漕运为本，漕运以河渠为主。国家初浚河渠三道，通京城漕运，自后定立上贡年额，汴河斛斗六百万石，广济河六十二万石，惠民河六十万石。广济河所运正给太康、咸平、尉氏等县军粮而已。唯汴河所运一色粳米，相兼小麦，此乃太仓蓄积之实。今仰食于官者，不惟三军，至于京师士庶以亿万计，大半待饱于军稍之余。故国家于漕事至急至重。京，大也；师，众也；大众所聚，故谓之京师。有食则京师可立，汴河废则大众不可聚，汴河之于京城，乃是建国之本，非可与区区沟洫水利同言也。"

北宋时汴河漕运东南地区的粮食逐年增加，最高达到800万石，但从真宗景德以后，600万石是一个大致固定的漕运量，另外还有钱292万缗、银90.6万两、绢165万匹。这个漕运量基本上是汴河最大的运输能力。600万石漕粮中，两浙路占四分之一，漕粮150万石。从当时的漕运量来看，南方供应京师物资的数量占据压倒性优势。据全汉昇先生的《唐宋帝国与运河》一书统计，除上供黄金一项，北方（主要是京东、京西、河北、河东、秦凤诸路）占到61％外，其余都是南方占绝大多数，如白银，南方占99.6％，钱物，南方占85％。

南宋时，运河，特别是江南运河和浙东运河，对于宋朝国计，同样具有非常重要的地位。如陆游称："自天子驻跸临安，牧贡戎赞，四方之赋输，与邮置往来，军旅征戍，商贾贸迁者，途出于此，居天下十七，其所系岂不愈重哉！"《淳祐临安志》载："城外运河，在余杭门外，北新桥之北，通苏、湖、常、秀、镇江等河。凡诸路纲运及贩米客船，皆由此河达于行都。"关于浙东运河的地位，《西溪丛语》称："海商舶船，畏避沙淖，不由大江，惟泛余姚小江，易舟而浮运河，达于杭越矣。"

物资运输量的增大，必然导致国家事务繁重，而被周边政权环伺的政治格局，又无疑使宋朝一直处于忧患之中，这方面又必然增加更多的内外行政事务。另外，内部的士大夫政治，亦给信息的交流提出新要求。这些也都与国计相联，必须依靠另外一种交通体系。这便是驿传。

三、驿传：信息沟通的保障

驿传，大家今天习惯称驿站。实际上，"驿站"一名，元代才开始有，以前都称"驿传"。驿传主要负责保障公差官员的出行及国家政令文书的传递，历代皆有，但宋代的驿传却非同一般。因为宋代属于一个信息空前增量的时代，对驿传提出了更高的要求。

所谓信息，一般指消息、情报、知识、情况的总和。根据信息论和信息社会学的理论知识，我总结出，人类社会的演进过程，就是一个信息逐渐增量的过程；每一次社会变革，都表现为信息的大幅度增量；每次大的信息增量，也都带来诸多政治与社会变化。宋代属于一个社会变革时代，出现了空前的信息增量。如《宋史·艺文志》就记载当朝书籍为9000余部，近12万卷。再看信件，据估计，宋代现存的信件总数在2万—2.5万封之间。相比之下，整个唐朝时期只有不到1000封信件存世。同样，辽、金时期的信件只有寥寥数百封存世。而12世纪西欧现存的书信也只有几千封。据统计，朱熹一人就留有书札（包括残篇、断句）多达2580余通，别人致朱熹书札亦有370余通。当然，文献中体现出的书信收发者，多是士人，或多是居官士人，而非平民百姓，亦可说是总人口中之少数。尽管如此，他们却是当时知识人之代表，在一定程度上堪称影响一个时代的核心。故其频繁的书信往来仍不禁令人感觉宋代历史进入了一个崭新的时代。

繁重的行政事务，必然产生空前大量的行政文书，而士人之间的交流，也是一个时代需求。为应对这些需求，宋代驿传制度相对于前代，发生诸多变化。从驿传结构上看，呈现为驿与递的分立局面，也就是说，驿不再是文书传递的机构，而是与馆合并，常称为"馆驿"，主要负责公差人员的沿途食宿，以及发放生活补给品，传递文书的职能则由递铺负责。递铺主要负责承担文书及小件官物的传递，并为公差人员提供马匹（宋代由于马匹短缺，不是所有公差人员都能乘用递马，亦即驿马，须有朝廷特许）。同一条驿路（驿路指邮传剧道，也就是陆路大动脉，次一等的叫县路）上，馆驿和递铺分立，其功能相互配合。《参天台五台山记》和《淳熙三山志》的相关记载，呈现出这一面貌。但到了南宋，为应对繁重的文书传递任务及战时紧急信息传递，又在临安府通往各前沿地区的交通线上，设置斥候铺和摆铺，与旧有递铺相混杂。临安府周围的邮传系统，以及临安与四川、岭南的文书传递路线，展现出这一面貌。

除驿递分立外，为保证不同性质的文书传递，宋代驿传明确把文书传递划分等级，即沈括《梦溪笔谈》所称："驿传旧有三等，曰步递、马递、急脚递。急脚递最遽，日行四百里，唯军兴则用之。熙宁中，又有金字牌急脚递，如古之羽檄也，以木牌朱漆黄金字，光明眩目，过如飞电，望之者无不避路,日行五百余里。有军前机速处分,则自御前发下,三省、枢密院莫得与也。"另外,宋代文书传递统一由士兵承担,亦是前代未有之事。递铺统一使用士兵,说明文书传递这一事务,有一定的职业化特色。

宋代驿传制度中另一时代化特征,便是允许官员私书入递。这一制度从宋初开始推行,辗转反复,到仁宗时期稳定下来,成为士大夫的一大特权和福利,但也带来国家文书行政中的一大困扰。我们从史料中看到,一方面士大夫们通过驿传,书信往来,悠游自在;另一方面,则因私书丛委,政府行政文书呈现稽滞之弊。南宋时期尤为突出。但这也是宋代信息增量时代的一个常态。

说起宋代的交通,除运河和驿传之外,自然还会想起海上交通,这又是一个与两宋国计密切关联的问题。

四、海洋:新的时代契机

宋代海上交通空前发达,这既有对前代的继承,亦是一个新的时代契机。

前面说到,北宋都城须驻守大量军队防卫京师安全。实际上,西北两面长期与西夏和契丹对峙,亦长期驻扎大量军队。此外,还有其他地方驻军。这些驻军的给养便是一个大问题。自中唐而后,府兵制瓦解,募兵制取代征兵制,出现了中国中古时代兵制的一大变革。宋代的兵源虽存在配隶与抓夫,但最主要的兵源则是招募。宋朝不论禁军、厢军,神宗以后的乡兵、弓手,还是南宋的屯驻大军,大都采用招募的办法。而且灾年招募流民、饥民当兵,是宋代一项传统国策。与招募相配合的,是包括赡养大部分士兵家属在内的军俸及各种恩赏、补给并存的养兵措施,这样的做法自然导致军队人数与年俱增且难有妥善的复员制度的现实状况。这一现实自然引发一连串后果。最为严重的后果,是政府必须维持一支庞大而冗滥的常备军,从而产生浩大的军费开支。

宋代的军费开支在古今中外历史上都是惊人的,国家财政收入的七八成须用来赡军，虽是一个大约数，却是终两宋之世时人的普遍认识，而且学者们根据宋代的财政数字加以计算，亦大致能佐证这一历史事实。除去军费开支，宋代还有不断增长的官吏俸禄，以及皇室、祭祀、赏赐等巨额支出。因此，宋朝政府的财政压力在历史上是空前的。为应对财政压力，宋代唯有开辟财源，增加收入。概括而言，宋代的财政收入就是农业收入和工商业收入两个方面。从财政收入所涉方面来看，似乎与前代区别不大，但从结构上来说，则是在继承李唐大举征商以舒缓财政困难的措施之上，更加扩大对工商业财政来源的依赖，特别是增加商税的征收，成为解决国家财政负担的重要途径。正因为如此，宋代商税和田税全然分开，出现了完整意义上的商税制度，并在全国形成了一个严密的商税征收网络。

既然征收商税成为解决财政问题的重要途径，那么便须对商业的发展予以鼓励和保障。综观宋代的商业政策，包括明确规定商税种类及税率、将征税条例公布于众、商税一般征现钱、维护商人的正当权益、禁"伪恶"产品上市、防止牙人作弊、整顿和统一度量衡、实行开放取向的外贸政策等。

商业的发展依赖交通，同时亦促进交通的发展。宋代各水陆交通线上，除常规性的官物运输外，则是频繁的商旅往来。为多征商税，并防止商人漏税，宋朝从中央到地方州县、关、镇皆置税务，于交通要道或贸易兴盛处，皆置税场，形成了严密的商税征收网络。但随着政府商税收入的增长，各地刁难商人、重复征税、拦截商货、高抬税额之事时有发生，商人为躲避苛征，便寻求不设税务、税场的路线行走。这种不征商税的道路便是"私路"。到了宋代，"私路"之记载越来越多地见于文献，其与"官路"的区别便是不征商税。但政府为了保证商税征收，又不断地在一些商人通行较多的"私路"上增设税卡，使其变为"官路"，而商人们亦不断地增辟"私路"。宋代各州县间道路愈加繁密，应与商业的促进密不可分。

宋代商业的发展对交通的促进，更突出表现在海上交通的发展。鼓励商业发展自然是包括国内和对外两个方面，而对外贸易亦当是陆路海路并重，但多政权并存的政治格局却令宋朝在陆路对外贸易方面徒叹奈何！汉唐时期兴盛的陆上"丝绸之路"交通，基本被西夏、回鹘阻断。文献中除了能看到宋朝出使河西和西域的记载外，尚未发现宋朝有商队主动从陆路与西域进行贸易。宋朝从陆上的对外贸易仅局限于与辽、西夏的榷场边贸，以及与吐蕃、大理的茶马和盐马贸易。这种形势促使宋朝必须把对外贸易的重心转向海路。

宋代的海上对外交通与贸易之发展虽可说有继承唐五代之势，但各方面空前之表现，不能不说是更因缘于欧亚国际形势之联动。因为对外海上贸易之需要是双向或多向的，假如海外诸国没有贸易之需求，单凭宋朝一方面之愿望，亦定不会在10—13世纪，特别是11—13世纪形成空前的东西贸易繁盛。此时引发这一结果的欧亚国际形势便是十字军东征。

实际上，唐代海外贸易的发展，亦与欧亚形势密切相关。特别是唐代中后期，大食帝国阿拔斯王朝派士兵出海专做海上贸易。他们冒险渡过红海，经过马六甲海峡，来到中国的东南沿海。广州的怀圣寺、泉州的麒麟寺、杭州的凤凰寺都是他们留下的踪迹；黄巢陷广州，杀阿拉伯商人及其他外国人十二万，亦说明阿拉伯人在中国力量之盛。十字军东征，是东罗马帝国（即拜占庭帝国）征得罗马教皇同意发动的对伊斯兰教徒（主要是东大食）的报复行为。此次东征从宋哲宗绍圣二年（1095）开始，到宋度宗咸淳六年（1270）结束，历时近二百年，对阿拉伯地区造成巨大摧残，不仅人口死亡众多，财产损失更难以计算。阿拉伯人为解决财政困难，便锐意发展海上贸易，更多的人载运香药等物品，穿过印度洋，来到中国沿海。其间亦有不少阿拉伯人作为代理人，经营东南亚诸国与中国的朝贡贸易。这一形势正与宋朝为解决财政困难而鼓励发展海外贸易的需求相契合。故宋代海上交通空前发达，不仅表现在海外贸易范围扩大、对外贸易港增加（先后九处设置管理海外贸易的市舶机构）、造船技术提高、航海技术进步、贸易商品丰富诸方面，而且无论国内海道还是通外海道，都趋于稳定，同时又开辟出一些新的航道。其中尤为突出的是，宋与高丽、日本之间的海道南移，多以明州港（今浙江宁波）为起讫点。而南方港口与爪哇地区、菲律宾群岛及加里曼丹岛之航线始见新辟。这固然因应东南海上贸易之需求，亦与北面辽与金国的威胁下，登州等北方港口的衰落不无关联。

宋代海外贸易商品有 400 多种，宋朝出口国外的有瓷器、丝绸、茶叶、铁器、铜钱、中药、漆器等，进口的则有香药、金银、木材、真珠、犀象、作物品种等。

宋代交通重心转移，以及海上贸易的发展亦带动宋代整个交通格局发生变化。因沿海地区，特别是重要港口与京城及内陆各地联系的加强，一方面，南北陆路交通，特别是岭南联系内地的交通，继中唐以后大庾岭路取代郴州路（衡州经郴州过骑田岭至广州路）之后，进一步向东南转移——这与唐宋时期中国交通重心东南移是一致的；另一方面，整个对外交通，特别是与南亚诸国的交通，亦呈向海路发展的趋势。宋代西南地区之陆路交通线虽可通往蒲甘、天竺和交趾等国，但非常明显地可以看出，这些国家利用陆路与宋朝来往的次数并不多，这说明宋代西南地区通外交通线之国际性意义已大大下降。这应是因为，东南海上交通在宋代获得了空前的发展，中国与亚非诸国多取海路贸易，海上交通已成为对外交往的主要途径。

交通重心转移的历史影响，表现在多个方面：浅层面上看，直接促进南方地区交通之发展；深层面上看，促进南方经济，特别是商品经济之发展；但更深远地看，则是拉开了中国南北方社会发展水平的巨大差异并使之恒久未变。

陆路编

在现代航空技术出现以前，人类的交通唯有水陆两类，各国家和地区，因其地理条件，其交通或偏重陆路，或独重水路，或水陆并重，却无不以陆路交通为基本起步条件。中国是世界文明古国之一，幅员辽阔，地形复杂，交通发展向来是水陆并举，各有闻名世界的巨大成就，但因中国文明起源于中原及江汉农业区，耕种土地是中国人生存的基本方式，而国家的形成与疆域的拓展，亦是自中原、江汉向四周延扩，故陆路交通自古便是重中之重，在国家发展及内外文化交流中发挥着最为突出的作用。

宋朝所处之时代，中国境内多个政权分立，隋唐时期全国一体的交通格局被打破，陆路交通出现新的态势。隋唐时期形成的各重要交通路线，分别在各政权控制下，得以维持或局部发展，只是陆上对外交通的"丝绸之路"被分割阻断，失去了旧日的光辉，渐成历史陈迹。与此同时，整个中国的交通重心先是东移到开封，继而南移到杭州，使整个交通格局发生大的变化。与此同时，宋代社会经济获得了空前发展，交通建设则是其中重要的表现。将宋代的《太平寰宇记》《元丰九域志》，以及南宋诸地志所记各州"四至八道""地里""道里""境土"诸内容，与唐代《元和郡县图志》所记之"四至"相比较，宋代许多州府周围的道路数量明显增加。从国家层面而言，陆路交通的日常功能是维持政令信息传递及公差人员的往来，故驿传的设置便是陆路交通的重要内容。宋代的驿传制度应和新的政治格局与行政需求，出现了诸多新举措。因此，宋代陆路交通线的具体走向和驿传设置，便是陆路交通史研究最为关注的议题。本编所选六篇论文，即是这两个方面代表性的研究成果。

宋东京至辽南京驿路考

王文楚

　　宋辽两国自从1004年（宋真宗景德元年，辽景宗统和二十二年）澶渊定盟以后，结束战争状态，形成长期和平的政治局面，直至1122年（宋徽宗宣和四年，辽天祚帝保大二年）云燕之役，共同维持友好关系达一百十八年之久。每年双方皇帝、皇太后生辰，以及正旦或其他重要节日，都互派使臣致贺，皇帝登位或皇帝、皇太后去世，互派使臣告登位、告哀、吊慰，成为定制，聘使往返，不绝于路。宋辽两国各自在境内沿途建筑馆驿，为使臣止宿、饯宾之所，形成了宋都东京开封府和辽南京析津府之间的一条宋辽驿路。宋人行记如路振《乘轺录》、王曾《上契丹事》、沈括《熙宁使契丹图抄》等只记辽境驿路，而宋境雄州白沟驿以南驿路都略而不书，故后人难得其详，今人研究者亦少，因此研究和考定这条驿路，可补宋人行记之阙略。这条驿路在辽境内，宋人行记中已有著录，因是驿路的重要部分，为使完整起见，本文一并论述。

　　《续长编》卷六〇：景德二年，"凡契丹使及境，遣常参官、内职各一人，假少卿监、诸司使以上接伴。内诸司供帐，分为三番，内臣主之。至白沟驿赐设，至贝州赐茶药各一银合，至大名府又赐设，至畿境，遣开封府判官劳之，又命台省、诸司使馆伴迓于班荆馆，至都亭驿各赐金花、银灌器、锦衾褥"。[①]这是澶渊之盟后的第二年宋朝制定接待辽使的仪礼规

---

① 〔宋〕李焘：《续资治通鉴长编》（以下简称《长编》）卷六〇"景德二年五月乙亥"条，中华书局2004年点校本，第1342页。

格，白沟驿是辽使入宋境的第一驿，大名府是河北最大城市，班荆馆是至都城开封府的最后一驿，都亭驿是京城内接待辽使之所。

《欧阳文忠公集·内制集》载至和初年有：

> 班荆馆赐契丹国信使副到阙御筵口宣
>
> 北京赐契丹国信使副却回御筵口宣
>
> 瀛州赐契丹国信使副却回御筵口宣
>
> 雄州抚问契丹贺乾元节人使口宣
>
> 班荆馆赐契丹贺乾元节人使却回果酒口宣
>
> 瀛州赐契丹贺乾元节人使却回御筵口宣[①]

所云"北京"，庆历二年（1042）建大名府为北京，雄州是宋朝北边重镇，又是宋辽两国交通枢纽，瀛州是河北重要城市。

王珪《华阳集》卷二四载：

> 雄州抚问契丹皇帝贺乾元节人使口宣；
>
> 恩州赐契丹皇帝贺乾元节人使口宣；
>
> 都亭驿赐契丹皇帝贺乾元节人使内中酒果口宣；
>
> 雄州抚问大辽皇帝贺正旦人使口宣；
>
> 恩州赐大辽皇帝贺正旦人使茶药口宣；
>
> 班荆馆赐大辽皇帝贺正旦人使到阙酒果口宣；
>
> 都亭驿赐大辽皇帝贺正旦人使银钞锣等口宣。[②]

所记"恩州"，是庆历八年（1048）改贝州置。据《宋史·王珪传》载，仁宗时为翰林学士、知制诰，神宗即位，迁学士承旨，珪典内外制十八年，熙宁三年拜参知政事，上引王珪所撰口宣时间，早则在仁宗皇祐

---

① 〔宋〕欧阳修著，李逸安点校：《欧阳修全集》卷八五《内制集卷四》、《欧阳修全集》卷八六《内制集卷五》，中华书局2001年版，第1250、1244、1244、1258、1261、1260页。

② 〔宋〕王珪：《华阳集》卷二四，中华书局1985年点校本，第299—303页。

末、至和、嘉祐，晚则在英宗治平、神宗熙宁初。①

由上所引，可见北宋前期宋辽驿路经过的最主要的驿馆和城市，以下就驿路详程予以考释。

京都开封府城（今河南开封市）内设置都亭驿，专待辽使。《宋朝事实》卷一二："真宗景德后，契丹请盟，每使至，遣官为接伴馆伴使、副使，舍于都亭驿。"②《石林燕语》卷七："契丹馆于都亭驿，使命往来，称国信使。"③据《玉海》卷一七二记载，都亭驿设在都城内光化坊，原是接待河西蕃部之所，真宗景德以后，改为接待辽使。④

从都亭驿向北，出都城北城之东门——陈桥门，《东京梦华录》卷一《东都外城》："北城一边，其门有四，从东曰陈桥门，乃大辽人使驿路。"⑤陈桥门，又名景阳门，⑥故经由此门之路，称为景阳道，《沈氏三先生文集·西溪文集》卷三记载奉使契丹《出都》诗云："一朝使万里，驲骑催早发；徘徊景阳道，瞻望未央闼。"⑦

出都城陈桥门向东北行，经班荆馆，为京都迎送辽使之馆所，《玉海》卷一七二："景阳门外有班荆馆，为迎饯之所。"⑧原名陈桥驿，《玉照新志》卷四："陈桥驿，在京师陈桥、封丘二门之间。唐为上元驿，朱全忠纵火欲害李克用之所，艺祖启运立极之地也。始艺祖推戴之初，陈桥守门

---

① 〔元〕脱脱等：《宋史》卷三一二《王珪传》，中华书局1977年点校本，第10241—10243页。
② 〔宋〕李攸：《宋朝事实》卷一二《仪注二》，中华书局1985年点校本，第199页。
③ 〔宋〕叶梦得撰，〔宋〕宇文绍奕考异，田松青点校：《石林燕语》卷七，上海古籍出版社2012年版，第60页。
④ 〔宋〕王应麟：《玉海》卷一七二《宫室·邸驿》，《景印文渊阁四库全书》，（台北）台湾商务印书馆1986年版，第947册，第459页。《东京梦华录》卷二《宣德楼前省府宫宇》：州桥投西大街，"街北都亭驿，大辽人使驿也"。（〔宋〕孟元老撰，伊永文笺注：《东京梦华录笺注》卷二《宣德楼前省府宫宇》，中华书局2006年版，第82页）与《玉海》所记驿址不同。
⑤ 《东京梦华录笺注》卷一《东都外城》，第1页。
⑥ 〔清〕徐松辑：《宋会要辑稿》（以下简称《宋会要》）方域一之二，上海古籍出版社2014年点校本，第9265页。
⑦ 〔宋〕沈遘：《西溪文集》卷三《出都》，《沈氏三先生文集》，浙江省立图书馆藏明覆宋本，第38页。
⑧ 《玉海》卷一七二《宫室·邸驿》，《景印文渊阁四库全书》，第947册，第459页。

者，距而不纳，遂如封丘门，抱关吏望风启钥，逮即帝位，斩封丘，而官陈桥者，以旌其忠于所事焉。后来以陈桥驿为班荆馆，为夷使迎饯之所。"①虽已改名，有时仍旧称，《续长编》卷一三七：庆历二年（1042）闰九月，"诏自陈桥至北京，凡有司供顿调度悉罢"②。《西溪文集》卷三载奉使契丹《陈桥驿》诗云："国门一舍地，传舍犹当时。"③其地即今河南封丘东南陈桥。班荆馆东北经历地点依次叙述如下。

长垣县在城驿。《宋人轶事汇编》卷八引《隐居诗话》："嘉祐间，大臣为馆职，奉使契丹，归语同舍吴奎曰：'世言雨逢甲子则连阴，信有之，昨使契丹至长垣，往来无不沾湿。'长文戏曰："长垣逢甲子，可对韦城赠庚申也。'"④《欧阳文忠公集·河北奉使奏章》卷上："窃知长垣县系祗应北朝人使，有例免得远官。"⑤县设驿，《宋会要·方域》一〇之一五：元丰四年（1081）六月，提点开封府界诸县镇公事叶温叟及祥符、长垣、韦城知县、县丞、主簿、尉、监、驿使臣十四人罚铜有差，"并坐失许置辽使路驿亭也"⑥。在今长垣县西南十里。

韦城县在城驿。《续长编》卷二六一：熙宁八年（1075）三月，"诏韦城县至京回送泛使龙卫、虎翼军士特给口食人日二升。以上批萧禧未行，禁兵在外，坐俟乏食，或犯法故也"⑦。《王文公文集》卷四七《陈桥》："走马黄昏渡河水，夜争归路春风里；指点韦城太白高，投鞭日午陈桥市。"⑧县设驿，《王文公文集》卷八八《给事中赠尚书工部侍郎孔道辅墓志铭》："公以宝元二年如郓，道得疾，以十二月壬申卒于滑州之韦城

---

① 〔宋〕王明清撰，汪新森、朱菊如校点：《玉照新志》卷四，上海古籍出版社2012年版，第92页。

② 《长编》卷一三七"庆历二年闰九月癸未"条，第3299页。

③ 《西溪文集》卷三《陈桥驿》，《沈氏三先生文集》，第38页。

④ 丁传靖辑：《宋人轶事汇编》卷八《欧阳修》，中华书局2006年版，第377页。

⑤ 《欧阳修全集》卷一一七《河北奉使奏章卷上·举官札子》，第1782页。

⑥ 《宋会要》方域一〇之一五，第9470页。

⑦ 《长编》卷二六一"熙宁八年三月丁巳"条，第6365页。

⑧ 〔宋〕王安石著，唐武标校：《王文公文集》卷四七《陈桥》，上海人民出版社1974年版，第533页。

驿。"①在今滑县城关东南五十里。

卫南县。《续长编》卷五八：景德元年（1004）十一月，真宗北巡，壬申，次韦城县，甲戌，"夕次卫南县"，丙子，发卫南，次澶州南城。②在今滑县城关东北五十五里。

澶州在城驿。澶州为黄河南北之间驿路交通枢纽，《太平寰宇记》卷五七：澶州，"当两河之驿路"③。《宋史·李复圭传》：太宗时，"通判澶州。北使道澶，民主驿率困惫"④。《续长编》卷五八：景德元年（1004）十一月丙子，真宗发卫南，次澶州南城，"以驿舍为行宫，将止焉。寇准固请幸北城"，遂渡黄河浮桥，"登北城门楼"。⑤《欧阳文忠公集》卷二三《王德用神道碑》：庆历二年（1042），知澶州，"契丹使者过澶州"。⑥《祠部集》卷三四《李中师行状》：英宗时，"澶当北使往来之道，乃城庳不壮。公曰：此不足以自卫，且无以夸邻国。遂增筑斥旧，加瓮城其上，时出按役。城成，莫不如古制。后北使过，果惊顾发问"。⑦按宋初至熙宁五年（1072），澶州在南城，顿丘、濮阳为郭下两县，六年废顿丘县，⑧十年南城圮于黄河，澶州移于北城，惟以濮阳县为州治，北城即今濮阳县，南城在今濮阳县南。⑨澶州在南城时，驿舍设在南城，澶州移至北城后，驿舍随而北移。澶州南北二城隔黄河对峙，在黄河上设置浮桥，以通南北，浮桥是用大船维系，规模较大，《续长编》卷一〇六：天圣六年

---

① 《王文公文集》卷八八《给事中赠尚书工部侍郎孔道辅墓志铭》，第933页。
② 《长编》卷五八"景德元年十一月甲戌"条，第1285页。
③ 〔宋〕乐史撰，王文楚点校：《太平寰宇记》卷五七《河南道六·澶州》，中华书局2007年版，第1174页。
④ 《宋史》卷二九一《李复圭传》，第9742页。
⑤ 《长编》卷五八"景德元年十一月丙子"条，第1287页。
⑥ 《欧阳修全集》卷二三《居士集卷二三·忠武军节度使同中书门下平章事武恭王公神道碑铭并序》，第358页。
⑦ 〔宋〕强至：《祠部集》卷三四《李中师行状》，中华书局1985年点校本，第528页。
⑧ 《太平寰宇记》卷五七《河北道六·澶州》，第1180页。〔宋〕王存撰，王文楚、魏嵩山点校：《元丰九域志》卷二《河北路·东路》，中华书局1984年版，第64页。
⑨ 〔清〕穆彰阿、潘锡恩等修，王文楚等点校：《大清一统志》卷三五《大名府一·古迹》，上海古籍出版社2022年版，第1080—1081页。

（1028）三月，京西转运使杨峤言"澶州浮桥用船四十九只，自温州历梁、堰二十余重，凡三二岁方达澶州。请自今于秦、陇、同州伐木，磁、相州取铁及石灰，就本州造船。从之"。①为宋代黄河的重要桥渡。《西溪文集》卷三《至澶州遇吴长文谒告归奉赠》："万里风霜一病身，归来初喜渡河津。"②谓奉使契丹归来，喜渡澶州河津。

德清军在城驿。《续长编》卷一三七：庆历二年（1042）八月，"其自京至德清军行宫、馆驿、廨署，亦量加葺治"。③《后山谈丛》卷六："契丹使至德清军，会仁宗崩，议欲却之，又欲使至国门而去，邵安简欲使奉国书置枢前见天子，以安远人。"④《华阳集》卷三七《邵安简公亢墓志铭》："接伴契丹贺乾元节使，既至德清军，会仁宗上仙，有欲却之者，又欲其至国门而去，议未决，公言不若令奉国书置枢前，因使得见上，以安远人心。"⑤在今清丰县西北三十里。

北京大名府。《国老谈苑》卷二："寇准镇大名府，北使路由之。"⑥《宋史・曹玮传》：徙天雄军，"契丹使过天雄，部勒其下曰：曹公在此，毋纵骑驰驱也"⑦。《琬琰集删存》卷二《王曾行状》：天圣时，"移天雄军，威怀素著，人绘像事之。戒使每及境，必整其徒，然后入"⑧。按五代周显德元年（954），以大名府为天雄军，⑨故天雄军即指大名府。《宋史・王珪传》：仁宗时，"接伴契丹使，北使过魏，旧皆盛服入，至是，欲

① 《长编》卷一〇六"天圣六年三月己酉"条，第2467页。

② 《西溪文集》卷三《至澶州遇吴长文谒告归奉赠》，《沈氏三先生文集》，第43页。

③ 《长编》卷一三七"庆历二年八月戊子"条，第3288页。

④ 〔宋〕陈师道撰，李伟国校点：《后山谈丛》卷六《契丹使奉书仁宗枢前》，上海古籍出版社2012年版，第151页。（编者按：原文指该条史料出自"《后山谈丛》卷四"，现查得史料出处为《后山谈丛》卷六，故改。）

⑤ 《华阳集》卷三七《邵安简公亢墓志铭》，第490页。

⑥ 〔宋〕王君玉：《国老谈苑》卷二，中华书局1985年版，第10页。

⑦ 《宋史》卷二五八《曹玮传》，第8988页。

⑧ 《琬琰集删存附引得》卷二《王曾行状》，上海古籍出版社1990年版，第282页。

⑨ 《太平寰宇记》卷五四《河北道三・魏州》，第1105页。

便服"。按大名府郡号魏郡，①故称为魏。《续长编》卷二七八：熙宁九年（1076）十月，宣徽南院使、判应天府张方平言："伏见契丹使过北京，止是通判摄少尹接送。"②《渑水燕谈录》卷二《名臣》："韩魏公元勋旧德，夷夏具瞻。熙宁中，留守北都，辽使每过境，必先戒其下。"③《后山谈丛》："文元贾公居守北都，欧阳永叔使公还，公预戒官妓办词以劝酒。"④按庆历二年（1042）建大名府为北京，又称北都。大名府郭下元城、大名二县，熙宁六年省大名县为镇，绍圣三年（1096）复为县。⑤即今河北大名县东北大街。

永济县。《公是集》卷五三《陈耿墓志铭》："及为永济县，当契丹往来道。自先帝与戎约和，结兄弟，岁时聘问，一以敌国礼待之，使者入境，天子使中贵人候迓馈劳，冠盖相望。"⑥即今馆陶县东北之北馆陶。

临清县在城驿。《韩魏公集》卷二〇《别录》："公治大名四年，虏使每南至，涉临清县，即戒其下曰：此韩侍中境内，慎勿乱须索以辱我也。"⑦《渑水燕谈录》卷七《书画》："北都临清县北王舍城僧寺东一古殿，皆吴生画佛像，旁有题记，类褚河南笔法。国朝已来奉使大辽者，道出寺下，例往观之，题名粉板，或剔取一二像，今且尽。"⑧县设驿，《续长编》卷二一〇：熙宁三年（1070）四月，"贺同天节辽使至临清驿"。⑨即今临西县。

恩州在城驿。恩州，原名贝州，《王文公文集》卷六二《道逢文通北使归》："朱鞭使者锦貂裘，笑语春风入贝州。欲报京都近消息，传声车马

① 《宋史》卷八六《地理志二》，第2121页。
② 《长编》卷二七八"熙宁九年十月丙申"条，第6800页。
③ 〔宋〕王辟之撰，韩谷校点：《渑水燕谈录》卷二《名臣》，上海古籍出版社2012年版，第19页。
④ 《后山谈丛》卷三《北都官妓歌欧词》，第124页。
⑤ 《宋史》卷八六《地理志二》，第2121—2122页。
⑥ 〔宋〕刘敞：《公是集》卷五三《陈耿墓志铭》，中华书局1985年点校本，第645页。
⑦ 〔宋〕韩琦：《韩魏公集》卷二〇《别录》，中华书局1985年点校本，第270页。
⑧ 《渑水燕谈录》卷七《书画》，第56页。
⑨ 《长编》卷二一〇"熙宁三年四月丁卯"条，第5095页。

少淹留。"①《续长编》卷一六一、一六二：庆历七年（1047）十一月，"贝州宣毅卒王则据城反"，明年正月，"贝州贼谋窃出要劫契丹使，明镐谍知之，遣殿侍安素伏兵西门。壬午，贼果以三百人夜出，伏发，皆就获之"。②闰正月，贝州平，改为恩州。州设驿，《曲阜集》卷四《苏颂墓志铭》："神宗即位，公适送伴契丹使，次恩州驿，夜火，左右请与虏使出避。"③据《宋史·地理志》载，恩州治清河县，即今清河县西城关。④

冀州在城驿。《宋会要·职官》四七之四至五：大中祥符六年（1013）九月，河北安抚司言："冀州路当冲要，信使往来，先差文臣知州，今乞选刺史已上。"⑤《宋人轶事汇编》卷一九引《邻几杂志》："冀州城南张耳墓，在送客亭边。戎使林迓者，彼之翰林学士，指以问知州王仲平，仲平告之。"⑥《范太史集》卷三九《张保孙墓志铭》：公三为冀部从事，元丰四年（1081），"契丹使郡，守丞饯之南门，使曰：两朝通好日久，往来如一家，可谓太平"。⑦州设馆驿，《华阳集》卷三《冀馆春夕见月》："甚宠无如使北行，曾同万里听边声。……故人临月应相望，一夕寒光特为明。"⑧《西溪文集》卷三《过冀州闻介甫送虏使当相遇继得移文以故事请避诸路又以诗见寄次韵和答》："风沙敝尽旧狐裘，走马归来过冀州。闻报故人当邂逅，便临近馆为迟留。"⑨据《宋史·地理志》载，冀州治信都

① 《王文公文集》卷六二《道逢文通北使归》，第676页。
② 《长编》卷一六一"庆历七年十一月戊戌"条，第3890页；《长编》卷一六二"庆历八年正月辛巳"条，第3903—3904页。
③ 〔宋〕曾肇撰，〔清〕曾伃编：《曲阜集》卷三《赠苏司空墓志铭》，《景印文渊阁四库全书》，（台北）台湾商务印书馆1986年版，第1101册，第381页。（编者按：原文指该条史料出处为"《曲阜集》卷四"，现查得该史料出自《曲阜集》卷三，故改。）
④ 《宋史》卷八六《地理志二》，第2125页。
⑤ 《宋会要》职官四七之四至五，第4267页。
⑥ 丁传靖辑：《宋人轶事汇编》卷一九《杂人下》，第1083页。
⑦ 〔宋〕范祖禹：《范太史集》卷三九《张保孙墓志铭》，《景印文渊阁四库全书》，（台北）台湾商务印书馆1986年版，第1100册，第433页。
⑧ 《华阳集》卷三《冀馆春夕见月》，第24—25页。
⑨ 《西溪文集》卷三《过冀州闻介甫送虏使当相遇继得移文以故事请避诸路又以诗见寄次韵和答》，《沈氏三先生文集》，第43页。

县，即今冀县。①

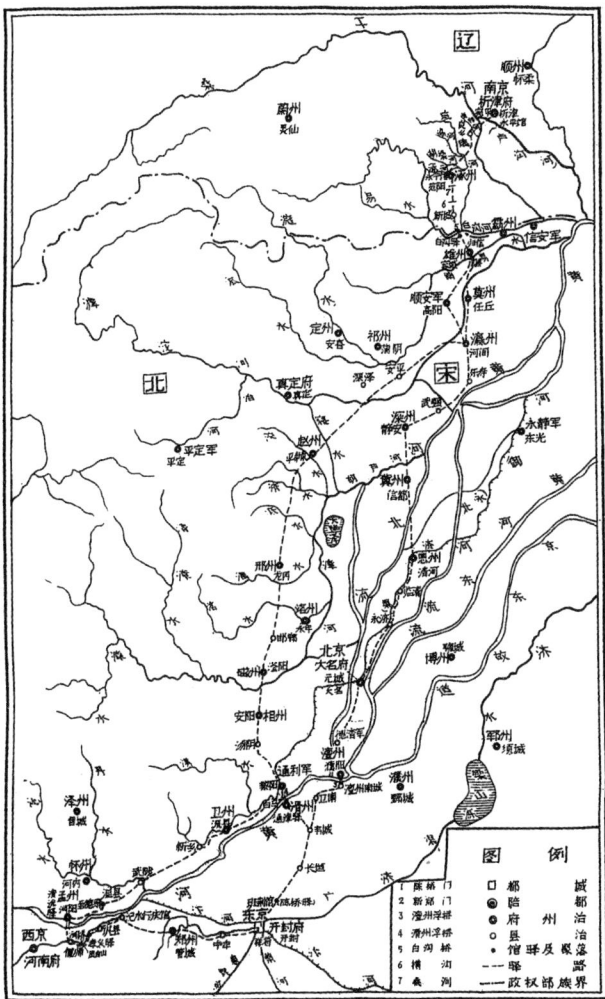

北宋东京至辽南京驿路图

深州、武强县。《续长编》卷一三六：庆历二年（1042）五月，"命知
贝州、供备库使、恩州团练使张茂实为回谢契丹国信副使，代符惟忠也。
惟忠行至武强，病卒"。②同书卷二五八：熙宁七年（1074）十二月，"深

① 《宋史》卷八六《地理志二》，第2123页。
② 《长编》卷一三六"庆历二年五月癸丑"条，第3250页。

州、武强，辽使往还通道两旁，公然书记"。又载"深州、武强道旁，系北使过往路，其林木并仰存留"。①据《宋史·地理志》载，深州治静安县，在今深县南二十五里，武强县即今武强县。②

乐寿县在城驿。《续长编》卷一三七：庆历二年（1042）七月，富弼与张茂实出使契丹，"中使夜赍誓书五函并副，追及弼于武强，授之。弼行至乐寿，……密启副封观之"。③县设驿，《横塘集》卷五《乐寿驿》诗（富韩公使北，启国书于此）："迢迢古驿倚城垣，使者当年几往来。"④即今献县。

瀛州在城驿。《续长编》卷九七：天禧五年（1021）二月，"祠部员外郎任中言，送伴契丹使至瀛州"。⑤《宋史·程戡传》：仁宗时，"徙瀛州，四迁给事中。契丹使过，称疾"。⑥《西溪集》卷三载奉使契丹，有《将至瀛州从事张祥寄诗和答》诗⑦。州设驿，《宋会要·职官》三六之三七：天圣七年（1029）六月，审院官上言："大理寺丞封直知瀛州河间县，祗应契丹使往来了当，检书大中祥符三年（1010）九月诏，应系祗应国信所驿、知县，并与优差遣。"⑧据《宋史·地理志》载，瀛州治河间县，即今河间县。⑨

从瀛州北行，分成东、西二路，东路北经莫州，《续长编》卷一〇四：天圣四年（1026）正月，上问宰相王曾曰："契丹赍送酒果者，凡三十余人，已至莫州，可听其来否！"⑩同书卷三一一：元丰四年（1081）正月，

---

① 《长编》卷二五八"熙宁七年十二月壬辰"条，第6305页。

② 《宋史》卷八六《地理志二》，第2128—2129页。

③ 《长编》卷一三七"庆历二年七月癸亥"条，第3286页。

④ 〔宋〕许景衡：《横塘集》卷五《乐寿驿诗》，《景印文渊阁四库全书》，（台北）台湾商务印书馆1986年版，第1127册，第205页。

⑤ 《长编》卷九七"天禧五年二月丙寅"条，第2241页。

⑥ 《宋史》卷二九二《程戡传》，第9755页。

⑦ 《西溪文集》卷三《将至瀛洲从事张祥寄诗和答》，《沈氏三先生文集》，第41页。

⑧ 《宋会要》职官三六之三七，第3908页。

⑨ 《宋史》卷八六《地理志二》，第2123页。

⑩ 《长编》卷一〇四"天圣四年正月癸未"条，第2399页。

"贺辽主生辰国信副使刘永保回至莫州卒"。①莫州治任丘县，设驿，《忠肃集》卷一一《唐介神道碑》："知莫州任丘县，县当信使驿。"②即今任丘县。

西路西北经高阳县，《竹隐畸士集》卷一九《吴夫人墓志铭》："上尝命右司公使北庭，道出高阳，入辞。上问夫人起居状，嘉叹久之，因敕过瀛，传诏以劳其兄。"③《乐全集》卷三九《王赟墓志铭》："高阳，北道之冲。"④同书卷三六《程戡神道碑》：领瀛州高阳关路马步军都总管安抚使，"契丹使过高阳，称疾"⑤。据《宋史·地理志》载，高阳关设在顺安军治高阳县，即今高阳县东旧城。⑥

东、西二路并北经易水上瓦桥。《西溪集》卷三《发瓦桥十里而河梁败还坐客亭复上马戏咏道旁垂柳二首》⑦。《华阳集》卷三《新城寄瓦桥郭太傅》："水天行绝驾归轺，十里清烟望界桥。"⑧这是记从辽境新城县返国须经瓦桥，桥建在易水上。

雄州在城驿。《太平治迹统类》卷八《仁宗朝契丹议失关南地界》：庆历二年（1042），契丹泛使至，"命富弼为接伴。弼以二月丙子发京师，至雄州"⑨。《续长编》卷一三八：庆历二年十一月，梁蒨通判雄州，"契丹使萧偕入境，而接伴未至，蒨遂引至京师"⑩。《宋史·蔡挺传》："富弼使

---

① 《长编》卷三一一"元丰四年正月丙午"条，第7539页。
② 〔宋〕刘挚：《忠肃集》卷一一《唐介神道碑》，中华书局1985年点校本，第150页。
③ 〔宋〕赵鼎臣：《竹隐畸士集》卷一九《吴夫人墓志铭》，《景印文渊阁四库全书》，（台北）台湾商务印书馆1986年版，第1124册，第260页。
④ 〔宋〕张方平：《乐全集》卷三九《王赟墓志铭》，《景印文渊阁四库全书》，（台北）台湾商务印书馆1986年版，第1104册，第464页。
⑤ 《乐全集》卷三六《程戡神道碑》，《景印文渊阁四库全书》，第1104册，第407页。
⑥ 《宋史》卷八六《地理志二》，第2130页。
⑦ 《西溪文集》卷三《发瓦桥十里而河梁败还坐客亭复上马戏咏道旁垂柳二首》，《沈氏三先生文集》，第42页。
⑧ 《华阳集》卷三《新城寄瓦桥郭太傅》，第31页。
⑨ 〔宋〕彭百川：《太平治迹统类》卷八《仁宗朝契丹议失关南地界》，《景印文渊阁四库全书》，（台北）台湾商务印书馆1986年版，第408册，第235页。
⑩ 《长编》卷一三八"庆历二年十一月丁酉"条，第3326页。

辽，奏挺从，至雄州。"①《杨龟山集》卷六《曾肇行述》："奉使契丹还，
道过雄、瀛二州。"②州设驿，《续长编》卷九三：天禧三年（1019）六月，
李允则在雄州，"侦辽帅欲间入城中观，允则与同僚伺郊外，果有紫衣北
人至，比夕，与俱入传舍"③。同书卷九六：天禧四年十二月，枢密院言：
"契丹使自雄州至京馆舍，给使臣诸司人例物，比每岁稍厚。"雄州，本瓦
桥关，五代周显德六年（959）建为雄州，④移归义和容城二县于城中，宋
太平兴国元年（976），改归义为归信，⑤即今雄县。宋人有时仍旧称瓦桥
关，《梦溪笔谈》卷一三《权智》："瓦桥关，北与辽人为邻。"⑥是宋辽往
来必经之途，《挥麈录·后录》卷一："太祖尝令瓦桥一带南北分界之所，
专植榆柳，中通一径，仅能容一骑。后至真宗朝，以为使人每岁往来之
路，岁月浸久，日益繁茂，交络翳塞。宣和中，童贯为宣抚，统兵取燕
云，悉命剪薙之。逮胡马南骛，遂为坦途。"⑦雄州是宋朝边塞之地，《西
溪集》卷三记载奉使契丹有《雄州遇唐子方奉使先还奉赠》诗："拥节才
临塞北垣，正逢归骑下幽燕。"⑧宋臣使辽，出了雄州，便进入辽境，《净
德集》卷五："过雄州三十里，便为境外。"⑨使臣过境界有规定，《孝肃包
公奏议》卷五《请绝三番取索》："常年两国信使，自有久来体例，过界月
日，亦须候接伴使副到雄州，方有过界之期。"⑩

　　白沟驿。《孝肃包公奏议》卷九《请选雄州官吏》："臣昨送伴虏使到

---

① 《宋史》卷三二八《蔡挺传》，第10575页。

② 〔宋〕杨时：《杨龟山集》卷六《曾肇行述》，第101页。

③ 《长编》卷九三"天禧三年六月丁酉"条，第2151页。

④ 《太平寰宇记》卷六七《河北道十六·雄州》，第1363页。

⑤ 《元丰九域志》卷二《河北路·东路》，第70页。

⑥ 〔宋〕沈括撰，金良年点校：《梦溪笔谈》卷一三《权智》，中华书局2015年版，第135页。

⑦ 〔宋〕王明清：《挥麈录·后录》卷一《太祖规抚宏远》，上海书店出版社2021年点校本，第41页。

⑧ 《西溪文集》卷三《雄州遇唐子方奉使先还奉赠》，《沈氏三先生文集》，第42页。

⑨ 〔宋〕吕陶：《净德集》卷五《奉使契丹回上殿札子》，中华书局1985年点校本，第61页。

⑩ 〔宋〕包拯：《孝肃包公奏议》卷五《请绝三番取索》，中华书局1985年点校本，第57页。

白沟驿，窃见瀛、莫、雄三州，并是控扼之处。"①《文昌杂录》卷六：元丰八年（1085），"余奉使至雄州，五月二十日次白沟驿"。②《辽史·耶律合里只传》："充宋国生辰使，馆于白沟驿。"③白沟驿属雄州管辖④是宋臣使辽、辽臣返国在宋境的最后一驿，《文庄集》卷三《赐契丹贺乾元节使副回至雄州白沟驿御筵仍传宣抚问口宣》："卿等载涉归途，已臻邻境。"⑤亦是辽使入宋境的第一驿站，《景文集》卷三三《雄州白沟驿传宣抚问契丹乾元节人使兼赐御筵口宣》："涉远已勤，入疆之始。"⑥即今雄县西北白沟。

白沟驿向北，渡白沟河。王曾《上契丹事》："自雄州白沟驿渡河。"⑦河即白沟河，《王文公文集》卷三七《白沟行》："白沟河边蕃塞地，送迎蕃使年年事。"⑧白沟河是拒马河下游，宋辽二国以河为界，《三朝北盟会编》卷二〇载许亢宗《宣和乙巳奉使行程录》："离雄州三十里，至白沟，巨马河源出代郡涞水，由易水界至此合流，东入于海，河阔止数丈，南宋与契丹以此为界。"⑨《辽史·圣宗纪》：太平八年（1028）二月，"燕京留守萧孝穆乞于拒马河接宋境上置戍长巡察。诏从之"。⑩《辽史·地理志》记载辽疆界，"南至白沟"⑪，故又称为界河，《三朝北盟会编》卷一：政和五年（1115）四月，辽光禄卿李良嗣"越界河，初九日戊申，良嗣入雄

① 《孝肃包公奏议》卷九《请选雄州官吏》，第 113 页。
② 〔宋〕庞元英：《文昌杂录》卷六，中华书局 1985 年点校本，第 60 页。
③ 〔元〕脱脱等：《辽史》卷八六《耶律合里只传》，中华书局 1974 年点校本，第 1327 页。
④ 《长编》卷二六二"熙宁八年四月丙寅"条，第 6395 页。
⑤ 〔宋〕夏竦：《文庄集》卷三《赐契丹贺乾元节使副回至雄州白沟驿御筵仍传宣抚问口宣》，《景印文渊阁四库全书》，（台北）台湾商务印书馆 1986 年版，第 1087 册，第 78 页。
⑥ 〔宋〕宋祁：《景文集》卷三三《雄州白沟驿传宣抚问契丹乾元节人使兼赐御筵口宣》，中华书局 1985 年点校本，第 417 页。
⑦ 《辽史》卷四十《地理志四》，第 496 页。
⑧ 《王文公文集》卷三七《白沟行》，第 440 页。
⑨ 〔宋〕徐梦莘：《三朝北盟会编》卷二〇，上海古籍出版社 1987 年影印本，第 148 页。
⑩ 《辽史》卷十七《圣宗纪》，第 202 页。
⑪ 《辽史》卷三七《地理志一》，第 438 页。

州"①。辽使返国，宋朝送伴使至此告别，《宋会要·职官》五一之四六："契丹萧智可至白沟河，与送伴使陈知微酌酒为别。"②河上架桥，称为白沟桥，宋辽使臣或至桥，与送伴者告别，陈襄《使辽语录》记载自辽燕京（即南京）返国，至北沟（按即白沟）"送伴使副酌送于白沟桥之北，臣等酌送于白沟桥之南，酒各三盏。又至桥中，皆立马相对酌酒，挨鞭传辞，并如前例"③。

以上所述，即为宋辽驿路在宋境内的组成部分。这是一条纵贯河北平原中部的驿路，创建于北宋，与唐时期黄河南北驿路交通在太行山东麓一线，有了显著的变迁，其主要原因是：唐代建都于长安，以洛阳为陪都，从洛阳东北通往幽州，太行山东麓一线是最近捷之路，北宋建都于开封，随着政治中心的东移，通往幽州的驿路建在河北平原中部，较太行山东麓一线更为近捷。大名府是河北平原中部的政治、经济、军事重心，端拱二年（989）至熙宁六年（1073）及元丰时期，河北地区为一路时，为河北路转运使治所，熙宁六年至十年、元丰八年（1085）至宋末，河北地区分为东、西二路时，为河北东路转运使治所，④庆历二年（1042）建为北京，与东京开封府、西京河南府、南京应天府，称为宋朝四京府。《祠部集》卷三三《重建左藏库记》："大名，河北之要处，为官府必高甍巨桷相望，以称别都之雄。又其聚人也广，其养兵也众，金缯帛布之蓄，与夫每岁十七县常赋之入，海输而山委。"⑤正因大名府政治、经济、军事地位的重要，就成为河北平原南北驿路的交通枢纽。雄州是北宋北边的军事重镇，又是通往辽朝的交通枢纽，《太平治迹统类》卷二九："河北，朝廷根本，

① 《三朝北盟会编》卷一，第2页。
② 《宋会要》职官五一之四六，第4442页。
③ 〔宋〕陈襄撰，黄宝华整理：《使辽语录》，《全宋笔记》第八编，第10册，大象出版社2017年版，第15页。
④ 拙著《北宋诸路转运司的治所》，载《文史》第二十八辑，中华书局1987年版。
⑤ 《祠部集》卷三三《重建左藏库记》，第514页。

而雄州又河北咽喉。"①《景文集》卷七《钤辖冒上阁就移知雄州》："雄州乃剧藩，喉领塞南地。译通老上庭，道系单于使。"②也是辽朝至北宋的必经之地，《辽史·兵卫志上》："皇帝亲征，留亲王一人在幽州，权知军国大事。既入南界，分为三路，广信军、雄州、霸州各一。驾必由中道，兵马都统、护驾等军皆从。"③所云"中道"，即指雄州道而言，可见雄州在宋辽交通地位上的重要性。雄州地处河北中部的北面，大名府位于河北中部的南面，与河北中部的重要都市澶、恩、冀、深、瀛、莫州相联，南通开封府，北达析津府，构成了一条纵贯河北中部的宋辽驿路，成为宋都开封府和辽南京析津府之间最近捷的一条通道。

但是这条驿路遭受黄河决溢改徙的严重危害，宋朝为使驿路畅通，不断予以修理。淳化元年（990），黄河决于澶州，州城圮，浮桥断，即命内殿崇班阎承翰修复。④景祐元年（1034），黄河又在澶州横陇埽（今濮阳东）决口，⑤久不修塞澶州，北城圮，浮桥断，庆历二年（1042），契丹遣刘六符来使，河北都转运使李昭述调集民八万修建，逾旬而就。⑥

庆历八年（1048）六月，河决澶州商胡埽（今濮阳东昌湖集），北流经清丰、大名、馆陶、冀州之东，乐寿之南，东北合御河（今南运河）、界河（今海河）入海，这是宋代黄河北流经河北平原中部入海的开始，直接影响宋辽驿路的通行。嘉祐五年（1060），黄河又在大名府魏县决溢，东北流入海，是为黄河东流。熙宁二年（1069），黄河又决，泛滥于大名、恩、德诸州，四年八月，黄河又决于澶州曹村（今濮阳西），再次侵害驿

---

① 《太平治迹统类》卷二九《官制沿革上·仁宗》，《景印文渊阁四库全书》，第 408 册，第 766 页。
② 《景文集》卷七《钤辖冒上阁就移知雄州》，第 75 页。
③ 《辽史》卷三四《兵卫志上》，第 398 页。
④ 《文庄集》卷二九《魏威信墓志铭》，《景印文渊阁四库全书》，第 1087 册，第 287 页。
⑤ 《宋史》卷九一《河渠志一》，第 2267 页。下述黄河决徙同。
⑥ 《长编》卷一三六"庆历二年五月庚戌"条，第 3248 页。〔宋〕胡宿：《文恭集》卷三八《李昭述墓志铭》，中华书局 1985 年点校本，第 455 页。（编者按：原文此条注释中有"《文恭集》卷三〇《李昭述墓志铭》"，现查得《李昭述墓志铭》出处为《文恭集》卷三八，故改。）

路，"朝廷选差近臣，并判都水监官督役修塞，所费不赀，仅能闭塞，大名、恩、冀之人，被害尤甚，以至回移驿亭道路"，直至熙宁九年，"疮痍未平"，①尚未恢复。十年七月，黄河又大决于澶州曹村，北流断绝，河流东南入淮，澶州浮桥再次毁坏，驿路阻绝，于是另选黄河渡津，改辟新驿路，《续长编》卷二八四：熙宁十年八月，"枢密院委张茂则、刘玠选便道口岸系桥，以河水坏澶州桥故也。茂则等言'北使驿路可以出澶州之西黎阳，由白马县北，可相度系桥'。从之"。②按黎阳县在今河南浚县东二里、大伾山北，白马县即今滑县东南城关，即在白马县北黄河上建置浮桥，驿路改由澶州之西黎阳渡白马浮桥，南达开封府。

但此为权宜之计，到次年即元丰元年（1078）四月，修塞澶州曹村决口后，仍改行澶州，《续长编》卷二九三：元丰元年十月，澶州"当北使路"③。澶州以北仍旧路，《续长编》卷三一一：元丰四年三月，"上批：闻贺正北使至恩、冀间，从人于驿舍群聚，合诵教法，声闻于外，接伴祗应人有听闻者"。④《范太史集》卷三九《张保孙墓志铭》：元丰四年，"契丹使过冀郡，守丞饯之南门，使曰：两朝通好日久，往来如一家，可谓太平"。⑤上引记载，皆资可证。

元丰四年（1081）四月，黄河再决于澶州小吴埽（今濮阳西南），北流经大名府、恩州西、冀州东，北注御河入海，大名、恩州并受河患的威胁，宋辽驿路阻断。同年九月，准备将澶州至大名、恩、冀州驿路改向西走太行山东麓，"诏将来北使经过新路，州军守臣内有审官常格、新差材品凡纯，难以酬接北人者，可以中书预选官移易，其知赵州史宗范，磁、相、邢、赵州通判，令河北转运司体量人材，如不堪接待人使节，即于辖

① 〔宋〕文彦博：《潞公文集》卷二三《言运河》，《景印文渊阁四库全书》，（台北）台湾商务印书馆1986年版，第1100册，第718页。

② 《长编》卷二八四"熙宁十年八月戊子"条，第6951页。

③ 《长编》卷二九三"元丰元年十月壬戌"条，第7156页。

④ 《长编》卷三一一"元丰四年三月乙巳"条，第7553页。

⑤ 《范太史集》卷三九《朝请郎致仕张公墓志铭》，《景印文渊阁四库全书》，第1100册，第433页。

下选官对移，并候人使回日依旧"。①据《宋史·地理志》载，赵州治平棘县，即今河北赵县，邢州治龙冈县，即今邢台市，磁州治滏阳县，即今磁县，相州治安阳县，即今河南安阳市。②相州以南，即经由黎阳，渡黄河浮桥，到达滑州治白马县，《续长编》卷三一六：元丰四年九月，"昨曹村河决，值北使至，己常于白马权系桥"。③同年十二月，滑州新建辽使驿成，"题为武成驿，诏改为通津"。④明年，宋辽驿路正式改经太行山东麓，《续长编》卷三二四：元丰五年三月，"诏司农寺，于大名府公使库钱内拨钱千缗与相州，及于恩、冀二州公使钱内各拨钱千五百缗与邢、赵、磁三州。候辽使行旧路依旧"。⑤同书卷三三○：元丰五年十月，"去年准朝旨，国信旧路以河决不通，今已改就西路"。⑥所谓"西路"，以在原驿路之西而言。

滑州以南，东南经韦城，与原驿路相接，南抵开封府，《续长编》卷三二九：元丰五年（1082）九月，"滑州言：刀马河水泛溢，韦城以南至长垣人马不通。诏开封府界并滑州信使所行道，专委通判滑州苏注管勾"。⑦可证经韦城、长垣，即原驿路，长垣南经班荆馆至京城。

赵州以北，仍经由瀛州，与原驿路相接，达白沟驿，《苏东坡集·内制集》卷二、三载有元祐二年（1087）：

白沟驿赐大辽贺坤成节人使御筵兼传宣抚口宣

雄州抚问大辽使副贺坤成节口宣

班荆馆赐大辽国贺坤成节人使到阙御筵口宣

相州赐大辽贺坤成节人使却回御筵口宣

---

① 《长编》卷三一六"元丰四年九月庚戌"条，第7652页。
② 《宋史》卷八六《地理志二》，第2127、2129页。
③ 《长编》卷三一六"元丰四年九月己丑"条，第7639页。
④ 《宋会要》方域一○之一五，第9470页。
⑤ 《长编》卷三二四"元丰五年三月甲辰"条，第7808页。
⑥ 《长编》三三○"元丰五年十月乙卯"条，第7948—7949页。
⑦ 《长编》卷三二九"元丰五年九月癸卯"条，第7939—7940页。

瀛州赐大辽贺坤成节人使回程御筵口宣^①

同书卷六载有元祐二年：

> 赵州赐大辽贺皇帝正旦大使茶药诏
>
> 相州赐大辽贺正旦人使却回御筵口宣
>
> 赐大辽贺正旦人使却回雄州御筵口宣
>
> 赐大辽贺正旦却回班荆馆御筵口宣
>
> 瀛州赐大辽贺正旦人使回程御筵口宣^②

《范太史集》卷三一载有元祐八年：

> 白沟驿赐大辽贺兴龙节人使御筵口宣
>
> 赵州赐大辽贺兴龙节大使茶药口宣
>
> 相州赐大辽贺兴龙节使副御筵口宣
>
> 班荆馆赐大辽贺兴龙节使副到阙御筵口宣
>
> 班荆馆赐大辽贺兴龙节人使回程酒果口宣
>
> 瀛州赐大辽贺兴龙节人使回程御筵口宣
>
> 雄州赐大辽贺兴龙节人使却回御筵口宣^③

上引二书所载正是这条驿路经过的重要城市和驿站，从赵州东北向瀛州，可能经由安平县，《文昌杂录》卷六：元丰八年（1085）春，"充北朝贺同天节接伴使，三月五日至深州安平县，前一夕，大风，是日，寒甚，雪深数尺，林木多折，至雄州，泣睹遗制。……余奉使至雄州，五月二十二日次白沟驿"。^④未达安平县以前，要经过深泽县界，同上书卷四："元英昨充元丰五年贺北朝正旦国信使，行至神水驿，苦风眩昏乱，

---

① 〔宋〕苏轼：《东坡内制集》卷二、卷三，收入《苏东坡遗著汇刊》，河南人民出版社2018年影印本，第3947、3957、3968、3973页。

② 《东坡内制集》卷六，第4054、4062、4065、4071页。

③ 《范太史集》卷三一，《景印文渊阁四库全书》，第1100册，第348、349、350、351页。

④ 《文昌杂录》卷六，第59—60页。

不记省，随行小史辈皆环坐以泣，通一昔方稍安。是年，正旦接伴使杜邢部绂至深泽县界中咯血，几不可救，刘右司挚充贺同天节接伴使，沿路病伤寒，至滑州增剧。"①按安平县，即今安平县，深泽县在其西，即今深泽县。

新驿路从开封府北经滑州，渡黄河浮桥，至通利军，再北沿太行山东麓，经相州、磁州、邢州，至赵州，东北抵瀛州，以达雄州，这样向西绕一个大圈子，避开了黄河北流的严重影响，通行安全。

但黄河滑州段，河道狭隘，河岸善溃，②因此"滑州浮桥每年涨水以前权拆，秋深复系"。③当滑州浮桥解拆时，辽使来宋，改从京西路至开封府，《宋会要·礼》三七之三四：元祐元年（1086）四月四日，"京西转运司奏：北使经由道路，近为浮桥解拆，改入京西路，务要不见山陵。今相度得河阳南至偃师，东由凤台、孝义，次巩县，最为顺便，皆有亭驿，止是望见山陵林木，恐不须回避。从之"④。据《宋史·地理志》载，河阳县为孟州治，在今河南孟县南十五里⑤；河阳县南黄河上建有河桥，⑥过河桥，南至偃师，在今偃师县东南老城；复东行经偃师县东凤台山，又东行经孝义，即今巩县；至巩县，即今巩县东巩县老城。同年，在这条路上沿途创建馆驿，便于宋辽使臣宿顿，《玉海》卷一七二："元祐元年八月二日，诏河阳创修北使驿亭，温县宿顿以至德，河阳县中顿以清沇，氾水县中顿以行庆馆为名。"⑦按温县，即今温县，氾水县，即今荥阳县西北氾水。偃师县早已设驿，《公是集》卷二九《偃师驿观先帝所植两松及钱丞

① 《文昌杂录》卷四，第37页。

② 《宋河》卷九一《河渠志一》，第2255—2280页。

③ 《长编》卷三三三"元丰六年二月甲子"条，第8023页。

④ 《宋会要》礼三七之三四，第1576页。

⑤ 《宋史》卷八五《地理志一》，第2116页。

⑥ 《太平寰宇记》卷五二《河北道一·孟州》，第1077页。

⑦ 《玉海》卷一七二《官室·邸驿》，《景印文渊阁四库全书》，第947册，第461页。

相壁记》①。从汜水向东，经郑州在城驿、中牟在城驿，②再东由开封府西城南门新郑门而入府城。③

改道京西驿路，向西绕道更远，仅是暂时措置，滑州浮桥一恢复，仍经由滑州，《续长编》卷四六九：元祐七年（1092）正月，辽使耶律迪死于滑州，"就差知通利军赵齐贤假中大夫充监护使，诏遣内供官王遭驰驿治丧事。甲辰，迪丧所过州致祭，守倅皆再拜，知瀛州蒋之奇以为生觌且长揖，奈何屈膝向死者，乃奠而不拜"④。即从滑州北渡河桥，经通利军治黎阳县，北行太行山东麓至赵州，东北抵瀛州、雄州，这条宋境内的驿路大致维持到北宋末。⑤

以下所述，为辽境内的宋辽驿路。过了白沟河，进入辽境，北行所经依次列下。

新城县在城驿。《乘轺录》："自白沟河北行至新城县。"⑥《上契丹事》："自雄州白沟驿渡河，四十里至新城。"⑦《辽史·马人望传》："徙知涿州新城县。县与宋接境，驿道所从出。"⑧县设驿，《使辽语录》："至新

---

① 《公是集》卷二九《偃师驿观先帝所植两松及钱丞相壁记》，第342页。
② 《景文集》卷八《去郑暮次中牟》，第89—90页。《青箱杂记》卷一○：张公咏"布衣时常至郑州，宿于逆旅"。（〔宋〕吴处厚撰，李裕民点校：《青箱杂记》卷一○，中华书局1985年版，第107页）《宋史》卷三四○《苏颂传》："今中牟、长垣，都门要冲，二鄽驿置皆由此。"（第10861页）
③ 《宋东京考》卷一引和维《愚见纪忘》："汴之外城名，各有意义，如云郑门，以其通往郑州也。"（〔清〕周城撰，单远慕点校：《宋东京考》卷一《京城》，中华书局1988年版，第4页）
④ 《长编》卷四六九"元祐七年正月甲辰"条，第11202—11203页。
⑤ 《老学庵笔记》卷二："王圣美子韶，元祐末以大蓬送北客至瀛。"（〔宋〕陆游撰，高克勤校点：《老学庵笔记》卷二，上海古籍出版社2012年版，第81页）《宋会要》职官五一之六：绍圣元年十二月，接伴使时彦等言："辽使至邢州，见知州系皂带，不肯赴亭子茶酒，盖自来北使经由州军皆武臣知州，并瀛州安抚使及接伴押宴官并系红带。"（第4420页）《长编》卷五○九：元符二年四月，朝散郎、中书舍人郭知章充回谢北朝国信使，"行次相州，雄州言：涿州报辽主已入秋山，不纳面谢使副"。（第12121页）并可为证。
⑥ 〔宋〕路振：《乘轺录》，中华书局1991年点校本，第1页。
⑦ 《辽史》卷四十《地理志四》，第496页。
⑧ 《辽史》卷一○五《马人望传》，第1462页。

城县驿，有入内左承制宋仲容来问劳。"①即今新城县东南新城。

过横沟、桑河，抵涿州永宁馆。《乘轺录》："自新城县北行至涿州六十里，地平。十五里过横沟河，三十五里过桑河。涿州城南有亭曰修睦，是夕宿于永宁馆。"②按横沟、桑河，它书并不载，今新城县北有地名横沟，当即古横沟河流径，后世河堙，地名仍遗留至今。横沟之北有楼桑铺，为新城北至涿州所经，里距与路振记载相合，古督亢陂水流径其南，③疑有桑河之名。过桑河后，北抵涿州，《宋史·程师孟传》："贺契丹生辰，至涿州。"④《净德集》卷二一《刘庠墓志铭》：奉使大辽还，"度以正月八日至白沟，宴用乐，然是日英宗小祥也……愿以涿州插宴"⑤。《使辽语录》：自良乡县至涿州，知州邓愿郊迎，"宿涿州馆"⑥。据《辽史·地理志》载，涿州治范阳县，即今涿县。⑦

北渡涿河、胡梁河、涞河、琉璃河。《乘轺录》："出涿州北门，过涿河。河源出太行山，与巨马河合流。五里过胡梁河，十里过涞河，四十里过琉璃河，又云刘李河。"⑧《熙宁使虏图抄》："涿州北二里余，渡涿。又二里，复渡涿。涿之广，渡三百步，其溢为城下之涿，广才百步而已。"⑨据此，涿水有主流、支流，流经涿州北四里余，为主流，即今北拒马河，流经涿州北二里余，为支流，即沈括所谓"溢为城下之涿"。胡梁河，即今涿县北胡良河，涞河，即今房山县南夹括河；琉璃河，又名刘李河，上游即今房山县南大石河，下游为流经涿县、新城县东之白沟河。⑩

① 《使辽语录》，《全宋笔记》第八编，第10册，第15页。

② 《乘轺录》，第1页。

③ 光绪《畿辅通志》卷五八《山川二》，1934年商务印书馆影印清光绪十年刻本，第37页。

④ 《宋史》卷三三一《程师孟传》，第10661页。

⑤ 《净德集》卷二一《刘庠墓志铭》，第231页。

⑥ 《使辽语录》，《全宋笔记》第八编，第10册，第7页。

⑦ 《辽史》卷四十《地理志四》，第497页。

⑧ 《乘轺录》，第1页。

⑨ 《永乐大典》卷一〇八七七《房·诗文二·熙宁使虏图抄》，中华书局1986年版，第8840页。

⑩ 《大清一统志》卷七《顺天府二·山川》，第190页。

良乡县在城驿。《乘轺录》："自涿州北行至良乡县六十里。"①《熙宁使虏图抄》及《宣和乙巳奉使行程录》所载行程，与路书一致。②县设驿，《三朝北盟会编》卷八：赵良嗣与李处温书曰："植与奭相迎于良乡之驿舍。"③即今房山县东北良乡镇。

东北渡百和河。《乘轺录》：自良乡县北行，"十里过百和河"④。即今良乡镇东北哑叭河。

东北渡桑干河。桑干河出西山后，分成南、北二派：南派东南流经固安、永清县北，东南流入巨马河，为桑干河支流；北派东南流经北京市南南苑镇、大兴县东南凤河营，东南入潞水（今北运河），为桑干河主流。⑤《熙宁使虏图抄》："自〔良乡〕邑东北三十里至中顿，济桑干水。水广数百步，燕人谓之卢驹河。"⑥《三朝北盟会编》卷二〇：宣和七年（1125），奉议郎、尚书司封员外郎许亢宗往贺金太宗晟嗣立，"离良乡城三十里，过卢沟河，水极湍激，燕人每候水浅置小桥以后，岁以为常"⑦。按桑干河，又名卢驹河、卢沟河，周辉《北辕录》："芦沟河，即卢龙河，燕人呼水为龙，呼黑为卢，亦谓之黑水，河色黑而浊，其急如煎。"⑧或名芦菰河，范成大《石湖集》："宋敏求谓芦菰河，即桑干河也。"⑨又名鹿孤河，《乘轺录》：自良乡县北行，"三十里过鹿孤河"⑩。谓在良乡县东北三十里，是指桑干河南派，即支流也。又《乘轺录》：自良乡县北行，"六十里

---

① 《乘轺录》，第1页。

② 《永乐大典》卷一〇八七七《虏·诗文二·熙宁使虏图抄》，第8840页。《三朝北盟会编》卷二〇，第141页。

③ 《三朝北盟会编》卷八，第57页。

④ 《乘轺录》，第1页。

⑤ 孙承烈等：《漯水及其变迁》，载《环境变迁研究》第一辑，海洋出版社1984年版。

⑥ 《永乐大典》卷一〇八七七《虏·诗文二·熙宁使虏图抄》，第8840页。

⑦ 《三朝北盟会编》卷二〇，第141页。

⑧ 〔宋〕周辉：《北辕录》，中华书局1985年版，第4页。

⑨ 〔宋〕范成大：《石湖集》卷一二《卢沟》，上海古籍出版社1981年点校本，第157页。

⑩ 《乘轺录》，第1页。

过桑干河，河绕幽州城，桑干河讹而曰根也"①。此指桑干河北派，即主流也。《栾城集》卷一六载奉使契丹二十八首，有《渡桑干》诗："相携走马渡桑干，旌旆一返无由还。胡人送客不忍去，久安和好依中原。年年相送桑干上，欲话白沟一惆怅。"②所云桑干，也指桑干北派而言。

南京析津府永平馆。《上契丹事》："渡卢沟河，六十里至幽州，伪号燕京。"③又载：有永平馆，"旧名碣石馆，请和后易之"④。据《辽史·太宗纪下》《辽史·地理志》载，会同元年（938），升幽州为幽都府，建号南京，开泰元年（1012），改幽都府为析津府，永平馆在皇城外门右掖千秋门东。⑤《熙宁使虏图抄》《使辽语录》并作永平馆⑥，惟《乘轺录》作永和馆⑦。辽南京城，在今北京外城西北部。

（原载王文楚《古代交通地理丛考》，中华书局1996年版）

① 《乘轺录》，第1页。
② 〔宋〕苏辙著，曾枣庄、马德富校点：《栾城集》卷一六《渡桑干》，上海古籍出版社2009年版，第400页。
③ 《辽史》卷四十《地理志四》，第496页。
④ 《辽史》卷四十《地理志四》，第496页。
⑤ 《辽史》卷四《太宗纪下》，第45页；《辽史》卷四十《地理志四》，第494页。
⑥ 《永乐大典》卷一〇八七七《虏·诗文二·熙宁使虏图抄》，第8840页。《使辽语录》，《全宋笔记》第八编，第10册，第15页。
⑦ 《乘轺录》，第1页。

宋代湘桂黔相邻地区堡寨及交通

廖幼华

前　言

　　李唐时期，今湖南省西南与黔桂相邻之地区，名义上虽划属于黔中，实际上既无正式地方行政组织，可能连羁縻州也付之阙如，居民结构与黔南一样，都由非汉族的土著民族组成。当时豪族杨氏盘据地方，世代承袭溪峒酋长，可说是汉人统治的空白地带。①这种情况在北宋开始有了转变，太宗太平兴国五年（980）原盘据在湘黔间的溪峒首领杨通宝首先来贡，融州北面都柳江上游的王江、古州土著，则在仁宗至和年间（1054—1056）纳土款贡，朝廷因而设置王口寨②，这是汉人从广南西路融州向北延伸势力的开始。神宗熙宁八年（1075），杨光富及杨昌衔等又"率其族姓二十三州"及"子弟侄"等先后来朝归附，朝廷亦为之补授官职③，湘西南溪峒问题才获得初步的解决。但以新附未久，"制蛮"仍为该地首须考量任务，朝廷于是采纳知邵州关杞建议，从神宗元丰三年（1080）起"择要害地筑城砦，以绝边患"④，也因此打通桂北通往湘西及黔东南交

---

① 按：《宋史》卷八八《地理四·荆湖南路》虽记载"熙宁九年，收复唐溪峒诚州"，唯考诸《旧唐书》《新唐书》及《太平寰宇记》皆无诚州之置，疑诚州之置在宋太平兴国杨通宝来贡之时，其时诚州仍属羁縻州。

② 〔明〕曹学佺：《广西名胜志》卷五《柳州府·怀远县》载："宋至和中置王口寨，崇宁四年因王江古州蛮纳土，赐怀远军，寻改为平州。"（上海古籍出版社1995年版，第72页）

③ 〔元〕脱脱等：《宋史》卷四九四《蛮夷二·诚徽州》，（台北）鼎文书局1979年版，第14197页。

④ 《宋史》卷四九四《蛮夷二·诚徽州》，第14198页。

通。其间虽因土著大反叛，导致元祐三年（1088）"议废堡寨，撤戍守，而以其地予蛮"①，元丰年间所筑之堡寨与道路同遭废置。直至徽宗崇宁三年（1104）王祖道等积极经营桂西北时，又重开此路增设寨堡，为此后湘桂黔相邻地区道路系统奠下基本规模。

鉴于学界对该区宋代交通路线尚缺系统化研究，作者搜罗史料地志，参详今日地理形势②，考证宋代湘桂黔相邻地区寨堡及城镇位置，并据以呈现由融州（桂北）通往诚州（湘西）与黔州（黔东南）之主要交通路线。为行文便利，下文将融州与诚州间通路以"诚融通道"称之，融州与黔州间则以"黔融通道"为名。本文并以史料证明宋朝之"诚融通道"为置铺设驿之官道，驿道除了"制蛮"政军功能外，也兼具繁重的经济任务。

一、诚融西通道——石门溪峒路与堡寨

"诚融通道"是由融州治所（今广西融水）沿融江北行，至融、浔两江交汇口的王口寨（今三江侗族自治县老堡乡）后，又分为东西两道。西道沿王江（今称都柳江）至石门（在今三江县良口乡苗江河畔石门山）后，循孟团江（今名苗江河）北行，于翻越湘桂交界佛子坡后，过收溪寨、多星堡至罗蒙县（今通道县），再沿渠江北走，直抵诚州（元祐五年改称靖州）治所贯保寨。东路则沿浔江而上，至浔江堡（今三江县古宜镇石眼口）转而北行，顺着林溪河经文村堡（今三江文村）及临溪堡（今三江林溪乡），同样可达罗蒙县及贯保寨。再由贯保寨经沅州托口寨，即可远抵沅州治所卢阳县。

"诚融通道"的修筑缘起与道路所经，根据《宋史·蛮夷传·诚徽州》记载为：

①《宋史》卷四九四《蛮夷二·诚徽州》，第14198页。
② 为研究此一议题，笔者曾三度到桂西北、湘南及黔东南地区，实地走访今湘桂黔交界之融江、都柳江及浔江各城镇，以了解当地之地理形势及聚落分布情况。

元丰三年，知邵州关杞请于徽、诚州融岭镇择要害地筑城砦，以绝边患。诏湖南安抚谢景温、转运使朱初平、判官赵扬商度以闻。景温等以为宜如杞言。……于是增筑多星等砦，还连徽、广西融州王口砦焉。[1]

文中融岭镇的确切位置，今已无考。不过这条由王口砦出发，"还连徽融两州"的道路，显然行经多星堡至贯保寨。经本文考证，其沿途重要堡寨依序为王口寨、浐村堡、零溪堡与都怀寨、收溪寨、多星堡、羊镇堡、罗蒙寨等，全部路程共计十一程[2]，兹分述如下。

（一）王口寨

"诚融通道"从融州出发后，前半段是沿着融江河谷北行。融江是黔桂之间颇具航运之利的河流，时至今日，仍为贵州榕江、从江两县，以及广西三江县农产品运输至融州的主要通道。[3]而位处融、浔两江交汇口的王口寨，本黔中牂柯夜郎蛮地，北宋初年始置羁縻怀安军，仁宗至和年间（1054—1056）废军为王口寨，徽宗崇宁四年（1105）三月知桂州王祖道再以"王江古州蛮户纳土"，于王口寨建怀远军，随即改军为平州；政和元年（1111）又废平州，依旧为王口寨，随即复故；南宋高宗绍兴四年（1134）再废平州为王口寨。[4]

王口寨的确切位置，根据史书所述当在"王江"附近，且以位处"王江交口"而得名。王江即王江水，南宋地志指其在"怀远县西一百步"[5]，不论位置或流向，都与现在的都柳江一致，宋代王江水即今之都柳江无

---

① 《宋史》卷四九四《蛮夷二·诚徽州》，第14198页。

② 〔宋〕李焘：《续资治通鉴长编》（以下简称《长编》）卷三四五"元丰七年五月己酉"条，上海古籍出版社1986年版，第3202页。

③ 魏任重《三江县志》卷四《交通·水道》载："由此（产口）再西，入贵州境，可上达丙妹等处，此为黔米及本县木料运输之线。"〔《中国方志丛书》，华南地方第197册，（台北）成文书局1946年版，第495页〕

④ 参见《宋史》卷八八《地理四·荆湖南路》所记。

⑤ 〔宋〕王象之：《舆地纪胜》卷一一四《广南西路·融州·景物》，（台北）文海出版社1971年版，第622页。

疑。都柳江（亦名为融江）是黔桂间流域广又颇具航运之利的河流，起源于贵州东南独山县，在流经三都、榕江及从江三县后，由丙妹镇进入广西三江界。[1]由于沿途收纳八洛江、大年河、水口河、南江、腮江及苗江诸水[2]，流至老堡又有浔江来会，水量因此大增。老堡正处三江交会之要冲，宋代王口寨位置理应在此。

南宋绍兴四年（1134），为方便处理融州寨洞民的输赋与词诉，朝廷在废置平州的同时，也改王口寨为怀远县[3]，自此之后沿袭不替。王口（老堡）位处三江交汇口，具备四通八达的地理优势，一直是湘桂黔三省交通枢纽，重要性历久不衰。朝廷不仅在此设立转买务，以"通蕃汉交市"[4]，甚至输入诚州的广西盐，也选择在此支付。[5]除了商业交换以外，在地方行政统属上，诚、融间的土著豪酋也喜欢就近接受王口寨管辖，而"不愿前去诚州纳土，情愿依旧属融州"，因此呈请每年到王口寨"买卖及赴圣节"[6]。王口因此成为宋代湘桂黔交界地带蛮汉交易最繁盛的口岸。

----

[1] 承蒙"国科会"赞助，作者于2008年、2009年两度至桂北、湘南考察。桂北行程是由融水县出发，沿都柳江北行，经融安县、三江侗族自治县老堡乡及古宜镇后，转而西行循浔江经良口乡产口与梅林乡，过黔桂省界，进入贵州从江县丙妹镇，再至都柳江航运终点榕江县，考察本文所叙各寨堡及都柳江状况。目前都柳江河道虽比历史时期缩减，但仍可航行小型机动船，地方上的小型运输仍借此道运送。

[2] 参见《三江县志》卷一《舆地·山川》及卷四《交通·水道》所记。（第83、495页）

[3] 〔清〕徐松辑：《宋会要辑稿》（以下简称《宋会要》）方域十八《诸寨·王口寨》载："绍兴十四年十一月四日，广南西路安抚转运提刑司言，融州王口寨元系平州，于绍兴四年废为王口寨，本寨洞民凡有输赋词诉并赴融水理诉，动经一月，方使追人到京，委是迟延，乞将王口寨依旧改为怀远。"（《续修四库全书》，上海古籍出版社1995年版，第786册，第176页）

[4] 《长编》卷三四七"元丰七年七月丙寅"条，第3220页。

[5] 《长编》卷三四五"元丰七年五月己酉"条载："自诚州至融州融江口十一程，可通广西盐，乞许入钱于诚州买钞，融江口支证。"从桂北各河流分布及流向来看，笔者以为今日融、浔、都柳江交汇口的老堡（王口寨），最符合此一条件。文中所称"融江口"当为王口寨。（第3202页）

[6] 《长编》卷三三四"元丰六年四月丁巳"条载："丁巳，广西经略安抚司奏，据融州溪峒司状申，据王口寨申洪元州杨昌依、杨圣照、杨昌首、杨圣生、杨圣判等状，近准诚州差人前来招诱昌依等。缘本州首领人各不愿前去诚州。……窃缘昌依等洪元州，自来系融州，每年出来融州买卖及赴圣节。元丰五年十月内准诚州沿边溪峒帖勾追昌依等前去纳土，今来昌依等各不愿前去诚州纳土，情愿依旧属融州……诏札与湖北转运司照会。"（第3110页）

(二) 浐村堡

浐村堡是元丰三年（1080）关杞建议所修诸城中，最先开建的堡寨。依据《宋史》所记，浐村修建的时间在元丰四年[1]，早于多星及收溪两寨。因此推测浐村堡的位置，应该在接近王口砦的都柳江沿岸。依据《续资治通鉴长编》所记：

> 广南西路经略司言，已自融州通开石门溪峒路，欲于新路侧创僧寺，化谕蛮人，乞给度僧牒五道及降御书，岁度僧一人，从之。[2]

可知元丰开通融州道路时，曾建有"石门溪峒路"。今由三江县老堡沿都柳江（王江）西行六十里，至苗江河（又称平江或孟团江）交会处[3]，有石门山与产口夹江对峙，位置十分冲要，桂柳木材北运及湘米南出，都在此转运[4]，这条通道应该就是宋代广西经略司所称之"融州通开石门溪峒路"所在。今在两江交会的苗江东岸，仍有一名为产口的村落，作者以为此地就是宋代浐村堡的位置。

依《宋史》记载，元丰四年（1081）与浐村堡同时建立的还另有石家堡。石家堡的位置，根据《一统志》所记，是在靖州州南三十里，而宋代通道县则在靖州南九十里[5]，由此可以推知，石家堡的位置应在通道县北。两堡既然在同一时间兴建，也说明"诚融通道"的修筑，是分别由融州与诚州（后改称靖州）的南北两个方向，同步往罗蒙寨（后升格为县，又改称通道县）进行。

---

[1] 《宋史》卷八八《地理四·荆湖北路》，第2199页。
[2] 《长编》卷三四五"元丰七年四月辛巳"条，第3198页。
[3] 《三江县志》卷一《山》载："产口石门，在县志南约六十里，当老堡西产口下，夹溶江对峙。"（第79页）又同书卷四《交通·水道》载："由古宜顺流至老堡，由此溯溶江而西，过产口石门，再西上，经良口、洋溪、涌尾、高安、富禄、葛亮、青旇、匡里、梅寨等处，而至县边之石碑。计由老堡至此，约一百五十里，秋冬船载可二千余斤，春夏可四千斤以上。"（第495—496页）
[4] 同上注。
[5] 参见《大清一统志》卷三七六《靖州直隶州·建置沿革》及《古迹》项下所记。（中华书局1986年影印本，第18922、18942页）

（三）零溪堡与都怀寨

零溪堡是北宋"诚融西通道"上位于两州交界附近的一个堡寨。《舆地纪胜·靖州·景物下》记云：

> 凿字溪。元丰癸亥，通道于广西，于溪之旁得古碑，乃唐久视中遣将王思齐帅甲兵征蛮过此，隔碍山险，负舟而济，镜石以记岁月，而夷人以为凿字溪。[1]

《大清一统志》记载，靖州有"零溪巡司，在州西（应为西南）七十五里，政和三年（1113）置零溪堡"[2]，显然凿字溪也为诚融通道所经，而零溪堡则是位处凿字溪附近的堡寨。同书又另记，凿字溪在清代"分入广西界作零溪堡"，笔者据此推测，零溪堡位置当在湘桂交界的广西边境。

广西境内从浐村堡到湘桂交界间，除了零溪堡之外，还有一个都怀寨，《续通鉴长编·神宗元丰六年四月》记：

> 广西经略使熊本奏准密院札子，湖北转运司奏，照会诚州见抄札，潭溪等处溪峒地方直抵广西都怀寨，今若开修，得上件道路，通彻融州，实为扼据三路咽喉，伏望指挥下广西，协力经营以南一带道路。奉旨依所奏。[3]

广西都怀寨仅见于《续资治通鉴长编》这条记事，无法详知其建寨始末及确切位置，仅知其可直抵潭溪等处溪峒。[4]同书"神宗元丰七年四月"亦载：

> [孙顺、赵杨、高铸、周士隆等]各迁一官，以招纳潭溪、上和

---

[1]《舆地纪胜》卷七三《荆湖北路·靖州·景物下》，第438页。

[2]《大清一统志》卷三七六《靖州直隶州·关隘》，第18941页。

[3]《长编》卷三三四"元丰六年四月丁巳"条，第3110页。

[4]《大清一统志》卷三七六《湖南·靖州直隶州·山川》引州志云："郎江，一名狼江……又东北纳潭溪水。"今由苗江河源北行，翻过湘桂界山即为潭溪地区。（第18934页）

等处归明人及开道通广西融州王口寨工毕也。①

潭溪，是贵州西南的一条小河，发源于黎平县东南，流入湖南后成为渠水的西源，宋代称活动于此的土著民族为潭溪蛮，元朝以后还在此设立潭溪长官司。②由以上引文可知，周士隆、孙顾等人以开通王口寨道路及招纳潭溪蛮来归有功，获得朝廷迁官奖励，足可证明王口寨通往诚州的道路确实经过这里。可能在北宋哲宗裁撤堡寨时同遭废置，故不见载于后之史书。

（四）收溪寨

诚融西通道在翻过湘桂界山后，即可抵达收溪寨。依据南宋地志的记载，收溪位置应在宋"通道县东（'西'之误）南四十里"③。《舆地纪胜》记述这条道路的开凿经过及路途所经是：

> 诚州与融州古无道路，元丰六年宋知州周士隆始遣人由小径趋广西，观视山川形势，有请于朝，与广西相首尾，成之。其趋融、宜比他处为捷途，自寨至广西佛子坡三十里。④

同书又记：

> 福湖山，在州之南四十里通道县，比之诸山最为苍翠，元丰中通道广西，正出是山之间。⑤

---

① 参见《长编》卷三四五"元丰七年四月甲午"条，第3200页。（编者按：原文标注此条史料时间为"神宗元丰七年五月"，现查得该史料时间为元丰七年四月，故改。）

② 《明史》卷四六《地理七·贵州·黎平府》载："潭溪蛮夷长官司，府东南。元潭溪长官司。洪武三年正月改置，属湖广辰州。三月改属湖广靖州，后废。永乐元年正月复置，属贵州。十二年三月来属。西南有铜关铁寨山。南有潭溪。"（中华书局1974年点校本，第1207页）另《清史稿》卷五一五《土司四·贵州·黎平府》载："潭溪长官司，在府西南三十里。"（《续修四库全书》，第300册，上海古籍出版社1995年版，第1207页）

③ 按：依照地理方位来看，佛子岭及收溪寨都不应该在通道县东南，另据《湖南通志》卷三一《地理志三十一·关隘三·靖州》载，"通道西南五十里为收溪寨"，可见此处之"东南"应为"西南"之误。[《四库全书存目丛书》，（台南）庄严文化事业有限公司1996年版，史部第216册，第167页]

④ 《舆地纪胜》卷七三《荆湖北路·靖州·景物下》，第438页。

⑤ 同上注。

今三江县北有通天寨（一称都天）山脉，其西脉由湖南绥宁县蜿蜒而南，至石门山过都柳江，延伸为枫木岭，迄丹洲镇止。[①]顾炎武也记佛子岭（宋时称佛子坡，清方志记为佛子山）在通道县南一百里[②]，笔者以为佛子坡与福湖山不论方位或里距都符合方志所叙，应属于通天寨山系的小山。此外，清乾隆《湖南通志》也清楚地指出，周士隆所修由王口砦通往诚州的道路，就是"收溪小径"[③]，时至今日，这条道路仍为县道所经。收溪寨显然也是元丰六年（1083）为道通融州而修建的堡寨群之一，其具体位置依据《湖南通志》引《州志》所叙，当在湘桂交界的佛子山北面三十公里处。[④]这里正当湘桂交通要口，直至明朝，都还在此设立巡司，清代以后又复为砦。

（五）多星、天村及大田三堡

宋代多星堡的位置，依照《宋史·地理志》及《大明一统志》所记，就在通道县西的多星江滨。[⑤]多星江在贵州称永从溪，源出黎平县界，东北流至与潭溪交汇口之多星堡后，始称多星江，再往北与羊镇堡江、洪州江合流后，改称罗蒙江，汇入渠水。[⑥]史称神宗元丰六年（1083）始置多星堡，次年又增建天村、大田两堡。两堡的具体位置今已难考，不过由其设立时间比多星晚一年来看，应该在多星堡北、羊镇堡以南的地区。元祐三年（1088）废置多星堡时，天村、大田堡也同遭弃置，直到徽宗崇宁三年（1104），这三堡又与石家堡及泸村堡同时复置。

① 《三江县志》卷一《舆地·山川》，第77—78页。
② 〔清〕顾炎武：《肇域志·湖广·靖州·通道县》，上海古籍出版社2004年版，第1868页。
③ 〔清〕陈宏谋：乾隆《湖南通志》卷一九《关隘·通道县》，《四库全书存目丛书》，史部第216册，第338页。
④ 《大清一统志》卷三七六《靖州直隶州·山川·渠河》引州志载："渠河出通道县西南佛子山。"（第18933页）由此可证渠河有一支流源于佛子山，笔者推测收溪寨应位于这条宋朝称之为收溪的河畔。至于宋朝收溪到底是今日哪一条河流，作者虽翻检宋代以来各种地志，还是无法解决这一疑问，只能留待日后其他学者确认。
⑤ 〔明〕李贤：《大明一统志》卷六六《靖州·山川》，三秦出版社1990年版，第1021页。
⑥ 乾隆《湖南通志》卷一九《关隘·通道县》引《州志》云："今收溪砦南三十里至佛子坡，即广西界也。"

（六）羊镇堡

汉唐以来，湘桂黔交界地区一直都是独立于朝廷威权之外的统治空白地域，多星与收溪诸堡寨建置之后，严重影响到土著豪强权益，当地土酋杨氏遂串联王江及诚、融州蛮部共同反叛，朝廷为息事宁人，只能暂时放弃这条道路以及沿途堡寨。《宋会要》载其经过云：

> ［元祐三年十月十四日］荆湖诸蛮近汉者，无所统一，因其请吏，量置城邑以抚治之，后来边臣希功献议，创通融州道路，侵逼峒穴，致生疑惧……杨晟台者特免诛讨，除存留守把兵丁外，并罢添屯军马，其湖北所开道路，创置多星、收溪、天村、罗蒙、大由等堡寨并废。①

荆湖土著的大反叛，导致多星、收溪、天村、罗蒙诸堡寨与道路同遭废置。直到徽宗崇宁三年（1104），王祖道等积极经营桂西北时，才又重开此路，除恢复多星堡外，又新置羊镇堡。②

通道县罗蒙江上源有三，其中之一就是羊镇堡江。羊镇堡江起源于诚、融两州边界的佛子山，羊镇堡即位于江侧。由于羊镇堡江最后汇入罗蒙江（渠水上游另称），因此《大清一统志》也记其"在通道县南罗蒙江侧"。③今湖南通道县西有牙屯堡河，同属于渠河三源之一，"羊镇""牙屯"两者读音相近，两河的起源、流向及汇入河流又都相同，显然是今古异名的同一条河流。

如前所论，多星江为羊镇堡江的支流，多星堡与羊镇堡则分处两江之侧，两河遂成为堡与堡间来往的最佳通道。推测徽宗崇宁年间再次路通多星堡时，道路仍循元丰旧路，于穿过佛子岭，走多星江抵达多星堡后，再循羊镇堡江北上，经羊镇堡至罗蒙寨。今天通道县牙屯堡江旁，有一名为

---

① 《宋会要》方域十九《寨·分寨便利》，第189页。

② 《宋史》卷八八《地理四·荆湖北路》，第2193页。

③ 《大清一统志》卷三七六《靖州直隶州·关隘》，第18943页。

牙屯堡的小镇，推测就是宋代羊镇堡的所在地。

（七）罗蒙寨

罗蒙寨与多星堡一样，都是元丰六、七年间设置的堡寨。元祐三年（1088）又与多星、收溪堡同遭废弃。王祖道重开诚融通道时，又复置罗蒙，并将之升格为县，徽宗崇宁二年（1103），可能因其具有"通道广西"之利，而改称为通道。[1]据清方志记载，通道县西有罗蒙江，由羊镇堡江、天星江及洪州江三水汇流而成。罗蒙县与罗蒙寨之得名，当与罗蒙江有关，推测罗蒙县（通道县）即由罗蒙寨升格而来，两者实为一处。

不过依据南宋人王象之《舆地纪胜》的记载：

> 通道县，在州□□□□□里。元丰六年通路广西，得故城基，盖唐之置。旧县基莫知其名，命为多星堡。[2]

王象之认为宋代通道县（原罗蒙县）的治所，原为唐朝旧县所在，宋于旧址建立多星堡。但据《两唐书》记载，江南西道播州虽有罗蒙县，地点却在今日贵州遵义市[3]，与此距离遥远，地望并不符合。检核史书，在唐朝290余年间，从未在罗蒙江附近建立任何经制州县，北宋徽宗却于此置县，如《纪胜》所记无误，此一"旧县基"可能只是罗蒙县（原罗蒙寨）的旧址。另依《宋会要》记载，元祐三年（1088）废多星诸寨时，罗蒙也同时列名其中，可见多星与罗蒙寨在北宋时期是同时并置的，两者并没有先后沿袭的关系。徽宗崇宁以后，除多星堡以外，又于罗蒙江支流增置羊镇、零溪等堡[4]，直迄南宋，多星堡都一直存置不废。而罗蒙寨在升格为通道县以后，"罗蒙"之名也从此不再见诸史载，笔者以为多星与罗蒙实为两个不同的地方，《纪胜》此处记载恐有讹误。

融诚西通道在多星堡之后的行程，即进入渠水流域，从多星堡、罗蒙

---

① 《宋史》卷八八《地理四·荆湖北路》，第2197页。
② 《舆地纪胜》卷七二《荆湖北路·靖州》，第437页。
③ 《旧唐书》卷四〇《地理三·江南西道·播州下》，（台北）鼎文书局1978年版，第1626页。
④ 《大明一统志》卷六六《靖州·关隘》，第1021页。

县，至诚州治所贯保寨，都是行走于渠水谷地中。这条道路也是宋代贯通沅、诚两州，南北向交通的一部分。由诚州穿过沅州托口寨（今湖南洪江市托口镇），可远抵沅州治所卢阳县。根据《宋会要》记载：

> 元丰六年五月十三日，西上阁门使果州刺史谢麟言……兼诚州见招纳上和、潭溪等洞，自可以开托疆域，兼猪狼、九衙等诸洞并在托口寨西南，见隶沅州，水陆道皆出托口寨，设或溪洞入寇，诚州地远，力不能制，沅州又为托口等寨所隔，难便错置或以生事，乞以小由（"由"为"田"之误）、托口两寨依旧隶沅州，以大由（"田"之误）筑溪洞，割隶诚州，从之。①

文中指出这条由融州经诚州到托口寨的道路，是控制湘西上和、潭溪、猪狼、九衙诸洞的水陆要道。长期以来，贵州及湖南西部大部分地区都是土著民族生聚之处，为阻扼这些部族东出侵扰汉人郡县，遂在道路两旁及河流交口广置堡寨，例如元丰七年（1084）六月，就曾"赐广西路经略司度牒二百道，应付融州新招溪洞置堡寨"。②仅从度牒二百道这个数目来看，可知元丰年间的修路规模应该不小。③（参见文后附图）

二、诚融东通道——浔江林溪线与堡寨

（一）浔江林溪之一寨三堡

自元丰三年（1080）神宗采纳关杞建议筑寨修路起，到元丰七年修建完工为止④，朝廷在"诚融东通道"王口寨以北，共设置融江寨及文村、

---

① 《宋会要》方域十九《寨·分寨便利》，第189页。
② 《宋会要》方域十九《寨·新置堡寨》，第189页。
③ 《长编》对于奖励地方官员及蛮酋修路有功，特予赠官、迁官、减磨勘、赏赐的记事很多，可见这次道路兴修的规模很大。详见《长编》卷三四五"元丰七年"所记。
④ 〔宋〕王存：《元丰九域志》卷九《广南路·融州》："开宝五年以桂州之珠川洞地置罗城镇。熙宁七年省武阳、罗城二县为镇，入融水。融水，一十乡。武阳、罗城二镇。安厢、王口二寨。寨一。元丰七年置。融江，州东北三百里。堡三。元丰七年置。临溪，州东北四百九十里。文村，州北三百二十五里。浔江，州东北三百六十里。"〔（台北）华世出版社1986年版，第424页〕

浔江、临溪等一寨三堡。

　　浔江堡的位置，依据《元丰九域志》的说法，是在"州东北三百六十里"①。其确切地点依《三江县志》记载，是在浔江与北面支流林溪河的交口宜良镇（今古宜镇，三江侗族自治县县治）对岸②的浔江边上白石寨（在石眼口上）。③由浔江堡沿林溪东北行，即可到达文村堡。林溪河，古称临溪，发源于融水县北高步乡（今改称林溪乡）之水团村，南流入光辉乡后，过文村，再合武洛江东南流，至石眼口（宋代浔江堡）入浔江。④从文村沿林溪河东北行，可至今三江自治县林溪乡，乡的位置及里距都与《九域志》所称临溪堡相当，疑此处即为宋朝置堡之地。至于融江寨，详细所在今已无考，史书称其在"融州东北三百里"⑤，推测位置可能在浔江堡西南，融浔交口至浔江寨间的浔江河畔。

（二）诚融东通道——浔江林溪线

　　浔江，是融州东北最具有水运之利的河流。元丰七年（1084）五月庚戌，朝廷以"广南西路浔、融、王江溪峒，开路功毕"特别奖赏知桂州熊本赐银绢三百⑥，所开通的道路之一，就是沿浔江而上的这条水道。从上文考证可知，一寨三堡所处位置都分布在浔江及其支流林溪河上。"诚融东通道"即是从王口寨顺着浔江至石眼口，转溯林溪河上航，再分为两线通往湘境，分别是往临冈县的东侧支线，与通往罗蒙寨的西线。

---

① 依照《元丰九域志》卷九《广南路·融州》的记载，浔江堡应在"州东北三百六十里"，与《大清一统志》所记"三十六里"不同。据笔者下文之考证，浔江堡在今之石眼口，不可能在林溪河的文村堡以北，可知《元丰九域志》"三百六十里"为"三十六里"之误。
② 《三江县志》卷一《山川·川》载："浔江……至白石寨边旧皇城脚对面之石眼口，林溪合武洛江自北来注之。"（第84页）
③ 《三江县志》卷三《行政区划及沿革·镇》载："薄江镇，在白石寨之上，即宋之浔江堡，与宜良（镇）相对。"（第208页）
④ 参见《三江县志》卷一《山川·川》及卷三《行政区划及沿革·甲》所载。
⑤ 《元丰九域志》卷九《广南路·融州》，第424页。
⑥ 《长编》卷三四五"元丰七年五月庚戌"条载："庚戌，龙图阁待制知桂州熊本赐银绢三百，仍降诏讲谕，以招纳广南西路浔、融、王江溪峒蛮，并开路功毕也，其勾当五文武官趣经略司上功状。"（第3202页）

往临冈县东侧支线的行经地点及走向，依据广西《三江县志》的记载是：

> 自古宜溯浔至石眼口，由此入林溪，上航，北达林溪街，约六十里。春夏船载千余斤，冬可七八百斤。至此舍舟登陆，达横岭乡之平坦村，二十五里，可由平坦河顺流而下，达湖南省绥宁县属之双江。其船载重量，与古宜至林溪略同。此线如能便利，则运盐出湘，运米入境，其益甚大。[1]

自林溪河逆水上航至林溪街，舍舟东北行接平坦河（今名坪坦河），再顺流而下即可进入双江。双江，位在（湖南省）绥宁县东五十里，又称为双溪，《（乾隆）湖南通志》记其由通道县流入县境，注入临口河。[2]今临口河有临口镇，宋代临口寨置此。如由双江转临口河，即可进入临冈县，是两宋时期从融州通往武冈军治下临冈及绥宁两县，最便捷的道路。[3]由于这条道路的后半段行程已超出本文论述范围，本文仅简述如上，其他则留待日后另文再论。

至于通往罗蒙寨的西线，则从林溪河谷北上至河源，西北行数里，即可进入牙屯堡支流，再顺水而下到达羊镇堡。自此北行经罗蒙寨（通道县），可到达诚州治所贯保寨。（参见文后附图）

宋神宗在短短四五年间，完成一张横跨蛮荒的湘桂黔间交通网络，就当时科技水平而言，实为匪夷所思之事，笔者相信应是将早先存在的土著往来小路，进一步拓宽及联结，并于各水路要口建立堡寨，将之纳入汉人政军管理系统，并非全属新建工程。在交通及堡寨系统完成后，对地方统治的加强与"制蛮"工作之进行，虽大有助益，却也同时激化了汉蛮间冲突。元祐初年（1086—1087），傅尧俞、王岩叟曾上书表示："自广西融州

---

[1] 《三江县志》卷四《交通·水道》，第494—495页。

[2] 乾隆《湖南通志》卷一五《山川十·靖州·绥宁县》，《四库全书存目丛书》，史部第216册，第270页。

[3] 参见《宋史》卷四九四《蛮夷二·西南溪峒诸蛮下》，第14191—14192页。

创开道路达诚州，增置浔江等堡，其地无所有，湖、广移赋以给一方，民不安业，愿斟酌废置。"①说明修建道路不仅增加政府负担，甚至成为土著民族彼此串联、共同举事的便道。原来可能局限于一处的小规模部族叛乱，反而因此蔓延扩大。例如神宗元祐二年（1087）诚州蛮酋杨晟台反叛，不但循林溪河南侵文村堡，进而联结西融州蛮粟仁催，往来两路屡为民患，最终演变为融、诚、湖南"三路俱惊"，道路堡寨尽废的局面。②这也充分说明，诚融通道为何在历经艰苦修筑成功后，还会经过两次废弃及再建置的过程，汉人经营本区的困难，也从此事显现出来。

三、黔融通道——王江路与堡寨

桂黔交界地带，在北宋诸帝的大力经营下颇见成果。徽宗崇宁年间，再将行政建置延伸到王江上、中游地域，沿着今日黔桂两省的边界广置州县。宋代王江即为今穿过黔桂边境之都柳江（另称为溶江）③，沿江之地历代都是非汉族生聚处所。朝廷藉着河道之利，在元丰年间开拓石门通道的基础上，再沿河而西，深入王江上、中游地带开建堡寨。史称：

> 蔡京开边，祖道欲乘时徼富贵，诱王江酋杨晟免等，使纳土，夸大其辞，言："向慕者百二十峒、五千九百家、十余万口，其旁通江洞之众，尚未论也。王江在诸江合流之地，山川形势，具诸峒要会，幅员二千里，宜开建城邑，控制百蛮，以武臣为守，置溪峒司主之。"诏以为怀远军……置二寨，为立学。④

依据《宋史·地理志》的记载，崇宁四年（1105）建立怀远军后，即再改

---

① 《宋史》卷四九三《蛮夷一·西南溪峒诸蛮上》，第14181页。
② 《宋史》卷四九四《蛮夷二·诚徽州》，第14198页。
③ 按：《舆地纪胜》卷一一四《广南西路·融州·景物》记载："王江水，在怀远县西一百步。"（第622页）宋代怀远县治所在王口寨，王口即今日老堡，县西即为贵州流入之都柳江。
④ 《宋史》卷三四八《王祖道列传》，第11041页。

为平州，并于怀远附近建立王口及万安（百万）两寨。[1]另又为控制黔南生蛮徭团的东出，还同时在王江要地的安口隘等地，建立允州、安口县与格州、乐古县。

（一）万安（百万）寨

两宋时期，称活动于王江上、中游的土著民族为王江蛮，由于唐朝曾于此设置古州，因此又以古州蛮称之。经过北宋诸帝的经营，融州通往诚州的建设已大致完成，王江沿河也渐趋稳定，徽宗崇宁四年（1105），遂另于王江上游新设万安（百万）寨。万安寨的位置，据《大清一统志》记载，是在怀远县西北的清代万石镇。[2]明初曾在此置万石镇巡检司，镇在都柳江南岸、三江县梅寨乡的梅寨村（今日三江梅林乡）[3]，过此不远，即以石碑村与贵州从江县交界。《县志》称都柳江"自入境之石碑村至老堡，水程约□百五十里，常通船，载重可二三千斤，春夏可五千斤"[4]。万安寨，显然是都柳江水运的港口之一。徽宗于此建立万安寨，当然是想借着融江各主、支流，将泸口、王口、浔江诸寨与融州串联起来，组成便捷的运输网络，以求更能有效地统治这片"新纳之地"。

依《宋史》所记，崇宁四年（1105）置万安寨时，又同建有百万寨。百万初属平州管辖，政和元年（1111）改隶允州，后以州废再改属平州。[5]百万之确地今已无考，史籍中相关记事，也仅此一条。《三江县志》虽记载百万寨为万安寨之改名，两者本为一地，但不知作者所据为何？本文姑且留此一说，期望他日能有更进一步之考证出现。

（二）乐古寨

乐古寨原为羁縻中古州，徽宗崇宁四年（1105）王江古州蛮纳土，才

---

① 《宋史》卷九〇《地理六·广南西路》，第2246页。

② 参见谢启昆：《广西通志》卷一二一《关隘略一·怀远县》，《续修四库全书》，第680册，上海古籍出版社1995年版，第673页上。另《大清一统志》卷四六三《柳州府·关隘》亦有相同之记载。

③ 《三江县志》卷三《行政区划及沿革·区相划分新旧对照表》，第231页。

④ 《三江县志》卷一《舆地·山川》，第87页。

⑤ 《宋史》卷九〇《地理六·广南西路》，第2246页。

改制为格州，次年（崇宁五年，1106）再改称从州，政和元年（1111），又废为乐古寨。①作者根据《大清一统志》记载，推敲其地点，当在清代永从县西的废古州长官司东南②，今榕江县古州镇附近。唐代贞观十二年（638），李弘节开拓边疆，曾在这里设置古州，统领乐山、古书、乐兴三县，天宝元年（742）改称乐古郡，未久，州县即一并废置。③徽宗所置乐古县及寨，名称除沿自乐古郡外，也应与古书及乐山两县县名有关，可知乐古寨地望仍在唐代古州旧地。

（三）安口寨

安口，是宋代王江上游的重要据点，为能有效控制王江沿河之生蛮徭团，神宗"熙宁中，尝遣承制刘初领兵丁置寨于安口"，但是这次进筑寨堡，却引起土著民族很大的反弹，杀伤官兵甚众，王江上游之经营因此拖延数年，直到元丰年间道通诚融时，才一并解决。神宗对于王江沿河的经营，《宋会要》有很清楚的记载：

> 元丰七年八月一日，荆湖路相度公事所言，王江一带自大湴口以上接连檀西诸蛮与今道路相接，朝旨专委主管广西经略司机宜文字程节招纳措置，本处地里阔远，蛮已归附，须筑一堡寨以为守备。诏节言，王江上流地名安口，控扼诸峒，其地宽平可建城寨，然由王口而上经大湴口、老江口，皆生蛮徭团族，唯以略峒民板木为生，今虽劾顺，各有俸给，若建城寨亦须兵威弹压。今欲沿江及中心岭各治道路渐进，先置堡铺于吉老、江量，留兵丁以防钞截粮道，然后安口可以积功。又言王江一带团峒东由王口、三甲，西连三都、乐土，南接宜州、安化，北与诚州新招檀溪地密相邻比，熙宁中尝遣承制刘初领兵丁置寨于安口，诸蛮并力杀伤官军，自此蛮情愈更生梗，今遍招纳例

---

① 《宋史》卷九〇《地理六·广南西路·平州》，第2246页。

② 《大清一统志》卷五〇八《黎平府·古迹·从州故城》，第25637页。

③ 参见《旧唐书》卷四一《地理四·古州》（第1749页）及《新唐书》卷四三《地理七上·岭南道·古州》（第1108页）所记。

皆效顺，既当开道路、置堡寨驿铺，分兵丁防守，乃为久安之计。又
缘事干两路，与诚州同时措置，庶使诸蛮力有所分，易为办集，
从之。①

为了防堵檀西各部落，程节除建议在宽平的安口建筑堡寨，以兵威镇压之
外，并主张开通道路、置驿铺，分兵防守各堡寨，才是维持久安的根本之
策。对于程节的建议，史书虽记神宗"从之"，但直到徽宗朝，广西经略
王祖道仍宣称王江附近的"黎人为患六十年，道路不通"②。安口是否如
上文所言，在徽宗崇宁四年（1105）建立允州以前，就已经落实堡寨的兴
修与道路通畅，实在值得怀疑。③即使如此，安口还是能借王口江水利之
便，控制黔东南各部族，重要性并不因此减低。徽宗建立允州于安口，想
必也是着眼于此。

安口寨的确切位置，现已难考。依据上文推估，应在王口寨以西，宜
州、安化以北，诚州南面的王江沿岸。《中国历史地图集·北宋》将其绘
在浐口与从州之间的王江北岸，所绘位置应与实际地点相差不远。《续资
治通鉴长编》记载神宗熙宁十年（1077）六月，有允州蛮舒光勇诣州自
陈④，推测王江附近原有羁縻允州的存在，到徽宗崇宁四年（1105）十二
月才依王祖道的建议，在原先安口置寨之处，建立安口县，并以允州之名
建立经制州。（参见附图）

四、诚融驿道的经济价值

（一）湘桂间的行盐路

诚融通道上的堡寨大都依河而建，主要是为充分利用水运之便。桂北

---

① 《宋会要》方域二十《诸堡·堡寨堡名》，第217—218页。
② 《宋史》卷三四八《王祖道列传》，第11041页。
③ 从元丰七年程节建议兴修道路堡寨起，到徽宗崇宁四年王祖道建立允州，中间仅间隔二十年，
不符合所说之"黎人为患六十年，道路不通"情况，可以推测程节的建议实际上并未落实。
④ 《长编》卷二八三"熙宁十年六月甲午"条载："允州蛮舒光勇为三班奉职安州监，当以知沅
州谢麟言光勇先纳土而逃，今诣州自陈，乞依南江溪峒例补授，故也。"（第2670页）

诸河多发源于黔南或湘桂间，流入广西柳江后，即加入庞大西江通航系统，深具水运价值。《三江县志》在记述县内河流水利时说：

> 境内三江纵横，支流网布。溯浔江而上，舟过斗江，可通龙胜。溯林溪而上步过平坦，可北达湖南……顺浔流，浮怀水，则南达长安柳州。由老堡溯溶江，则西通贵州丙妹。由产口石门溯平江北上，可至同乐。而怀水之雨旁，如田寨河、合水诸支流，及溶江、平卯支流，皆有一段可通舟楫。至于舍舟而陆，则言诸流之两岸，康庄小道，交互联通，其间桥樑津渡，皆可通行。①

诚融通道除有"制蛮"的政军效用外，还具备相当之经济功能。根据史书记载，这条通道不但是广西运盐入湘的主要通道，也同时负责对诚州诸寨运补及与蛮峒博易的任务。《续资治通鉴长编》就记载：

> 荆湖路相度公事左司员外郎孙览言：沅水已招怀结狼、九衔等百三十余州峒，乞委本州随其风俗量宜约束，不必置官屯守，自困财力。卢阳、麻阳之间，有生莫徭五百余户，乞招抚补授令，把托道路。自诚州至融州融江口十一程，可通广西盐，乞许入钱于诚州买钞，融江口支盐，增息一分，可省湖北岁馈诚州之费。辰、沅州准此……诚州买广西盐，……并施行。②

作者以为文中之融江口，当为今日融、浔江交口的老堡（三江侗族自治县老堡乡）。宋代广西行盐多利用水运，从老堡（宋代王口寨）东循浔江、林溪可通往湖南，是历史时期桂盐北出之路。往西沿都柳江（清方志又称为溶江）溯溪而上，至产口（今名，宋代石门浒口）分道，北路可循苗江及牙屯堡河，至湖南省通道县。西则溯都柳江上行，经贵州从江县丙妹镇，可达榕江县古州镇（唐代古州），是黔东南沟通两广最便捷的道路，

① 《三江县志》卷四《交通》，第494页。
② 《长编》卷三四五"元丰七年五月己酉"条，第3202页。

历史时期黔米多借此道东运桂省。①往南则顺着融江（柳江上游）而下，进入桂西北最繁忙的柳江水运线②，再由柳江进入西江水系，直抵海口广州。③不论从广西或广东沿海运盐至此，一路由西江入柳江，经融江再转入浔江或都柳江，全程水运不必经过陆路，既有运输量大的优点，又能简省费用，因此诚州"岁馈"多赖融江口的盐息支应。诚州对广西财税的仰赖，自设州之日起就没改变过，元祐初年时，傅尧俞、王岩叟就指出"自广西融州创开道路达诚州，增置浔江等堡，其地无所有，湖、广移赋以给一方，民不安业，愿斟酌废置"④。到了南宋孝宗也曾慨叹"靖隶湖北，今闻仰给广西，何也？"⑤诚州对广西依赖如是之深，融诚间交通的重要性也由此可见。

（二）置驿铺的官道

诚融通道还是一条设置驿铺的官道。元丰七年（1084）五月，神宗在道路建设完工以后，曾经以"招纳融州溪峒通道置驿功毕"原因，对程节、程遵彦、刘舜宾、杜临等地方官员，各以迁一官或减磨勘年及赐绢作为奖励。⑥由此可以确知，这是一条"置驿"的官道。《宋会要·方域十九·广西七寨》也记载：

> 乾道四年八月十四日吏部言，广西宜州德胜、融、文村、融州临

---

① 《三江县志》卷四《交通·水道》载："由古宜顺流至老堡，由此溯溶江而西，过产口石门，再西上，经良口、洋溪、涌尾、高安、富禄、葛亮、青旂、匡里、梅寨等处，而至县边之石碑。计由老堡至此，约一百五十里，秋冬船载可二千余斤，春夏可四千斤以上。由此再西，入贵州境，可上达丙妹等处，此为黔米及本县木料运输之线。"（第495页）

② 《三江县志》卷四《交通·水道》载："由古宜浮浔江，顺流而南，过草头坪、泗里口、达老堡，约六十里。春夏船载可二万斤，冬可万斤。再由老堡泛怀水，南经塘库、马鹿脚、田寨河口，而至丹州、板江（丹州对岸），约六十里。春夏船载重达三万斤，冬可一万余斤。再南，入融境，达长安，直通柳州。此为水运最繁盛之线。"（第495—496页）

③ 以广东省广州为起点，经广西、贵州至四川省成都的321国道，在桂北产口以下路段，就是沿着都柳江岸而行，一直到从江县丙妹镇为止，至此公路才脱离江岸，往西直奔而去。笔者2008年至此地考察时，常借此一公路往返。

④ 《宋史》卷四九四《蛮夷二·西南溪峒诸蛮下》，第14181页。

⑤ 《宋史》卷四九四《蛮夷二·西南溪峒诸蛮下》，第14193页。

⑥ 《长编》卷三四五"元丰七年五月乙丑"条，第3205页。

溪、宜州堰江、临冲五堡主管堡事，邕州迁隆镇、融江（"江"应为"州"之误）、乐善、融江、通道……元系本路辟差，昨承乾道三年七月指挥送部使阙差注见差亲民资序材武人，今欲比附本部，见使巡检知寨条法破格注，初任材武人，次经任监当不应材武人，从之。[1]

可见直到南宋孝宗乾道四年（1168），诚融东通道上的融江、文村、临溪堡以及通道等，都还继续发挥功能。韩元吉在《南涧甲乙稿》中也记载，他在通判邵、靖、融三郡时，看到溪洞蛮诈为汉官士子，"带家属止铺驿，以诱市吾人为奴婢"的情况。[2]韩元吉为南宋人，作者据此推测，诚融道路之置驿与行盐，很可能在两宋时期都一直并存不废。

一般史家咸认为湘桂黔相邻的三角地带开发甚晚，明朝以前都没有置驿的官道出现。经过上文考证，显然与事实不符，宋代对于湘南、黔东南及桂西北，其实有过很深的着力。只是宋末中国进入大动乱时期，作为一个外来统治者的元朝，对于这一个三角地带，似乎无心维持前朝之经营规模，本区遂又回复到部落分立的割据状态，驿路也因此荒废。直到明朝商旅通用的《寰宇通衢》及《一统路程图记》面世，都未见这几条道路的记载。[3]史家向来以为，两宋是中国历朝中较为积弱不振的一代，由本文所叙来看，对于湘桂黔间的经营，两宋之成果不但超出前朝，甚至连较晚的明代也望尘莫及。

结　论

王朝疆土的稳定与扩充，有赖于长期而稳定的地方行政建置，经制州、县对于中央政令的贯彻，绝非宽松之藩属国甚或羁縻州所能及，因此

---

[1]《宋会要》方域十九《寨·广西七寨》，第199页。

[2]〔宋〕韩元吉：《南涧甲乙稿》卷二一《墓志铭·中奉大夫提举五夷山冲佑观王公墓志铭》，中华书局1985年版，第435页。

[3] 据杨正泰《明代驿站考》记载，明代湘西南的驿站，只设到靖州会同县（今靖州县北的会同县）之洪江驿，广西北面也只有融县的融水驿，靖、融州之间并无官道及驿站的设立。（上海古籍出版社2006年版，第27、61页）

只要有需要，而中央政治势力又足以掌控地方时，就会尝试"改土归流"，夺取地方的行政权，以及与统治权相随不离的军事与经济权力。北宋自仁宗朝起，即对桂西北展开长期的经营，至神宗元丰年间达到第一个高峰，湘桂黔间几条交通道路与沿途堡寨，都在这一时期陆续完成。但在朝廷逐步建立政军组织，边臣竞相拓边邀功情况下，土酋权力当然受到严重紧缩，激烈汉、土冲突的发生，几乎无可避免。因此在神宗筑路后两年（哲宗元祐三年，1088），湘桂黔间土著就爆发大规模的反叛。[1]汉人在土著地区建立行政组织的难处，诚如苏辙在《问渠阳蛮事札子·贴黄》中所言：

> 今渠阳、蒋竹虽名为州县，而夷人住坐一皆如故，城池之外即非吾土，道路所由并系夷界，平时且军食吏廪空竭两路，今欲举而弃之，实中国之利也。然其兵民屯聚，商贾出入，金钱盐币贸易不绝，夷人由此致富，一旦废罢，此利都失，其所以尽死争占而不已者……[2]

"城池之外即非吾土，道路所由并系夷界"，是深入湘黔桂地区建立行政建置的最大困难。朝廷为维持堡寨的运作，必须付出很大代价，姑且不论土著反叛后的广大牵连，即使是平时军食吏廪的供给，就已经是"空竭两路"了。

深入蛮区既然有偌大之困难，为何朝廷在付出惨痛代价后，还是持续不懈致力于此？这固然是受到根深蒂固"教化蛮部"思想的影响，另一方面也是基于安靖边疆、稳固地方统治的实际需要。因此在元祐废堡后十余年，本区又迈入另一个建置的高峰期。大观元年（1107），徽宗接受广西经略王祖道的建议，于今湘桂黔相邻地区设置十二州，并割柳、融、观、

① 《宋会要》方域二十《诸堡·堡寨堡名》，第217—218页。
② 〔宋〕苏辙：《栾城集》卷四四《问渠阳蛮事札子·贴黄》，《四部丛刊初编》，上海书店出版社1989年版，第976册，第4页。

平等九州为黔南路①。结果广置州郡的下场，又与元丰年间如出一辙。徽宗宣和中，就有朝臣针对这件事情提出检讨说：

> 招致熟蕃，接武请吏，竭金帛、缯絮以啗其欲，捐高爵、厚奉以侈其心。开辟荒芜，草创城邑，张皇事势，傥幸赏恩。入版图者存虚名，充府库者亡实利。不毛之地，既不可耕；狼子野心，顽冥莫革。建筑之后，西南夷獠交寇，而溪峒子蛮亦复跳梁。士卒死于干戈，官吏没于王事，肝脑涂地，往往有之。以此知纳土之议，非徒无益，而又害之所由生也。②

朝廷于是"诏悉废所置初郡"，新建诸州再度遭到废置的命运。

自徽宗大观三年（1109）罢废黔南新置十二州以后，北宋所置堡寨大多随着行政建置退出而荒废，就史书及《岭外代答·寨丁》所记，南宋以后靖、融州间诸堡寨，唯有浔江四堡一寨见诸记载③，推测诚融西侧的石门泸口道，在北宋末年弃置风潮中遭到波及，道路也随之中断，只剩下东侧的林溪河道路继续发挥功能。南宋以后林溪道能够独存的原因，全在于靖州的经济对广西依赖太大，而靖州又是"重湖、两广保障"的南服要区，靖州若失，则湖南沅州及广西融、桂、柳诸州岌岌可危，因此之故，即使其"居蛮夷腹心，民不服役，田不输赋"④，也需咬牙苦撑不能放弃。土豪酋与朝廷继续维持着宽松的羁縻关系，享受轻税甚或免税的待遇，地方政府也只期望其能做到"不反叛生事、每岁圣节至州府申贺"的基本要

---

① 《宋史》卷四九五《蛮夷三·抚水州》载："崇宁、大观间，边臣启衅，奏请置州拓境，深入不毛，如平、从、允、孚、庭、观、溪、驯、叙、乐、隆、兑等十有二州，属之黔南，其官吏军兵请给费用，悉由内郡，于是骚然，莫能支吾。"（第14210页）
② 《宋史》卷四九三《蛮夷一·西南溪峒诸蛮上》，第14182页。
③ 〔宋〕周去非著，杨武泉校注：《岭外代答》卷三《□□门·寨丁》融州有融江寨、武阳寨，与浔江、文村、茶溪、临溪四堡。以上两寨三堡已于本文中讨论，唯有茶溪不知确地何在，无考。（中华书局1999年版，第137页）
④ 《宋史》卷四九四《蛮夷二·西南溪峒诸蛮下》，第14193页。

求。①融州以西广大黔桂交界地域的地方统治权，实际上又再回到各部族手中。

宋代湘桂黔相邻地区堡寨分布图

[原载廖幼华《深入南荒——唐宋时期岭南西部史地论集》，

（台北）文津出版社2013年版]

---

① 参见《岭外代答》卷一《边帅门·融州兼广西路兵马都监》，第51—52页。

宋代岭南交通路线变化考略

陈伟明

唐代岭南内陆交通，若以广州为轴心，北可抵汴洛，东北与江南沟通，西出大理，东通闽浙，初具全方位的交通格局。至宋代，随着社会政治经济的发展，岭南交通基本格局除沿袭唐代之外，又有了两个明显的变化：一是交通道的增辟，二是交通路线的整治与管理水平的提高。

宋代岭南交通道的增辟，主要集中在东西方向，即东通闽浙与西出大理的交通路线。

东路交通，向为落后，尤其是陆路交通。唐代有两路可通福建。若从广州始，可经循州（今广东惠州）至兴宁（今广东兴宁县北），若到漳州（今福建漳浦），则经程乡（今广东梅县）南行水路到潮州，东行沿所谓"漳浦路"抵达漳州。若到汀州（今福建长汀），也须经程乡北上而至。这种单线联系的交通状况，显然难以适应宋代岭南东部及福建沿海地区的经济开发的需求。为此，宋代增辟了一条由惠州（即唐时循州）东南行经海丰至潮州的交通路线。绍兴二十九年（1159），参政林安宅"蒙恩将漕东广，至潮问途趋番禺"，时人谓之"直北而西，由梅及循，谓之上路。南自潮阳，历惠之海丰，谓之下路。绵亘俱八百余里。上路重岗峻岭，峻险难登。林木蓊翳，瘴疠袭人，行者惮焉。下路坦夷，烟岚稀远，行人多喜由之"①。此新道起码在南宋初已发挥着重要的交通作用。建炎四年

---

① 〔明〕解缙等：《永乐大典》卷五三四五《潮州府三·文章》，中华书局1986年版，第3册，第2483页。

(1130) 五月，"广西路左右两江峒丁公事李域言措置收买战马赴行在，探报江西路各有贼马，道路阻节，今踏逐得广东有便路经自福建入两浙赴行在，欲起马纲自广东经路前去"①。既称"便路"，乃指路线的通行条件，通行距离及通过能力皆胜他路而言，以东路上下两线比较，当指由惠州沿着近海峡长平原台地经海丰而至潮州的"下路"。宋末文天祥抗元，也是在此路途中被擒。"下路"的增辟及其通行条件较"上路"为优，使宋代潮州成为东通闽浙的中心枢纽。其"虽为岭海小郡，而假道者无虚日"，"凡趋闽趋广者，靡不经焉"②。

西路交通线，唐代主要是安南线与邕州线。安南线，实际上是唐人贾耽所记"安南通天竺道"，其中由安南（今越南河内）沿红河西北上溯转而南诏的路线。邕州线则是由邕州（今广西南宁）西出南诏的交通线。宋代由于安南脱离了中原王朝的控制，邕州线的交通地位日趋重要。其至大理国（即唐南诏，今云南大理）的交通线，以邕州横山寨（今广西田阳县）为枢纽，也由唐代的一条干线发展为三条主线：

一是由横山寨经自杞国（今贵州兴义）的路线。具体是由横山寨始，经古天县，归乐州（今广西百色北）、唐兴州（今广西百色西）、睢殿州（今广西百色西）、七源州（今广西田林西北）、泗城州（今广西凌云县西南）、古那洞、龙安州（今广西乐业县西）、凤村山（今贵州册亨县内）、上展（今贵州册亨县内）、博文岭、罗扶、磨巨（今贵州安龙县内）、自杞国、古（石）城郡（治今云南由靖县）、善阐府（治今云南昆明市）至大理国，共29程。

二是由横山寨经特磨道（治今云南广南县）的路线。也由横山寨始，经上安县、安德州、罗博州、阳县（今广西百色县西）、隘岸（今云南富宁县东北）、那郎（今云南富宁县东北）、西宁州、富州（今云南富宁县）、

① 〔清〕徐松辑：《宋会要辑稿》（以下简称《宋会要》）兵二四之三二，上海古籍出版社2014年点校本，第9127页。（编者按：原文引文前时间为"建炎四年五日"，现查得《宋会要》中此条史料为"建炎四年五月二十七日"，故将时间改为"建炎四年五月"。）

② 《永乐大典》卷五三四五《潮州府三·文章》，第3册，第2488页。

罗拱县（今云南富宁县西北）、历水铺、特磨道、结也蛮（今云南广南县内）、大理国境、最宁府（治今云南文山县西）、大理国，共20程。

以上两道比较，"其道里固相若也"，然日程却有别。这可能与交通路线的路况与环境情况各异有关。另外"闻自杞特磨之间，有新路直指横山寨，不涉二国"①。惜无详述，唯志于此。

三是横山寨至罗殿国（今贵州普定、安顺一带）的路线。"亦自横山寨如初行程至七源州而分道。"②经马乐县、思化县、罗夺州、围恭州、阿姝蛮、砾砂蛮、顺唐府、罗殿，共14程。由罗殿国也可转达大理国。"自杞、罗殿皆贩马于大理而转卖于我者也。罗殿甚迩于邕，自杞实隔远焉，自杞之人强悍，岁常以马假道于罗殿而来。"③

上述3路均以邕州横山寨为起点。其时还有一新道则是自宜州（今广西宜山县）经南丹州（今广西南丹县）而至自杞国或远至大理。绍兴三十一年（1161），"自杞与罗殿有争，乃由南丹径驱马直抵宜州城下"④。只是中央朝廷考虑到宜州靠近内地，恐生意外，才禁止马纲由此而入。但当时已十分畅通。乾道九年（1173），南丹州刺史莫延葚曾请置场南丹州以代横山买马议，其理由就是"诸蕃出马之处至本州一十程，道路平坦，水草丰足，兼无险阻"⑤。

宋代岭南南北向交通道的增辟尽管在数量上较东西向线路逊色，但仍有相当程度的变化发展。如元丰元年（1078）北路开通了融州至荆湖北路的交通线。又邕州至交趾的线路，唐代只有由邕州经瀼州（今广西那堪一带）而至交趾的一条主线，即所谓"刘方故道"。⑥而宋代邕州交趾一线大

---

① 〔宋〕周去非注，杨武泉校注：《岭外代答》卷三《外国门下·道通外夷》，中华书局1999年版，第123页。

② 《岭外代答》卷三《外国门下·道通外夷》，第123页。

③ 《岭外代答》卷五《财计门·宜州买马》，第189页。

④ 《岭外代答》卷五《财计门·宜州买马》，第189页。

⑤ 《宋会要》兵二三之十，第9094页。

⑥ 指隋仁寿三年，交州道行军总管刘方平定交州俚帅李佛子叛乱的进军路线，详见〔宋〕司马光编著，〔元〕胡三省音注：《资治通鉴》卷一七九《隋纪三》，中华书局2013年点校本，第5781页。

小规模不等，至少新增辟了三条交通路线。一是"自钦西南舟行一日至其永安州"；二是"自邕州左江永平寨南行，入其境机〔槟〕榔县"；三是"又自太平寨东南行，过丹特罗江入其谅州"。①说明了宋代岭南交通路线的增辟呈放射状发展。

此外，宋代岭南交通线普遍得到扩修整治，管理更为系统完善，大大改善了路线的通行条件与道路环境。

首先交通路线的扩修整治已纳入地方行政管理的职责范围内。绍兴二十九年（1159），臣僚言"广西旧有灵渠，抵接全州大江，其渠近百余里，自静江府经灵川，兴安两县。昔年并令两知县系衔'兼管灵渠'，遇埋塞以时疏导，秩满无阙，例减举员。兵兴以来，县道苟且，不加之意，吏部差注，亦不复系衔。渠日浅涩，不胜重载。乞今广西转运司措置修复，俾通漕运。仍俾两邑令系衔兼管，务要修治"②。而且相邻地区不相统属的交通管理机构也要互相知照监督，共同担负维持跨区路线畅通的责任。嘉定六年（1213），监察登闻鼓院张镐言："潮州属广东，若取本路递角，则自江西之广州而后达潮，其路为迂。故多由福建路转达，取其便速也。惟是福建路递铺官兵与潮州不相统属，故每每有沉匿之患。乞朝廷深酌以福建路漳泉州巡辖递铺官至任满罢，令从潮州保明批书，广东路潮梅州巡辖递铺路到任满罢即从漳州保明批书。异时赴部住拟，得以点对递角有无通滞以为升点，庶几，两路互有统摄。"③以革两路地方交通管理机构互不相关影响驿路畅行之弊。

由于交通管理在地方行政机构的直接统辖下不断趋于系统完善，所以宋代岭南地方官员在交通整治管理方面颇有政绩。或建置驿铺，开宝四年（971），"知邕州范旻言本州至严州约三百五十里，是平稳径直道路，已令起置铺驿。其严州至桂州请修置铺驿，诏令严州桂州据管界道路，接续修

---

① 《岭外代答》卷二《外国门上·安南国》，第55页。
② 〔元〕脱脱等：《宋史》卷九七《河渠志七》，中华书局1977年点校本，第2418页。
③ 《宋会要》方域一一之三八，第9149—9150页。

持，各置铺驿"①。或植树置舍，方便行旅。太宗年间，陈尧叟任广南西路转运使，"又以地气蒸暑，为植树凿井，每三二十里置亭舍，具饮器，人免喝死"②。或伐山治道，以利通达，咸平年间，"广、英路自吉河趋板步二百里，当盛夏时瘴起，行旅死者十八九"，凌策"请由英州大源洞伐山开道，直抵曲江，人以为便"。其后不久，荣谏任广东转运使，"广有板步古河路绝险，林箐瘴毒，谏开真阳峡至洸口古径，作栈道七十间抵清远，趋广州，遂为夷涂"③。著名的大庾岭道，经由地方官员蔡挺兄弟主持重行整治，更是焕然一新。史载"庾岭险绝闻天下，蔡子直为广东宪，其弟子正为江宪，相与协议，以砖甃其道。自下而上，自上而下，南北三十里，若行堂宇间，每数里，置亭以憩客。左右通渠，流泉涓涓不绝。红白梅夹道，行者忘劳。……仰视青天如一线，既然过岭，即青松央道，以达南雄州"④。除了政府官员主持整修交通路线外，地方富豪乡绅也自发出资整修交通道，如潮州至漳州路段，昔"其路又多泥淖，间或筑砌，弟景小石，才遇淫潦，行者涉者病焉。淳祐丙午（1246）陈侯圭捐金市石，依私僦工石两桥者一十三所，砌而路者三百余丈。憧憧往来，无复畏途病涉之患"⑤。此举是岭南交通史前所未见也。

在道路保养方面，宋代岭南一些交通干线主要采取移民实道、兵民结合的办法，以优惠条件，鼓励民众配合地方交通行政机构进行养路护路。绍兴二十九年（1159），潮州地区"凡居民去官道而远者，说令徙家驿傍，具膳饮以利行者。且自利官司，百役悉蠲之"，并"创盖铺驿，增培水窟，夹道植木，涝河为梁，诱劝乡民，移居边道，……于是铺兵与居民相为依倚，道傍列肆为酒食，以待行人，来者如归"⑥。

----

① 《宋会要》方域十之一三，第9469页。
② 《宋史》卷二八四《陈尧叟传》，第9584页。
③ 《宋史》卷三八三《荣谏传》，第10707页。
④ 〔宋〕王巩：《闻见近录》，中华书局1991年点校本，第14页。
⑤ 《永乐大典》卷五三四三《潮州府·桥道》，第3册，第2454页。（编者按：原文注该条史料出自"《永乐大典》卷五三四五"，现查得准确出处为《永乐大典》卷五三四三，故改。）
⑥ 《永乐大典》卷五三四五《潮州府三·文章》，第3册，第2483页。

宋代岭南交通路线的增辟与管理水平的提高在很大程度上改变了汉唐以来交通布局不平衡及大部分线路通行条件恶劣的落后状况，主要交通干线基本上畅行无阻。如"昭州路"，时人诗曰"我爱昭州路，优游不险崎，九嶷通舜野，八桂逐秦祠"①。新辟的潮州"下路"，也是"地平如掌树成行，野有邮亭甫有梁，旧日潮州底处所，如今风物冠南路"②。

唐代岭南交通发展的一个明显特点是东路不如西路发达。因为西路交通线有一条国际路线，即"安南通天竺道"，海外诸国外交朝贡不少由此而来，此其一；其二是西路所至多是少数民族聚居的羁縻州府，唐朝政府为了镇压少数民族的反抗，也大力整治西路，以确保军事行动的畅行。所以唐代岭南西部地区交通路线主要表现为两种功能，一是政治型，二是军事型，尤以后者最为明显。到了宋代，岭南交通的重要功能开始向经济型转变。其中以广南西路干线转变尤为明显。贞观十三年（639）元月，"渝州人侯弘仁自牂柯开道，经西赵出邕州，以通交桂"③，便已有案可稽，然当时尚未成为重要的交通干线。直至宋代，此道才逐渐成为岭西地区又一重要的交通干线。南宋时其中从罗殿至邕州路段更成为重要的马纲道之一。买马虽出于军事目的，然当时岭南社会经济已有较大程度的发展，故"蛮马之来，他货亦至。蛮之所赍麝香、胡羊、长鸣鸡、披毡、云南刀及诸药物，吾商所赍锦缯、豹皮、文书及诸奇巧之物。于是译者平价交市。招马官乃私置场于家，尽揽蛮市而轻其征，其入官者什才一二耳"④。这是宋代社会经济条件变化所赋予交通路线以新的经济内容。沿着这条交通路线，商业经济贸易不只局限于邻近地区的交往，还出现了大宗远途贩运的记载。"富商自蜀贩绵至钦，自钦易香至蜀，岁一往返，每博易动数千

① 〔清〕陆心源撰，徐旭、李建国点校：《宋诗纪事补遗》卷九《梅挚·十爱亭》，山西古籍出版社1997年版，第183页。
② 〔宋〕杨万里：《揭阳道中》，收入〔清〕吴之振、吕留良、吴自牧选，〔清〕管庭芳、蒋光煦补：《宋诗钞初集·杨万里·南海集》，中华书局1986年版，第2200页。
③ 《资治通鉴》卷一九五《唐纪十一》，第6344页。
④ 《岭外代答》卷五《财计门·邕州横山寨博易场》，第193页。

缙。"①其中之捷径必走邕渝线无疑。唐代所辟此线与其他干线一样,遂发展成为宋代岭南与四川或更多更远地区经济联系的要道。如"今桂产于钦,宪二州,于宪者,行商陆远,致之北方,于钦者,舶商远海,致之东方"②。又邕州至交趾的陆路交通,唐代具体发展状况则少有记录。更多的是作为进军路线而散见之史籍中。宋时交趾已脱离中原王朝的统辖,然经济上的交往却更进一步发展。增辟了由太平寨与永平寨入交趾的陆路交通和从钦州入交趾的海路交通。除了偶尔的军事行动,岭南各族人民与交趾地区人民沿着这些交通线频繁地从事商业经济贸易往来。著名的"钦州博易场"与"永平寨博易场"就是在这样的历史条件下产生的。钦州博易场,就设置在城外江东驿,"其以鱼蚌来易斗米尺布者,谓之交趾蜑。其国富商来博易者,必自其边永安州移牒于钦,谓之小纲。其国遣使来钦,因以博易,谓之大纲。所赍乃金银、铜线、沉香、光香、熟香、生香、真珠、象齿、犀角"③。经济贸易形式分为官方贸易之大纲与民间贸易之小纲,两者互为补充,反映了商业经济之活跃,对当时交趾之国计民生影响甚大。"凡交趾生生之具,悉仰于钦,舟楫往来不绝。"④邕州永平寨博易场,与交趾仅一涧之隔,"其北有交趾驿,其南有宣和亭,就为博易场,永平知寨,主管博易。交人日以名香,犀象、金银盐线与吾商易绫锦罗布而去,凡来永平者,皆峒落交人,所赍必贵细,唯盐粗重"⑤。这些著名的博易场均设置在交通驿亭附近,以取四通转输之地利。重和元年(1118),"广西帅曾布请即钦、廉州各创驿,令交人就驿博买"⑥,反映了宋代广南西路交通路线的社会功能已由军事型转化为经济型。故此,"边方珍异多聚邕矣",那些富商更是"以下价籴之〔米〕,而舳舻衔于岸,运

① 《岭外代答》卷五《财计门·钦州博易场》,第196页。
② 《岭外代答》卷八《花木门·桂》,第287页。
③ 《岭外代答》卷五《财计门·钦州博易场》,第196页。
④ 《岭外代答》卷五《财计门·钦州博易场》,第196页。
⑤ 《岭外代答》卷五《财计门·邕州横山寨博易场》,第193页。
⑥ 《宋史》卷一八六《食货志下八》,第4564页。

之番禺、以罔市利"①。这正是随着岭南社会经济的发展，交通路线功能变化的又一具体表现。

此外诸如北路、东路、南路各主要交通干线也有类似的功能变化。如南路海南地区，唐代主要作为流放贬谪之地，交通闭塞。即使宋代，海南四州军，仍是"地方千里，路如连环，欲历其地，非一月不可遍"②。但随着社会经济的发展，北部环岛沿边地区首先得到开发，海上交通日趋发达。"［海南］四州之人，以徐闻为咽喉，南北之济者，以伏波为指南。"③交通功能主要呈经济型。元丰年间，商品输入远可至泉福、两浙、湖广，商品有"金银物帛，直或至万余缗"④，近可达高、化诸州，"唯米包、瓦器、牛畜之类"⑤，商品输出则以热带经济作物为大宗。如槟榔，"岁过闽广者，不知其几千百万"⑥，"海商贩之，琼管收其征，岁计居什之五。广州税务，收槟榔岁数万缗"⑦，所以"海南四州军征商以为岁计"⑧，海上交通成为海南岛经济的生命线。甚至地处南陲的吉阳军其治"之南有海口驿，商人舣舟其下，前有小亭为迎送之所"⑨。交通路线的经济功能显而易见。北路交通，宋代政治经济重心逐渐向南方转移，特别是南宋偏安江南，更进一步增强了对南方乃至于岭南地区经济的依赖性。反映在岭南北路交通的变化是交通重心逐渐由西移偏向东。商业交通往来主要以大庾岭路为中心。史称"汉唐之西都也，由湘衡而得骑田，故武水最

① 《岭外代答》卷四《法制门·常平》，第176页。

② 《岭外代答》卷一《边帅门·琼州监广西路安抚都监》，第45页。

③ 〔宋〕苏轼：《东坡全集》卷八六《伏波将军庙碑》，《景印文渊阁四库全书》，（台北）台湾商务印书馆1986年版，第1108册，第386页。

④ 《宋史》卷一八六《食货志下八》，第4544页。

⑤ 《宋史》卷一八六《食货志下八》，第4544页。

⑥ 〔宋〕王象之编著，赵一生点校：《舆地纪胜》卷一二四《琼州》，浙江古籍出版社2012年版，第2807页。

⑦ 《岭外代答》卷八《花木门·槟榔》，第292页。

⑧ 《岭外代答》卷二《外国门上·海外黎蛮》，第71页。

⑨ 〔宋〕赵汝适著，杨博文校释：《诸蕃志》卷下《志物·海南》，中华书局2000年版，第218页。

要；今天子之都大梁，浮江淮而得大庾，故浈水最便"①。宋朝政府所需的大量金银、香药、犀象、百货等商品均由此陆运至虔州（今江西赣县），然后水运至京师。②而湘衡一线也有不少商品由此而入岭北或输京师或贩运于湖南、湖北各地，如南岳一带"江浙川广，种货之所聚，生人所须无不有"③。然随着宋代江南东部沿海地区政治经济重心的确立，粤北此线的交通地位已难与大庾岭路相匹敌。而像贺州一路，更由于其经济地位低下，日益衰落。"此自中原南来者，久不行贺州岭路。"④说明了北路交通的发达主要取决于其经济性质。东路也是如此，北宋时，周彦先"知循州兴宁县，至则相县南三十里宁昌驿以为治，能抚县人"⑤。以驿站作为县治，是以交通路线的功能主要具有经济意义为前提。特别是宋代福建路地狭人稠，粮食多倚两广浙西米输入赡济，东路交通很自然首当其冲成为海陆兼至的"稻米之路"。甚至海外诸国商船、或会风势不便，也先至潮州，然后再将其商品转输广州。⑥

综上所述，宋代岭南交通路线承唐之基础进一步变化发展。不仅表现在量的方面，更重要的是表现在质的方面。交通路线的功能之转变，成为真正意义上的经济动脉，对当时的社会经济特别是明清时期商品经济的高度发展不无影响。

（原载《学术研究》1989年第3期）

---

① 〔宋〕余靖撰，〔宋〕余仲荀编：《武溪集》卷五《韶州新修望京楼记》，《景印文渊阁四库全书》，（台北）台湾商务印书馆1986年版，第1089册，第48页。

② 《宋史》卷一七五《食货志上三》，第4251页。（编者按：文中"香药"原文本作"香贷"，现据史料改为"香药"。）

③ 〔宋〕范成大：《骖鸾录》，中华书局1985年点校本，第12页。

④ 《骖鸾录》，第27页。

⑤ 《嘉靖广东通志》卷四七。

⑥ 《宋史》卷四八九《外国志五》，第14089页。

官路、私路与驿路、县路

——宋代州（府）县城周围道路格局新探

曹家齐

由唐至宋，中国之交通面貌发生很大变化。就陆路交通而言，一方面因都城之迁徙，导致交通重心先东移，后再南移，进而引起若干路线地位之变迁；另一方面，随着社会经济之发展，各地之道路亦愈加繁密。[①]交通路线之走向及其功能与地位，是交通史研究的基本问题，近百年来，已有不少研究在此方面取得突出的成绩。主要成果有青山定雄《唐宋时代的交通与地志地图研究》[②]、严耕望《唐代交通图考》[③]、王文楚《古代交通地理丛考》[④]和拙著《唐宋时期南方地区交通研究》等。其中尤以严先生《唐代交通图考》贡献最著。该书考述了唐代除江南岭南道之外的诸地区之交通路线，并绘以成图；征引文献上自汉前，下及宋后，亦略呈宋代交通之面貌。但无论前辈之大著，还是近贤之宏文，[⑤]皆未太过关注文献中对交通路线性质之区分。严先生仅将道路分为驿道、重要道路（或大道偶

---

① 参见拙著《唐宋时期南方地区交通研究》，（香港）华夏文化艺术出版社 2005 年版，第 2—20 页。

② [日] 东京吉川弘文馆，1962 年。

③ 1985 年至 1986 年，以"中研院"历史语言研究所专刊形式出版一至五卷；2003 年，又以相同形式出版第六卷（李启文整理）。

④ 中华书局，1996 年。其中收录论文二十篇，有八篇考述唐宋时期之陆路交通线。

⑤ 近年研究唐宋陆路交通的论文亦不在少，如龚胜生：《唐代南阳地区驿道考述》，《陕西师范大学学报（哲学社会科学版）》1991 年第 3 期；梁中效：《南宋东西交通大动脉："马纲"驿路初探》，《成都大学学报（社会科学版）》1996 年第 1 期；华林甫：《唐代两浙驿路考》，《浙江社会科学》1999 年第 5 期。

置驿）和普通道路，别的学者更是只言驿路，而未及其他。实际上，文献中对唐宋及其他时期道路之记述多有"官路""私路""驿路（道）""县路"等不同名称，而不同名称之道路，其路况、功能与地位亦有明显差异。因此，研究唐宋，乃至整个古代陆路交通线，必须对各种道路名称及其性质予以辨明，而辨明各种道路之性质，亦对了解所经州（府）县之道路格局及该州（府）县之形势、地位有重要意义。今笔者不揣浅陋，欲以宋代为中心，考察各类道路性质及州（府）县城周围之道路格局。

一、官路与私路

古代道路有官、私之分，由来已久。唐代文献中已多有记述。关于官路，如《唐会要》载：

> 大历八年（773）七月敕："诸道官路，不得令有耕种及斫伐树木，其有官处，勾当填补。"[1]

关于私路，有唐朝李贺《高平县东私路》诗为证。其诗曰：

> 侵侵槲叶香，木花滞寒雨。今夕山上秋，永谢无人处。石蹊远荒涩，棠实悬辛苦，古者定幽寻，呼君作私路。[2]

但路有官、私之分应不仅限于陆路。如《新唐书》载：

> 贞元初，……其后诸道盐铁转运使张滂复置江淮巡院。及浙西观察使李锜领使，江淮堰埭隶浙西者，增私路小堰之税，以副使潘孟阳主上都留后。[3]

此处"私路"似指水路而言。

---

① 〔宋〕王溥：《唐会要》卷八六《道路》，中华书局1955年标点本，第1574页。
② 〔唐〕李贺：《昌谷集·外集》，《景印文渊阁四库全书》，（台北）台湾商务印书馆1986年版，第1078册，第477页。
③ 〔宋〕欧阳修：《新唐书》卷五三《食货志第四十三》，中华书局1975年点校本，第1370页。

到了宋代，关于官路与私路的记载增多。《太平寰宇记》在记及一州"四至八到"时就多次以官路与私路对称。如记渠州（治流江县，今四川渠县）"四至八到"云：

> 东北至东京三千五百二十里。……西南至果州岳池县界一百一十九里。西北至蓬州官路二百二十里，私路一百九十里。西北至合州水路约四百里，东北至蓬州水路二百五十里。①

记复州（治景陵，今湖北天门市）"四至八到"云：

> 北至东京一千四百里。……北至郢州私路二百五十里，官路三百里。东南至蜀江水流为界七百四十里。西南至赤岸港为界三百五十七里。西北至乞火山东与郢州为界三百五十四里。东北至安州三百四十里。②

记常州（治晋陵、武进，今江苏常州市）"四至八到"云：

> 西北至东京一千五百六十里。西北至西京一千九百八十里。西北至长安二千八百四十里。东至苏州二百里。正南微西至湖州三百三十二里，私路三百里。南至宣州五百里。西至润州一百七十里。北至扬州三百四十六里。东南至苏州二百里。西南至宣州二百里。西北至润州一百九十六里。东北至苏州屈曲三百六十一里。③

《太平寰宇记》之外，宋代其他官私文献亦多有记及"官路"与"私路"之称者，不一一赘述。按唐宋地志所记"四至八到"均为道路里程，④《太平寰宇记》中记一州与东京、洛阳、长安三地及本州周围州郡之里程时，明言有官路、私路之分，则说明当时各地道路中普遍存在官路

---

① 〔宋〕乐史：《太平寰宇记》卷一三八《渠州》，中华书局2007年点校本，第2694页。
② 《太平寰宇记》卷一四四《复州》，第2802—2803页。
③ 《太平寰宇记》卷九二《常州》，第1840页。
④ 参见拙文《唐宋地志所记"四至八到"为道路里程考证》，《中国典籍与文化》2001年第4期。

与私路两种性质的道路。该书在记常州"四至八到"时，云"正南微西至湖州三百二十里，私路三百里"，而未明称"官路"，但根据文意，其"私路"前之"三百二十里"必指官路无疑；而其他未言及"私路"之里程，亦应指官路。由此亦可见，一方面，如《太平寰宇记》等官方舆地文献在记述一州道路时，以记官路为主；另一方面，一州与周围各州连通之干道中，官路应多于私路。

既然道路有官、私之分，那么，官路与私路之区分何在呢？若顾名思义，官路首先应是由官方营治，用于政令推行、政情沟通、物资运输及军事行动之路线，亦是州与州、州与县之间连通之干道。当然，官路亦准许百姓及商旅通行；私路则应为官路之外，非由官方营治，而因民间方便往来而形成之路线。官路既为官方营治，并主要用于官方行政，则其上必有驿传等官方交通设施。这一事实确有明证。如《太平广记》载：

> 光启中，僖宗在梁州。秋九月，皇甫枚将赴调行在，与所亲裴宣城者偕行。十月，自相州西抵高平县。县西南四十里，登山越玉溪。其日行旅稍稀，烟云昼晦，日昃风劲，惑于多岐。上一长坂，下视有茅屋数间，槿篱疏散，其中有喧语声。乃延望之，少顷，有村妇出自西厢之北，着黄故衣，蓬头败屦，连呼之，不顾，但俯首而复入，乃循坂东南下，得及其居，至则荆扉横葛，萦带其上，茨棘罗生于其庭，略无人踪，如涉一二年者矣。枚与裴生愕立久之，复登坂长望，见官道有人行，乃策蹇驴赴之，至则邮吏将往端氏县者也，乃与俱焉。是夜，宿端氏。（出《三水小牍》）[1]

此内容所言为唐代事，其中"官道"即"官路"，上既有邮吏行走，则应有馆驿或递铺设施。至宋则如蔡襄《通源驿别颜茂才》诗云：

> 跃马东来不记时，酒醒寒色入征衣。垂杨官道连天去，落日邮亭

① 〔宋〕李昉等：《太平广记》卷三五三《皇甫枚》，上海古籍出版社1990年影印四库全书本，第（1045）523—524页。

别我归。①

此为宋代官路有驿传之明证。再如南宋时王十朋曾上《馆头甃官路疏》云：

> 乐邑江山，素号东南之胜，馆头驿道，实为来往之冲。积水潦以
> 伤堤，致官私之病涉。欲救泥涂之辱，辄兴畚锸之工。爰资橐金，以
> 伐山骨。共植无穷之利，宁计不赀之财。将使泞不陷车，遂无六十里
> 之患；庶几岸弗为谷，何止三千年之长。②

此处官路既是往来之冲，又是驿路，亦必有馆驿与递铺之设置。

其次，官路与私路相比，亦必是更为平坦而宽阔。如《武经总要》记
"驰茂川铺"云：

> 本唐河官道，阔处约一百步，狭处约四十步。南道人谷至石道人
> 谷约四十里，南道人谷至石碑子旧界二十里。③

此处言官路阔四十步至一百步，当是极宽之大路。又如周必大《庐山后
录》载：

> 有太乙观在山北，或曰杏林在此，而上升太乙观耳。记又言归
> 宗，后峰半在石室中，有夏禹刻字，仅百余人，无复至者。过归宗，
> 望紫霄峰，亦有瀑布。行官道约三里，入小路访栗里，求醉石。土人
> 但云，此去有陶公崖，无栗里。④

此处"行官道约三里入小路"，亦可反映官路为大路，而私路应相对
为小路。

---

① 〔宋〕蔡襄：《蔡襄集》卷四，上海古籍出版社1996年点校本，第68页。
② 〔宋〕王十朋：《王十朋全集·文集》卷一三，上海古籍出版社1998年点校本，第779页。
③ 〔宋〕曾公亮、丁度等：《武经总要》卷一六上，《景印文渊阁四库全书》，（台北）台湾商务印
　　书馆1986年版，第726册，第473页。
④ 〔宋〕周必大：《文忠集》卷一百六十九，《景印文渊阁四库全书》，（台北）台湾商务印书馆
　　1986年版，第1148册，第837页。

官路与私路之别，除是否由官方营治和规制大小外，应是有无商税之征了。这一方面有诸多例证。如《册府元龟》载：

> 后唐庄宗同光二年二月庚午，租庸使孔谦奏："诸道纲运，商旅多于私路苟免商税，不繇官路往来。宜令所在关防严加提搦，山谷私由道路，仍须郫塞，以戡行人。"①

《岭外代答》载：

> 蛮马之来，他货亦至。蛮之所赍，麝香、胡羊、长鸣鸡、披毡、云南刀及诸药物。吾商贾所赍，锦缯、豹皮、文书及诸奇巧之物。于是译者平价交市。招马官乃私置场于家，尽揽蛮市而轻其征，其入官场者，什才一二耳。隆兴甲申，滕膴子昭为邕守，有智数，多遣逻卒于私路口邀截商人越州，轻其税而留其货，为之品定诸货之价，列贾区于官场。至开场之日，群商请货于官，依官所定价，与蛮为市，不许减价先售，悉驱译者导蛮恣买。遇夜则次日再市。其有不售，许执覆监官，减价博易。诸商之事既毕，官乃抽解，并收税钱。赏信罚必，官吏不敢乞取，商亦无他糜费，且无冒禁之险。时邕州宽裕，而人皆便之。②

《昼帘绪论》载：

> 商税一毕，便给由子证。应出县，吏不许拦典稽滞乞觅。若商旅不经县务投税，辄行私路遁去，为本县所获，定将物货倍税之外，更与勘断，令众候替，断不轻贷。盖取之虽少而来者则多，课利自然盈衍，孰不愿出此途哉。③

---

① 〔宋〕王钦若等：《册府元龟》卷五〇四《关市》，中华书局1960年影印本，第6052页。
② 〔宋〕周去非著，杨武泉校注：《岭外代答》卷五《财计门·邕州横山寨博易》，中华书局1999年版，第193—194页。
③ 〔宋〕胡太初：《昼帘绪论·理财篇第九》，《官箴书集成》，黄山书社1997年版，第1册，第110页。

《陆九渊集》载：

> 乡来襄阳遏米价，米舟至者，皆困不能前。然卒以赂津吏，有夜
> 窃过者。尝谓法禁往往不足恃。比年场务益艰，商旅多行私路，私路
> 旧微小，少所知者，今皆坦途通行。比境连年不熟，今岁尤甚。近闻
> 米过唐邓间，多不以舟，小民趋目前之急，不暇为后日计，况肯为乡
> 曲计、州县计乎！使米粟有余，无禁其泄可也。今方甚不足，以坐视
> 其泄，恐亦未宜。①

《册府元龟》所载虽为后唐时例，但可明确看出商税之征只设于官路，而
不设于私路。《岭外代答》《昼帘绪论》与《陆九渊集》之记载，则反映出
私路无商税之征之状况到南宋时仍相当普遍。但私路无商税之征亦有例外
或变化，如天圣六年（1028），"益州钤辖刘承颜言：'商旅入川，无公凭
者，多由葭萌私路往。请如剑门置关，仍令逐处给公凭，至者察验之。'
诏从其请"②。

二、驿路与县路

古代道路除有官、私之分外，又有驿路（道）和县路（道）之别。文
献中关于驿路（道）之记载甚多，而且由来已久。《后汉书》载：

> 建武五年，［刘昆］举孝廉，不行，遂逃，教授于江陵。光武闻
> 之，即除为江陵令。时县连年火灾。昆辄向火叩头，多能降雨止风。
> 征拜议郎，稍迁侍中、弘农太守。先是，崤黾驿道多虎灾，行旅不
> 通。昆为政三年，仁化大行，虎皆负子渡河。帝闻而异之。③

---

① 〔宋〕陆九渊：《陆九渊集》卷一六《与章德茂》五，中华书局1980年点校本，第208页。
② 〔宋〕李焘：《续资治通鉴长编》（以下简称《长编》）卷一〇六"天圣六年九月癸丑"条，中
  华书局2004年点校本，第2482—2483页。
③ 〔南朝·宋〕范晔：《后汉书》卷七九上《儒林列传·刘昆》，中华书局1965年点校本，第
  2550页。

《蛮书》载：

> 贞元十年十月，西川节度兵马与云南军并力破保塞、大定，献俘阙下。十一年正月，西川又拔罗山，置兵固守。邛南驿路由此遂通。台登城直西有西望川。行一百五十里入曲罗。泸水从北来，至曲罗萦回三曲。每曲中间皆有磨些部落，以其负阻深险，承上莫能攻讨。①

此为汉唐时期驿路（道）之例。关于县路（道），唐以后文献中记载渐多。如王建《田家留客》诗云：

> 双冢直西有县路，我教丁男送君去。②

《宋高僧传》载：

> 次嘉州罗目县，有诉孙山人赁驴不偿直，乞追摄。问小童云："是孙思邈也。"县令惊怪，出钱代偿。其人居山下，及出县路，见孙公取钱二百以授之，曰："吾元伺汝于此，何遽怪乎？"得金钱僧不知其终所。③

到了宋代，驿路与县路被表述为两种相对且相互联系的道路。如《景定建康志》载：

> 驿路五十一铺，每铺相去十里……县路十一铺，每铺相去二十里，此系诸县不通驿路处递传之路。④

《黄氏日钞》载：

> 今请诸州主管官及五十六县知县，各造自承往回盉四个，盉面刻某

① 〔唐〕樊绰：《蛮书》卷一《云南界内途程第一》，中华书局1962年校注本，第33—34页。
② 〔唐〕王建：《王建诗集》卷二《田家留客》，中华书局1959年点校本，第5页。
③ 〔宋〕释赞宁：《宋高僧传》卷二二《周伪蜀净众寺僧缄传》，中华书局1987年点校本，第568页。
④ 〔宋〕周应合：《景定建康志》卷一六《铺驿》，中华书局1990年影印本，第1536页。

州某县递文字盝，于其傍刻题某月某日发，某月某日到。主管官则总在州诸厅申状入盝，知县则总一县诸厅申状入盝。县道之不近驿路者，则遣人就驿或就州附递；镇寨之不近县道者，则遣人送至各县附盝。①

那么，驿路与县路究竟与官路、私路有何关系？又分别是何种性质之道路呢？征之文献，驿路与县路皆应为官路。驿路乃官路不仅于理甚明，亦有确证。如《唐会要》载：

> 太和二年二月，郑州刺史杨归厚奏："当州郭下（管城）[官路]，不置在州城内，使命往来，出入非便，伏请准汝州例，[置]驿路于城西。"敕旨："宜依。"②

此处驿路即官路自是无疑。至于县路亦为官路，史籍中未见明载，但从《景定建康志》"县路十一铺每铺相去二十里，此系诸县不通驿路处递传之路"之言，亦可推定县路当为官路。又据《新安志》载：歙县"驿路东出绩溪，由宁国、宣城、南陵、青阳、贵池至池州，凡七百里。小路北踰箬岭，经太平、石埭、青阳界，径志池州，才三百七十五里。"③又载："[绩溪]路道东通昌化，西通旌德，南通歙县，北通宁国界。"④"郎山在[绩溪]东北十五里，……谓之郎嶬山，下有驿路。"⑤可知其南北道路乃歙县北通宁国驿路无疑。又载："徽岭在[绩溪]西北十里，……旧名大尖山，其上为官道，走旌德道也。"⑥此处所言"走旌德道"，当是上揭"桥道"条中所载西通旌德道路。但同在"山阜"条，郎山之下通宁国道路记为"驿路"，徽岭之上通旌德道路则记为"官道"，显然，绩溪通旌德

① 〔宋〕黄震：《黄氏日钞》卷七九《免专人匣子公文》，《景印文渊阁四库全书》，（台北）台湾商务印书馆1986年版，第708册，第814页。

② 《唐会要》卷八六《道路》，第1574页。补正文字参据文渊阁四库全书本。

③ 〔宋〕罗愿：《新安志》卷三《歙县·道路》，中华书局1990年影印本，第7635页。

④ 《新安志》卷五《绩溪·桥道》，第7668页。

⑤ 《新安志》卷五《绩溪·山阜》，第7669页。

⑥ 《新安志》卷五《绩溪·山阜》，第7669页。

道路并非驿路，同时亦说明驿路即是官路，但官路未必是驿路。不是驿路之官路，很可能就是县路。

驿路与县路均为官路，但根本区别何在？其实，这一问题在前揭《景定建康志》关于"铺驿"之记载中已露端倪。其中所云"驿路五十一铺，每铺相去十里"，"县路十一铺，每铺相去二十里，此系诸县不通驿路处递传之路"，即表明驿路在邮传方面重于县路，递铺设置较为密集，而县路仅为不通驿路处之邮传之路，递铺设置较为稀疏。具体在建康府，其驿路即为东经句容县境通镇江，西经江宁县境达太平州，南经江宁、溧水县境到广德军，北经上元县境抵滁州之传递要道，县路则是上元、句容、溧水、溧阳四县境内不通驿路处的邮传路线。①

驿路为邮传要道非为南宋一时和建康一地之状况，当为古代之一般状况。如宋代类书《书叙指南》云："当驿路曰驿道所出，又曰邮传剧道。"②但古代驿路之驿传设置状况并不完全相同，而是随其驿传制度之变化不断更革。如唐代前期，驿之主要职能为文书传递，其设置间距为三十里，③故当时驿路上一般是三十里一驿。唐代中后期，递铺取代驿成为专门的文书传递机构，间距大概为二十里。如《稽神录》有云："初，南中驿路，二十里（至）[置]一递铺，吏持符牒以次传授。"④北宋继承这一局面，立制"每二十五里置一递[铺]"⑤。但实际情况并非如制度规定整齐划一。如神宗熙宁时，日僧成寻从开封前往五台山，所记京城至太原驿路递铺间距多为十里至二十五里不等，其中以十五里至二十里者居

---

① 《景定建康志》卷一六《铺驿》，第1536—1537页。
② 〔宋〕任广：《书叙指南》卷一五《邮舍邸店》，《景印文渊阁四库全书》，（台北）台湾商务印书馆1986年版，第920册，第559页。
③ 〔唐〕杜佑：《通典》卷三三《职官一五·乡官》，岳麓书社1995年校点本，第492页。
④ 〔宋〕徐铉：《稽神录》卷三《陈寨》，中华书局1996年点校本，第58页。
⑤ 〔宋〕王应麟：《玉海》卷一七二《邸驿》，广陵刻印社2003年影印本，第3166页；〔宋〕李心传：《建炎以来系年要录》卷一八一"绍兴二十九年二月庚戌"条，《景印文渊阁四库全书》，（台北）台湾商务印书馆1986年版，第327册，第560页；〔清〕徐松辑：《宋会要辑稿》方域一一之一三，中华书局1957年影印本，第7506页。

多。①元丰四年（1081）十二月，灵州至韦州粮道阻节不通，京西左藏库副使邓继宣"乞差近上臣僚多发厢军自新界柴棱沟每十里置一铺及创堡寨，以便运粮、转送文书"②。但此仅为临时之措施。南宋初年，因旧有递铺系统遭到严重破坏，为应对紧张的军事形势，于建炎三年（1129）在前线至行在之要路上，每十里置一斥堠铺，专一传递紧急文字，与旧有递铺并存。绍兴四年（1134）后，又在军兴时专置摆铺，仍不废斥堠铺。但摆铺仅为临时性设置，军兴则置，兵罢则撤。日常情况下，仅是省铺（即斥堠铺设置之前的旧递铺）与斥堠铺并存。故在南宋时，驿路之上十里一铺之状况即指斥堠铺。《景定建康志》所记建康府周围驿路邮传之设正是这种状况。③《夷坚志》所云"金洋之间，驿路萧条，但每十里一置"④亦属此况。但南宋驿路之递铺设置并非全部如此。不当行在与军事前沿要道之地区，其驿路上递铺设置仍如北宋之时。如《淳熙三山志》所载福州西、南两条驿路上递铺间距仍多为十八至二十五里不等。⑤

以上是唐宋驿路的主要特征。实际上，驿路在承担文书传递任务的同时，还是行旅往来与物货流通，特别是官方人员往来和陆路纲运的主要道路。这一特征在文献中亦普遍被表达出来。如《资治通鉴》载：

> ［长庆二年，朱克融、王庭作乱，］一呼而亡卒皆集。诏征诸道兵讨之。……诸节度既有监军，其领偏军者，亦置中使监陈。……故每战多败。又凡用兵举动，皆自禁中授以方略。朝令夕改，不知所从。不度可否，惟督令速战。中使道路如织，驿马不足，掠行人马以继

① 详见成寻：《参天台五台山记》卷五，［日］すみや书房1967年"改订史籍集览"本，第724—736页。

② 《宋会要》方域一〇之二四至二五，第7485—7486页。

③ 参见拙文《关于南宋斥堠铺、摆铺的几个问题》，《浙江大学学报（人文社会科学版）》2002年第5期；《南宋临安府周围之邮传系统——立足于具体背景和设置状况的考察》，［日］《东亚海域世界的交通、贸易与国家对外政策》，大阪市立大学东洋史论丛别册特集号，2009年1月。

④ 〔宋〕洪迈：《夷坚志·夷坚支丁》卷五《饶风铺兵》，中华书局1981年点校本，第1006页。

⑤ 〔宋〕梁克家：《淳熙三山志》卷五《地理类五·驿铺》，中华书局1990年影印本，第7828—7832页。

之，人不敢由驿路行。①

《宋会要辑稿》载：

> ［政和］六年四月二十二日，工部奏："知福州黄裳状，契勘本路
> 八州军，建、汀、南剑州、邵武军驿路，从来未曾种植，并福州尚有
> 方山北铺，亦未栽种，遂致夏秋之间，往来行旅（胃）［冒］热而行，
> 多成疾疫。遂专牒委自逐处知州军，指挥所属知县、令丞劝谕乡保，
> 遍于驿路及通州县官路两畔栽种杉松、冬青、杨柳等木。续据申，遍
> 于官驿道路两畔共栽植到杉松等木共三十三万八千六百株，渐次长茂，
> 已置籍拘管。缘辄采伐官驿道路株木，即未有明文，伏望添补立法。②
> ［建炎四年十月四日，提举两浙市舶刘无极言：］"千秋岭通彻太
> 平、宣州、广德军、建康府，正系冲要控扼去处，东西两山，上阔一
> 千余丈，万一贼马奔冲直趋本府至越州，或取严州直趋温、台、明、
> 越州，若不掘断，临时措置不久，又恐传送机密文字、纲运往来不
> 便，欲开掘中间，量留三五尺以通传送文字、纲运、商旅，稍有警
> 急，并工掘断。"③

北宋时，开封北行经澶州、大名至雄州，和经滑州、赵州至雄州，是
北宋京师联通燕云地区的两条干线，亦是宋辽使臣往来的主要行经道路，
通常被表述为"北使驿路"。如《长编》载：

> ［熙宁十年八月］戊子，枢密院委张茂则、刘璯选便道口岸系桥，
> 以河水坏澶州桥故也。茂则等言："北使驿路可以出澶州之西黎阳，

① 〔宋〕司马光：《资治通鉴》卷二四二"长庆二年二月甲子"条，上海古籍出版社1987年影印
本，第1664页。
② 《宋会要》方域一〇之六，第7476页。
③ 《宋会要》方域一〇之七，第7477页。（按：千秋岭正为临安通往宣州、广德军等地的邮传要
道，当为驿路。详见拙文《南宋临安府周围之邮传系统——立足具体背景和设置状况的考
察》，《文史》2008年第3期。）

由白马县北可相度系桥。"从之。①

[元丰五年十一月丙申，]又诏新移辽使驿路所过诸州，权许不限米石数造酒。②

驿路既为官方人员等行旅往来之干道，自然亦有传舍和馆驿设置，此点甚明。唐代前期，驿传制度已呈传驿合一之势，驿在一定时期内同时承担公差人员之食宿需求，而由传舍系统中充车牛及传送马驴食宿之所的馆作为补充。③据严耕望先生考证，唐代之大驿路均是馆驿密布。④至宋代亦是如此。王文楚先生曾详细考证出北宋时"北使驿路"上的馆驿名称。⑤《参天台五台山记》所记京城与太原之驿路、《淳熙三山志》所记福州周围之驿路，与《景定建康志》所记建康府周围之驿路，亦都有馆驿之设置。⑥与唐代不同的是，宋代驿之传递功能已完全为递铺所夺，与馆一起，仅负责为公差人员提供食宿和生活补给品了，故其间距已由三十里变为六十里。⑦宋代驿路上实际上既有馆驿，又有密集的递铺。因此，驿路实际上就是承担人员往来与文书传递任务的大动脉。

但驿路承担文书传递与人员往来功能之体现并非完全一致。因为有些地区虽非人员频繁往来或乐于行经之地，但位置重要，仍须设置驿路。此类驿路或地处荒僻，或道途迂远，故常行人稀少，邸店疏落。如《太平寰宇记》载：

新江，在州南五里。有水入于漓江，甚浚急，土人曰新江，以其源出于新州东南山谷闲，溯洄而上，三日至新州，为新兴郡之故地，

---

① 《长编》卷二八四"熙宁十年八月戊子"条，第6951页。

② 《长编》卷三三一"元丰五年十一月丙申"条，第7978页。

③ 参见拙文《唐宋驿传制度变迁探略》，《燕京学报》新十七期，北京大学出版社2004年版。

④ 详见《唐代交通图考》各卷。

⑤ 参见王文楚：《宋东京至辽南京驿路考》，见于氏著《古代交通地理丛考》，第237—354页。

⑥ 详见《参天台五台山记》，第724—736页；《淳熙三山志》卷五《地理类·五驿铺》，第7828—7833页。《景定建康志》卷一六《铺驿》，第1537—1538页。

⑦ 参见前揭拙文《唐宋驿传制度变迁探略》。

度州治所北端州直上可十余里。新州接西南道九州，当海中五州之咽喉，虽驿路傍海西去，人皆惮海波，多不由传舍，虽公行，亦自便路陆去，直达于海滨，不复通舟楫。①

宋孝宗隆兴元年（1163）三月，周必大自临安归庐陵，五月底到达建昌军广昌县，六月初一日，从广昌继续前行。其日记云：

> 六月朔庚申，早发广昌，以驿路无人烟，出西门入小路，多行崖腹及野，约二十里至郎君潭，始遇村店。四十里达驿路，遂入宁都界。午后抵吴池铺，献之甥及邑丞林梓、巡尉等庆云文尔长老皆来迎，病暑气羸，卧与尔老道旧，夜宿铺中。②

又如淳熙元年（1174）八月二十八日，吕祖谦从金华与潘叔度为会稽之游，当是先走驿路，行数十里后，"自驿路北折入香山路"，次日行数十里，从唐口复出驿路。此当是香山路比驿路方便。③

最后需要说明的是，驿路亦有水、陆之分。如《唐会要》载：

> ［开元］二十八年六月一日，敕曰："先置陆驿，以通使命，苟无阙事，雅适其宜。如闻江淮、河南，兼有水驿，损人费马，甚觉劳烦。且使臣受命，贵赴程期，岂有求安，故为劳扰。其应置水驿，宜并停。"④

《长编》载：

> ［元祐五年，］刑部言："应天下郡县水陆驿路所经，并行禁谒知州、通判、县令，剑门关都监非假日不得出谒，即谒本州见任官及职

---

① 《太平寰宇记》卷一五九《端州·高要县》，第3059页。
② 〔宋〕周必大：《文忠集》卷一六五《归庐陵日记》，《景印文渊阁四库全书》，第1148册，第788页。
③ 〔宋〕吕祖谦：《东莱集》卷一五《入越录》，《景印文渊阁四库全书》，（台北）台湾商务印书馆1986年版，第1150册，第132页。
④ 《唐会要》卷六一《馆驿使》，第1248页。

事相干若亲属。并泛遣使命或知州、钤辖以上者听。发运、监司在本州县者准此。"从之。①

尽管驿路有水、陆两种，但以陆路为主则是肯定的。

三、州（府）县城周围道路格局

明了道路有官路、私路与驿路、县路之别，则可推知州（府）县城周围道路之格局。如唐宋文献所记一州（县）之"地里""境土""四至""八到""四至八到"，或五六条，或七八条，俱是一地道路里程，其中应包括多种道路。因驿路为邮传与人员往来之剧道，故其设置与分布应不普遍，多数州（府）应只有一条驿路经过。这种状况在唐宋两代应大致相当。关于唐代，《元和郡县图志》载扶州（治同昌，约在今四川九寨沟东北）"八到"云：

> 东北至上都一千六百里。东北至东都二千四百六十里。东南至龙州六百里。北至宕州四百里。东北至文州一百六十里。西南至松州驿路三百三十里。西北至故芳州驿路三百三十里。②

《通典》记汉中郡道路里程云：

> 东至洋川郡二百二十里，南至符阳郡三百里，西至益昌郡五百里，北至扶风郡六百七十里，东南到洋川郡三百九十里，西南到益昌郡五百里，西北到顺政郡二百八十里，东北到洋川郡兴道县界八十六里。去西京，取骆谷路六百五十二里，斜谷路九百三十三里，驿路一千二百二十三里；去东京，取骆谷路一千五百八十里，取斜谷一千七百八十九里，驿路二千七十八里。③

---

① 《长编》卷四五三"元祐五年十二月乙卯"条，第10872页。
② 〔唐〕李吉甫：《元和郡县图志》卷二二《山南道三·扶州》，中华书局1983年点校本，第575—576页。
③ 《通典》卷一七五，第2397页。

《元和郡县图志》仅言扶州通松州和芳州道路为驿路，通其他州郡道路则不称驿路，可见扶州有一条驿路相贯，西北至芳州，西南至松州。《通典》亦仅言汉中郡有驿路通西京和东京，至其他州郡道路亦未言及驿路，说明汉中郡亦只有一条驿路通往长安和洛阳。宋代情况亦基本如此。如《太平寰宇记》记开州（治开江，今重庆开县）"四至八到"云：

> 北至东京二千七百一十里。北至西京二千七百九十里。若从江陵水路陆路相兼至洛阳二千六百八十里。北取通、洋两州路至长安一千四百三十里。东至夔州云安县龙日驿一百九十里，从驿路至夔州二百二十里。南至万州小路一百六十里，大路二百里。西至达州三百里。达州四百九十里。西南至万州梁山县一百五十三里。西北至达州石鼓县一百二十八里。东北至姚州界二百八里。①

记英州（治浈阳，今广东英德市）"四至八到"云：

> 新置州《图经》上未有至东京里数。东至浈州河源县分水岭三百里。西至连州阳山县界一百七十里。南至（阙）。北至韶州银冈驿八十五里。东北至韶州翁源县一百四十五里。东南八十里大驿路，下至广州，上至韶州，其路有风门岭，险不通鞍马。②

从《太平寰宇记》的记载看，开州仅有一条驿路连通夔州；英州则有一条贯通南北的大驿路，南通广州，北通韶州。当然，《元和郡县图志》和《太平寰宇记》等地志，在对州郡道路记载时，并非全部指出有无驿路，而且是多数未及道路性质，但这并不说明没有言及驿路之州郡就没有驿路相通，若是如此，则绝大多数州郡不通驿路，显然不合情理与事实。诸地志之所以呈现如此之记载，应和地志编纂情况有关。唐宋诸地志所记州县各项内容，并非通过编者实地考察所得，而是来自各州上报本州之图

---

① 《太平寰宇记》卷一三七《开州》，第2671页。
② 《太平寰宇记》卷一六〇《岭南道四·英州》，第3073页。

经。①由于各州上报本州有关情况时，标准并不尽一致，而编修者又没有精力一一落实，故在书中存在诸多不相统一之处。有的州郡在上报图经中专门指出所经驿路及官、私路，有的州郡则笼统记述道路里程，并不指出道路性质。

实际上，多数州郡都有驿路相通。如宋代之睦州（宣和三年改称严州，乾道元年改称建德府，治建德，今浙江建德梅城镇），《太平寰宇记》《元丰九域志》和《淳熙严州图经》分别记载其"四至八到""地里"和陆路、水路里程，②均未提及"驿路"，但认真阅读文献，仍可得知该州驿路之状况。先看下面三幅图：

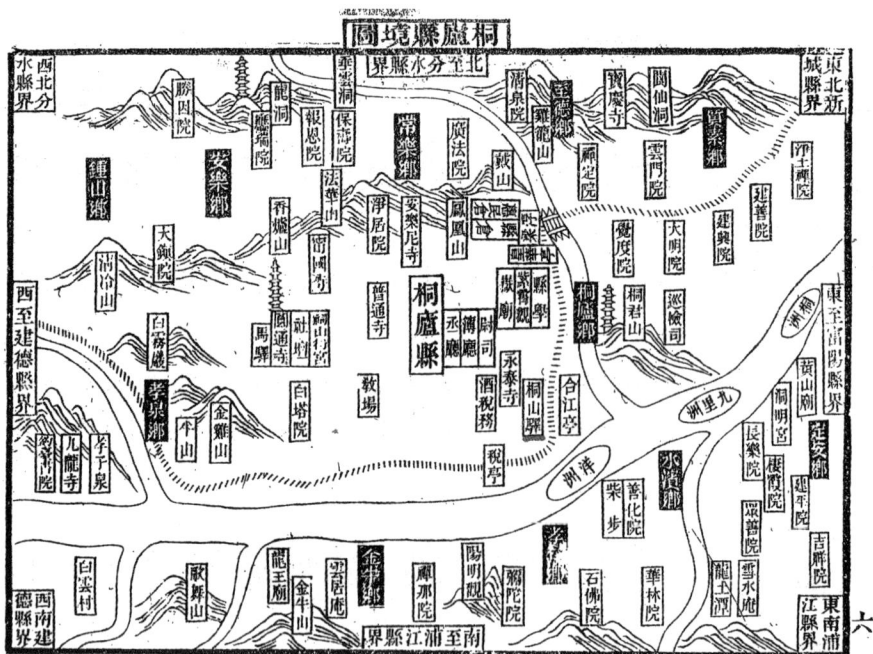

---

① 参见张国淦：《中国古方志考》，中华书局1962年版。

② 分别见《太平寰宇记》卷九五《江南东道七·睦州》，第1910页；王存：《元丰九域志》卷五《两浙路·睦州》，中华书局1984年点校本，第219页；陈公亮、刘文富：《淳熙严州图经》卷一《州境（道路附）》，中华书局1990年影印本，第4287页。

建德縣境圖

北至分水縣界
東北桐廬縣界
西北分水縣界
西至淳安縣界
西南壽昌縣界
南至桐溪縣界
東南浦江縣界
東至桐廬縣界

建德府　建德縣　新學

壽昌縣境圖

北至淳安縣界
西北淳安縣界
東北建德縣界
西至遂安縣界
東至建德縣界
西南壽昌安縣界
南至龍游縣界
東南蘭溪縣界

永平鄉　壽昌縣　壽昌鄉　至孝鄉

以上三图分别为《淳熙严州图经》所载严州下辖桐庐、建德、寿昌三县县境图。三图中均有以"‖‖‖‖‖‖‖‖"图样为标记的曲线。按该曲线沿线多有驿、铺、桥梁，应为道路无疑。又按本志尚录有严州下辖淳安、遂安、分水三县县境图，图式亦与桐庐等三县县境图一致，而本志亦明确记及诸县之"四至八到"，如此，"‖‖‖‖‖‖‖‖"曲线若为一般道路，不仅各县县境图皆应绘出，而且亦当有多条。但淳安、遂安、分水三县县境图中并未有此曲线，而桐庐、建德、寿昌三县县境图中亦仅各有一条，若按三县地理位置，三县之曲线亦大致可以连成一线。因此推知三县县境图中之"‖‖‖‖‖‖‖‖"曲线应为严州之驿路。而这一推断亦有旁证。如《景定严州续志》在记述寿昌桥梁时有"县为驿道要冲，由梅岭而东凡为桥者五"[1]之言，据此可知从严州境内确有驿路，而且是经寿昌通往衢州以远。又，《乾道临安志》载："[临安陆路]南至白峰铺一百五十三里入严州界"，[2]《咸淳临安志》载，从临安候潮门经钱塘、富阳至新城县界，置有斥堠和马递，而又明言"巡铺置司建德府"。[3]由此可知，严州之驿路当是接续临安府而来，继而连通衢州以远之大驿路。

从文献记载看，有驿路之州（府），以一条驿路贯通者居多，但亦不乏有两条以上驿路经过之州（府），如前揭《景定建康志》所记建康府"驿路五十一铺，每铺相去十里"，东经句容县境通镇江，西经江宁县境达太平州，南经江宁、溧水县境到广德军，北经上元县境抵滁州，即是有多条驿路之州府。又如南宋时徽州之驿路，虽然《新安志》仅明言"驿路东出绩溪，由宁国、宣城、南陵、青阳、贵池至池州，凡七百里"，[4]实际上尚有重要邮路东通临安，西连休宁、黟县，[5]亦是驿路交会之州。而徽州

① 〔宋〕郑瑶等：《景定严州续志》卷一○《寿昌县·桥梁》，中华书局1990年影印本，第4411页。

② 〔宋〕周淙：《乾道临安志》卷二《陆路》，中华书局1990年影印本，第3223页。

③ 〔宋〕潜说友：《咸淳临安志》卷五五《官寺四·邮置》，中华书局1990年影印本，第3851页。

④ 《新安志》卷三《歙县·道路》，第7635页。

⑤ 参见前揭拙文《南宋临安府周围之邮传系统——立足于具体背景和设置状况的考察》。

之祁门则有"驿路三，东通黟县，西通浮梁，北通石埭界"，①竟是驿路交会之县。

驿路分布尽管有如上述，但我们却不能因此而得出每一州（府）县皆有驿路相通之结论。再看《太平寰宇记》对达州（治通川，今四川达州市）和集州（治难江，今四川南江。熙宁五年废入巴州）"四至八到"之记载：

> [达州] 东北至东京三千二百九十里。东北至西京取开州下水经三峡出江陵至襄、邓、汝等州陆路共二千八百九十里。东北取洋州骆谷路至长安一千五百七十里，取利州驿路二千五百里。东至夔、房等州界计一千二百八十里。西至渠州界一百八十里。南至万州四百里。北至壁州界四百一十里。东南至开州二百七十里。西南至渠州六百里，水路二百五十里。东北至金州一千一十里。西北至巴、蓬等州界二百里。②
>
> [集州] 东北至东京约二千八百里。东北至西京一千九百里，取地平县至利州驿路二千六百里。东北取巴岭路至长安一千四百里。东至壁州取符阳县路二百七十里。正南微西至巴州一百八十里。西至利州三百里。北至兴元府二百七十里。东南至壁州五百里。西南至巴州一百八十里。西北至利州界二百五十里。东北至洋州四百里。③

从两条记载来看，达州和集州似乎并无驿路直接连通两京，若行驿路，皆须到利州转取。按《太平寰宇记》所记内容为宋初之状况，当与唐代情况相差无多。据严耕望先生研究，唐代山南剑南区大驿路行经洋州、兴元府、利州、剑州、绵州、成都府一线，集州仅有普通大路，并无驿路。④宋初情况亦应大致如此。宋代有的州县不当驿路，还另有明证。如

---

① 《新安志》卷四《祁门·道路》，第7654页。
② 《太平寰宇记》卷一三七《达州》，第2675页。
③ 《太平寰宇记》卷一四〇《集州》，第2719页。
④ 见氏著《唐代交通图考》第四卷《山剑滇黔区》图十四《唐代渭水蜀江间山南剑南区交通图（西幅）》。

欧阳修奉使河北时所上《画一启请札子》云：

> 臣准敕计置擘画河东一路经久利害，窃缘河东地分阔远，山川险绝，窃虑僻远之处不能遍至，又缘本路文武官吏不少，内有久谙彼处民情事体者，或在不当驿路守官，致臣无由见得。臣今欲乞许臣采问官吏，就近召与相见，所贵询访兵民利病，仍虑有合行事件，亦乞于本路选择干事官员，暂差勾当。[①]

从有的州（府）县仅有一条驿路经过，有的州县有多条驿路交会，而又有的州县不当驿路等状况来看，驿路最突出之特征确为邮传之剧道。其大致情况应是从都城向全国辐射，以若干条动脉式干道连通主要州县，不通驿路之州县，则以县路等次级路线连通。这样便形成了有主有次、遍布全国的邮传交通网络。无论州、府、县、镇，都能够通过不同路线，逐级将信息传递到中央，而中央的政令亦反其方向逐级下达。南宋时，黄震之《免专人匣子公文》大致勾勒出了地方各级在上达信息时对不同道路的利用情况。其中言道：

> 县道之不近驿路者，则遣人就驿或就州附递；镇寨之不近县道者，则遣人送至各县附盦。[②]

当然，全国及局部地区的驿路设置并不是固定不变的，往往会根据形势之变化和某种需要加以调整，或废弃，或增辟，或改变路线。如熙宁七年（1074），利州路提点刑狱范百录曾以"减程驿，宽汉中输纳之劳"为由，奏请改移褒城向北经斜谷关至凤州之褒斜道为大驿路，投入大量人力物力对道路、驿铺进行修葺，并将金牛镇经兴州至凤州路段废弃，结果造成很大不便。不仅没有缩短太多路程，而且使川纲发往秦州（今甘肃天水市）甚为曲折遥远；另外新路之费亦远较旧路为高，结果招致臣僚纷纷上

---

① 〔宋〕欧阳修：《欧阳修全集 · 河东奉使奏草》卷上，中国书店1986年影印本，第907页。
② 《黄氏日钞》卷七十九，《景印文渊阁四库全书》，第708册，第814页。

章反对。元丰元年（1078）十一月，知三泉县黄裳上章言新路"为害甚于前日"，请求恢复旧路，朝廷委刘忱等人前往比较利害后，采纳了黄裳的建议，又复金牛镇经兴州至凤州路段为大驿路。[①]

结　语

综上所述，可知唐宋时期，特别是宋代，州（府）城周围四通八达的道路，首先有官路与私路之分，私路不唯不如官路宽广平坦，更在于没有商税之征。官路之中，大概又有驿路和县路。驿路乃邮传和人员往来之剧道，所以不是连通所有州（府）县，而是自京师向全国辐射，联通重要州（府）县。不当驿路之州县，则是依靠县路一类的官路与驿路连接，从而联通与中央的信息往来。因此，单就驿路布局情况看，许多州（府）的情况有所不同。数年前笔者研究唐宋时期南方地区之交通，曾以南宋之建康府、庆元府和福州等地为例，总结宋代以州（府）城为中心的驿路格局，认为从唐到宋，以州（府）为中心的驿路有所发展，而南方许多州（府）驿路均以州（府）城为中心，各从东、南、西、北四个方向向外延伸，形成了较为统一、固定的分布格局。[②]如今看来是很片面的。如南宋之建康府、庆元府、福州等地，均是要郡，故驿路交会，别的州（府）则不尽然。从唐宋时期，特别是宋代的情况看，州（府）县之政治、军事形势往往决定其有无驿路经过，或是否驿路交会；而从州（府）县是否驿路所经及其整体驿路分布，亦可反观其政治、军事形势乃至社会经济之状况。

（原载《学术研究》2012年第7期）

---

① 详见《宋会要》方域一〇之三至五，第7475—7476页。
② 详见拙著《唐宋时期南方地区交通研究》，第80—85页。

南宋对邮传之整饬与更张述论
——兼谈朝廷与岳飞军前诏奏往来问题

曹家齐

关于南宋之邮传制度，已有一些研究成果，如日本学者真上隆俊之《关于南宋邮铺的一点考察》①、中国香港学者赵效宣之《宋代驿站制度》②和拙作《宋代交通管理制度研究》③《南宋摆铺创置时间考辨》④等。但这些成果均是对南宋递铺设置状况、传递方式及职能进行考述和辨别，对南宋初年以来邮传制度之整饬、变更、贯彻之效果，以及与当时政治军事之关系问题，皆着墨甚少。故笔者欲从这几方面对南宋邮传制度再作考察，以求对南宋邮传制度有一个动态和更深层次的认识。

一、北宋末年邮传之衰敝与南宋初建后之整饬

邮传又可称邮递，是以传送文书为主要职能的交通系统，在中国古代是驿传制度中的最重要部分。宋代驿传制度与前代相比，发生了很大变化，并臻于完善，表现在邮传上，可总结为六个方面：第一，驿与递分立，使递铺成为邮传的专门机构，便于管理和提高传递效率；第二，邮传之管控在中央统辖的前提下，由地方行政长官分级典领督责，外加使臣巡辖，进一步加强了政府对文书传递的约束和控制；第三，递铺服役人员以

---

① ［日］真上隆俊：《关于南宋邮铺的一点考察》，《东洋学报》第34号，1952年，第1—4页。
② 赵效宣：《宋代驿站制度》，（台北）联经出版事业公司1983年版。
③ 曹家齐：《宋代交通管理制度研究》，河南大学出版社2002年版。
④ 曹家齐：《南宋摆铺创置时间考辨》，《文史》第63辑，中华书局2003年版。

卒代民，并在一定程度上实行军事化组织管理；第四，传递方式明确分为步递、马递、急脚递三等；第五，允许官员私书入递；第六，有关文书传递的法律条文比前代更加完整细密。这一系列制度之创新与完善，标志着中国古代驿传制度的重大变革和进步，也反映出宋代邮递事业之发达。①

北宋初年就建立起来的这套邮递制度，在以后的实际执行过程中是不可能没有问题的，这从朝廷不断对某一专门问题立法可以看出。但相对而言，这套制度在太祖朝至哲宗朝之执行效果，应是较为理想的，现存文献中较少发现这一时期文书稽滞及有关弊端等事实之记载，而一般长途漫远之文书亦多能顺利传递。如绍圣年间，苏轼远谪英州、惠州后，又基本按时接到琼州别驾、昌化军安置告命，②可见当时邮传仍可差强人意。但到了北宋末年，亦即徽、钦两朝，邮传却出现了严重弛废和衰敝，其突出表现便是诸路传送文字多发生住滞、泄密和沉失之现象。③有的地方，急递"动经三四十日，马步递经五七十日，至三两月以上，方始递到，全然违滞"④；有些递铺，"积聚公角三百件，方差一二名贫乏者负担承传"⑤。一些重要文书若不能依时递至目的地，或中途沉失、泄密，其严重后果是可想而知的。

北宋末年，臣僚言及邮递之弊的章奏可谓是连篇累牍，从中归纳，直接引起邮传衰敝之原因有三：其一，递铺人员不足。递铺人员数补阙本有定制，但自北宋末年起，递铺缺人往往不能补足，以致文书无人传递。如建中靖国元年（1101）正月都省札子中就言及"诸路马递铺人例皆缺额"，⑥说明这一现象在徽宗即位前就已普遍存在了。递铺缺人之现象，在

① 见前揭拙著《宋代交通管理制度研究》第二章《文书传递制度》，第95—152页。
② 参见孔凡礼：《苏轼年谱》卷三六《绍圣四年》，中华书局1998年版，第1261页。
③ 〔清〕徐松辑：《宋会要辑稿》（以下简称《宋会要》）方域一〇之三一，上海古籍出版社2014年点校本，第9479页。（编者按：下引同书内容与原文有出入者，乃据《永乐大典》今存内容校正。）
④ 《宋会要》方域一〇之二八至二九，第9478页。
⑤ 《宋会要》方域一〇之三二，第9479页。
⑥ 《宋会要》方域一〇之二五，第9476页。

徽、钦两朝一直未能有所扭转。如宣和七年（1125）四月，翊卫大夫、安德军承宣使、直睿思殿李彦奏："臣近被奉处分，前去京东路勾当公事，其沿路一带铺分营房并未曾修盖。虽有见管铺兵去处，往往不过三两人承转文字，亦有无人交替铺分，致积递角，留滞程限。"①靖康元年（1126）七月，臣僚言："窃见兵革未弭，羽檄交驰，凡有号令及四方供应文书，类多急递。今闻畿邑如尉氏、鄢陵等处，及京西一带，递铺兵卒类多空缺，而州县恬视，不以填补，至有东南急递文书委弃在邮舍厅庑之下数日无人传者。且如福建路有经半月二十日杳无京报。"②造成递铺阙人失补之原因，主要是地方拖欠铺兵衣粮、官员私役铺兵现象严重和地方官补填不力。③其二，官员、使臣的舞弊与失职。官员和使臣的舞弊主要表现在私拆递角上。私拆递角，本有刑名重罚，"却有大小官员、使臣道逢递角，或安下处门首以借看为名，或妄托诸监司及州府差来根刷递角为名，直于道中转递人处取入安下等处，盗取所递文书抽看"④。既多舞弊，也自然玩忽职守，"递角损破，铺兵经官申陈，多不受理，以次铺分不肯交承，遂致铺兵打过，直至本府，往回数千里，沿路并无口食，乞丐前来"⑤。其三，常程文字并私书多入急递致递角积滞。宋代文书传递分为步递、马递、急脚递三等，文书依类入递，各有程限，常程文字和私人信件只能入步递，紧切文书方可入急脚递或马递。但官员多求快速，将大量常程文字和私书实封入急递或马递传送，致使递角浩繁，大量积滞。此类事例很多，如崇宁四年（1105）九月，尚书省言："近来官司申请，许发急递司局甚多，其间有将私家书简，并不依条入步递遣发，却旋寻闲慢关移，或以催促应入急脚递文书为名，夹带书简附急脚递遣发。致往来转送急脚递

① 《宋会要》方域一〇之三九，第9483页。
② 《宋会要》方域一〇之四一，第9484页。
③ 《宋会要》方域一〇之三二、一〇之三八、一〇之四一、一一〇之七，第9479、9482、9484、9493页。
④ 《宋会要》方域一〇之三六，第9481页。
⑤ 《宋会要》方域一〇之三七，第9482页。

角繁多，铺兵疲乏，不得休息。"①宣和三年（1121）三月，入内内侍省、武节大夫充睿思殿供奉、权殿中省尚辇局司圉典御梁忻奏："臣奉御笔差自京至淮南往来催促驱刷递角，臣窃见本路急脚递所传文字名色冗并，角数浩瀚，铺兵唯知承送，难为区别。访闻他路类皆似此。……究其本源，往往多是因公及私，欲其速达，更不契勘条令，即入急递前去。"②

以上三方面原因虽直接导致了邮传之衰敝，但显而易见，并非根本原因。北宋末年政治腐朽才是造成邮传衰敝的真正原因。铺兵衣粮的拖欠、对铺卒的私役和虐待、文书不依类入递和使臣的舞弊失职，皆是当时政治腐败的突出表现。当然，为保证中央与地方正常之联系及政令之传达与贯彻，朝廷亦是屡屡申严禁令，重立赏罚，刷新令格，以求整顿和维持邮递之秩序。如大观法中有禁使臣"殴伤人兵，打过递马"之律条；③政和勑申："马递承传文书，违一时杖八十，二时加一等，一日徒一年，二日加一等、配五百里，罪止徒三年、配千里，并重役处；急脚递加二等。"④政和三年（1113）还规定每千里差置巡辖使臣一员，"并令知县、县丞、主簿同共管辖巡察，任满及岁终，以所管界内急脚、马递铺承送递角赏罚"⑤。尽管朝廷费尽心思，采取种种措施以整顿和恢复邮递秩序，但终因政治之腐败无法挽回，再好的制度亦难以正常贯彻。可以说，徽宗朝对邮递整顿之努力是不成功的。如宣和七年（1125），递铺中仍是"铺兵衣粮不给，逃亡不补，递马刍豆荄有存者"⑥。靖康元年（1126），京畿和京西一带则是"递铺兵卒类多空缺，而州县恬视，不以填补，至有东南急递文书委弃在邮舍厅庑之下数日无人传者"⑦。

---

① 《宋会要》方域一〇之二八，第9477页。
② 《宋会要》方域一〇之三五，第9481页。
③ 《宋会要》方域一〇之三八，第9482页。
④ 《宋会要》方域一〇之三三，第9480页。
⑤ 《宋会要》方域一〇之二九至三〇，第9478页。
⑥ 《宋会要》方域一〇之三八，第9482页。
⑦ 《宋会要》方域一〇之四一，第9484页。

北宋末年邮传之衰敝，除政治腐败这一根本原因外，还有其他因素。方腊、宋江起事和其他民变，对其活动范围及周围地区内政府邮传系统之深度摧毁是无疑的；而金军之南侵和北宋之覆亡，更使邮传系统遭受惨重破坏。因此，南宋政权建立时所面临的邮传系统之状况是不难想见的。

建炎元年（1127）五月一日，康王赵构在应天府举行登基典礼。新朝甫立，为求政令通达，于邮传之需最是急迫。因此，在登基当天的赦文中便有云："应急脚、马递铺兵，因金人所至逃散，可专委本路提刑司疾速招置，仍依时支破请给。"五月三日，"又诏下诸路提举茶马铺所多方招诱［铺兵］，又将急脚铺先次划刷诸色厢军填补，请给、衣粮令按月支遣，除传送文字外，其余应合破递马、铺兵权行住罢，候措置就绪日依旧"。六月一日，"又诏令诸路转运司先次将差出人拘收归元来去处，其逃亡缺额，于本处厢军内拨填，其请给三分中更增一分。旧人依此请给差，与权免诸般差使，专一传送文字。如招到后却有逃亡出首之人，其所增请给更不支给"①。可以看出，南宋政权建立后，对邮递制度之整顿和恢复是非常急切的，不仅连下诏书，而且为保证文书传递，将官员差出所配递马、铺兵暂时住罢。

多数情况下，新政权建立之初，百废待举，在一些制度的重建和恢复中多能大见成效，尤其是应急性建设。但南宋建立之初对邮传之整顿与恢复却未能给人这样的印象。南宋立国四个多月后，臣僚的一份奏章不仅反映出数月来邮递制度恢复之效果、文书传递状况，而且亦指出了所存在之问题。建炎元年（1127）九月二十一日，臣僚言：

> 有司失职，邮传不通。陛下即位以来，诏令多矣，而浙东州军所被受者唯两赦及四五御札，其他片纸不传。浙东距行在止二千余里，而命令阻绝如此，彼川、广、福建可知矣。契勘诸道进奏官遇有被受

---

① 《宋会要》方域一〇之四一，第9484页。

文书，画时发遣，或合誊写播告，各有成法，比缘一切指挥官吏分番，其留行在者一月一易，遂致废事。窃谓寺监局务官司事属一体，虽分番次，未为甚害，唯进奏人吏分掌诸州，一吏下番则一州事废，虽有兼权之人，孰肯尽心典领他人之事？又马递铺兵缘军兴调发，或因招军许令刺换，故所在多有出〔阙〕额。乞应进奏院官吏并随行在，凡文书被受誊写入递，并依常法，敢有违滞，重置典宪。其（诣）诸州应有进奏官供给及年例应副之物，并仰发来行在，俾为纸札之费。仍乞戒饬诸路提举马递铺官，督责巡辖使臣招填铺兵，驱磨递角，毋或违慢。仍令诸司互察及门下后省点检，按劾施行。其文字不到，亦许诸路州军径申门下后省，庶几四方万里，皆得闻朝廷号令，知陛下忧勤爱民之意。①

从这篇奏议中可以看出，数月来南宋对邮传之恢复是起色不大的，除本来就存在的递铺严重阙员等问题没有得到解决外，又出现进奏院制度未健全之因素。之后，南宋政府对邮传之恢复整顿仍是不懈努力，不仅加强对邮递之提举、督察，继续招填铺兵，还健全进奏院编制以随行在。但这一系列努力仍是收效甚微。一年之后，不仅仍是许多州县道路递铺"缘兵火残破，未曾复置"外，更有诸处兵马及奉使官员"科差递马、人夫"，"搔扰害民"。因"虑有阙少铺兵、转送未到去处"，朝廷敕书则"仰诸司、诸州县镇被受日时誊录，互相关报邻接官司，疾速奉行"②。由此可见南宋建立之初政治状况和政府行政效能之一斑。

通信渠道之不畅，对一个新生政权之影响是可以想象的。但南宋却因此遭受了情理之中又出人意料的惨祸。建炎三年（1129）初，金军奔袭扬州，因南宋传警斥堠不修，③当金军占领离扬州只有一百多里的天长军

---

① 《宋会要》方域一〇之四二，第9484页。
② 《宋会要》方域一〇之四三，第9485页。
③ 〔宋〕李心传撰，辛更儒点校：《建炎以来系年要录》（以下简称《要录》）卷二〇"建炎三年二月丁卯"条，记直龙图阁、知杭州康允之言："维扬无斥堠，故金人奄至而不知。"（上海古籍出版社2018年版，第415页）

（今安徽天长县）时，南宋方获消息，结果扬州十余万军民惨遭屠房，宋高宗本人则在淫乐中受到惊吓，仓皇出逃，并因此丧失生育能力。这一劫难，对宋高宗本人及整个南宋政权，都造成了无法弥补的损失。经此惨痛教训，南宋不得不在建设邮传方面另觅他途。

二、斥堠铺之设置——南宋对邮传的第一次更张

近两年对邮传恢复之低效和扬州逃难之惨痛教训，使南宋朝廷认识到，完全靠恢复旧有邮传系统来保证官方文书，尤其是紧急军期文书之传递，短期内是办不到的。为预防金军每年都进行的南侵，保证新政权与辖内各地的紧急文书往来，南宋朝廷不得不采取非常措施，新建一套应急性文书传递系统。最先设置的是斥堠铺。建炎三年（1129）二月十八日，亦即扬州逃难后半个月，知杭州康允之开始在本路交通要道设置斥堠铺，"每十里置一铺，专一传递日逐探报斥堠文字。每铺五人，新旧弓手内选有心力、无疾病、能行步少壮人充。每日添支食钱三百文省"①。

斥堠本是设于边疆和战争前沿地区侦察和传送情报之机构，而今南宋则将其发展为一种专门的递铺，设于行在通往前线之要道，不仅专设于两浙路，淮南、荆湖、江南东西路和四川等地亦有设置。斥堠铺初设时，与原有递铺（即省铺）有所不同。第一，斥堠铺功能单一，专门传递紧急文字，具体内容是"专一承传御前金字牌，以至尚书省、枢密院行下，及在外奏报并申发尚书省、枢密院紧急文字"，②相当于省铺中的急脚递，而省铺则有的是多种功能兼具。③第二，斥堠铺是为应付传送紧急军期文字而设的临时性机构，一旦战事缓和，或省铺恢复，即行废罢，而省铺则是常设的。第三，斥堠铺设置间距一般为十里，亦有五里一铺者，比省铺短。

① 《宋会要》方域一〇之四三至四四，第9485页。按：关于斥堠铺之设，《要录》在记及同条内容时，称"摆铺"，《宋会要》本条则有言"摆铺斥堠"。关于两个"摆铺"，笔者认为前者为"斥堠"之误，后者乃是动词。见前揭拙文《南宋摆铺创置时间考辨》。

② 《永乐大典》卷一四五七五《铺·汪玉山集》，中华书局1986年影印本，第6458页。

③ 参见拙文《宋代递铺种类考辨》，《文史》第51辑，中华书局2007年版。

省铺间距常制为二十五里，亦有二十里、十八里等低于二十五里者。①第四，斥堠铺初设时，充役人员为弓手和保甲，每铺一般为五人，而省铺充役者则为军卒，且每铺常制是十二人。②从斥堠铺设置状况看，皆是为追求一种快速高效，但以弓手和保甲充役，似与提高效率无必然联系，因为北宋以来邮传以卒代夫之优越性，早已得到证实。南宋所以有此举，非为他故，主要是在战局紧急，立足未稳，而铺卒阙额难以解决之情况下，以弓手、保甲来应急。后来待新政权稍稍站稳脚跟后，斥堠铺内则渐将弓手、保甲改成兵卒。这一变化，具体始于何时，史无详载，但从现存记载看，至迟在绍兴元年（1131），斥堠铺内已是弓手、保甲与土军并用了。③此时已是金军渡江北归一年之后，宋金南北对峙的格局开始形成。

为保证斥堠铺的传递效率，南宋还加强了具体的管理措施。如在斥堠铺初设时，就规定"每铺并限三刻承传，置历批写时刻。每五铺选差有材干、年五十以下使臣一员，不以有无拘碍，委逐州于见任得替待缺官内日下抽差，或招募有物力武勇人，借补进义校尉，充往来巡辖。候及一季无违滞，有官人转一官，召募人与正行收补；州委知、通专切点检，县委知县、尉主管，月支食钱三贯文。如无违滞，每一季减二年磨勘"④。除此之外，还屡屡申严禁令，以维持传递各环节之秩序。次年，又在一些地区置专司总领州县斥堠铺，或在一路差官专一提举马递铺兵将。⑤

尽管南宋作出如此多之努力，但事实上仍是未能改变邮传衰敝之状

---

① 分别见〔宋〕王应麟：《玉海》卷一七二《宫室·邸驿》，《景印文渊阁四库全书》，（台北）台湾商务印书馆1986年版，第947册，第461页；《要录》卷一八一"绍兴二十九年二月庚戌"条，第3191页；《宋会要》方域一一之三一，第9506页；〔宋〕李焘：《续资治通鉴长编》卷三六六"元祐元年二月癸未"条，中华书局2004年点校本，第8806页；〔宋〕马光祖修，〔宋〕周应合纂：《景定建康志》卷一六《疆域志二·驿铺》，《宋元方志丛刊》，第2册，中华书局1990年影印本，第1536页。

② 《玉海》卷一七二《宫室·邸驿》，《景印文渊阁四库全书》，第947册，第461页。

③ 详见拙文《关于南宋斥堠铺、摆铺的几个问题》，《浙江大学学报（人文社会科学版）》2002年第5期。

④ 《宋会要》方域一〇之四四，第9485页。

⑤ 《宋会要》方域一〇之四六、一〇之四八，第9487页。

况，达到理想的文书传递效果。建炎末和绍兴初，不仅"诸路转运边防等文字例各留滞"，①而且因递角沉坠，"州县间奏裁与提刑司审覆案等，有经累月而未下者"，"使可贷之囚系禁而死"。②更有甚者，是军期文书之违滞，不仅延误战机，而且影响到整个战局结果。岳家军在平定各地变乱中就有此类突出事例。如绍兴二年（1132）正月二十九日，朝廷发下省札，命驻兵洪州的岳飞"日下将带见统全军兵马，起发前去，权知潭州，并权荆湖东路安抚、都总管"③。二月八日，又命李纲出任荆湖、广南宣抚使，④以消灭盘据在荆湖一带的盗匪曹成、马友等人。但江南西路安抚大使李回上奏却说："湖东名贼曹成在道州，马友潭州，李宏岳州，刘忠处潭、岳之间，虽时相攻击，其实闻二宣抚之来，阴相交结，分布一路，为互援之计。马友据潭州逾半年，漕臣钱粮不得移用。今朝廷以岳飞知潭州，友安得不疑？飞亦安能引兵直赴潭州，与友共处？若使飞先往道州捕曹成，友必怀疑，阻害粮馈，则飞有腹背受敌之患。"⑤朝廷接受李回的意见，又在三月四日递发枢密院札子云："奉圣旨，令岳飞到袁州，更切斟量贼势。如贼兵众，且于袁州驻扎，俟宣抚司人马到，同共进兵。如曹成已受招安，起发赴行在，即与马友会合，同共剿杀刘忠讫，续往潭州。飞素有谋略，毋致稍失机会，却致贼兵破坏二广。"⑥当时摆铺未设，枢密院札子应入斥堠铺或省铺急递，按洪州距临安一千六百里左右，⑦依斥堠铺正常传递速度，从临安到洪州应约为五天，即使以日行二百里的步递传送，亦只需八至九天，完全可以在岳飞发兵前递到。但事实上，宋廷三月

---

① 《宋会要》方域一〇之四六，第9486页。

② 《宋会要》方域一〇之五二，第9490页。

③ 《鄂国金佗续编》卷五《权知潭州并权荆湖东路安抚都总管省札》，〔宋〕岳珂编，王曾瑜校注：《鄂国金佗稡编续编校注》，中华书局2018年版，第1315页。

④ 《要录》卷五一"绍兴二年二月庚午"条，第929页。

⑤ 《要录》卷五二"绍兴二年三月乙未"条，第944页。

⑥ 《鄂国金佗稡编》卷一〇《措置曹成事宜奏》，〔宋〕岳珂编，王曾瑜校注：《鄂国金佗稡编续编校注》，第923—924页。

⑦ 此按杭州经衢州至洪州路线，据《元丰九域志》所记各州地里推算。

四日之公文，却迟至三月二十二日或二十三日，方递到江南西路安抚大使司，岳飞接到"江南西路安抚大使司牒"，已晚至四月二日。[①]而岳飞早在三月十七日已离开洪州，[②]当接到枢密院札子时，早已离开袁州，而抵达荆湖路衡州地界，已无法奉行朝廷令"袁州驻扎，俟宣抚司人马到，同共进兵"之决策。而曹成闻岳飞进兵消息，则"分路逃遁，前去全、永、贺州界去讫，至三月二十七日并已起离道州尽绝"[③]。后又侵犯封、连、昭、桂等州。[④]尽管这些盗匪后来皆被岳家军一一消灭，但终对广南州县造成骚扰，而岳家军亦付出长途奔袭和千里转战之劳。[⑤]

三、以摆铺代斥堠——南宋对邮传的第二次更张

斥堠铺设置以后文书传递之状况说明，南宋第一次更张邮传制度，创立斥堠铺及相关法规，其实行结果基本上是失败的。然而正当斥堠法坏之后，军事形势之变化又给南宋邮传提出了更为严峻的要求。绍兴三年至四年间，南宋与伪齐政权军事斗争进入最激烈阶段，特别是绍兴四年（1134），金与伪齐联合，积极准备南侵，给南宋造成很大的军事压力。面对此局势，原有的斥堠铺系统已无法保证紧急军事情报之有效传递，必须对其严加整顿或设置一套新的递铺系统取而代之。于是便又出现了摆铺。关于斥堠法坏和摆铺创置之原因，绍兴十三年御史中丞罗汝楫亦曾有明言："近

---

① 《鄂国金佗稡编》卷一〇《措置曹成事宜奏》，〔宋〕岳珂编，王曾瑜校注：《鄂国金佗稡编续编校注》，第923页。〔宋〕李纲：《梁溪集》卷六六《乞令韩世忠相度入广西招捕曹成奏状》为三月二十二日，比岳飞奏中所引早一日。[《景印文渊阁四库全书》，（台北）台湾商务印书馆1986年版，第1126册，第21页]

② 见〔宋〕岳珂编，王曾瑜校注：《鄂国金佗稡编续编校注》，第200—201页。

③ 《鄂国金佗稡编》卷一七《乞措置进兵入广申省状》，〔宋〕岳珂编，王曾瑜校注：《鄂国金佗稡编续编校注》，第1041页。

④ 《要录》卷五二"绍兴二年三月庚申"条，第954页；《要录》卷五三"绍兴二年四月甲子"条，第957页；〔宋〕李纲：《梁溪集》卷六七《乞依近降指挥乞兵二万人措置招捕成奏状》、卷七〇《开具钱粮兵马盗贼人数乞指挥施行奏状》、卷七六《乞全州免听广西节制奏状》，《景印文渊阁四库全书》，第1126册，第30、50、97页。

⑤ 该部分内容参阅王曾瑜：《岳飞和南宋前期政治与军事研究》第一编之五《岳飞平定各地叛乱》，河南大学出版社2002年版。

岁修立斥堠法，尤为严密，州县官吏诚能遵法而行，存恤铺兵，徐加督责，岂有传送稽留之患？昨缘多故，乃更置摆铺。"①

摆铺创置时间应是绍兴四年（1134），②因战争局势之严峻，"令淮南、荆湖、江南、两浙通接沿边探报军期急切及平安文字赴行在，经由州军去处，并取便路接连措置摆铺，至临安府界内，并合相连接置摆铺"③。摆铺初设时每二十里置一铺，④绍兴末年，又以"每十里置铺"。⑤铺内铺兵人数为五人。⑥为保证新设摆铺的传递效率，在绍兴四年五月诏令枢密院措置摆铺时就颁布十二条摆铺立法，⑦包括铺兵配备、传递职能、铺兵衣粮支给、文书传递之督责点检及传递违滞之处罚等内容，可以说较为完备。需要说明的是，南宋在设置摆铺之后，原来之斥堠铺并未因此废罢，反而成为常设性递铺以作补充。这样，当摆铺设置后，在许多地区便形成摆铺、斥堠铺、省铺并存的局面。究其原因，大概是南宋政府再无信心以一种或两种递铺承担所有文书传递之任务，故让三种递铺并存，以求其分工明确，各司其职。

摆铺与斥堠铺主要区别有二：一是军兴时临时设置；二是先后隶枢密院、三衙和诸军管辖，带有较强的军事化性质。南宋设置摆铺大致分为两个时期，第一个时期从绍兴四年到绍兴十三年（1134—1143），这一阶段所置摆铺大概是由枢密院、各路帅臣及地方长官负责的。绍兴十三年，宋金议和已经两年，两国久无战事，摆铺已无用途，徒为州县之负担，在御史中丞罗汝楫建议下废罢。第二个时期是从绍兴末年到宁宗嘉定（1208—

---

① 《宋会要》方域一一之九，第9495页。
② 关于南宋摆铺创置之时间，《要录》《宋会要》《建炎以来朝野杂记》和《嘉泰会稽志》等书中有建炎三年、绍兴四年、绍兴三十年、绍兴三十二年等不同记载，笔者经过考证，认为应以绍兴四年为宜，详见前揭拙文《南宋摆铺创置时间考辨》。
③ 《宋会要》方域一一之二，第9491页。
④ 《宋会要》方域一一之二，第9491页。
⑤ 《宋会要》方域一一之一七，第9498页。
⑥ 《宋会要》方域一一之二、一一之一七、一一之二〇，第9491、9498、9500页。
⑦ 《宋会要》方域一一之二，第9491页。

1224）时。绍兴末年，金主完颜亮率大军南下侵宋，两国之间又起战火。于是，南宋再置摆铺传递军事情报。从此数十年间，宋金冲突不断，几战几和，摆铺亦是屡罢屡设。但这一阶段设置之摆铺，却不再由枢密院和诸路帅臣等负责，而是改归三衙和诸军负责。①

摆铺设置后，南宋政府便对三种递铺之分工作出明确规定。斥堠铺初设时，"专一传递日逐探报斥堠文字"②，主要是"探报金贼并盗贼文字"③，摆铺取斥堠铺而代之后，其传递任务与斥堠铺同。④常行文字不准入斥堠铺和摆铺传送。⑤常行文字以及非关金兵、盗贼文字仍由省铺传送。但由于斥堠铺、摆铺传递效率比省铺高，其他文字往往亦入斥堠铺或摆铺传送，致使紧急军期文字传递出现稽违现象。于是，南宋朝廷于绍兴五年（1135）二月诏："今后尚书省行下诸路文字，如有事干机速，并入本省急递发放。"⑥摆铺设立后，斥堠铺专一传递紧急军期文字之职责，转归摆铺，但因其并未废罢，且传递效率高于省铺，所以渐渐侵夺省铺之紧急文字传递功能。摆铺废罢后，则承担起所有紧急文字传递任务，"专一承传御前金字牌，以至尚书省、枢密院行下及在外奏报并申发尚书省、枢密院紧急文字"⑦，省铺则沦为传递非紧急文字传递机构。⑧孝宗隆兴二年（1164），因摆铺再设，对三铺之分工又作规定："诸军摆铺，止许承传尚书省、枢院、都督府、沿边州军等所遣发军期钱粮要切文字，余闲缓处不许辄入，并依条入斥堠、急、马、步递。"⑨摆铺、斥堠铺、省铺依其传递文书之快慢由高到低形成等级关系。摆铺最为重要，斥堠铺其次，省铺又

---

① 见前揭拙文《关于南宋斥堠铺、摆铺的几个问题》。
② 《宋会要》方域一〇之四三，第9485页。
③ 《宋会要》方域一一之四，第9492页。
④ 《宋会要》方域一一之二，第9491页。
⑤ 《宋会要》方域一一之五、一一之六，第9492—9493页。
⑥ 《宋会要》方域一一之五，第9492页。
⑦ 《永乐大典》卷一四五七五《铺·汪玉山集》，第6458页。
⑧ 《宋会要》方域一一之二八，第9504页。
⑨ 《宋会要》方域一一之一七，第9499页。

次。乾道时（1165—1173），摆铺废罢，则将铺兵放遣，一半归军，余半入斥堠铺。①摆铺再置时，则"将诸路旧置摆铺之处，斥堠铺兵内拣摘少壮健步、谨审铺兵三名，改充摆铺，专一传送军期不入铺要急文字"②。三铺虽有分工，但有的地区三铺并存，很难做到职责明确，总是出现混而为一之现象。故淳熙十三年（1186）又申："内外军期急速文字专入摆铺，常行文字并入斥堠。其元无摆铺处，军期亦入斥堠，常行并入省递。"③如是者再三。

摆铺因在军兴时设置，又具有较强的军事化性质，在对保障官方紧急文书的有效传递上，无疑是起到不可替代之作用的，特别是在宋金交战过程中，成为维系朝廷和前线诸军诏奏往来的重要渠道，这从南宋每逢军兴就置立摆铺可以看出。然而，若从摆铺设置以来南宋文书传递之整体情况看，邮传秩序并未因摆铺之设立而有所改善，文书传递之弊反甚于前，摆铺之传递亦不理想。南宋绍兴年间以后，给人的印象是，递角盗拆、违失现象更为严重。路途中有盗拆递角、藏匿文字，却入白纸在内传送者。④御前文字犹达空函。⑤两广距临安，以急递期限，不过旬日，但广西路承受尚书省文字，有逾两月而不到，本路发急递至进奏院，有逾三月方到者。⑥递角的违失、盗拆现象以孝宗乾道年间最为盛行。"诸处文字及承受朝省发下递角，多为沿途盗拆，不知其数。""留滞及藏匿不至去处，弊端不一。"⑦乾道四年（1168）正月，兵部侍郎王炎言："邮传之乖违，无甚于近时。"⑧乾道八年十月，兵部侍郎黄均亦言："递角稽违之弊，盖莫其

---

① 《宋会要》方域一一之一八，第9499页。
② 《宋会要》方域一一之一九，第9500页。
③ 《宋会要》方域一一之三一至三二，第9506页。
④ 《宋会要》方域一一之八，第9494页。
⑤ 《宋会要》方域一一之二四，第9502页。
⑥ 《宋会要》方域一一之一二，第9496页。
⑦ 《宋会要》方域一一之二三，第9502页。
⑧ 《宋会要》方域一一之二〇，第9500页。

于近日。"①

另外，从朝廷与岳飞军前诏奏往来之事实，亦可看出摆铺设立后紧急文书传递的实际状况。从文献记载和相关研究结论看，朝廷与岳飞军前文书之往来多是不能依限传递的。如绍兴四年（1134）岳飞克复襄阳，败李成后，于六月初向朝廷发了《襄阳探报申省状》。按"行在（临安）至襄阳府三千一百里"，赦书"合行六日二时"，②一般急递文书亦仅约九日程，可此《襄阳探报申省状》却至少经二十日方至临安。③七月的《邓州捷奏》又是"自邓州二十二日至行在"④。绍兴六年八月十五日，岳飞克复长水县，而《复西京长水县捷奏》到达行在平江府时，竟迟至九月十三日晚，⑤行程将近一月。同年冬的《何家寨捷报申省状》发往平江府，虽稍快些，亦用了十几天。⑥又如绍兴十年岳飞第四次北伐时，朝廷发下御前金字牌文书甚多。按临安距开封二千二百里，距洛阳二千五百里，⑦若用金字牌或摆铺递，应须四五天或六七天，而朝廷金字牌和岳飞之急奏传递，单程多在十天左右或更长时间。就连绍兴十一年发往鄂州的金字牌，也是用了十天传递时间。⑧战场上的形势总是瞬息万变的，一般来说，决策中心和前线通信周期愈长，对战争指挥愈不利。新的决策制定后，待传

---

① 《宋会要》方域一一之二四，第9502页。

② 《宋会要》方域一一之二〇，第9500页。

③ 此据《鄂国金佗稡编续编》卷六《措置防守襄阳随郢等州省札》（〔宋〕岳珂编，王曾瑜校注：《鄂国金佗稡编续编校注》，第1331页）和王曾瑜先生推论，见前揭《岳飞和南宋前期政治与军事研究》第一编之六《岳飞第一次北伐》，第110页。

④ 《要录》卷七九"绍兴四年八月癸未"条，第1326页。又，若按《宋会要》兵一四之二五之记载，则为二十三天。（第8893页）

⑤ 〔宋〕赵鼎：《忠正德文集》卷八《丙辰笔录》，《景印文渊阁四库全书》，（台北）台湾商务印书馆1986年版，第1128册，第744页。又，《宋会要》兵一四之二七记载为九月十四日。（第8889页）

⑥ 参见王曾瑜：《岳飞和南宋前期政治与军事研究》第一编之八《岳飞第三次北伐》，第128页。

⑦ 〔宋〕周淙：《乾道临安志》卷二《去两京地里》，《宋元方志丛刊》，第4册，中华书局1990年影印本，第3222页。

⑧ 参见〔宋〕岳珂编，王曾瑜校注：《鄂国金佗稡编续编校注》，第568、582页等；《岳飞和南宋前期政治与军事研究》第一编之九《岳飞第四次北伐》，第148页。

达到前线，则形势已发生变化，原定决策亦就失去效用。宋廷对岳飞军前指挥之效果亦多是如此。如绍兴十年七月初，宋高宗曾发一份手诏，要岳飞"措置""蔡、颍"完毕，即行班师。①不知岳家军于闰六月二十五日已克复郑州，手诏发出之同时，又收复西京洛阳。此诏递到岳飞手中时，当已是郾城大捷之后了。但我们若换个角度来看，朝廷与岳飞军前诏奏往来之违滞，有时未尝不是好事。由于北伐时朝廷发给岳飞之诏令，多是限制进兵或令班师，递到愈早，对岳飞掣肘愈多。尽管岳飞有时并不奉诏，但多少也会对作战情绪有不利影响。诏书传递之速减慢，正好给了岳飞发挥主观能动性之余地，而岳飞亦正是在这种情况下，积极指挥作战，取得了一次又一次胜利，而不是被动待命。但历史有时又像是在捉弄人，高宗发于七月十日左右的十二道金字牌班师诏，②却于岳飞前军进抵朱仙镇，准备进军开封时，同一天递至岳飞手中，使岳飞哀叹"十年之力，废于一旦"，被迫班师。这十二道金字牌，虽未按纸上规定时日递达，却都未有太多违滞。假如能再耽误三至五日，岳家军打下开封，亦未可知。但这种可能性亦不太有，宋高宗连发十二道班师诏，应亦考虑到了当时邮传状况下，有违滞之可能，连发十二道，可防其万一。

以上以朝廷与岳飞军前诏奏往来之实例，主要是说明设置摆铺后文书传递之效果。对邮传中存在的种种弊端，南宋政府曾千方百计采取措施予以遏止。除严格赏罚、屡申禁令、加强统辖外，还采取了许多特殊措施。如绍兴十二年（1142）仿北宋元符之制，令铺兵结保连坐，③以防逃亡和盗拆、弃毁递角。乾道三年（1167），摆铺每三铺就选派使臣一员。④淳熙十三年（1186），又"仿范仲淹措置陕西民兵刺手之法，凡铺兵并与刺臂，

① 《鄂国金佗稡编》卷二《高宗皇帝宸翰卷中》，〔宋〕岳珂编，王曾瑜校注：《鄂国金佗稡编续编校注》，第42页。
② 十二道金字牌发出时间，是根据王曾瑜先生推断，见王曾瑜：《尽忠报国——岳飞新传》，河北人民出版社2001年版，第321页；王曾瑜：《岳飞和南宋前期政治与军事研究》第一编之九《岳飞第四次北伐》，第149页。
③ 《宋会要》方域一一之八，第9494页。
④ 《宋会要》方域一一之一九，第9500页。

稍大其字，明著某州某县斥堠铺兵某人"，进一步防止铺兵逃跑及冒领衣粮。①另外，为防止紧急文字与寻常文字在传递中相混淆，乾道三年又在金字牌之外创制黑漆白粉牌和雌黄青字牌，作为特别传递的标志性檄牌。前者由朝廷发给沿边州军统制司，"专一申奏军期切务"；后者专发朝廷降付诸处要急文字，寻常不许辄用。②

事实证明，这一系列措施仍是收效甚微的，文书传递依然是"多有违限"。③这种状况在光宗以后几朝仍无太大改变。宁宗嘉泰三年（1203）八月，浙西提刑曾言："置邮传（令）［命］，古人重之，今之递铺，反为虚设。衣粮不时支，缺员不时补，甚至屋宇破坏，不庇风雨，衣食窘迫，私役（之）［于］人。遂使僻州远县，有号令而不知，文书往来，虽遗失而不问。"④理宗时，吴昌裔上奏："御前金字牌向者半月到川，今则往往几月而不至夔门。密院雌黄牌向者两旬至蜀，今则往往三月而不达诸郡。"⑤金字牌与雌黄青字牌传递尚且如此，其他文书传递效果则可想见。又，北宋时，一般急脚递日行四百里，⑥金字牌递则日行五百里，⑦但到了南宋，除金字牌仍定为日行五百里外，斥堠铺递速度则定为日行三百三十里，⑧摆铺递速度为日行三百五十里，⑨黑漆白粉牌和雌黄青字牌传递速度均为三百五十里，⑩这说明当时一般急递已根本无法完成日行四百里的传递速度，不得已在要求上作适当降低。但事实上，南宋时紧急文书传递就连降低了的速度也多是难以完成的，朝廷亦不得不面对这一现实而进一步降低

---

① 《宋会要》方域一一之三一，第9506页。
② 《宋会要》方域一一之一九至二〇，第9500页。
③ 《宋会要》方域一一之三一，第9506页。
④ 《宋会要》方域一一之三五，第9508页。
⑤ ［明］杨士奇：《历代名臣奏议》卷一〇〇《经国》，《景印文渊阁四库全书》，（台北）台湾商务印书馆1986年版，第435册，第780页。
⑥ ［宋］李焘：《续资治通鉴长编》卷一六七"皇祐元年十月壬午"条，第4019页。
⑦ ［宋］沈括撰，金良年点校：《梦溪笔谈》卷一一，中华书局2015年版，第113页。
⑧ 《永乐大典》卷一四五七五《铺·汪玉山集》，第6458页。
⑨ 《宋会要》职官五一之三五，第4436页。
⑩ 《宋会要》方域一一之一九至二〇，第9500页；《永乐大典》卷一四五七五，第6451页。

要求。如前面提到朝廷和岳飞军前诏奏往来，多是达不到摆铺规定速度的，而自绍兴七年至十一年间任岳飞"承受文字官"的王处仁，却因任职"积年"，"羽书往来，道路无壅"，"承受本司往来军期机速文字，到今别无稽滞"，保奏升官。①绍兴三十二年（1162），摆铺传递速度一度降为三百里。②光宗时，雌黄青字牌制因遭破坏而不可行，宋廷于绍熙四年（1193）改作黑漆红字牌，上镌"枢密院军期急速文字牌"，速度则亦降为日行三百里。③由此亦可见南宋政府对邮传整饬更革之无奈。

四、南宋邮传难治之原因

何以南宋邮传会如此衰敝不堪？乾道五年（1169），兵部言："诸路州军斥堠递铺并摆铺军卒，传送递角前去，法令详备，缘奉行不虔，违滞日甚。"④此言可以说是道出了主要根源。南宋自立国以来，对邮传之整饬、更革可以说是不遗余力，制度法令不可谓不备，但善法须在善政之基础上，才能得到良好贯彻。因此可以看出，南宋邮传衰敝之根本原因，仍与北宋末年一样，是政治之腐败。而在政治腐败的情况下，直接引起递角违滞、盗拆的因素也与北宋末年并无二致，递铺缺人、官员舞弊、闲慢文字大量涌入急递等仍是最主要方面。递铺铺兵不足，仍是南宋邮传存在最严重的问题，而其根源也"多是所属不为按月支给衣粮，因致逃窜"⑤。关于此问题，臣僚章奏和朝廷诏敕中屡有言及，如绍兴十二年（1142）五月，枢密院言："访闻诸路铺兵缘州县不时支给钱米，多有逃窜。"⑥绍兴三十一年十一月二十日诏令中言："近来军期文字，全藉铺兵传送，其合

---

① 〔宋〕张嵲：《紫微集》卷一九《制》，《景印文渊阁四库全书》，（台北）台湾商务印书馆1986年版，第1131册，第506页；〔宋〕李心传撰，徐规点校：《建炎以来朝野杂记》乙集卷一二《岳少保诬证断案》，中华书局2006年版，第703页。

② 《宋会要》方域一一之一七，第9498页。

③ 《宋会要》方域一一之三四，第9507页。

④ 《宋会要》方域一一之二一，第9501页。

⑤ 《宋会要》方域一一之七，第9493页。

⑥ 《宋会要》方域一一之八，第9494页。

得钱米，累降指挥令州县按月支给。访闻州县并不遵禀，又多作名色克减，及有三两月不支去处，虽经监司陈诉，亦不为施行，是致铺兵逃窜，有误传送。"①嘉泰二年（1202）十一月十一日南郊赦文亦言："州县将铺兵合得钱米并不按月支散，致其逃窜。"②可见此问题是长期存在而一直未得很好解决。另外，过往官员对铺兵之私役和虐待也仍是造成铺兵缺员的原因之一，有的官员"不问有无人兵在铺，须要差破铺兵担擎应付。稍缓即撞入房舍，捉缚妇女，或倚势收拾兵级衣物、动使，抑令铺兵供送。沿路更用棍棒殴打，过三五铺或他界，动经旬日不回，是致饥饿逃亡"③。对于铺兵缺少，州县多是因循，"更不招填"，④即使依令招填，"又不审问行止来历，……是致容奸匿盗"⑤。在文书传递的具体管理上，有的使臣根本不到铺点检铺历，而是"取索铺历带往前铺照对驱磨，甚者过三四铺，（送）〔遂〕使承得文字无历书传，（上）〔止〕用草单抄上，多有差误"⑥。为了掩盖递角的盗拆与违滞，使臣门往往采取虚转铺历的做法。⑦由于官员和使臣多舞弊失职，所以宋廷虽屡屡派官措置递角，不仅不能奏效，"却成骚扰"。⑧官员和使臣的舞弊和失职，亦自然会导致大量常程文书和私人信件涌入斥堠递和摆铺递，致递角积压难以按时传送。

除政治因素外，递铺组织混乱亦是影响南宋邮传效率的重要原因。北宋时，省铺足以胜任一切文书之传递。南宋时，又新置斥堠铺、摆铺与省铺并存，势必造成机构之重复、人力物力浪费与管理之混乱，南宋朝臣对此多有批评和指责。如绍兴十三年（1143）八月，御史中丞罗汝楫言："祖宗邮传之制，有步递，有马递，有急脚递。其文书事干外界或军机，

① 《宋会要》方域一一之一六，第9498页。
② 《宋会要》方域一一之三六，第9508页。
③ 《宋会要》方域一〇之五三，第9490页。
④ 《宋会要》方域一一之三二，第9507页。
⑤ 《宋会要》方域一一之八，第9494页。
⑥ 《宋会要》方域一一之七，第9493页。
⑦ 《宋会要》方域一一之二五至二六，第9503页。
⑧ 《宋会要》方域一一之二八，第9504页。

若朝廷支拨借兑急切备边钱物或非常盗窃，并入急脚递，日行四百里。近岁修立斥堠法，尤为严密，州县官吏诚能遵法而行，存恤铺兵，徐加督责，岂有传送稽留之患？昨缘多故，乃更置摆铺，事属重复。"①淳熙十三年（1186）二月，军器监主簿措置诸递角王厚之言："递铺旧法三等，曰急脚递，曰马递，曰步递，并十八里或二十里一铺。今总谓之省铺。建炎三年初立斥堠，绍兴三十年又创摆铺……近来摆［铺］、斥堠、省递混而为一，共分食钱，通同递传，所以多有违限。"②

南宋在省铺之外又增置斥堠铺和摆铺，亦即将原来省铺之文书传递职能一分为二或一分为三。看似分工细致，利于提高传递效率，但实际上给管理造成更大难度。三铺主管部门虽有不同，但三铺互相混杂，在地方上诸项事务之管理很难做到分工明确，不仅管理条例没有二致，其督察任务亦由巡辖马递铺通同负责。③南宋政府增设斥堠铺和摆铺之后，并没有按照他们的主观愿望使文书传递效率有所提高，反而因三铺之混一导致文书传递屡出症结。又，南宋增设斥堠铺和摆铺，取代省铺部分功能，造成一些地区省铺之衰落。如绍兴二十九年（1159），"将有斥堠去处应干省递并行减罢，其常程文字每日类聚，轮差一人传送"④。《咸淳临安志》在记载本府境内递铺时，以斥堠铺为主，而不见完整的省铺。⑤因此可以说，南宋时不仅没有使驿传制度得到进一步发展，反而使在北宋建立起来的驿传制度之良好秩序遭到破坏。

除以上几方面因素外，南宋邮传不治还应与财政状况及社会秩序有关。邮传之维持与稳定，在很大程度上须依赖于财政的支持。宋朝因对邮传格外重视，从一开始就有对铺兵"优其廪给"之政策，铺兵待遇高于一

---

① 《宋会要》方域一一之九，第9495页。
② 《宋会要》方域一一之三一，第9506页。
③ 《宋会要》方域一一之三、一一之一九，第9491、9500页。
④ 《宋会要》方域一一之一三，第9497页。
⑤ 〔宋〕潜说友：《咸淳临安志》卷五五《馆驿》，《宋元方志丛刊》，第4册，中华书局1990年影印本，第3848—3852页。

般厢军。①南宋时，为稳定铺兵队伍，又进一步提高铺兵待遇，不仅高于一般厢军，有时还高于禁军。如绍兴十九年（1149），秘书省校书郎洪迈言："［铺兵］既有月给米，又有俸麦，又有衣粮，又有食钱，以禁军三人之费不能赡一走卒。"②维持铺兵的衣粮供应和铺屋的建设与修缮，无疑是财政之一项大宗开支，尤其是地方财政的一大负担。而南宋财政一直处于一种紧张状态，地方财政尤其困窘。③南宋邮传中最突出现象是铺兵逃亡，而铺兵逃亡的主要原因则是衣粮不给，表面看是地方上多有拖欠和官吏百般克扣，实际上亦应是地方财政困窘之反映。关于社会秩序问题，以南宋初期最为突出，此间金军南侵、败兵流窜、官兵骚扰和民变等问题交织，造成南方许多地区秩序大乱，动荡不安，亦使邮传难以恢复和正常维持。

结　语

在古代，邮传建设及管理状况可以说是政治之缩影。通过对南宋整饬、更张邮传历史之考察，不仅可以了解相关之史实，更可以从一个侧面或特定角度真切地观察、认识到南宋之政治状况及行政效能。斥堠铺与摆铺的设立是南宋更张邮传的最主要举措，但此更张仅是在当时政治状况下的无奈之举，不仅未能较好地达到预期之效果，更谈不上对制度本身的发展与完善。宋廷与岳飞军前诏奏往来之状况，不仅使我们进一步了解当时文书传递效果之实况，亦似乎给我们认识当时战争、了解岳飞及其战功展示了另外一个层面。

［原载《中山大学学报（社会科学版）》2003年第6期］

---

① 〔宋〕王栐：《燕翼诒谋录》卷一，中华书局1981年点校本，第5页。
② 《宋会要》方域一一之一三，第9497页。
③ 参见汪圣铎：《两宋财政史》第一编之第四、五章，中华书局1995年版，第116—188页。

南宋朝廷与地方间文书传递的速度

——以四川地区为中心

陈希丰

　　"以文书御天下"是中国古代国家体制的重要特征。由各级文书所构成的传递系统是古代中央与地方间信息沟通最重要的方式，也是维系国家行政运行、军事指挥与社会稳定的必备条件。以往有关南宋朝廷与地方间文书传递的研究，主要侧重于邮传系统之设置、职能、传递方式、管理等制度基本面的梳理与辨证[1]。近年来，关注文书传递的运行机制、过程与效能日渐成为学界共识。已有学者开始运用朝廷与地方大员间的奏诏往还探寻南宋央地间文书传递之实况及其同边防军政的关系。曹家齐与黄宽重先生是该研究取向的先行者[2]。

　　权威性、保真性、保密性与及时性共同构成了文书传递的基本特征。

---

[1] ［日］真上隆俊：《南宋邮铺に关する一考察》，《东洋学报》（东京）第34辑，1952年；赵效宣：《宋代驿站制度》，（台北）联经出版事业公司1983年版；曹家齐：《宋代交通管理制度研究》，河南大学出版社2002年版；曹家齐：《关于南宋斥堠铺、摆铺的几个问题》，《浙江大学学报（人文社会科学版）》2002年第5期；曹家齐：《南宋摆铺创置时间考辨》，《文史》2003年第2辑。

[2] 曹家齐：《南宋对邮传之整饬与更张述论——兼谈朝廷与岳飞军前诏奏往来问题》，《中山大学学报（社会科学版）》2003年第6期；黄宽重：《晚宋军情搜集与传递——以〈可斋杂稿〉所见宋蒙广西战役为例》、曹家齐：《威权、速度与军政绩效——宋代金字牌递新探》，《汉学研究》（台北）2009年第2期；曹家齐：《两宋朝廷与岭南之间的文书传递》，《中国史研究》2013年第3期；曹家齐：《南宋朝廷与四川地区的文书传递》，《中国社会科学》2014年第5期。值得指出的是，早在20世纪70年代，王曾瑜先生已注意到南宋朝廷与岳家军的文书传递问题，参氏著《岳飞几次北伐的考证》，《文史》第6辑，1979年。

就及时性而言，文书唯有如期送达目的地，才能保证朝廷意向按时、顺畅地得到贯彻与落实，下情尽早上达并获得反馈，国家机器高效运转，军情战机不致贻误。从这个角度来说，朝廷与地方间文书传递的运作效能问题是与由铺递系统所承载的文书传送的实际速度紧密相连的。

要考察文书传递的实际速度，对文书收、发时间与所经行路线及其里程的准确把握至关重要。所幸，宋代蕴藏有丰富的史料资源。《太平寰宇记》《元丰九域志》等地理总志使我们在很大程度上能够复原出朝廷与各地间文书传递所经行的路线、里程①；宋人文集及《建炎以来系年要录》《宋会要辑稿》等史籍中则保留有不少文书往还的鲜活案例，不仅提供了文书发出和收到的具体时间，更使我们得以跳脱出干瘪的制度条文与描述性说法，去窥知南宋中央与地方间文书传递的整体水平与实在样态。

现存有关南宋文书传递的案例性材料，四川地区②相对集中、丰富。诸如南宋对四川文书传递之经营、朝廷与四川间文书传递路线之选择等问题，学界已有十分扎实的研究基础③。因此，本文拟选取四川地区作为个案考察对象，通过对南宋四川战场军情战报、奏诏往来的梳理与分析，探求朝廷与四川间文书传递速度、效能的实际状况，并以此为基础，兼及南宋不同时期朝廷与福建、江西、湖北、湖南、京西、广西等地文书传递状

---

① 需要指出的是，根据历史地理研究者的经验，高速公路大规模开通前的国道、省道公路路线，很大程度上乃沿袭古代交通驿路。因此，本文估算南宋诸州间道路里程，以唐宋时期地理总志所载州县"四至八到"为主要依据的同时，将参考20世纪七八十年代各省交通运输部门编制的公路营运里程表所载县市里程数据。举例来说，《太平寰宇记》卷一〇四《江南西道二·歙州》载杭州与歙州（治今安徽歙县）间相距479里。根据1986年安徽省交通厅编《安徽省公路营运里程表》与1979年浙江省汽车运输公司编《浙江省公路营运里程表》，歙县至杭州路线，乃自歙县向东北行，过昱岭关，再东行经於潜、临安、余杭，最后到达杭州。其中，歙县至昱岭关61千米，昱岭关至於潜64千米，於潜至临安34千米，临安至余杭28千米，余杭至杭州25千米，共计212千米。据闻人军《中国古代里亩制度概论》[《杭州大学学报（哲学社会科学版）》1989年第3期]，宋代一里约合560米，则212千米合宋475里，与《太平寰宇记》所载里程几乎完全一致。
② 南宋时期的四川在地理范围上要大于现代四川省，还包含了今陕西省南部及甘肃省东南部的一些地区。
③ 曹家齐：《南宋朝廷与四川地区的文书传递》，第185—196页。

况，以期能对南宋央地间文书传递速度的整体水平略作评估。

一、南宋朝廷与四川文书传递的对象、路线与里程

有关南宋朝廷与四川间文书传递的状况，宋人有过不少描述。如孝宗乾道初，四川制置使汪应辰在《乞蠲差兴元帅臣》的奏状中曾谈及此问题，谓"蜀道僻远，奏报往复动辄三四月"[①]。据此估算，则朝廷与兴元府（今陕西汉中）所在的蜀口间单程文书传递时间应在一到两个月间[②]。

光宗绍熙三年（1192），制置使丘崈创置了一条由制司驻地成都到都城临安的摆铺递，专门用以呈送边防军政急切文书。据《舆地纪胜》所引图经记载，这条摆铺递的路线途经万州（今重庆万州）、荆门军（今湖北荆门）、湖口（今江西湖口），单程传递时间约二十七日。对此，时人有"蜀去天日虽远，然置邮之速如此，西天一角，不啻畿甸中"[③]的论赞，引为得意。

嘉熙四年（1240），蜀人吴昌裔曾回忆南宋初年吴玠宣抚川陕，"置军期递，凡有警报，不过十八日可闻于朝廷"，并比对"御前金牌向者半月到川，今则往往几月而不至夔门。密院雌黄牌向者两旬至蜀，今则往往三月而不达诸郡"，深感晚宋四川军情壅滞[④]。李心传《建炎以来朝野杂记》也说过金字牌递传送敕书及军报，"自行在至成都，率十八日而至"[⑤]。

---

① 〔宋〕汪应辰：《文定集》卷四《乞蠲差兴元帅臣》，《文渊阁四库全书》本，第1138册，第621页。

② 汪应辰担任四川制置使是在隆兴二年（1164）五月至乾道三年（1167）冬，依据当时史事背景推断，其所乞应是针对隆兴二年末知兴元府、都统制李师颜去世后兴元帅出现空缺而发。当时隆兴和议刚刚签订，边防局势尚不明朗，汪氏深恐缓急之际难以应对，故甚以邮传迟滞为忧。因此，汪应辰所说"奏报往复动辄三四月"应是针对当时军期急切文字。

③ 〔宋〕王象之：《舆地纪胜》卷一七七《夔州路·万州·古迹·摆铺》，中华书局1992年版，第4599页。

④ 〔宋〕吴昌裔：《论救蜀四事疏》，载〔明〕黄淮、杨士奇编：《历代名臣奏议》卷一〇〇，上海古籍出版社1989年版，第1365页。

⑤ 〔宋〕李心传撰，徐规点校：《建炎以来朝野杂记》乙集卷九《金字牌》，中华书局2000年版，第650页。

以上固然是今人了解南宋朝廷与四川间文书传递状况的直接材料，但毕竟不如军情战报、奏诏往还等实例来得生动、鲜活，更难据以窥知文书传递状况变化、发展的整体脉络。并且，类似宋人印象式、描述性说法，往往欠缺准确度，如汪应辰"蜀道僻远，奏报往复动辄三四月"的说法便与实际案例所见高孝之际朝廷与蜀口间文书传递状况颇不相符；《舆地纪胜》记丘崈摆铺递时所载四川与临安间道路里程似亦有不实之嫌。

就吴蜀间文书传递的实况而言，曹家齐曾运用《建炎以来朝野杂记·丙寅淮汉蜀口用兵事目》考证出开禧三年（1207）韩侂胄致兴州都统吴曦书与宁宗御札的传递时间为十八日，进而精彩剖析了宋廷对吴曦之变的应对①。笔者在阅读史籍过程中，注意到由李心传依据《高宗日历》撰著而成的《建炎以来系年要录》及今本《宋会要辑稿》中存有不少南宋前期朝廷与四川间文书传递实况的材料，尚未被先行学者所利用。这批材料以军报为主体，具体来说：对四川战场诸多战事如和尚原、饶风关、仙人关、秦州、石壁、凤翔、陇州战役的爆发、结束时间以及战报抵达朝廷的时间，《系年要录》几乎都有明确记载；而《宋会要辑稿·兵捷门》则保留有部分战报的原始内容。若我们结合相关文献，对这些战报的收、发时间予以分析推算，即可在一定程度上复原出不同时期南宋朝廷与四川间文书传递的用时状况、日均速度及其变化过程。

宋代文书按紧要程度可大致划分为常程与急速（急切、要切）两种，衡量标准主要是传递时间和速度。其中，能够影响重大政治事件、改变战争进程或在军政运行中起到关键作用的无疑是军期急速类文书。正因如此，宋人留下的有关朝廷与四川间文书传递的史料——不论是一些描述性说法，抑或实际案例，几乎都属此类。故本文探讨南宋朝廷与四川间文书传递的速度，是以军期急速类文书为中心的。

建炎三年（1129）五月，宋高宗任命张浚为川陕宣抚处置使，许其享有在四川地区的一切军、政、财务支配权。作为地方最高军政权力机构，

---

① 曹家齐：《南宋朝廷与四川地区的文书传递》，第199页。

宣抚处置司（后分化演变为川陕宣抚司、四川宣抚司、四川制置司）自然成为南宋朝廷与四川间最重要的文书传递对象。四川战场各类军情战报、地方行政信息多由宣司发往朝廷。不过，南宋立国之初，宣司及其衍生机构的变动十分频繁。为此，有必要先对南宋特别是南宋前期川陕宣抚处置司及其衍生机构的治所驻地、宣司与朝廷间文书传递的路线、里程等问题作些说明。

南宋前期，宣司较为固定的治所驻地主要有三处：一是位于四川盆地东北部的阆州（今四川阆中）。绍兴元年（1131）三月，由于西师主力遭遇富平之败，陕西六路尽失，蜀口形势危急，宣抚处置使张浚被迫将治所内迁阆州[1]。绍兴五年三月邵溥兼权川陕宣抚副使后，宣司由阆州移往绵州（今四川绵阳）[2]。其间，阆州作为宣司驻地共计四年。历时虽短，但对南宋初年四川局势的稳定至关重要。

二是位于蜀口的河池（今甘肃徽县）、兴州（今陕西略阳）与仙人关。三地距离相近[3]，在军事防御格局中属同一板块，故在考察宣司驻地时，可将其合并处理，姑称"河池兴州地区"。河池兴州地区作为宣司驻地共有三个阶段：首先是建炎四年（1130）十一月至绍兴元年（1131）三月，甫经富平之败的张浚一度由秦州徙治河池，历时仅数月[4]。其次是绍兴四年至十二年。具体来说：绍兴四年三月，蜀口守将吴玠升任川陕宣抚副使，获得独立奏事权。六年正月，绵州宣司罢，吴玠正式置司兴州。至九年六月，吴玠卒于仙人关治所。其后，由四川制置使胡世将接掌宣司，徙

---

① 〔宋〕李心传撰，胡坤点校：《建炎以来系年要录》（以下简称《要录》）卷四三"绍兴元年三月"条，中华书局2013年版，第923页。

② 《要录》卷八七"绍兴五年三月壬午"条，第1663页。

③ 仙人关与河池相距约五六十里，兴州距河池约一百六十里，参《要录》卷一三五"绍兴十年五月辛卯"条，第2525页；〔宋〕乐史撰，王文楚等点校：《太平寰宇记》卷一三五《山南西道三·兴州》，中华书局2007年版，第2643页。

④ 〔宋〕李壐撰，燕永成校正：《皇宋十朝纲要校正》卷二一"建炎四年十一月丁巳"条，中华书局2013年版，第623页。

治所于河池①。到绍兴十二年十月，因宋金和议已成，胡世将的继任者郑刚中将宣司驻地由河池内迁利州②。最后是高孝之际。绍兴三十一年五月，为防金国毁盟南侵，朝命以兴州都统制吴璘为四川宣抚使，置司兴州。至乾道三年（1167）五月，吴璘病逝，由制置使汪应辰接掌宣司，治所内移利州。此期兴州作为宣司驻地约五年③。综上，南宋前期河池兴州地区作为宣司驻地共计约十四年。

三是位处蜀口与四川盆地交界处的利州（今四川广元）。利州作为宣司驻地有两个阶段：其一，绍兴十二年（1142）十月，四川宣抚使郑刚中将宣司内迁于此。至绍兴十八年五月，罢四川宣抚司。凡历五年半。其二，乾道三年（1167）五月，制置使汪应辰代任四川宣抚使，迁宣司于利州。至乾道八九年间，王炎将宣司移至兴元④。凡历六载。利州作为宣司治所共计约十一年。不过，宣司驻节利州期间，多为和平年代，留下的文书传递材料十分有限，故暂不列入本文讨论重点。

南宋四川与朝廷所在地临安间的驿传路线存在南北两条：北路由位于蜀口的河池兴州地区经兴元府东行，沿汉水河谷，经洋州（今陕西洋县）、金州（今陕西安康）、均州（今湖北丹江口）到达襄阳（今湖北襄阳），随后东南经郢州（今湖北钟祥）、应城至鄂州（今湖北武汉），再从鄂州沿江东下，经江州（今江西九江）、池州（今安徽贵池），入浙西，最终到达临安；南路则以成都为起点，东行出川，经飞乌（今四川中江东南）、遂宁

---

① 〔清〕徐松辑，刘琳、刁忠民等点校：《宋会要辑稿》职官四一之二九，上海古籍出版社2014年版，第4013页；《要录》卷九九"绍兴六年三月辛巳"条，第1884页；卷一二九"绍兴九年六月己巳"条，第2427页；卷一三二"绍兴九年九月癸未"条，第2463页。

② 《要录》卷一四七"绍兴十二年十月"条，第2778页。

③ 乾道二年至三年间，吴璘一度改判兴元，当时四川宣抚司应短期移司至兴元。参《宋史》卷三三《孝宗纪一》，乾道元年五月壬申、乾道二年八月乙未，中华书局1985年版，第631、635页。

④ 王炎将宣司由利州移司兴元后不久，淳熙二年（1175）六月，即诏罢四川宣抚司。参见《要录》卷一五七"绍兴十八年五月甲申"条，第2988页；《宋史》卷三四《孝宗纪二》，乾道三年五月庚申、淳熙二年六月辛酉，第640、659页；《舆地纪胜》卷一八三《兴元府》，第4683页。

（今四川遂宁）、果州（今四川南充）、渠州（今四川渠县）至万州，改水行，行次峡州（今湖北宜昌），北路过荆门军、应城，南路过江陵（今湖北荆州）到达鄂州，此后的递路与蜀口北路重合①。

蜀口河池兴州地区与朝廷的文书传递是走北路。这条驿路可分为蜀口至襄阳、襄阳至临安两段。其中，蜀口至襄阳的行程距离，宋人并未留下直接记载。我们根据《太平寰宇记》《元丰九域志》、明人程春宇《士商类要》所载各州道路里程及严耕望《唐代交通图考》相关考证研究，参考现代公路里程表，可估算出河池至襄阳间驿路距离大致为二千三百里②。襄阳至临安的行程距离，宋人则有较为直接的叙述。乾道四年（1168），兵部侍郎王炎奏论京湖与朝廷间的邮传稽滞问题，曾提到"行在至襄阳府"总计"三千一百里"③；泰嘉四年（1204），京西安抚司奏论襄阳与行在间摆铺制度，称"襄阳去行〔在〕约三千里"④。二说相合，且皆臣僚专言邮传问题时所及，可以从信。将河池至襄阳、襄阳至临安两段里程相加，总计约五千三百里。由于河池与兴州相距约一百六十里，则兴州与临安的驿路里程当为五千一百余里⑤。对此数据，尚有两条佐证性材料。其一，乾道六年，兵部奏疏中谈到"茶马司自来于兴元府起发常纲西马，至行在

---

① 关于这两条线路的详细考证，参曹家齐：《南宋朝廷与四川地区的文书传递》，第191—196页。

② 南宋河池到襄阳的驿路是从河池南下，越青泥岭，过长举县、兴州，经分水岭，至西县，折而向东，经兴元、洋州、金州、均州，最后到达襄阳。据此路线，结合《太平寰宇记》《元丰九域志》《士商类要》《大清一统志》所记各州地里、严耕望《唐代交通图考》相关考证及现代公路里程表，可推算两地间距离约为二千三百里。参〔宋〕王存撰，王文楚、魏嵩山点校：《元丰九域志》，中华书局1984年版；严耕望：《唐代交通图考》第三卷《秦岭仇池区·通典所记汉中通秦川驿道：散关凤兴汉中道》《上津道》等篇章，"中研院"历史语言研究所，1985年；程春宇：《士商类要》卷二《巩昌府由沔县至襄阳府路》，收入杨正泰：《明代驿站考（增订本）》附录三，上海古籍出版社2006年版，第350页；《嘉庆重修一统志》，中华书局1986年版；湖北省革命委员会交通局编：《湖北省公路营运路线里程表》，1979年；陕西省革命委员会交通局编：《陕西省公路里程表》，1971年。

③ 《宋会要辑稿》方域一一之二〇"乾道四年正月二十四日"条，第9500页。

④ 《宋会要辑稿》方域一一之三六"嘉泰四年五月二日"条，第9508页。

⑤ 《太平寰宇记》卷一三五《山南西道·兴州》，第2643页。

四千八百八十九里"①。这条马纲转输的马驿路，同样也是文书传递的递角路②。考虑到河池与兴元相距四百四十里③，两段里程之和同样为五千三百里。其二，庆元三年（1197），知枢密院事谢深甫在谈及朝廷与蜀口文书传递问题时，称"沔州（按即兴州）约有五千里"④。综上，可推定蜀口河池与临安间的驿路里程约为五千三百里，而兴州距临安则稍近一百六十里。

阆州与朝廷的驿传联络则可走南路。这条驿路亦可分为阆州至万州、万州至临安两段加以考察。先由阆州南下至果州，再从果州东行至万州出川。据严耕望先生考订，阆州万州段驿路约一千里⑤。有关万州至临安的道路里程，《舆地纪胜》记载丘崈创置成都至行在摆铺递时，曾罗列各路段距离，谓：万州至荆门军一千一百里、荆门军至湖口一千八十里、湖口至临安九百里。据此，则万州、临安间相距三千一百里。不过，若据《太平寰宇记》所载诸州道路里程推算，则万州至临安间的距离当为三千八百里。⑥分歧主要在于湖口（今江西湖口）至临安段，据《太平寰宇记》所载诸州道路里程，此段距离当为一千三百四十里，较《舆地纪胜》足足多出四百五十里。由于宋人未留下江州至临安道路里程的其他直接记载，对

---

① 《宋会要辑稿》兵二五之二四"乾道六年九月二十三日"条，第9146页。
② 张锦鹏：《南宋交通史》，上海古籍出版社2008年版，第67页。
③ 据严耕望《唐代交通图考》第三卷《通典所记汉中通秦川驿道：散关凤兴汉中道》考证，唐宋时期河池至兴元驿路乃自河池县南下过青泥岭、长举县，至兴州，经兴城关，折而东南，经分水岭，过百牢关，经西县、褒城县，最后到达兴元。根据《太平寰宇记》卷一三三所载兴元、兴州地里，可推算两地相距四百四十里。
④ 《宋会要辑稿》兵二九之四七"庆元三年十二月二十二日"条，第9261页。
⑤ 阆州到果州三百里，果州到万州七百三十里，共一千三十里。参严耕望《唐代交通图考》第四卷《山剑滇黔区·嘉陵江中江水流域纵横交通线》，第1164、1172页。又四川省汽车运输公司编《四川省公路营运里程表》（1977年），阆中至南充137千米，南充到万州330千米，共计467千米，合宋1046里，与《图考》相合。
⑥ 其中，万州东至夔州水路三百里，夔州东至归州三百三十里，归州东至峡州二百里，峡州东至江陵三百三十里，江陵东至复州陆路三百五十里，复州东至沔州（即汉阳军）陆路三百四十里，沔州至鄂州十里，鄂州东至江州六百里，江州东至池州五百里，池州东至宣州三百四十里，宣州东南至杭州五百里。

于《太平寰宇记》与《舆地纪胜》的分歧，我们只能借助两个旁证予以判别。其一，孝宗初年，中书舍人洪适在一份外制中曾谓"大冶至行在所才二千里"①。考大冶（今湖北大冶）与临安间的驿路须经湖口，按大冶与湖口相距约四百里②，若据《舆地纪胜》湖口临安九百里之说，则大冶、临安的距离仅一千三百里，与"才二千里"的说法相去甚远；若据《太平寰宇记》一千三百四十里之说，则大冶、临安的距离为一千七百余里，与洪适制书中的说法颇合。其二，依据20世纪七八十年代出版的浙江、安徽二省公路里程表，由杭州经於潜、宁国、宣城至贵池的公路约三百八十千米，合宋八百五十里；由贵池至湖口的公路约一百九十千米，合宋四百二十五里，共计一千二百七十五里，亦与一千三百四十里说基本相合。因此，笔者认为，《舆地纪胜》湖口至临安段九百里之说颇为可疑，今不从。有关万州与临安间道路里程，本文仍取《太平寰宇记》三千八百里之说，则阆州至朝廷的距离总计约为四千八百里。

四川制置司自绍兴五年（1135）初设，终南宋一朝，基本皆置司成都府（军事紧张状态下，也会短暂移往利州）。有关成都与临安间道路里程，《舆地纪胜》谓"自成都至行在凡四千二百余里"，此说疑误。据《舆地纪胜》记载，成都至万州间驿路为一千一百二十里。考隆兴二年（1164）四川制置使汪应辰于赴任途中致书参知政事周葵，称"始抵万州，去成都尚一千二百里"③。严耕望《唐代交通图考》曾详考唐宋时期成都与万州间道路里程，谓"由成都东行约一百五六十里至金水县，又东南经飞乌县二百九十里至遂州治所方义县，又东北经蓬溪县一百七十五里至果州治所南充县，又东二百八十里至渠州治所流江县，又东经梁山县四百五十里至万州治所南浦县。此道最直"④。据此，则成都到万州间合计一千三百四十

① 〔宋〕洪适：《盘洲文集》卷一九《保义郎阆挟降一官制》，《四部丛刊》本。
② 此据王存《元丰九域志》卷六《江南路》所载诸州道路里程推算。
③ 《文定集》卷一四《与周参政书二》，第712页。
④ 严耕望：《唐代交通图考》第四卷《山剑滇黔区 · 嘉陵江中江水流域纵横交通线》，第1172页。

五里。又明代商旅交通指南《一统路程图记》中所记成都至万县的路程为一千一百八十里。①四种说法相差不大。至于万州与临安间道路里程，上文已作考证，乃取三千八百里之说，则成都与临安间的距离约为四千九百至五千一百里左右。

综上可见，南宋朝廷与四川地区军政权力机构所在地——蜀口河池兴州地区、阆州、成都三地之间的道路里程相差不大，皆在五千里左右。

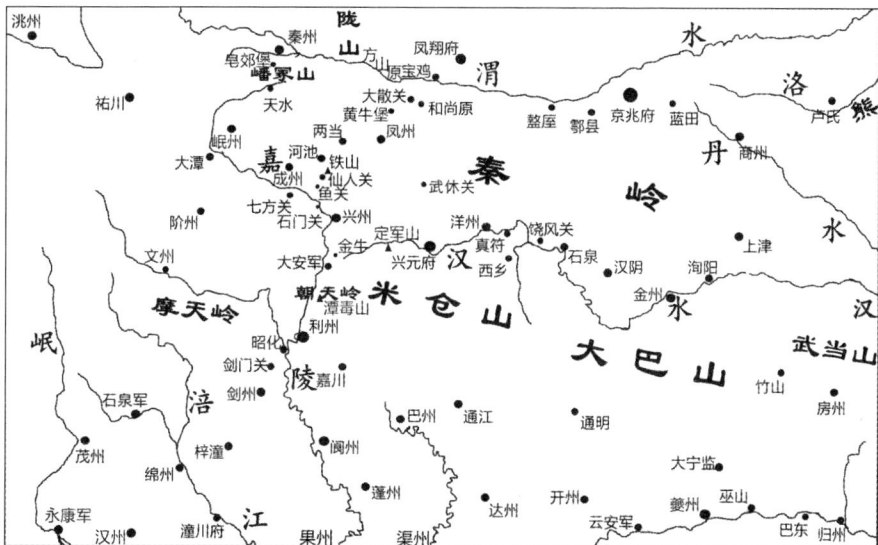

南宋蜀口地图（据谭其骧主编《中国历史地图集》改绘）

二、绍兴初年朝廷与四川文书传递的速度与效能

以下先对南宋初年朝廷与四川间文书传递的几个实际案例略作梳理。建炎四年（1130）五月，身在秦州（今甘肃天水）的川陕宣抚处置使张浚为保蜀口东面门户，以便宜黜陟权承制将原属京西南路的金、房二州拨隶利州路安抚司，同时按例奏闻朝廷。据《宋会要辑稿》记载，流寓越州（今浙江绍兴）的宋廷迟至当年十月四日才接到其"今措置将金、房两州

---

① 〔明〕黄汴：《一统路程图记》卷六《江北陆路》，收入杨正泰：《明代驿站考（增订本）》附录二，第254页。

割属利州"的奏书①。同样是建炎四年五月，张浚承制以新知荆南府张上行知兴元府，并奏闻朝廷。宋廷接到张浚奏报并下达诏令予以确认的时间则是九月十一日②。由秦州发往朝廷的金房改隶奏与张上行除知兴元奏，传递时间达四五个月之久。临安与川陕间的信息基本处于隔绝状态。

绍兴元年（1131）七月，已内迁阆州的张浚上奏称：

> 七月十二日伏奉四月初七日诏书。圣旨丁宁，反复开谕。虽父祖之训子孙，不过如此。臣伏读再四，感泣交并。自念罪大，无所逃于天地间，陛下方且洗其过愆，责以后效，在臣区区，何以论报。③

依据奏状内容"自念罪大""洗其过愆，责以后效"并结合当时形势，所谓"四月初七日诏书"乃是高宗针对富平之败后张浚所上待罪疏而下的抚慰诏。依照制度规定，皇帝下付给川陕最高军政长官的御笔手诏当用文书传递系统中等级最高的金字牌入急脚递传送。临安与阆州相距约四千八百里，以金字牌递日行五百里的传送标准，这份诏书当在十天后即四月十七日递送至张浚手中。即便是用等级最低、速度最慢的步递传送（日行二百里标准），诏书也应在五月初到达阆州。然而，张浚抚慰诏的实际传递时间竟达三个月之久（合计九十三天）。

同年十月，金将兀术统兵数万正面进攻蜀口。陕西诸路都统制吴玠据守散关东侧的和尚原高地，宋军充分利用地形，以强弓劲弩阻遏住金军攻势，迫其退兵。十二日，在金军撤退途中，宋军追击掩杀得手，大获全胜。这就是著名的"和尚原大捷"。战事刚刚结束，吴玠即将战果申报给阆州方面的宣抚处置使张浚，随后由宣司形成捷奏发往朝廷。据《系年要

---

① 《宋史》卷二六《高宗纪三》，建炎四年五月，第479页；《宋会要辑稿》方域五之一八"建炎四年十月四日"条，第9361页。
② 《要录》卷三三"建炎四年五月"条，第771页。
③ 〔宋〕张浚：《张魏公奏议·又回奏虏情状》，载〔明〕解缙等编：《永乐大典》卷一〇八七六，中华书局1986年版，第4467页。

录》记载，和尚原捷奏最终送达御前的时间是十二月二十五日午时①。整个战事信息传递过程历时两个月零十三天（合计七十二天）。考虑到和尚原与阆州间的距离约一千二百余里②，递卒从军前呈送战报至宣司，最快也要三到四天（关于四川战区军前文书传递速度的讨论，见下文）。若将军前申报时间扣除，则由阆州宣司发往朝廷的和尚原捷奏实际传递时间应该是将近七十天。不难推算，张浚抚慰诏与和尚原捷奏所反映绍兴元年朝廷与四川间军期要切文字传递的平均速度仅为日行五十至七十里左右。

绍兴二年（1132）闰四月，针对利夔制置使、兴元知府王庶与蜀口守将吴玠、王彦以职事不相协和的局面，张浚承制令"王庶与知成都府王似两易其职"，并奏报朝廷。宋廷接到张浚奏报并下诏确认的时间为八月十一日③。王庶王似易职奏的文书传递时间达三四个月之久。是岁末，针对四川战区，朝廷作出重大人事调整。十二月十八日，诏罢宣抚处置使张浚。据《宋史·高宗本纪》记载，阆州方面张浚接到诏书的时间是绍兴三年二月十一日④。这份南宋初年四川最重要的罢职文书历经五十三天传送完毕。虽然张浚罢职诏所反映朝廷与四川的文书传递速度较之高宗抚慰诏及和尚原捷报已有所提升，但仍仅为日行九十里左右，可谓严重迟滞。

与宋廷作出罢免张浚决策大致同时，金方再度集结重兵，由撒离喝率军三路攻蜀。此役，金军主力避开吴玠扼守的和尚原据点，取道商州、上津，迂回进攻蜀口东侧。绍兴三年（1133）二月五日，陕西都统制吴玠、金均房州镇抚使王彦与金军对峙于洋州真符县之饶风关。宋军坚守凡六

---

① 《要录》卷五〇"绍兴元年十二月戊子"条，第1042页。《宋会要辑稿》作十二月二十六日，姑从《要录》。

② 南宋和尚原至阆州之驿路，乃自和尚原南下，越黄牛岭，西南经凤州、两当、河池、长举，至兴州，历金牛镇、三泉县、利州，最后到达阆州。据《太平寰宇记》《元丰九域志》，参阅严耕望《唐代交通图考》、李之勤《论故道在川陕诸驿中的特殊地位》（载《中国历史地理论丛》1993年第2期）及甘肃、陕西、四川三省公路里程表，推算其距离为一千二百余里。

③ 《宋史》卷二七《高宗纪四》，第498页；《要录》卷五七"绍兴二年八月丙申"条，第1152页。

④ 《要录》卷六一"绍兴二年十二月甲辰"条，第1216页；《宋史》卷二七《高宗纪四》，"绍兴三年（1133）二月丁酉"条，第503页。

日，至二月十一日，关陷①。据《系年要录》与《宋会要辑稿》记载，三十八天后的三月十九日，朝廷接到张浚所上"饶风岭剿杀金人"捷奏②。考虑到军前战况信息由洋州传送至阆州宣司至少需要三四天③，饶风关捷报所反映四川与朝廷间军期文书传递的时间已缩短至三十五天左右。

绍兴四年（1134）二月下旬，已夺得和尚原据点的金军沿陈仓道南下，再攻蜀口。吴玠率军据守于河池县南五十余里的仙人关防线。双方鏖战多日，至三月二日，宋军最终取得仙人关守卫战的胜利④。据《宋会要辑稿》记载，四月七日，由川陕宣抚处置副使王似、卢法原联名上呈的仙人关捷奏送达朝廷。其中援引吴玠军前申报：

> 吴玠称：二月二十一日，金贼四太子与皇弟郎君引领万户、千户七十余人，率大军十余万众，半是马军，前来仙人关对垒，连珠札四十余寨。于二十七日冲撞官军，凡三十余战。至三十日，杀退贼众，统制官田晟遣兵追赶入寨。金贼别添兵约五十余队，再来攻击，官军戮力斗敌，金贼大败。官军追赶至贼寨，杀死金贼万户、千户并甲军莫知其数。⑤

文渊阁四库本《北海集》另载有一份题为《赐川陕宣抚使司张浚诏》的诏书，乃是时任翰林学士綦崇礼以高宗口吻所作针对仙人关大捷的奖谕诏。内中详细记录了仙人关战役之过程及相关军情的申报信息：

---

① 《要录》卷六三"绍兴三年二月辛卯、丁酉"条，第1237—1239页。
② 《要录》卷六三"绍兴三年三月甲戌"条，第1251页；《宋会要辑稿》兵一四之二三至二四"绍兴三年三月十九日"条，第8892页。按《宋会要辑稿》称"十七日，吴玠亲帅诸将迎敌，往复六十余阵"，此处"十七日"当为"十一日"之讹。
③ 饶风关至阆州的驿路，乃自饶风关西行，经洋州，至兴元府，然后南下过难江县（即唐集州）、巴州，西南折入阆州，据《太平寰宇记》《元丰九域志》所载各州县地里，参考《唐代交通图考》及陕西、四川公路营运里程表，推算这段距离约一千里。
④ 《要录》卷七三"绍兴四年二月辛丑"条，第1402页；卷七四"绍兴四年三月辛亥、壬子"条，第1409—1410页。
⑤ 《宋会要辑稿》兵一四之二四"绍兴四年四月七日"条，第8892页。

敕川陕宣抚使司：省所奏："金人四太子自（领）[岭] 北点刷甲军前来凤翔府，聚集诸路签军版将，取道攻取和尚原，决谋入川作过。三月三日，据吴玠申：'二月二十一日，金人四太子与皇弟郎君引领万户、千人 [户]、酋首七十余人，率大军十余万前来仙人关、杀金平野塞 [对] 垒①，连珠扎硬寨四十余座。（案，以下内容与《辑稿》略同，不具引）杀死金人万户、千户并军兵莫知其数，大获胜捷。'"又奏："续据吴玠申：'金人屡败，终未退师，遂于三月一日夜遣将兵劫动金人寨，鏖战直至天明，杀败番众，伤折无数。官兵占夺得番兵前寨，并夺到傍牌、衮枪、鞍马、旗帜不少，番兵退却寨栅，委获胜捷。又三月二日夜三更以来，劫破四太子、皇弟郎君大寨，使首尾不能相救，拔寨遁走。见遣诸头项官兵追袭，痛行掩杀前去，委是大获胜捷。'臣等已行下吴玠取索功状奏闻。"……载嘉却敌之劳，方叙策勋之典。往稽厥实，亟上于朝，庶赏不至于踰时，而士克劝于用命。诏书到日，可疾速（闻）[开] 具吴玠等功状，报明闻奏。故兹诏示，想宜知悉。②

由《赐诏》可知，有关仙人关战役的战况，吴玠曾至少两次向川陕宣抚司发送申报：第一次是在二月三十日战事结束后，第二次则是三月二日取得仙人关守卫战最终胜利后。其中，吴玠在二月三十日战事结束后所发申报及由此所形成的川陕宣抚处置副使王似、卢法原奏捷，其文书时间信息十分完整（既有军前申报时间，又有宣司奏捷时间），是我们考察南宋四川与朝廷间军期文书传递实况极为珍贵的材料。

依据《宋会要辑稿》与《北海集》可复原二月三十日仙人关战报传递

---

① "对"字据明庭杰《吴武安公功绩记》（载杜大珪辑：《新刊名臣碑传琬琰之集》上卷十二，中华再造善本）补。

② 〔宋〕綦崇礼：《北海集》卷八《赐川陕宣抚使司张浚诏》，《文渊阁四库全书》本，第1134册，第576—577页。此处对诏书的命名有误。仙人关之战发生时，张浚早已离开川陕战场，当时川陕宣抚司由王似、卢法原两位宣抚副使共同主政。诏书称"臣等已行下吴玠取索功状奏闻"，"臣等"指的正是王似与卢法原。故诏书名中"张浚"二字宜删去。

情况如下：二月三十日，吴玠在仙人关挫败金军，随即遣派递卒将战况申送至位于阆州的川陕宣抚司；三月三日，宣司长官王似与卢法原接到吴玠申报后，形成奏书，将战果上报给朝廷；四月七日，王、卢所上仙人关捷奏抵达临安。

从中可得到两点重要信息：其一，仙人关捷报由阆州到朝廷的传递时间为三十四天，这与绍兴三年（1133）饶风关捷奏的状况大致相当，说明到绍兴三四年间，朝廷与四川间军期要切文书的传递速度已上升至日行一百三十里左右。

其二，仙人关与阆州相距约九百里①，吴玠所发军前申报三天即可送到，说明当时川陕战场军前文书传递的速度已达日行三百里。联系饶风关战役中，吴玠曾率军"自河池一日夜驰三百里"②，可知当时蜀口交通条件确已达到日行三百里的水平。换言之，绍兴初年，朝廷与四川间的邮传系统尚未整合完备时，川陕战区前线业已建立起相对稳定高效的邮传系统，为宣司与蜀口守将的信息传递提供保障。

仙人关之役后，宋军在吴玠（时任川陕宣抚副使）主持下出师进攻陇右重镇秦州。绍兴五年（1135）二月十三日，经过近半年的围困，秦州最终被杨政、吴璘攻破。三月三日，由吴玠本人发出的克复秦州奏捷到达临安③。秦州军前距吴玠所在的仙人关、河池一带约四百五十里，快马一至二日可达④。若吴玠于二月十五日得到军前申报后立即向朝廷发送捷报，

① 仙人关至阆州之驿路，乃由仙人关南下，经兴州、金牛、三泉、利州，最后到达阆州，据《太平寰宇记》《元丰九域志》所载各州县地里，参考《唐代交通图考》及陕西、四川公路营运里程表，推算这段距离大致为九百里。

② 《要录》卷六三"绍兴三年二月辛卯"条，第1237页。

③ 《要录》卷八五"绍兴五年二月丁亥"条，第1617页；卷八七"绍兴五年三月丙子"条，第1659页。

④ 据〔宋〕赵彦卫《云麓漫钞》卷一所载河池地区与秦州间驿路，"仙人关外分左右二道，自成州经天水县，出阜郊堡，直抵秦州"（中华书局1996年版，第14页），结合《太平寰宇记》《元丰九域志》所载诸州道路里程，参阅严耕望《唐代交通图考》第三卷《仇池山区交通诸道》及甘肃省交通厅公路局编制《甘肃省公路里程表》（1991年），可推算河池与秦州相距约四百五十里。

则秦州奏捷的文书传递时间为四十七天（是年有闰二月）。

表1　南宋初年朝廷与四川文书传递时间表

文书内容	文书传送对象	文书传递时间	
金房改隶奏	秦州至越州	建炎四年五月至十月	四五个月
张上行知兴元奏	秦州至越州	建炎四年五月至九月	四个月
高宗抚慰诏	临安至阆州	绍兴元年四月至七月	九十三天
和尚原捷奏	阆州至临安	绍兴元年十月至十二月	近七十天
王庶王似易职奏	阆州至临安	绍兴二年闰四月至八月	三四个月
张浚罢职诏	临安至阆州	绍兴二年十二月至三年二月	五十三天
饶风关捷奏	阆州至临安	绍兴三年二月至三月	三十五天左右
仙人关捷奏	阆州至临安	绍兴四年三月至四月	三十四天
秦州捷奏	仙人关至临安	绍兴五年二月至三月	四十七天

三、文书传递速度提升的原因

通过对和尚原、饶风关、仙人关、秦州四次重要战役奏报及张浚抚慰诏、罢职诏、金房改隶奏等军期要切文书传递状况的梳理，可以发现：建炎四年（1130）至绍兴五年（1135）间朝廷与四川地区文书传递的速度、效能在整体上呈现不断提升的态势。特别是进入到绍兴二、三年以后，吴蜀间文书传递效率显著提高。（当然，这仅仅只是一种态势，个别案例仍存在一定参差）应如何理解这一现象？以下试作分析。

（一）

其一，从制度建设层面来看，与南宋建立邮传铺递体系的进程有关。北宋的邮传体系在进入徽、钦两朝后已积弊甚深、弛废严重。大观年间，由汴京发出的朝旨"急递动经三四十日，马、步递经五七十日，至三两月以上"[1]才能到达荆湖北路，可谓匪夷所思。金军南下引发的连锁反应则

---

[1]《宋会要辑稿》方域一〇之二八"大观三年二月七日"条，第9478页。

导致宋朝邮传体系的全面崩溃。靖康年间，各地为组建勤王军，大量抽调铺兵充数，有些州郡甚至直接刺换铺兵为禁军①。北宋灭亡后，各路勤王军及溃散的禁卫军"往往溃而为盗"②，南下掳掠京湖、江淮，加之金军南侵，使这些地区递铺毁弃，铺兵散失殆尽。

虽然南宋建立伊始，高宗便接连下诏，力图重建邮传体系；维扬之变后，宋廷又痛定思痛，着手创设以杭州为中心的斥堠铺体系，专一传递探报斥堠文字，但效果并不显著③。一方面，建炎年间，内忧外患，新朝对地方州郡的政令效力不足，邮传系统更非短期便可建立或恢复；另一方面，最初设立斥堠铺主要是针对高宗驻跸地周边的军事安全问题，属应急机制，且创置范围极为有限——仅限浙西路，并未覆盖远地及内陆④。绍兴二年（1132），荆湖广南路宣抚使李纲奏请提升荆湖、广南四路与朝廷的军期文书传递效率，称文书"虽入急递，例多稽迟"，请求选派内侍一人"专一承受所有朝廷札降圣旨指挥，并用金字牌入急脚递，不得入铺，星夜传送前来"⑤。可见当时湖广地区与朝廷间文书传递最为高效的方式仍是"传统"的急脚递。

特别需要指出的是，北宋原有的邮传体系是以都城开封为中心逐次向四方铺开的。由于定都东南的立国格局，南宋朝廷与各地的文书传递网络较之北宋时期已迥然不同。以临安到四川为例，很难想象北宋时期吴蜀间存在有高效稳定的邮传体系。但进入南宋后，由于四川特殊的战略地位，临安与四川间的邮传体系成为朝廷经营的重点。因此，在某种程度上，与其说南宋初年朝廷"重建"邮传系统，毋宁说是"新建"各地与临安间的文书传递网络。

---

① 《宋会要辑稿》方域一〇之四二"建炎元年九月二十一日"条，第9484页。

② 《要录》卷七"建炎元年七月庚寅"条，第197页。

③ 曹家齐：《南宋对邮传之整饬与更张述论——兼谈朝廷与岳飞军前诏奏往来问题》，第39—40页。

④ 《宋会要辑稿》方域类有关建炎及绍兴初年斥堠铺的材料，皆不出两浙路范围。

⑤ 〔宋〕李纲著，王瑞明点校：《李纲全集》卷六七《乞差内侍一员承受发来文字奏状》，岳麓书社2004年版，第710页。

绍兴二年（1132）以后，随着政权渐趋稳固，宋廷遂开启制度建设之路。通过招填铺兵、修筑递铺、增添巡辖使臣、申明赏罚条例等措施，不仅旧有的省铺系统逐步得到恢复，斥堠铺的设置也由两浙路延伸至江南、淮南、京湖等地，用以专门传报军期急速及贼盗探报文字。虽然目前尚无绍兴初年四川地区设置斥堠铺的直接材料①，但由于宋代文书传递是一铺递至另一铺的接力传送，故江淮、京湖地区斥堠铺的设置与渐次铺开，同样有助于朝廷与四川间文书传递效率的提升。

（二）

其二，就内外局势而言，与南宋境内军贼、游寇势力的逐次肃清有关。地方军贼、游寇势力的平定是南宋王朝构建邮传体系、进而打通中央与四川间联络的先决性条件，这项工作的基本完成是在绍兴二年（1132）下半年。

北宋灭亡后，京畿四周的勤王军与禁卫军"溃而为盗"，成为两宋之交由中原南下的第一波军寇。第二波则出现于建炎三年（1129）。建炎二年七月，东京留守宗泽去世，其部将张用、王善、曹成、李宏、桑仲等不为继任者杜充所用，相继脱离留守司，拥兵南下，进入江淮、京湖，沦为军盗②。

这些军贼势力或盘踞州郡，或流窜诸路，攻城略地，相互杀伐，严重阻碍了朝廷与东南以外地区特别是京湖、四川间的信息沟通。如建炎三年（1129）至绍兴二年（1132）间，原东京留守司将领桑仲拥众十余万，盘踞襄、邓、随、郢一带，并频频对蜀口东侧金、房地区及京湖腹地归、峡、复等州用兵。如前所述，南宋四川与朝廷的邮传分南、北两路。桑仲盘踞的襄汉地区乃蜀口与朝廷联络的必经之路，其频繁滋扰的峡、复等州

---

① 绍兴二十九年，洪迈曾指出"军兴以来，凡通蜀道者，皆增斥堠递，九里一置"（《宋会要辑稿》方域一一之一三"绍兴二十九年二月二十五日"条，第9496页；《要录》卷一八一"绍兴二十九年二月庚戌"条，第3478页），此诚为南宋前期四川地区设置斥堠铺之明证，但毕竟未提供确切的时间点。

② 参黄宽重：《南宋时期抗金的义军》，（台北）联经出版事业公司1988年版。

又是成都、阆州与朝廷联络之要津。桑仲势力的存在，势必影响乃至很大程度上阻隔朝廷与四川间的联系。类似"道路隔绝""道路不通""道不通""道路未通""道路梗涩""道路梗塞"等话语频繁出现于《要录》炎兴之际的行文中，正是这一情形的反映①。

进入绍兴元年（1131）后，金军在东南战场的攻势有所放缓。南宋政权利用这一宝贵时机，开启了大规模清剿军贼游寇的进程。绍兴元年正月，神武右军都统制张俊率王璲、岳飞等将，历战半年有余，相继剿灭马进、李成、张用、李允文等势力，基本肃清了池州至鄂州段长江南北广大区域，使朝廷声势达于上游。绍兴二年初，福建江西荆湖宣抚副使韩世忠戡平范汝为势力，打破了朝廷与福建的阻隔。稍后，韩世忠又移兵江西、湖南，与李纲、岳飞大军相配合，于绍兴二年六月肃清曹成、李宏势力，朝廷与江西南部、湖南的邮传道路得以畅通。

随着绍兴元年（1131）初至绍兴二年夏福建、江西、荆湖南北路寇盗势力的次第平定，朝廷与西、南腹地的道路阻隔被打通，沿路递铺体系得以逐步建立与恢复。绍兴三年，有臣僚提议废除诸路类省试，即谈到"今盗贼屏息，道路已通"的形势变化②。以下仍通过几组实际案例来说明绍兴二年下半年前后朝廷与各地文书传递速度的提升。

先以朝廷与福建路帅府福州的文书传递为例。绍兴二年（1132）二月八日，为统筹荆湖广南地区盗寇平定工作，朝廷起用李纲为荆湖广南路宣抚使、兼知潭州③。任命下达时，李纲正闲居福州。一个月前，盘踞建州、南剑、邵武一带的范汝为势力甫被平定，福建北部铺递体系尚未有效恢

---

① 《要录》卷二九"建炎三年十一月丁未"条，第669页；卷三一"建炎四年二月甲午、丙申"条，第721、723页；卷三三"建炎四年五月戊辰"条，第770页；卷三八"建炎四年十月丙子"条，第852页；卷四四"绍兴元年五月辛亥"条，第942页；卷六五"绍兴三年五月丙辰"条，第1274页。
② 《要录》卷六九"绍兴三年十月戊申"条，第1357页。
③ 《要录》卷五一"绍兴二年二月庚午"条，第1056页。

复。福州距离临安约一千八百里①，这份诏令历时二十天，直至二月二十八日才"由密院使臣"送达李纲手中②。从中所反映出的文书传递速度仅每日九十里。

其次是朝廷与江南西路安抚司（治所洪州，今江西南昌）的文书传递。绍兴二年（1132）三月四日，朝廷下发枢密院札子给江南西路安抚司，指挥驻扎当地的岳家军戡平盗寇，属军期急速文字。但据李纲奏状记载，这份文书迟至十八天后的三月二十二日方才被递送至洪州③。按洪州距临安约一千五百里④，则两地间邮传速度同样仅为日均八十余里。

绍兴二年（1132）下半年，随着江南西路寇盗的肃清，朝廷与该地区的文书传递状况明显出现好转。据荆湖广南路宣抚使李纲所述：

> 臣契勘七月二十九日，准枢密院七月二十二日札子：奉圣旨，令岳飞且在湖南等路措置追捕盗贼，俟稍息日，别听指挥。续于八月初五日，准枢密院七月二十五日札子：岳飞依已降指挥，且留湖南等

---

① 南宋临安与福州间的驿路是从临安府城西南行，经富阳、桐庐而达严州（今浙江建德），南下经兰溪，随后路分两途：南路经婺州（今浙江金华）、处州（今浙江丽水）、龙泉，越武夷山之柘岭入闽，历浦城、建州、南剑，最终到达福州。西路过龙游，至衢州，尔后又分为二，一路由衢州南行至江山，越武夷山脉之仙霞岭入闽至浦城，其后驿路与柘岭路同；一路由衢州西行经常山、玉山、信州（今江西上饶）、铅山，从武夷山脉的分水关入闽，经崇安、建阳而达建州，其后路线与柘岭路、仙霞岭路同。据此路线，结合《太平寰宇记》《元丰九域志》所记各州地里及清代驿路里程数、现代公路里程表，可推算两地间距离约一千八百至九百里。参见林汀水：《福建古代陆路交通干道的开辟与变化》，《历史地理》第21辑，上海人民出版社2006年版；张锦鹏：《南宋交通史》，第52—54页；王娜：《汉至元时期闽北陆路交通探究》，福建师范大学2014年硕士学位论文；刘文鹏：《清代驿传及其与疆域形成关系之研究》，中国人民大学出版社2004年版，第64—66页；浙江省汽车运输公司编：《浙江省公路营运里程表》，1979年；福建省交通厅编：《福建省公路营运里程表》，1981年。

② 《李纲全集》卷六五《已受告命再辞免奏状》，第691页。

③ 《李纲全集》卷六六《乞令韩世忠相度入广西招捕曹成奏状》，第705页。

④ 南宋临安到洪州的驿路，一般是从临安西行，经余杭、於潜、昌化，过昱岭关，再经歙县、休宁、祁门，转向西南，过浮梁、饶州，最后到达洪州。据此路线，结合《太平寰宇记》《元丰九域志》所记各州地里及现代公路里程表，推算两地间距离约一千五百里。参见张锦鹏：《南宋交通史》，第58页；浙江省汽车运输公司编：《浙江省公路营运里程表》，1979年；安徽省交通厅编：《安徽省公路营运里程表》，1986年。

路，措置盗贼，专听李纲节制。①

当时李纲正在江南西路吉州（今江西吉安）一带，准备向潭州进发。临安到吉州的距离较之洪州远五百三十里——达两千里②，但当年七月下发给李纲的两份枢密院札子，传递时间分别仅为八天与九天（按，当年七月仅二十九日），文书传递速度已攀升至每日二百五十里与二百二十里③。

朝廷与福州间的文书传递效率同样大幅提升。绍兴五年（1135）七月十七日，诏资政殿大学士、知福州张守提举万寿观、兼侍读④。据《毗陵集》记载，张守是在当月二十四日巳时接到"御前金字牌递到尚书省札子：奉圣旨，除臣提举万寿观、兼侍读"⑤的，则此时朝廷与福州间的文书传递已缩短至七天，文书传递速度较之绍兴二年初提高了两倍，达到每日二百四十里左右。再看李纲的案例：绍兴五年十月十六日，诏以观文殿大学士、提举西京嵩山崇福宫李纲（时寓居福州）为江南西路安抚制置大使、兼知洪州⑥。他在辞免奏状中称"今月二十六日准御前金字牌降到尚书省札子：十月十六日，三省同奉圣旨，除臣江南西路安抚制置大使兼知洪州"⑦，可知李纲除任的省札历时十天到达福州。虽然较之张守省札晚了三天，但相比于绍兴二年初接受荆湖广南路宣抚使任命时，文书传递效率仍然提升了整整一倍。

（三）

其三则是央地间权力格局变动所带来的朝廷与四川信息沟通需求的变

---

① 《李纲全集》卷七二《开具本司差到任仕安等兵马人数留韩京等军马奏状》，第748页。
② 《太平寰宇记》卷一〇九《江南西道·吉州》，第2206页。
③ 宁宗嘉泰二年十二月十八日，身在吉州的周必大接到十二月九日令其致仕的省札，文书传递时间同样为九天，说明此后文书传递状况差别不大。见〔宋〕周必大撰，王瑞来校证：《周必大集校证》卷一三三《辞免复少傅状》，上海古籍出版社2020年版，第2091页。
④ 《要录》卷九一"绍兴五年七月戊子"条，第1759页。
⑤ 〔宋〕张守撰，刘云军点校：《毗陵集》卷四《辞免提举万寿观兼侍读札子》，上海古籍出版社2018年版，第49页。
⑥ 《要录》卷九四"绍兴五年十月乙卯"条，第1801页。
⑦ 《李纲全集》卷七九《辞免江西安抚制置大使兼知洪州奏状》，第809页。

化。建炎三年（1129）至绍兴二年（1132），张浚担任宣抚处置使，在四川地区享有军、政、财几乎一切支配权。在此期间，一方面，朝廷迫于金军及军盗流寇的内外压力，尚未完全在东南站稳脚跟，无暇西顾；另一方面，张浚被赋予"黜陟之典得以便宜施行"①的特殊权力，四川一切事务皆由其一面裁处，无须也无法向朝廷过多请示。为此，朝廷对于四川地区的人事处置、财政措施、边防部署，实际上仅有事后的知情权，原则上不行使裁决权。以《系年要录》为例，史籍所载"张浚时代"四川与朝廷间文书信息往复，更多体现为张浚便宜行事、先斩后奏，朝廷予以追认而已。在此种权力格局下，吴蜀之间对于文书传递时效性的需求相对并不十分强烈。

不过，在渡过风雨飘摇期后，以绍兴二三年间召回张浚为分界线，朝廷对四川地区的掌控力度明显加强。防范"张浚式人物"的再度出现成为此后数年间朝廷对蜀政策的基本出发点。一方面，宣司长官所拥有的"便宜黜陟权"被迅速收回，朝廷得以重新介入四川重大事务的决策。另一方面，默认吴玠在军事实力上的坐大，不刻意压制吴玠地位的上升，通过提升武将势力形成对宣司长官的分权制衡。对蜀政策的转变造成四川高层文武关系的日趋恶化。张浚之后的王似、卢法原、范正己、邵溥等宣司长官与吴玠冲突频繁，需要朝廷及时协调处理蜀中将帅、文武间关系②。因此，不论是收回"便宜黜陟权"抑或协调蜀地文武的关系，都迫切需要朝廷大幅提升与四川间文书传递的效率。

四、绍兴中后期朝廷与四川文书传递的速度

此后数年间，宋金在川陕战场未有大规模战事发生。直到绍兴十年（1140）五月，金方撕毁第一次绍兴和约，突袭南宋河南、陕西地，两国

---

① 《要录》卷二五"建炎三年七月庚子"条，第597页。
② 有关张浚去位后朝廷对川陕高层权力格局的调整，参陈希丰：《以武制文与三司分立：南宋初年川陕高层权力格局探析》，《文史》2021年第4期。

战火重燃。通过分析这一时期川陕战场军情战报传递的实例，可以发现朝廷与四川间文书传递状况又有了新的变化。

五月二十八日，金军进攻凤翔（今陕西凤翔）以南、散关以北的石壁寨，驻守该地的是右护军都统制吴璘部将姚仲、刘海、曹清部。当日，宋军在石壁一带重伤敌将折合孛堇，迫使金军退兵。据《系年要录》记载，六月十八日，石壁之战的捷报通过川陕宣抚司传至御前①。是时，原川陕宣抚使吴玠已于一年前去世，由川陕宣抚副使胡世将坐镇河池督战。河池距石壁前线仅四百里②，军前递送战报，快马接力一日可达，宣司获得石壁战报进而呈送朝廷至迟不会超过五月二十九日。此战所反映的蜀口与临安间文书传递时间约为十九或二十天。

随后数月，宋金双方对垒于凤翔一线。六月二十二日，右护军统制姚仲于凤翔百通坊一带再次击败撒离喝的金军，史称"百通坊之捷"③。《宋会要辑稿》存有川陕宣抚司所发此战奏报，曰：

> 闰六月十三日，川陕宣抚司言："……贼兵却来凤翔府。六月二十二日，将官邵仲孚等带领马军绝早至凤翔府西关城外，踏翻贼寨，杀死金贼不知其数。贼兵于本府东门、北门摆拽，尽数出城，贼首撒离喝及左监门等亲拥贼众直至百通坊，排拽（击）阵势二十余里，更番与官军接战。姚仲等告诫诸军，杀贼兵败，不得斫级、争夺鞍马。自辰至未鏖战数阵，杀退贼众，追赶一十余里，掩入崖间甚众。"④

李心传《系年要录》谓闰六月十三日，"川陕宣抚副使胡世将奏姚仲凤翔

① 〔宋〕徐梦莘：《三朝北盟会编》卷二〇〇"绍兴十年五月辛丑"条，上海古籍出版社1987年版，第1445页；《要录》卷一三五"绍兴十年五月辛丑"条，第2531页；卷一三六"绍兴十年六月辛酉"条，第2546页。

② 石壁与河池间驿路，乃自石壁南行，至宝鸡县，渡渭水，过大散关、黄牛堡、凤州及两当县，最后到达河池，据严耕望《唐代交通图考》和《太平寰宇记》，这段路程距离约四百一十里。

③ 《要录》卷一三六"绍兴十年六月己酉"条，第2543页。

④ 《宋会要辑稿》兵一四之二九"绍兴十年闰六月十三日"条，第8895页。

之捷"①，与《辑稿》所载相合。《要录》又称"百通坊之捷，据宣抚司申，以六月二十二日得报"②，据此则姚仲在凤翔的军前战报当日便已抵达河池宣司。不过，战报称"自辰至未"之时宋金尚处于鏖战状况。换言之，战事结束已是当日午后。考凤翔与河池相距约四百七十里③，午后发出文书，递马当日便将战报传送至宣司的可能性似不大，颇疑《要录》"二十二日"乃"二十三日"之误。是岁六月共二十九日，则由河池发往临安的百通坊捷报用时十九天左右，与石壁捷报的传递时间完全一致。

此外，稍早前吴玠病逝信息的传递也可反映这一时期蜀口至朝廷的文书传递状况。绍兴九年（1139）六月二十一日，四川宣抚使吴玠病逝于仙人关治所。据《系年要录》记载，高宗为其辍朝致哀在七月十九日④。显然，高宗辍朝必在得知吴玠死讯之后，且朝廷礼仪部门确定具体辍朝日尚需一定时日，故吴玠病逝的消息由仙人关传至朝廷至少应在二十七天内。

通过对石壁、百通坊两次捷报及吴玠病逝信息的梳理可知：绍兴九、十年间（1139—1140），由蜀口至朝廷的军期文书传递时间约为二十天。这一数据较之绍兴四年又有不小的提升。河池距离临安约五千三百里，则两地间文书传递速度已达日均两百六十五里左右。从绍兴四年开始，朝廷于淮南、荆湖、江南、两浙等地区设置新的摆铺系统，专门用以传递军期急切文字。吴蜀间文书传递效率的进一步提升，应与摆铺递的创置密切相关。

不过，就绍兴末年辛巳之役期间军政文书传递案例来看，二十天尚非朝廷与四川文书传递时间的极限。

绍兴三十一年（1161）九月，金军以偏师进攻蜀口，由此拉开了辛巳之役的序幕。五日，金方游骑突袭蜀口军事据点黄牛堡（在大散关南五十

---

① 《要录》卷一三六"绍兴十年闰六月乙酉"条，第2554页。
② 《要录》卷一三六"绍兴十年六月己酉"条，第2543页。
③ 据严耕望《唐代交通图考》，凤翔与河池间驿路里程较石壁多出六十里，计四百七十里。
④ 《要录》卷一二九"绍兴九年六月己巳"条，第2427页；卷一三○"绍兴九年七月丁酉"条，第2444页。

里），守将李彦坚驰书告急于四川宣抚使吴璘①。宣司驻地兴州与黄牛堡相距约四百二十里②，军前战报传递一日可达。换言之，九月六日（至迟七日），兴州方面应已知悉此事。据《系年要录》记载，九月二十九日，吴璘与四川安抚制置使王刚中列衔同上的金军进犯黄牛堡奏状抵达御前，文书传递历时二十二三天③。

在摸清西线金军仅是牵制性进攻后，吴璘随即部署反击。一面命右军统制杨从仪率军进攻大散关，一面则遣兵驰出祁山道奇袭陇右。九月十八日夜，兴州都统司右军正将彭清于宝鸡渭河一带夜劫金军桥头寨得手。吴璘、王刚中所奏此战捷报以十月四日驰抵临安，五日进呈御前④。考虑到宝鸡离吴璘当时所在的杀金平尚有一至二日程⑤，则此战所反映蜀口与朝廷间的文书传递时间仅十四五天。

奇袭陇右的宋军很快又有战果。九月二十五日夜，兴州都统司前军统领刘海收复秦州。十月十三日，秦州捷报由四川"宣抚司偕制置司"奏到⑥。秦州军前距吴璘所在的河池杀金平一带约四百五十里，邮传一至二日可达。假设秦州捷报于九月二十七日申至宣司，则由河池奏捷至朝廷，凡历十六日。

九月三十日，彭清又与兴州都统司左军将官张德等攻破陇州。据《宋

---

① 《要录》卷一九二"绍兴三十一年九月甲戌"条，第3730页。

② 黄牛堡至兴州驿路，乃自黄牛堡循故道水南下，经凤州、两当、河池，越青泥岭，最后到达兴州。据《太平寰宇记》所载诸州地里，参阅严耕望《唐代交通图考》，可知这段里程约四百二十里。

③ 《要录》卷一九二"绍兴三十一年九月戊戌"条，第3739页。

④ 《周必大集校证》卷一六三《亲征录》"绍兴三十一年十月癸卯"条，第2451页；《要录》卷一九二"绍兴三十一年九月丁亥"条，第3734页；卷一九三"绍兴三十一年十月甲辰"条，第3752页。

⑤ 杀金平在河池县与兴州之间，据严耕望《唐代交通图考》和《太平寰宇记》，凤翔府与河池县驿路约四百七十里，河池与兴州相距一百六十里，则杀金平与凤翔府间的距离当为五百里稍多。

⑥ 《要录》卷一九二"绍兴三十一年九月甲午"条，第3737页；卷一九三"绍兴三十一年十月壬子"条，第3758页。

会要辑稿》记载，吴璘所上陇州奏捷到达临安的时间是十月二十日[1]。按陇州距河池约七百五十里[2]，军前申奏需两日，则宣司与朝廷间文书传递当在十八日左右。

综上，绍兴和议前夕，四川与朝廷间文书传递已降至二十天左右。到高孝之际的辛巳之役期间，蜀口军报更是普遍在二十天以内——最快十四五日便可到达临安。

五、对南宋朝廷与地方间文书传递速度的整体评估

通过对南宋前期四川地区文书传递实例的梳理与分析，可以发现：南宋前期，朝廷与四川间文书传递的速度呈不断上升态势。建国之初，由于邮传铺递系统尚未建立健全、境内军贼游寇势力横行以及张浚全权处置蜀中事务的特殊权力格局，朝廷与四川间信息阻塞严重，军期急切文书的传送动辄三四月之久。至绍兴三四年间（1133—1134），朝廷与川陕宣抚司间的文书传递已降至三十五日左右。绍兴和议前夕，又进一步降至二十日，文书传递速度达到日均二百六十五里。辛巳之役期间，蜀口军报最快十四五日可抵临安。

淳熙十一年（1184）三月，为防宋金战事重启，孝宗命蜀口三大将吴挺、郭钧、彭杲密陈出师进取利害[3]。据周必大《奉诏录》记载，这份诏书于三月三日由临安发出，当月十八日便递到兴州，历时仅十五天[4]。此外，曹家齐运用《朝野杂记·丙寅淮汉蜀口用兵事目》考证开禧三年（1207）韩侂胄致吴曦书与宁宗御札的传递时间为十八日。由文书传递实

---

① 《宋会要辑稿》兵一四之三六"绍兴三十一年十月二十日"条，第8899页；《要录》卷一九二"绍兴三十一年九月己亥"条，第3740页。

② 宋代陇州至河池驿路，乃自陇州东南行至凤翔，过渭水，南下大散关，越黄牛岭，西南经凤州梁泉、两当，至河池。但由于彭清攻破陇州时，散关据点尚在金方所掌控，故道不通，只能西行至秦州，南向经成州，沿祁山道到达兴州。据严耕望《唐代交通图考》《太平寰宇记》及甘肃省公路里程表，此段里程约七百五十里。

③ 《宋史》卷三五《孝宗纪三》"淳熙十一年三月癸巳"条，第681页。

④ 《周必大集校证》卷一四七《奉诏录·兴州吴挺具奏》，第2251页。

际案例所得出的数据与《朝野杂记》金字牌递"自行在至成都,率十八日而至"、吴昌裔"御前金字牌向者半月到川"的说法完全吻合,充分说明十四五日确是南宋朝廷与四川间文书传递的极限。

然而,值得进一步追索的是:即便是以单程十五日计算,朝廷与四川间文书传递速度的极限也仅为日均三百五十里左右,这与宋代邮传体系中急脚递日行四百里、金字牌递日行五百里的制度标准仍存在一定差距。由此值得追问的是:假若由朝廷发送至四川的金字牌递历时十五日送达,是否属于"稽滞"?其他地区的情况又如何?应如何整体评价南宋文书传递的水平呢?

现存有关宋代朝廷与地方间文书传递状况的史料(如《宋会要辑稿·方域门》)存在一个突出现象,即北宋时期(徽钦两朝除外)极少涉及文书传递不畅及其弊端等事实之记载,而对"文书稽滞"的论述与批评则反复出现于南宋邮传制度的相关记载中。如绍兴六年(1136),吏部侍郎、都督府参议军事吕祉奏论临安至建康"沿路斥堠铺递角壅并";绍兴十三年,御史中丞罗汝楫论文书"传送稽留之患";乾道八年(1172),兵部侍郎黄均称"递角稽违之弊,盖莫甚于今日"。①类似材料可谓不胜枚举。对此,不免使人产生北宋邮传制度"在太祖朝至哲宗朝之执行效果应较为理想",而"南宋文书传递之整体情况"并"不理想"的印象②。

诚然,由于政治腐败、组织混乱等因素,南宋邮传系统存在诸多弊病,文书传递过程中的漏落、严重稽滞现象层出不穷。这点先行研究叙述已详,兹不赘论。然而,一方面,史料呈现可能存在"不对称性",宋人对北宋文书传递系统的批评较少,并不一定能得出北宋邮传系统执行效果较为理想的结论;另一方面,因立国格局的狭促与军事压力的沉重,使得南宋士大夫对信息渠道中存在的问题有着更深的焦虑感,朝野对文书传递

---

① 《宋会要辑稿》方域一一之六、九、二四,"绍兴六年十月八日""绍兴十三年八月二十一日""乾道八年十月二十一日"条,第9493、9495、9502页。

② 曹家齐:《南宋对邮传之整饬与更张述论——兼谈朝廷与岳飞军前诏奏往来问题》,第37、41页。

系统有着较之北宋更高的关注度。这应当是两宋间邮传系统记载出现巨大差异的一个重要因素。

笔者在此主要想要讨论的问题是：抛开诸如南宋初年朝廷与四川间文书传送动辄两三月之久、广西"发急递至进奏院有逾三月方到者"①一类严重稽滞现象，南宋朝廷与地方间文书传递速度的整体水平究竟如何？

乾道四年（1168），兵部侍郎王炎在奏疏中谈及文书传递稽滞的具体表现，谓：

> 邮传之乖违，无甚于近时。至若去年十一月二日郊祀肆赦，行在至襄阳府三千一百里，合行六日二时，稽十日方至。荆南二千六百四十里，合行五日三时，稽九日方至。②

表面看来，这则材料反映的是乾道年间极为严重的文书传递稽滞现象，由临安发往襄阳、荆南的赦书竟然比"合行时间"分别稽迟十天与九天才送达。然而，需要追索的是，王炎所称"合行多少日"依据的是什么样的标准？不难推算，他是以金字牌递日行五百里的文书传递速度作为标准的。问题在于，南宋实际运转的文书传递系统是否有可能达到金字牌递的制度标准？答案似乎是否定的。

就朝廷与襄阳间的文书传递而言，王炎所批评的"稽十日方至"——即十六日递到似乎更接近南宋军期急切类文书传递体系运行的常态与实态。笔者考察辛巳之役京湖战场战事过程，发现由襄邓地区发往临安的三份战报——李道所上茨湖捷报、武钜所上克复邓州外城捷报及吴拱所上收复邓州捷报，分别历时十一日、十三日与十二日③。就上文对朝廷与蜀口文书传递的考察可知，辛巳之役期间无疑是朝廷与襄阳间文书传递状况较好的时期。然而，即便以十一日计，襄阳与临安间（相距约三千里）军

---

① 《宋会要辑稿》方域一一之一二"绍兴二十三年十一月十八日"条，第9496页。

② 《宋会要辑稿》方域一一之二○"乾道四年正月二十四日"条，第9500页。

③ 陈希丰：《辛巳之役与南宋孝宗朝边防格局的形成——以江淮、京湖战区为中心》，北京大学2016年博士学位论文，第56、72页。

期要切文字的传送速度也仅为日均二百七十里，与王炎所要求的日均五百里乃至四百里的制度标准相去甚远。

王曾瑜先生研究岳家军战事过程，曾注意到绍兴十一年（1141）正月末宋高宗发往鄂州军前的御前手诏，岳飞于二月九日收到，邮传历时十天。当年二月，高宗"十九日二更"的手诏说，"得卿九日奏"，用时十一天[①]。考鄂州临安间驿路约两千里[②]，则南宋前期两地的文书传递（包括金字牌递）速度是日均二百里左右。实际上，当时鄂州军前与临安间文书传递最快七天可达。绍兴九年正月五日，以第一次绍兴和议达成，大赦天下。十二日，岳飞便接到了"进奏院递到赦书"[③]。理宗端平二年（1235），襄阳为蒙军所围，形势危急。魏了翁受任督视京湖江淮军马，赴京湖战场主持救援事宜。他在奏札中谈到由临安"措置守御，皆从军递发行，约七日可到"[④]鄂州，可知经过朝廷的制度建设，临安鄂州间军期要切类文书的传递速度大致在日均二百八十里。

又，淳祐十一年（1251），置司江陵的京湖制置使李曾伯在奏疏中说："臣三月二十四日准尚书省札子，三月十四日奉圣旨，令分司财用司支拨十七界官会一千万贯文付京湖制司桩管；二十七日准枢密院札子，三月十八日奉圣旨，令沿江制司调遣二千人，江定军都统司调遣三千人，潭州飞虎军调遣一千人，江州节制司调遣二千人，前往京湖制置司增添戍守。"[⑤]可知晚宋临安与江陵间军期要切类文书的传递时间为九到十天。两地间相

---

① 王曾瑜：《岳飞和南宋前期政治与军事研究》，河南大学出版社2002年版，第148—149页。

② 鄂州至临安的驿路，乃由鄂州顺江东行，过江州、池州、宣州，过千秋岭，至於潜，东达临安。据此路线，结合《太平寰宇记》《元丰九域志》所载各州地里推算全程约两千里。另上揭洪适《保义郎阎挟降一官制》称"大冶至行在所才二千里"，亦可为证。

③ 《要录》卷一二五"绍兴九年正月丙戌"条，第2359页；〔宋〕岳珂编，王曾瑜校注：《鄂国金佗稡编续编校注·鄂国金佗稡编》卷一〇《谢讲和赦表》，中华书局1989年版，第831页。

④ 〔宋〕魏了翁：《鹤山先生大全文集》卷二六《辞免督视军马乞以参赞军事从丞相行奏札》，《四部丛刊》本。

⑤ 〔宋〕李曾伯：《可斋杂稿》卷一八《回奏经理事宜》，《宋集珍本丛刊》影印清初钞本，线装书局2004年版，第84册，第357页。

距两千六百四十里①，传递速度约日均二百七十至三百里。

此外，黄宽重先生在研究宋蒙广西战役时，对《可斋杂稿》所见南宋晚期临安与潭州、潭州与静江（今广西桂林）、邕州（今广西南宁）与静江间的文书传递状况作过统计。他注意到，当时临安与潭州间军期急切文书的传递最快需时八天，一般则为十天左右。按两地间的距离约二千七百里②，则宝祐年间临安与潭州间文书传递速度一般在每日二百七十里左右，最快可达三百三十多里。潭州与静江的文书传递一般需时四天半，考两地相距约一千二百里③，则文书传递的速度当为每日二百六十多里。至于邕州与静江间的情况，黄氏指出，"由邕州到静江的传递时间，一般需要四天，但从数据上看，五天尚属正常时程，五天以上的传递则已属迟滞"。按邕、静相距约千里，在他看来，日均二百里至二百五十里皆属军期要切文书传递的正常速度④。

表2　南宋各时期朝廷与各地文书传递速度表

时间	起讫地	传递距离	传递时间	传递速度（平均每日）
绍兴二年	临安至吉州	二千里	八九天	二百二十至五十里
绍兴五年	临安至福州	一千七百里	七天	二百四十里
绍兴九年	临安至鄂州	二千里	七天	二百八十里
绍兴十年	河池至临安	五千三百里	二十天	二百六十五里

---

① 《宋会要辑稿》方域一一之二〇"乾道四年正月二十四日"条，第9500页。

② 潭州至临安的驿路，乃由潭州东行过醴陵，入袁州界，经新喻、临江军，折而向北，过丰城，至洪州，此后的路线与洪州、临安间相同。洪州临安段约一千五百里；潭州洪州段，据《太平寰宇记》卷一〇六《江南西道四·洪州》记载，"西至潭州界，隔山不通，陆路取袁州至潭州总一千二百里"，则临安、潭州间驿路距离大致为两千七百里。

③ 南宋潭州到静江府的驿路是从潭州南下，经衡州、永州、全州，最终到达静江府。今日由长沙到桂林的公路，仍行此路。据此路线，结合《太平寰宇记》《元丰九域志》《大清一统志》所记各州地里及现代公路里程表推算，可推算两地间距离约一千二百里。李曾伯《可斋续稿》后卷五《乞宣借总管钱万等奏》谓"自潭而桂凡一千余里"（《文渊阁四库全书》本，第1179册，第637页），亦可为证。

④ 黄宽重：《晚宋军情搜集与传递——以〈可斋杂稿〉所见宋蒙广西战役为例》，第137—142页。

续表

时间	起讫地	传递距离	传递时间	传递速度（平均每日）
绍兴三十一年	兴州至临安	五千二百里	十六七天	三百至三百二十五里
绍兴三十一年	襄阳至临安	三千里	十一二三天	二百三十至七十里
淳熙十一年	临安至兴州	五千二百里	十五天	三百五十里
泰嘉二年	临安至吉州	二千里	九天	二百二十里
开禧三年	临安至兴州	五千二百里	十八天	二百九十里
端平二年	临安至鄂州	二千里	七天	二百八十里
淳祐十一年	临安至江陵	二千六百余里	九至十天	二百七十里至三百里
宝祐年间	临安至潭州	二千七百里	一般十天，最快八天	一般二百七十里，最快三百三十余里

因此，就以上对南宋不同时期朝廷与四川、福建、江西、湖北、湖南、京西、广西等远地间文书传递状况的分析与梳理来看，若抛开严重稽滞现象不论，日行二百至三百里应是南宋朝廷与地方军期要切文书传递速度较为普遍的水平。其中，仅个别时期、个别地区可至日均三百里以上，但也绝难达到急脚递日行四百里、金字牌递日行五百里的制度标准。

或许正因如此，南宋王朝在"省铺"系统外创置斥堠铺系统"专一承传御前金字牌以至尚书省枢密院行下及在外奏报并申发尚书省枢密院紧急文字"时，并未将递送标准设在难以企及的四百或五百里，而是仅规定其速度为日行三百三十里①。其后，南宋相继设立的摆铺、雌黄漆青字牌、粉字牌等各类"专一申奏军期切紧文字"的文书传递形式，也都只是将传递标准定在日行三百五十里②。与北宋时期增设金字牌递以提高文书传递的速度与权威标准不同，南宋王朝在文书传递的制度设计中似乎有意识地做了减法。因此，由朝廷发往蜀口的金字牌递历时十五日送达，应当不属

① 〔宋〕汪应辰：《汪玉山集·乞申严元置斥堠铺指挥札子》，载〔明〕解缙等编：《永乐大典》卷一四五七五，第6458页。
② 《宋会要辑稿》方域一一之二〇、二八"乾道三年三月五日""淳熙四年十一月七日"条，第9504、9500页。

于"稽滞"。

既然南宋文书传递速度的普遍水平无法达到北宋时急脚递四百里、金字牌递五百里的制度标准，那北宋时期是否就能达到？这是一个十分重要但由于"现存文献中较少发现（太祖朝至哲宗朝）文书稽滞及有关弊端等事实之记载"而为以往研究者所忽略的问题①。诚然，现存文献中极少涉及北宋文书传递稽滞或运营不良的材料，但我们仍可通过对实际案例的梳爬大体窥知北宋时期文书传递的大致状况。

有关北宋官员拜罢类的军期要切文书传递，兹举仁宗朝韩琦与余靖两个例子。康定二年（即庆历元年，1041）四月，因好水川之败，知秦州韩琦的本官阶由起居舍人降为右司谏。九月十五日，诏"复为起居舍人"②。当月二十七日，身在秦州的韩琦接到"授臣起居舍人"的"告敕各一道"③，文书传递历时十二天。按秦州、开封相距二千一百里④，则韩琦复官告敕的日均传递速度约一百七十五里。皇祐四年（1052），侬智高乱起，仁宗于六月二日紧急诏命"起复前卫尉卿余靖为秘书监、知潭州"⑤。十八天后，持服韶州的余靖"于六月二十日准枢密院递到敕诰"⑥。按韶州距开封三千七百里⑦，则余靖知潭州敕诰的传递速度约为每日两百里。

战报类文书的传递，我们选取神宗朝的几个案例。宋神宗历来被认为是较偏重"将从中御"、掌控军前动向的君主，在位期间又致力于开疆拓土，神宗朝对文书传递系统的经营理应是较为有力的。元丰四年（1081）米脂城之战，据《长编》卷三一六记载，"〔种〕谔复攻城，辛亥九月二十八日也，十月五日戊午奏到"，战报传递时间为七天。再看元丰五年永

---

① 曹家齐：《南宋对邮传之整饬与更张述论——兼谈朝廷与岳飞军前诏奏往来问题》，第37页。

② 〔宋〕李焘：《续资治通鉴长编》卷一三三"庆历元年九月辛酉"条，中华书局2004年版，第3175页。

③ 〔宋〕韩琦：《安阳集》卷二四《谢复官表》，国家图书馆藏明正德九年刻本，第4页。

④ 《太平寰宇记》卷一五〇《陇右道一·秦州》，第2899页。

⑤ 《续资治通鉴长编》卷一七二"皇祐四年六月乙亥"条，第4147页。

⑥ 〔宋〕余靖：《武溪集》卷一四《桂州谢上表》，国家图书馆藏明成化九年刻本，第11页。

⑦ 有关韶州与开封间距离的考证，参见曹家齐：《两宋朝廷与岭南之间的文书传递》，第127页。

乐城之役前后的军报：九月十四日，朝廷接到鄜延路走马承受公事杨元孙九月七日的军报，历时七天；九月十六日，朝廷收到主帅沈括九月九日的奏报，同样历时七天。考米脂寨、永乐城与开封相距约两千里[①]，可知元丰年间西北军前文字的传递速度也不过日均二百八十里左右，仅与马递"条限日行三百里"[②]的制度标准基本持平。而永乐城沦陷的战报更是在事发十天后即十月一日传到朝廷的，比之前的奏报还多出了三天的传送时间[③]。

以上略举仁宗朝韩琦、余靖任官文书与神宗朝西北军报的传递状况，可以发现：北宋时期军期要切类文书的传递速度大致在二百至三百里间，与南宋时期并无多少差别。如若本文对北宋文书传递状况的粗略评估能够成立，那么对于南宋文书传递系统建设的成效、两宋时期文书传递总体状况的判断以及急脚递金字牌制度标准的理解等一系列问题就有了重新认识的必要。对此，笔者将另文探讨。

（原载《国学研究》第45卷，中华书局2021年版）

---

① 米脂与延州相距约四百五十里，延州与开封相距一千五百三十里。参见朱瑞：《北宋鄜延路边防地理探微》，宁夏大学2013年硕士学位论文；《元丰九域志》卷三《陕西路》，第107页。
② 〔宋〕吕陶：《净德集》卷五《乞别给致使状》，《文渊阁四库全书》本，第1098册，第44页。
③ 参方震华：《将从中御的困境——军情传递与北宋神宗的军事指挥》，《台大历史学报》（台北）第65期，2020年，第20页。

水路编

水路交通可谓宋朝立国的命脉。北宋定都"四战之地"的开封，便是迁就开封水陆交通，尤其是水路交通枢纽的地理位置。这是因为唐以后，随着中国经济重心的逐渐南移，北方经济已不足以支撑都城的物资需求，作为政治重心的都城必须在很大程度上依赖南方的物资供应。如此，都城必须具备发达的交通条件，以保障南方物资源源不断地运入，而既往长期作为都城的长安和洛阳两地，已不具备这一交通条件。五代之中，四个政权都放弃洛阳而建都开封，正是这一事实的体现。北宋建都开封，标志着长安、洛阳作为都城的历史时代之结束。北宋立国后，便以开封为中心，形成了全国各地物资供输京师的交通网络体系，其中以南北大运河为中心的漕运网络最为重要。这一漕运网络亦将黄河、长江融入其中，在全国形成一张庞大的水运交通网。南宋定都临安府，对漕运的依赖程度虽比不上北宋，但水运仍是整个王朝赖以存在的根本。为保证漕运秩序，宋代建立并维持着一整套以"漕运法"为核心的管理制度。

宋朝以财政立国。为解决财政问题，政府进一步采取征商政策，并持续鼓励国内外商业的发展。鼓励对外商业贸易的发展，是其中的一个重要方面。因陆上"丝绸之路"受阻，陆上对外贸易发展颇受局限，于是，宋代便集中发展海上对外贸易，而这一需求，正与欧亚大的历史形势相契合，因而在宋代出现了空前的海上贸易之繁荣。无论是近海贸易，还是远洋对外贸易，都必须以发展海上交通为基础。宋代的海上交通亦较以往有大的发展。

内河航运与海上交通并进，是宋代历史的显著特征，自然亦是研究宋代交通史的重要方面。本编选录的七篇论文，均是不同时期学术研究的代表性成果。

论北宋漕运法

[日]青山定雄　著　朱庆永　译

序　说

所谓漕运就是在国家的统治下由水路输送租税收入的米粟钱绢，就中主要是自地方向京师运输。

北宋时代以首都汴京为中心的漕运，系寄于黄河、广济河、惠民河、汴河之所谓四河而输行。①黄河当河北、河东、陕西之三路（今之河北、山西、陕西诸省）财物之输送，广济河当京东（今之山东省及河南省开封以东）财物之输送，惠民河当京西（今河南省开封以西）财物之输送，汴河当淮南、荆湖、四川（今之江苏、安徽两省扬子江以北及湖北、四川诸省）以南诸路财物之输送。此中，寄于黄河、广济河、惠民河的漕运，因为其地方财物多被输送于一路之北边，其输送不见得很重要，反之，汴河之漕运当南方广大之区，且控丰饶的地域，因为中央财政多依赖之，必然要有大规模的运行了。

我以下要说的实是寄于汴河的南方漕运，而且它占漕运上主要的地位史料亦是可从丰富的米粟上见到。在南方的米粟漕运，地域地行于其主产地的淮南、两浙、江南东西、荆湖南北之六路，四川、广东、广西、福建诸地方因距离和产额上的关系只纳钱绢其他等物代之。又关于漕米额太宗

---

① 〔元〕脱脱等：《宋史》卷一七五《食货志上三·漕运》，中华书局1977年点校本，第4250页。

太平兴国六年（981）定为四百万石①，真宗景德四年（1007）增至六百万石②，其后从仁宗天圣五年（1027）到八年改为五百五十万石③，大概即以景德四年规定之六百万石为定额，其实际漕米额并无多大差别④。如言漕运法，计有转般、直达两法。转般法是在地方与京师间设立仓库而纳各地之漕物，更以别船运输于京师的方法；直达法是由地方直输于京师的方法。转般法通建国以来至徽宗崇宁间大概可说是北宋一代久行的漕运法，直达法，自仁宗神宗发其端，要为崇宁以后通行的漕运法。

以下我□以上述之漕运法为中心，自转般法的内容进而究明其至行于宋代之事实，更而检讨不得不代以直达法的理由，最后并打算批评两法。

表1 宋代漕运数量

时期	品目	漕米数	所载文献名
开宝五年	稻米	数十万石	《宋会要》食货四六之二
开宝九年	米	百余万石	《长编》卷一七"开宝九年九月丁卯"条
太平兴国二年	米	数百万石	《长编》卷一八"太平兴国二年七月庚辰"条
太平兴国六年	米	三百万石，菽百万石	《宋史》卷一七五《食货志上三·漕运》
太平兴国八年	熟米	四百万硕	《宋会要》食货四二之一
端拱二年		五百万斛	《长编》卷三〇"端拱二年四月"条
淳化四年		六百万石	《长编》卷三四"淳化四年十二月"条

---

① 〔清〕徐松辑：《宋会要辑稿》（以下简称《宋会要》）食货四六之二，上海古籍出版社2014年点校本，第7030页。（编者按：作者在原文注释中提到其《宋会要》所据版本为"东洋文库所藏之写本"，现据上海古籍出版社2014年点校本标注史料出处与页码，方便读者查阅对照。）

② 《宋史》卷一七五《食货志上三·漕运》，第4252页。

③ 《宋会要》食货四六之九，第7038页。〔宋〕李焘：《续资治通鉴长编》（以下简称《长编》）卷一〇七"天圣七年正月壬寅"条，中华书局2004年点校本，第2491页。

④ 据《宋会要》《长编》《宋史》等文献，北宋漕米额如表格所示。

续表

时期	品目	漕米数	所载文献名
至道元年	米	五百八十万石	《长编》卷三四"淳化四年十二月"条
咸平三年		五百六十万硕	《长编》卷四六"咸平三年三月"条①
景德中		四百五十万石	《宋会要》食货四二之一一②
大中祥符二年		七百万石	《长编》卷七一"大中祥符二年四月壬辰"条
大中祥符三年	米	六百七十九万石	《长编》卷七四"大中祥符三年九月己亥"条
天禧二年		六七百万石	《宋会要》食货四二之六
天禧中		八百万石	《欧阳文忠公集》居士集卷二六《简肃薛（奎）公墓志铭》
天禧五年	米	六百余万石	《长编》卷九七"天禧五年十月戊申"条
天圣元年	米	七百七十万石	《长编》卷一〇一"天圣元年闰九月丁未"条
天圣中		六百五十万石	《宋史》卷一七五《食货志上三·漕运》
天圣五年		六百余万石	《宋会要》食货四二之一一
天圣六年顷		五百五十万石内外	《宋会要》食货四六之九
明道中	米	六百万石	《长编》卷一一二"明道二年七月甲申"条
宝元中		六百余万石	《宋史》卷一七九《食货志下一·会计》
治平二年	粟	五百七十五万五千石	《宋史》卷一七五《食货志上三·漕运》
熙宁三年	米	六百廿万石	《长编》卷二一一"熙宁三年五月壬子"条

① 编者按：原文为"《长编》卷四六咸平二年三月"，查得相关史料时间为咸平三年三月，故改为"咸平三年"。
② 编者按：原文为"《会要》食货四三《宋漕运》"，查得该内容出自"食货四二"，故改。

续表

时期	品目	漕米数	所载文献名
熙宁四、五年	米	四百万石	《长编》卷二一四"熙宁三年八月癸酉"条
元丰六年	谷	六百二十万石	《长编》卷三三六"元丰六年闰六月乙未"条
元祐六年		四百五十余万石	《长编》卷四七五"元祐七年七月末"条

第一 转般法

（一）转般方法与转般地点

转般法如序文所言起自宋初通行于崇宁间，当南方六路只不过有淮南一路的时候，于此一路的主邑而又当水运之冲的泗州［今之安徽省（淮泗道）泗县东南二百二十里淮河北岸］、楚州［今之江苏省（淮扬道）淮安县］二处设立仓库以为转般上供。《长编》卷一三"开宝五年（972）七月"条有：

> ……［陈］从臣对曰：从臣尝游楚泗间，见粮运停阻之由，良以舟人日食，旋于所历州县勘给，固多凝滞，若自起发，即日并支，往复皆然，可以责其程限。又楚泗间，运米入船，至京师辇米入仓，宜各宿备运卒，皆令即时出纳，如此每运可减数十日。楚泗至京千里，旧定八十日一运，一岁三运，今若去淹留之虚日，则岁可增一运也。[1]

即是此意。

可是统一之事业着着行进，太宗太平兴国三年（978）吴越钱氏最后降服，南方六路全入版图，丰饶的南方米粟至被大批地输于京师，《宋史》卷一七五《食货志上三》"漕运"条有：

---

[1]《长编》卷一三"开宝五年七月"条，第287页。

> 大中祥符初，至七百万石，江南淮南两浙荆湖路租籴，于真扬楚泗州置仓受纳，分调舟船，溯流入汴，以达京师。①

新于真、扬二州［真州，今之江苏省（淮扬道）仪征县；扬州，江苏省江都县］设立转般仓，并前之泗、楚二州至有四个地方为转般仓地了②。此中真州受纳江南荆湖之租籴而转般之，扬州受纳两浙之租籴而转般之，依以下二文我们可以明白见到。即《长编》卷三〇七"元丰三年（1080）八月丁巳"条有：

> 权发遣司农寺都丞吴雍言："淮浙连岁丰稔，昨尝乞存留扬州转般仓，充淮浙常平都仓，欲乞委提举司辟官一员专管勾，每年广谋收籴，余年计外，常积万石，及受纳两浙转般粮斛与发运司上供额斛斗兑换。"从之。③

所谓扬州转般仓受纳两浙之米粟，又《宋史》卷一七五《食货志上三》"漕运"条有：

> 政和二年……淮南路转运判官向子諲奏，转般之法，寓平籴之

---

① 《宋史》卷一七五《食货志上三·漕运》，第4251页。
② 关于真、扬二州成为转般仓地之时期，《宋会要》食货四十二"漕运"条有："太平兴国九年十月，盐铁使王明言，江南诸州载米至建安军，以回船般盐，至逐州出卖。"（《宋会要》食货四二之一，第6938页）建安军是大中祥符六年以前真州的旧名。江南路入于宋之版图是太平兴国三年，真州成为转般仓地最迟要在三年到九年间。果如我们要下推测，大概是在太平兴国三年以后不久的时候。同样，扬州约在开宝八年。但《宋会要》食货四六"水运条"有："凡水运，自江淮、南剑、两浙、荆湖南北路漕运，每岁租籴至真、扬、楚、泗州，置转般仓受纳，分调舟船，计纲溯流入汴至京师。"（《宋会要》食货四六之一，第7029页）恰恰见到宋初以来四州转般法，这只不过说了漕运之大概。《宋史》卷一七五《食货志上三·漕运》于记大中祥符初之漕米额后略揭同事，假使加以仔细检讨，便知年号只于漕米有关，与漕法自然无涉。（第4251页）真、楚二州转般仓之位置，南宋王象之《舆地纪胜》卷三八"真州"条有："转般仓，旧在宁江门外，属发运司，今废。"（〔宋〕王象之编著，赵一生点校：《舆地纪胜》，浙江古籍出版社2012年版，第1199页。编者按：原文注释指该条史料出处为"《舆地纪胜》卷廿八"，现据点校本改为"卷三八"。）"楚州"条有："转般仓在神运河西岸，唐漕江淮等道米于此，转送关陕，北有神堰。"（第1230页）
③ 《长编》卷三〇七"元丰三年八月丁巳"条，第7471页。

意，江湖有米，可籴于真，两浙有米，可籴于扬，宿亳有米，可籴于泗，坐视六路丰歉。①

真州籴受江湖（江南东西、荆湖南北四路之略称）之米，扬州籴受两浙之米，泗州籴受宿亳（淮南东路之名邑）之麦。倚和籴之米粟共上租米于中央，而此与转般法有密切关系，留待后述，此处只能明示二者间之受纳关系。关于楚州的史料今日已不能见，不过在真、扬二州用江湖两浙的文句，在泗州使宿亳的州名，即泗州限于以宿亳为中心的淮南西路，楚州大概是指着收受其所在地淮南东路之米粟而言罢。

其次，自四州转般仓运至京师是专赖汴河，汴河之舟行可能期不过从五月到十月②。因之在此短期间有迅速输送之必要，势必受纳淮南之租籴于楚、泗二州，《宋会要》食货四二"宋之漕运"条有：

> 天圣五年八月，江淮发运司言："管押汴河粮纲殿侍军大将，淮四百料至五百料纲船，自今楚州般得四运，斛斗及三万六千石已上，泗州般得五运，斛斗及四万二千石已上，到京卸纳了足，及经冬短般至年终，无抛失欠少，即依条酬奖。"③

分调舟船而直输于京师比之在楚、泗二州遥而且远，且在真、扬二州吞吐巨额之米粟，然后再直送京师，在这种场合④，于楚、泗二州设立仓库是很利于转般上供的。

《宋会要》食货五〇有：

> 元丰三年六月二十七日，诏真楚泗州，各造浅底船百艘，团为十

---

① 《宋史》卷一七五《食货志上三·漕运》，第4258—4259页。
② 见拙著《唐宋汴河考》，《东方学报》第二册。
③ 《宋会要》食货四二之一一至一二，第6949页。
④ 《宋史》卷二九九《李溥传》："溥时已为发运副使……而诸路狱有余畜，高邮军新开湖，水散漫多风涛，溥令漕舟东下者，还过泗州，因载石输湖中，积为长堤，自是舟行无患。"（第9939页）高邮军是今之江苏省高邮县，要以从京师至真、扬二州，水路必定经过泗楚、高邮军而观察，此漕舟必是从真、扬二州直送至京师的回船。

纲，入汴行运。①

收受巨额米粟的真州，仅于楚泗二州造同数的浅底船，又《宋会要》食货四三"宋漕运"条有：

> 政和八年三月十二日，臣僚言："东南诸路斛斗自江湖起纲，至于淮甸，以及真扬楚泗，建置转般仓七所，聚畜粮储，复自楚泗置汴纲，搬运上京。崇宁三年，因臣僚建言，直达京师，致多抛失，尔来招募土人管押，欺弊百端。伏望现将土人选使臣等抵替，委发运司计置。"②

即其证据。

（二）运输回数与其时期

寄于转般法的运输回数与时期，江路（南方六路与转般仓地同）与汴纲（转般仓地与京师间）不同。江路，因为漕运之起点大概在府、州、军治，③各地方输送距离皆有差别，因而回数也在时间上可有不同了。《栾城

---

① 《宋会要》食货五〇之四，第7123页。（编者按：原文标注此条史料来源为"《宋会要》食货四七'水运'条"，现据点校本改为"《宋会要》食货五〇"。）

② 《宋会要》食货四三之十三，第6975—6976页。（编者按：原文将此条史料标为"宣和八年"，现据点校本改为"政和八年"。）

③ 要知道漕运之起点，为其前提的纳税法便有考察的必要。关于宋代纳税法，《长编》卷六二"景德三年二月癸巳"条有："先是河东民，常赋及和市刍粮，并输府州，而涉河阻山，颇为劳苦，寻诏徙屯河东保德军，其营在府州者，听量留之，而刍粟之资，并给于保德军。条约以来公私为便。"（第1388页）《长编》卷一〇二"天圣二年九月庚寅"条有："上封者言，河中府同华州，岁比旱灾，民多流徙，乞免支移赋税。上因谓辅臣曰百姓输租，便于本州，奈何转于他郡耶。对曰西鄙屯兵，若不移支民赋，即为扰益甚，特诏转运司，量减其数。"（第2366页）又《涑水记闻》卷七有："王钦若为亳州判官，监会亭仓，天久雨，仓司以谷湿不为受纳，民自远方来输租者，仓谷且尽，不能得输，钦若悉命输之仓，奏请不拘年次，先支湿谷不至朽败。奏至，太宗大喜，手诏答许之。"（〔宋〕司马光撰，邓广铭、张希清、侯体健点校：《涑水记闻》，上海人民出版社2022年版，第191页）即原则上人民当到府州军治而纳税，其输送虽不必一定自身当之，然必为其担负，对于人民是劳苦而无二致。总之府州军之纳税法是如上所记，且此处所说的府州军治，我们要是以其多得水运之便而观察，可以见到漕运之起点即在此等府州军治。当然这并不是说没有不便于水运的地方，在某种场合，陆运到一定的地方，然后再以水运，这是不消说的。

集》卷三七"论发运司以籴粂米代诸路上供状"条有:

> ……顷者发运司以钱一日百万贯为籴粂之本,每岁于淮南侧近,趁贱粂米,而诸路转运司上供米至发运司者,岁分三限,第一限自十二月至二月,第二限自二月至五月,第三限自六月至八月,远限不至,则发运司以所粂米代之。①

文中"自二月至五月"考其前后恐为"自三月至五月"之误。基此,各路漕运之时期分为三限,这是很明白的,其三限距离之远近互相不同。看《宋会要》食货四九"转运"条所述便可知道:

> 绍圣三年二月,诏六路转运司,岁应输米限内,有故未备输者,次限补,至未限足,又有故发运司核实保明申尚书省,即无故发运司申户部,下旁路提刑司,取勘六路三限,皆卸贮,淮南路第一限十二月,第二限二月,第三限四月,江东路正月四月六月,两浙路四月六月八月,江西荆湖南北路二月五月八月十二月。②

而其回数在淮南路多,在荆湖南北路少,从沈括之《梦溪笔谈》卷十二"官政"条记各路岁漕额之多寡:

> 发运司岁供京师米以六百万石为额,淮南一百三十万石,江南东路九十九万一千一百石,江南西路一百二十万八千九百石,荆湖南路九十五万石,荆湖北路三十五万石,两浙路一百五十万石,通余羡岁入六百二十万石。③

可以窥见。

---

① 〔宋〕苏辙著,曾枣庄、马德富校点:《栾城集》卷三七《论发运司以籴粂米代诸路上供状》,上海古籍出版社2009年版,第822页。

② 《宋会要》食货四九之二三,第7107页。

③ 〔宋〕沈括撰,施适校点:《梦溪笔谈》卷十二《官政二》"岁供京师米额"条,上海古籍出版社2015年版,第87页。

又汴纲是以可及的速度利用汴河开通之半岁而运输者，运输期间是汴河开通的半岁，其回数就是在此期间得可往复的回数。要是具体点说，大概从楚州是四运，从泗州是五运。[1]

第二　转般法采用之理由

其次要说转般法采用的理由。要之，这个方法是因为其有最合适当时经济情况的种种特质而被采用。转般法在唐代已经实施（虽不完全），它适合于汴河的水运，为和籴所发亦系必要，及其便宜于盐底官般官卖等事实，虽其程度容或有差，要问此法被采用之缘因，就中后二者要成为主因。以下当论述之，关于唐之转般，俟诸将来从第二水路论述。

（一）汴河之水运

宋代南北联络之水路是汴河、淮河、山阳渎，其中汴河由于黄河的减水，从十一月一直到翌年四月完全杜绝行舟。转般法实在是有补救这个不便的意味而行的方法。即贮藏南方之财货于靠近汴河的楚泗转般仓，待汴河开通而运达京师，江路漕运藉此方法免去汴河舟行杜绝的限制，汴纲从不能免其限制而极有效地利用其开通期间做最大量地运输，这是可能的，输送如前记之巨额米粟，此方法便特别必要了。

（二）和籴代发

和籴又略称为籴，即官谋于民而买米粟之谓，本来毫无强制的意味，但事实上取高压配征[2]。北宋时代用这个方法所上供的米极多，《长编》卷四十"至道二年（996）六月壬辰"条有：

> 乙未〔任中正〕授江南转运使……，至部〔江南〕岁大稔，赋租

---

[1] 《宋会要》食货四二之一一至一二，第6949页。

[2] 《长编》卷一〇〇"天圣元年正月壬午"条，第2310—2311页。《宋史》卷三〇〇《俞献柳传》，第9977页。〔宋〕欧阳修：《宋本欧阳文忠公集》杂著述卷二《乞减放逃户和籴札子》，国家图书馆出版社2019年版，第21册，第201—203页。〔宋〕岳珂撰，朗润点校：《愧郯录》卷一五《祖宗朝田米直》，中华书局2016年版，第200页。

平籴，皆有羡盈，发运使王子舆欲悉调饷京师。①

《范文正公文集 · 奏议上》有：

> 六曰……今国家不务农桑，粟帛常贵，江浙诸路，岁籴米六百万
> 石，其所籴之价，与辇运之费，每岁共用钱三百余万贯文。②

又《长编》卷一一二"明道二年七月癸未"条范仲淹上奏上有：

> 其三曰天之生物有时而国家之用无度，天下安得不困。江淮诸
> 路，岁以馈粮于租税之外，复又入籴，两浙一路七十万石，以东南数
> 路计之，不下三二百万石，故虽丰年，谷价亦高，官已伤财，民且
> 乏食。③

但这种籴米之设立，系为补上供租米之不足，这是不待说的，它与
漕运法有极密切关系。北宋时代巨额的米粟运输是件很困难的事，距京
师数千里地方的漕运，有时发生停滞，又上供米粟依年成之丰凶而有增
减也是不可免的事实。但是为使所期之漕米继续运来，应于此要求的特
种设备，具体点说，贮藏籴米于特定场所即转般仓以补不足的方法，便成
必要了。在那时实况下，此方法之可行从《许公墓志铭》上可以见到，
《铭》中说：

> ……先是江淮岁漕京师者，常六百万石，其后十余岁，岁益不
> 充，至公为之，岁必六百万，而常余百万，以备非常。方其去职有劝
> 公进为羡余者，公曰吾岂聚敛者哉，敢用此以希宠！公为人善

---

① 《长编》卷四十"至道二年六月壬辰"条，第843页。
② 〔宋〕范仲淹撰，李勇先、刘琳、王蓉贵点校：《范仲淹全集》，第2册，《范文正公政府奏议》
卷上《答手诏条陈十事》，中华书局2020年版，第470页。（编者按：原文该条史料中称"江
浙诸路，岁籴米二百万石"，现据点校本改为"六百万石"。）
③ 《长编》卷一一二"明道二年七月癸未"条，第2624页。

谈论。①

文中的百万石诚与充当贮藏代发者并无不同。故自实行以上方法上看，转般法无论如何可说是必要了。

（三）盐之官般官卖法

最后是盐之运输法，当时供给南方六路之盐只是淮南海盐。所谓淮南盐东南末盐产于通、泰、楚、海、涟水②之四州一军，自国初以来即实行官般官卖法。即运通、楚、泰三州之盐于真州盐仓，自此供给于两浙东西荆湖南之五路，运涟水一州一军之盐于涟水军而配给淮南及两浙之一部。其向诸路之运般大概当时是利用漕军的回船③。北宋时代盐之专卖课利很多实为中央主要的财源，因之为要垄断其利益，官般官卖法实极必要。但从运输上说从产地之淮南远远输送于荆湖江南而以空船返回是极不经济的，往复共有船货，诚两得其益。

转般法若是利用漕运之回船，一面般盐之目的可以易于达到，同时漕运亦因此而得到顺调，要是施行盐之专卖，其藉赖于转般法亦是最合理的。

第三　转般法废止之远因

基于以上所述我们对于转般法之内容与其被采用的理由可以明白了。此法行自仁宗末年到神宗初年。迨汴纲之出江，客船之雇佣，新被施行，而漕船一部之直达京师遂由此而生了。其次以考察为前提，有说明舟人的变化与漕船之不足的必要。

---

① 〔宋〕欧阳修：《宋本欧阳文忠公集》居士集卷三三《许公墓志铭》，第6册，第186页。
② 通州是江苏省（淮扬道）南通县，泰州泰县，海州江苏省（徐海道）东海县，涟水军江苏省涟水县，楚州如前述。
③ 《宋史》卷一八二《食货志下四·盐中》，第4445—4446页。〔宋〕王应麟：《玉海》卷一八一《食货·盐铁》，《景印文渊阁四库全书》，（台北）台湾商务印书馆1986年版，第947册，第655—656页。（编者按：原文该条注释为"《玉海》卷一八二《食货志·盐铁》"，查得"盐铁"为《玉海》卷一八一之内容，故改。）

　　元来舟人与漕船汴纲与江路间存有严重的区别。汴纲是使臣军大将等之武官武吏①驱使役兵当运输②之任，江路是当差役的衙前③，（从县乡之第一等户即有财产者中差遣出来者）募熟练之民为船头水夫而以兵士挽舟或当警护之任④。可是汴纲自仁宗时改役兵于募人的现象⑤非常显著，江路自太宗时，使臣军大将等武官武吏渐次使役厢军⑥当运输之任已经渐多，⑦神宗熙宁以后，役法自差役改为募役，全以武官代替衙前了。⑧

　　此中役兵⑨占隶于诸司而从事牧畜运输管库等劳役，但与其他禁军厢军有同样军籍，支给一定俸禄，而募人只能得到劳动期间之佣资。因此从来利用役兵而得到利益的汴河半岁运输停止，对于募人宁成为生活的胁威，立驱彼等作漕船的盗犯或其他不正当行为，使得政府有不得不从事长期运输的必要⑩。

　　又衙前是从乡中有财产人中差遣出来的，因为对于欠折负赔偿之责⑪，

---

① 《宋会要》食货四六之三，第7030页。《长编》卷八七"大中祥符九年五月戊申"条，第1989—1990页。《长编》卷三〇〇"元丰二年冬十月壬戌"条，第7316—7317页。

② 《宋会要》食货四二之一九，第6957—6958页。

③ 〔宋〕齐硕修，〔宋〕陈耆卿纂：《嘉定赤城志》卷一七《吏役门·州役人》，上海古籍出版社2016年影印本，第540页。《长编》卷二四"太平兴国八年九月丙寅"条，第553页。《宋会要》食货四二之一，第6937—6938页。

④ 《宋会要》食货四二之一，第6937—6938页。

⑤ 《宋会要》食货四二之一九，第6957页。

⑥ 《宋会要》食货四二之一至二，第6938页。

⑦ 《宋会要》食货四二之五，第6941页。

⑧ 〔宋〕杨仲良编：《续资治通鉴长编纪事本末》卷七〇《役法》"熙宁五年五月甲辰诏"条，北京图书馆出版社2003年影印本，第2297—2298页。（编者按：原文注释指该条史料为"熙宁五年正月甲辰诏"，现据影印本改。）

⑨ 《景文宋公集》卷九六《庆历兵录序》："宋兴割五姓余乱，一天下之权。……凡军有四：一曰禁兵，殿前马步三司隶焉，卒之锐而剽者充。二曰厢兵，诸州隶焉，卒之力而悍者募之。天下已定，不甚持兵，唯边夷者，时时与禁兵参合，故专于服劳，间亦戋更。三曰役兵，群有司隶焉，人之游而惰者入之。若牧置，若漕挽，若管库，若工技。业一事专，故处而无更。四曰民兵，农之健而材者籍之，视乡县大小而为之数。"（〔宋〕宋祁：《景文宋公集》卷九六《庆历兵录序》，收入〔日〕林衡辑《佚存丛书》，载于殷梦霞、王冠选编：《古籍佚书拾存》第7册，北京图书馆出版社2003年版，第598—599页）

⑩ 《宋会要》食货四二之十九，第6957—6958页。

⑪ 《长编》卷三六五"元祐元年二月乙丑"条，第8759页。

不致酿造以下恶端，而武臣武吏是通晓其道的役人，虽有赏罚规定，为江路漕运之故，以其特别广泛，难期有彻底管理，《宋史》卷一七五《食货志上三》"漕运"条有：

> 治平四年，京师杭米支五岁余，是时漕运吏卒，上下共为侵盗贸易，甚则托风水沉没以灭迹，官物陷折，岁不减二十万斛。[①]

很巧妙地避上司耳目而实行侵盗，因此漕运便涩滞了。

漕船在原则上是用官船，其建造额《宋史》卷一七五《食货志上三》"漕运"条有：

> 诸州岁造运船，至道末，三千二百二十七艘，天禧末，减四百廿一。[②]

可见真宗末年造船额已经减少。上面当然是全国的统计，若并考察后述的汴纲出江记载，至少关于江路即南方六路漕船之数月，真宗以后已趋于渐减之一途，到了仁宗英宗已戚不足之苦。

基于以上所述，汴纲舟人生活之胁威、漕吏之侵盗、舟船之不足，江路漕运自然发生涩滞，冬期即汴河不通期间必然使汴纲采用出江的方法，因之为望漕运之灵活，薛向首倡雇佣当时次第发达的商船，结果产生直达法。关于此事的始末，《宋会要》四十二"宋漕运"条有：

> 治平三年九月诏淮南江浙荆湖制置发运司，若江东西年额斛斗不足，则许出汴河粮船七十纲以漕。初许元言，江东西湖南三路，往时皆转运司以本路纲漕。……汴纲止漕三州转般仓物上供，冬则放漕卒归营，至春乃复集，近岁诸路因循，[粮]纲多坏，乃令汴纲至冬出江，为诸路转漕，漕卒不得归息，良困苦，乞诏诸路，增修粮船，载年额，至真楚泗州卸，如故事。于是言利者亦多以元所言为是，朝廷

---

① 《宋史》卷一七五《食货志上三·漕运》，第4253页。
② 《宋史》卷一七五《食货志上三·漕运》，第4252页。

为诏诸路如元奏，诏出久之，而诸路纲尚不集。嘉祐三年十一月乃敕诸路限至五年，汴纲不得复出江，比及五年而诸路船终少，发运司又屡奏，乞令汴纲出漕，而执政以中旨诋绝之，诸路既患船不给，而汴纲以出江为利，既不得出，……执政初但欲漕卒得归息，而……诏汴纲出漕，然尚限其数，其后复许以皆出如故矣。[1]

所云汴纲出江，《长编》卷一八八嘉祐三年（1058）十一月有同样记载：

> ……汴船不涉江路，无风波沉溺之患，其后……有不能检察，则吏胥可以用意于其间，操舟者赇诸吏，辄得诣富饶郡，市贱贸贵，以移京师。自是江汴之舟，舍杂混而无辨矣。挽舟卒有终身不还其家，而老死河路者，籍多空名。[2]

一部说及直达法。又《宋史》卷一七五《食货志上三》"漕运"条有：

> 熙宁二年薛向为江淮等路发运使，始募客舟与官舟分运，互相检察，旧弊乃去，岁漕常数既足，募商舟运至京师者，又廿六万余石而未已，请允明年岁计之数。[3]

述着商舟雇募及一部直达法。客舟与商舟同义，是很显然的。

此时汴纲之出于江路者全与江船场合采取反对方法，自转般仓地载盐至诸路，积载米粟于回船是不待说的事实，要以此为运输法而观察之，转般的理由已经失掉一半了。但是因为其时期只限于汴河不通之冬期，所以事实上仍多赖转般法，其用直达法者不过是出江之船偶当汴河开通期间适上京师而已。反之商船一面送官米同时附载货物贩卖于其他地方，就中尤以贩卖于京师为主眼。因为使商船直达亦多赖此点，此方法便因之大盛

---

① 《宋会要》食货四二之二〇，第6958页。
② 《长编》卷一八八"嘉祐三年十一月己丑"条，第4534—4535页。
③ 《宋史》卷一七五《食货志上三·漕运》，第5253页。

了。商船利用漕运，眼看与直达法同其发达，到北宋末已有压倒官运的情势了。此事实可为当时商业发达商人活跃的佐证，详细其情形俟另文讨论，要之此两者同为转般法全废的导因。

第四 转般法废止之近因

（一）和籴本钱之移失

自仁宗以来，江路漕运之发生涩滞已如前述，当时对此情形曾有补救，《玉海》卷一八二"建隆发运使"条有：

> 自仁宗朝至崇宁初，发运司常有六百余万石米百余万缗之蓄，真泗二仓常有数千石之储，自胡师文以籴本为羡余①……

苏辙《栾城集》卷三七"论发运司以粜籴米代诸路上供状"：

> 顷者发运司以钱一百万贯为，粜籴之本，每岁于淮南侧近，趁贱籴米，而诸路转运司上供米至发运司者，岁分三限，第一限自十二月至二月，……违限不至，则发运司以所籴米代之，而取直于转运司，几倍本路实价，而出限一日，辄不得充数。②

这即是说发运司自己于其驻在地附近，计贵贱而籴米以充诸路漕米之代发，换算同额钱货于高价的方法。

因之此法与前第二章所说者全然两事，后者是说诸路转运司籴米与租米共同上供。并且前引一段明显是述及发运转运两司。发运司直属于三司（当今之财政部），长官有发运使以下副使判官，驻在淮南转般仓地的真泗二州，共当汴纲之直接管理。江路亦在转运司之上位而总领之，转运司又是以各路的上长官衔相互掌管一路之漕运者。

---

① 所云仓储数千石系误，《欧阳文忠公集》卷三三《许（元）公墓志铭》有仓储，百余万石，又发运司之本钱为百万缗，其达二百万石可知（〔宋〕欧阳修：《宋本欧阳文忠公集》居士集卷三三《许公墓志铭》，第6册，第186页）。
② 《栾城集》卷三七《论发运司以粜籴米代诸路上供状》，第822页。

在前引之苏辙上奏文中不免多少夸张，设以百万缗为籴本钱而换算米，以每斗五十文计①，当有二百万石，已达一岁上供额六百万石之三分之一，此中纵未见得利用全部而其大体可窥见了。而且此后籴本钱除各路追征钱之外，更有特赐②与日俱增，至徽宗崇宁年间，共额数竟达数百万缗③。当时情形既如此，假设发运司移失经手籴本钱，势必不能行其补充代发之功用，因之转般法的有力根据便失掉了。转般法的费用与劳力既然无着，加以从此又发生盗耗，当然不如采行直达法便利。《宋史》卷一七五《食货志上三》"漕运"条有：

> 崇宁初蔡京为相，始求羡财，以供侈用费，所亲胡师文为发运使，以籴本数百万缗充贡，入为户部侍郎，来者效尤，时有进献，而本钱竭矣。本钱既竭，不能增籴，而储积空矣。储积既空，无可代发，而转般之法坏矣。④

单以胡师文以籴本钱纳贡理由而责蔡贪婪，这是只知其一而不知其二，又关于直达法代转般法之积极理由，书中并未举出诚为遗憾。因籴本钱之移失而使转般法之实施意义消失，我亦同有此感。前引《食货志》后面记有崇宁三年（1104）施行直达法，胡师文以籴本钱纳贡之时期恰在其前实非偶然。

（二）盐之通商法

与籴本钱移失相待而同为转般法废止之直接原因者是盐法的变化。北宋时代盐之官般官卖法被采用，即成为转般法实施的重要因子，已如前述。迨北宋末徽宗崇宁元年（1102），蔡京在位建议⑤，采用通商法，越二

---

① ［日］加藤繁：《唐宋时代金银之研究——以金银之货币机能为中心》，第七章《唐宋时代之金银价格》中有关于米价的记载，中华书局 2006 年版，第 380 页。
② 《长编》卷三〇〇"元丰二年九月辛卯"条，第 7304 页。
③ 《宋史》卷一七五《食货志上三·漕运》，第 4257 页。《宋史》卷三五六《张根传》，第 11217 页。
④ 《宋史》卷一七五《食货志上三·漕运》，第 4257—4258 页。
⑤ 《宋史》卷一八二《食货志下四·盐中》，第 4444 页。

年通商法便见诸实行了。《续资治通鉴长编拾补》卷二一"崇宁二年四月"条，注：

> 《九朝编年备要》云，蔡京为新法盐钞，以通泰煮海，号东南盐，行之东南诸路。①

他所行的通商法通常称为东南盐钞法，商人为榷货物纳现钱而请盐钞，到盐场即产盐地兑盐，然后商人再贩卖于一定地方府州军。所谓通商法即指此，贩卖与运输全使商人当之。

如斯的漕船变化使诸路漕船从来自转般仓地积载盐货的事实消灭，同时消失产盐地的淮南转般意义，又因归回是空船，船之速度增加，纵令汴河有舟行杜绝的限制，尚不必一定依赖转般法，宁行直达法反省转载及其他诸手续。《玉海》卷一八二《食货》"漕运"条有：

> 转般与盐法相因，盐法既变，回舟无所得，舟人逃散，船必随坏。②

盐法之变化为转般法废止之因子，我们尽可以肯定地这样说。③其变化时期在崇宁二年（1103）恰当直达法开始之前年。

---

① 〔清〕黄以周等辑注，顾吉辰点校：《续资治通鉴长编拾补》卷二一"崇宁二年四月戊寅"条，中华书局 2004 年版，第 743 页。

② 《玉海》卷一八二《食货·漕运》，《景印文渊阁四库全书》，第 947 册，第 680 页。

③ 《宋史》卷一七五《食货志上三·漕运》述及直达法之施行云："崇宁三年户部尚书曾孝广言：'……惟六路上供斛斗，犹循用转般法，吏卒糜费与在路折阅，动以万数，欲将六路上供斛斗，并依东南杂运，直至京师或南京府界卸纳，庶免侵盗乞贷之弊。'自是六路郡县，各认岁额，虽湖南、北至远处，亦直抵京师，号直达纲，丰不加籴，歉不代发，方纲米之来，立法峻甚，船有损坏，所至修整，不得逾时，州县欲其速过，但令供状以钱给之，沿流乡保悉致骚扰，公私横费百出。又盐法已坏，回舟无所得，舟人逃散，船亦随坏，本法尽废。"（第 4258 页）一见似是因运用直达法而盐法变化更而以此之故转般法全行破坏以至完全实施直达法。但是文中"公私横费百出"正述及直达法实施后的弊端。"又盐法已坏"以下论及转般法之废止。其排列之顺序从转般直达两法时代前后说，互相颠倒。"又盐法已坏"云云文句与前引《玉海》之记载几全不相同，大概前二文非出于一源，《宋史》编者根据史料在编纂的时候，随便缀合二文。其二文之前后相反排列系由于编者之不小心。

第五　直达法

直达法，《宋史》卷一七五《食货上三》"漕运"条有：

> 崇宁三年户部尚书曾孝广言，往年……惟六路上供斛斗犹循用转般法，吏卒糜费与在路折阅，动以万数，欲将六路上供斛斗，并依东南杂运，直至京师或南京府界卸纳庶免侵盗乞贷之弊，自是六路郡县，各认岁额，虽湖南北至远处，亦直抵京师号直达纲。①

《玉海》卷一八二《食货》"漕运"条有：

> 崇宁三年七月乙亥曾孝广立直达之法，虽湖南北亦直至京师，因坏淮南转般仓，既行直达。②

实施于徽宗崇宁三年（1104），其后大观三年（1109）曾一度改为转般法。政和二年（1112）复行直达法，靖康元年（1126）两法并用，南宋高宗绍兴元年（1131）行直达法，自此定为永制③。其代置频繁的理由，留待结论中说，要之不过自转般法到直达法的过渡现象。直达法的许多规定实在此时完成。其内容据前引食货志原文大体可以看出。至其运输回数，《宋史》卷一七五《食货志上三》"漕运"条有：

---

① 《宋史》卷一七五《食货志上三·漕运》，第4258页。
② 《玉海》卷一八二《食货·漕运》，《景印文渊阁四库全书》，第947册，第680页。
③ 关于两法之废置，《宋史》卷一七五《食货志上三·漕运》有："大观三年诏，直达纲自来年并依旧法，复令转般，令发运司督修仓廒，荆湖北路提举常平王琦，措置诸运粮舟船。"（第4258页）同书卷三五一《张商英传》有："大观四年……复转般仓，以罢直达。"（第11097页）所云大观四年采用转般法，《宋会要》食货四三之八有："政和二年十二月二十二日发运副使贾伟节言，纲运径由，多是于两界首住滞，今来兴复直达，须籍稽考。"（第6969页）政和二年再用直达法。《宋史》卷一七五《食货志上三·漕运》有："靖康元年令东南六路上供额斛，除淮南两浙依旧直达外，江湖四路并措置转般。"（第4259页）《宋会要》食货四三"宋漕运条"有："绍兴元年六月二十四日，户部言，诸路岁起粮斛，旧制江湖转般，两浙直达上京，比缘军兴，淮南转般仓厂，烧毁殆尽，其江湖粮，自今权宜直达赴行在，诏……自今依直达法施行。"（《宋会要》食货四三之一七，第6980页）

> 宣和二年诏六路米麦纲运依法募官，先募未到部小使臣，及非泛补授校尉以上，未许参部人，并进纳人管押，淮南以五运，两浙及江东。二千里内以四运，江东二千里外及江西三运，湖南北二运，各欠不及五厘。[1]

所说宣和二年（1120）是第二次，其实在崇宁初我们已经见到这样。

结　论

从以上五章所述，北宋漕运法换言之即转般、直达两法的内容已很明白，著者欲进一步而考察其废置之社会的经济的缘因，据此以批评两法而代为结论。

转般、直达两法，从其制度本身上看，转般法有下列三优点：

（1）在货币经济未见有显著发达时代，米粟漕运实为国家存立之基础条件，已如前述，为输送巨大岁额，得到贮藏代发利益的转般法，实较他法为优。

（2）特别如六路漕运，在输送距离较远的场合，其功效尤为显著。

（3）运输机关往来共有货物，在经济上比较合算，而转般法具备此条件。

我们再进一步从当时现状观察宋初以来之交通乃至经济上情形如何适应于转般法，及其变化又如何影响到转般法。已如前述，从转般法到直达法的变化不能不说是当然的推移。自崇宁三年（1104）采用直达法后，在仅仅数十年中，两法再三改变，一见颇似稀奇，要之这是卷入了当时党派政策旋涡中的结果。与蔡京一派新法党对立的旧法党要是得势便只实行转般法，虽然一般情势是应当实行直达法的时候了。其证据在《宋史》三五一《张商英传》上有："大观四年……尚书右仆射［蔡］京久盗国柄，中外怨疾，见商英能立同异，更称为贤，徽宗因人望相之。"[2]《宋史》卷二

---

[1]《宋史》卷一七五《食货志上三·漕运》，第4255页。
[2]《宋史》卷三五一《张商英传》，第11097页。

十《徽宗本纪二》"大观四年（1110）"条有："五月甲子贬蔡京为太子少保……六月乙亥以张商英为尚书右仆射。"①大观四年同时采用转般法时，蔡京即已被贬，旧法党之商英继相位，又政和二年（1112）与直达法被采用之同时蔡京代商英而就相位。即《宋史》卷二十《徽宗本纪二》有："政和元年八月丁巳张商英罢。"②《宋史》卷四七二《蔡京传》有："政和二年召还京师，复辅政封鲁国。"③此后蔡京势力失坠之宣和七年，虽有提议采用转般法者而并未实现，至翌年（靖康元年，1126）两法渐渐并用，当其任者向子谌在《宋史》卷一七五《食货志上三》"漕运"条，可以见出他的意见大致是赞成转般法者，但仍怀疑其实施，南宋绍兴元年（1131）直达法遂为永制，其大概情形，我在前面已经说过了。

　　王安石一派新法党多不得好评，如蔡京其最著者。随而对于蔡京施行的政策批评，《宋史》首归罪于他的贪婪。彼之贪婪，固无疑问，但若只以这一点而评论他整个的行动这是决不得当的。当时金崛起于东北，辽之国势又非如昔现，正与割据于西方河西的西夏共为边患，宋之北边确是相当紧张，因之边军粮秣的补充，实为极不可缓的事，对于主当运输之任的商人，若以现钱为代价便不能不支给盐钞了。如此现钱之丰富与盐钞之发行从国势维持上看，纵非极端必要，而中央财政在当时确是处在很紧迫的情形。因之以漕运一事观之，以其发运司籴本钱之征收而攻击其贪污，很难见出系由彼之恣横而倒是为中央财政填补的必须。又盐钞法之采用，一面出于商人敏活地当边粮运输（割盐钞而付与之），他面是使一般商人榷货物纳盐价于京师而使中央现款丰富的计划，我们要是这样解释是很确当的，因而从转般法到直达法的变化亦不能不说是当然的事实了。

（原载《清华周刊》1934年第10期）

---

① 《宋史》卷二十《徽宗本纪二》，第384页。
② 《宋史》卷二十《徽宗本纪二》，第386页。（编者按：原文指该条史料出处为"《宋史》卷二一"，现据点校本改为"卷二十"。）
③ 《宋史》卷四七二《蔡京传》，第13725页。

宋代惠民河考

邹逸麟

宋代初年在以首都开封为中心的漕运四渠（汴河、惠民河、五丈河、金水河）中，惠民河的地位仅次于汴河，在我国水运史上也是一条较为重要的运河。但是以往对惠民河的流经、水源、通航情况以及淤废原因等问题，都未进行过研究。本文企图根据文献资料对以上一些问题作初步的探索，其目的也仅想给研究运河史的同志提供一些资料。错误之处，请大家批评指正。

（一）

对一条古代运河的探索，首先应该解决的就是运河的流经问题。本文即以此为开端。

《宋史河渠志》汴河篇载：京师开封附近"有惠民、金水、五丈、汴水等四渠，派引脉分，咸会天邑，舳舻相接，赡给公私，所以无匮乏"[1]。

《宋会要辑稿》方域十六："建隆元年（笔者按：《续资治通鉴长编》作二年）始命右领卫将军陈承昭督丁夫导闵河，自新郑与蔡水合，贯京师，南历陈、颍，达寿春，以通淮右，舟楫相继，商贾毕至，都下利之。于是以西南为闵河，东南为蔡河。至开宝六年二月，始改闵河为惠民河。"[2]

---

① 〔元〕脱脱等：《宋史》卷九三《河渠志三》，中华书局 1977 年点校本，第 2320 页。

② 〔清〕徐松辑：《宋会要辑稿》（以下简称《宋会要》）方域十六之二二，上海古籍出版社 2014 年点校本，第 9599 页。

《宋史河渠志》蔡河篇："蔡河贯京师，为都人所仰，兼闵水、洧水、溱水以通舟。闵水自尉氏历祥符、开封合于蔡，是为惠民河。"①

《东京梦华录》卷一："蔡河正名惠民河，为通蔡州故也。"②

从上述资料可以知道：惠民河原名闵河，经新郑、尉氏等地，贯穿京城开封与蔡河相接，又经陈州（今淮阳）注入颍河，循颍河经颍州（今阜阳），至寿春（今寿县）入淮。整条运河以开封为中心分为上下两个河段，上段河道称闵河，下段河道称蔡河。闵河后来改称惠民河。北宋末年蔡河亦蒙惠民河之称。

但是宋代的闵河和蔡河究竟以何水为源？具体流经哪些地方呢？

顾祖禹《读史方舆纪要》卷四六云："此闵水谓蔡河上游溱、洧诸水也。"③按洧水即今双洎河，溱水即今密县境内双洎河上游的一条支流，亦名溎（一作鄑）水，见《水经·洧水注》。顾氏虽对闵河未作进一步说明，然仅此一句对探求闵河的遗迹却是颇有启发的。我们据此初步推断，宋初建隆二年（961）"导闵水自新郑与蔡水合"④，就是在新郑境内引洧水经尉氏县，东北流入开封城内。但闵河分洧水的水口究竟在哪里？《宋史河渠志》蔡河篇云："淳化二年以潩（笔者按：原作'汜'，今据《宋会要辑稿》《续资治通鉴长编》《玉海》改）水泛滥，浸许州民田，诏自长葛县开小河，导潩水分流二十里，合于惠民河。"⑤潩水即今双洎河西面的潩水河（又作清潩河）。在长葛县境内自潩水开渠引水二十里合惠民河，必须先注入洧水才有可能。对这条潩洧之间二十里的渠道，清末武同举《全淮水道

---

① 《宋史》卷九四《河渠志四》，第2336页。
② 〔宋〕孟元老撰，伊永文笺注：《东京梦华录笺注》卷一《东都外城》，中华书局2006年版，第1页。
③ 〔清〕顾祖禹撰，贺次君、施和金点校：《读史方舆纪要》卷四六《河南一》，中华书局2005年版，第2115页。
④ 《读史方舆纪要》卷四六《河南一》，第2115页。
⑤ 《宋史》卷九四《河渠志四》，第2337页。

编》中说："溵、洧沟通，仿佛《水经注》南北濮形势。"①按《水经·溵水注》："溵水又东南经长社县故城西北，南濮北濮二水出焉。……川渠双引，俱东注洧。"②汉魏长社故城即今长葛县东旧长葛，南北濮水即在今旧长葛西北沟通洧溵二水，其间距离正约二十里左右。由此可以肯定，淳化二年（991）所开二十里引溵水的分渠，大致即循南北濮水的故道，而闵河分洧水口应即与这条小渠相接。《宋史》卷二七四《史珪传》载："督浚惠民河，自尉氏达京师九十里。"③明嘉靖《尉氏县志》卷一载："蔡河（笔者按：即指闵河）在县西二十里，南接洧川，北流六十里至祥符县界，今淤塞。"④该书还记载到当时在尉氏县境内大齐保地方，掘地发现西韩闸的石碣，当为宋惠民河的水闸。今按地图计量，自尉氏县至开封城正是九十里左右，从尉氏县西二十里处至旧祥符县界亦在六十里上下。与史书记载相符。由此可见，闵河当由南北濮水故道引洧溵为上源，沿着丘陵地的边缘，东北经新郑东、尉氏县西二十里，再东北流入开封城内。由外城南面的戴楼门傍广利水门流入，东流折南，由陈州门傍普济水门流出，以下称为蔡河。⑤

宋代的蔡河基本上是古代浪汤渠（又名渠水、沙水）的故道，惟首尾河段略有不同。

《汉书地理志》河南郡荥阳县："有浪汤渠，首受沛，东南至陈入颍。"⑥《水经·渠水注》载：渠水（即浪汤渠）自济（沛）水分出后，东流经今开封市南，折而南流，经今陈留西、淮阳县东，南流至今沈丘县

① 〔民国〕武同举：《淮系年表》卷四《全淮水道编》，《中国大运河历史文献集成》，国家图书馆出版社 2014 年版，第 43 册，第 286 页。

② 〔北魏〕郦道元著，陈桥驿校证：《水经注校证》卷二二《溵水》，中华书局 2007 年版，第 524 页。

③ 《宋史》卷二七四《史珪传》，第 9358 页。

④ 嘉靖《尉氏县志》卷一《山川》，《天一阁藏历代方志丛刊》，国家图书馆出版社 2017 年版，第 694 册，第 57 页。

⑤ 《宋会要》方域十六之二二，第 9599 页。《东京梦华录笺注》卷一《河道》，第 24 页。

⑥ 〔汉〕班固：《汉书》卷二八《地理志》，中华书局 1962 年点校本，第 1555 页。

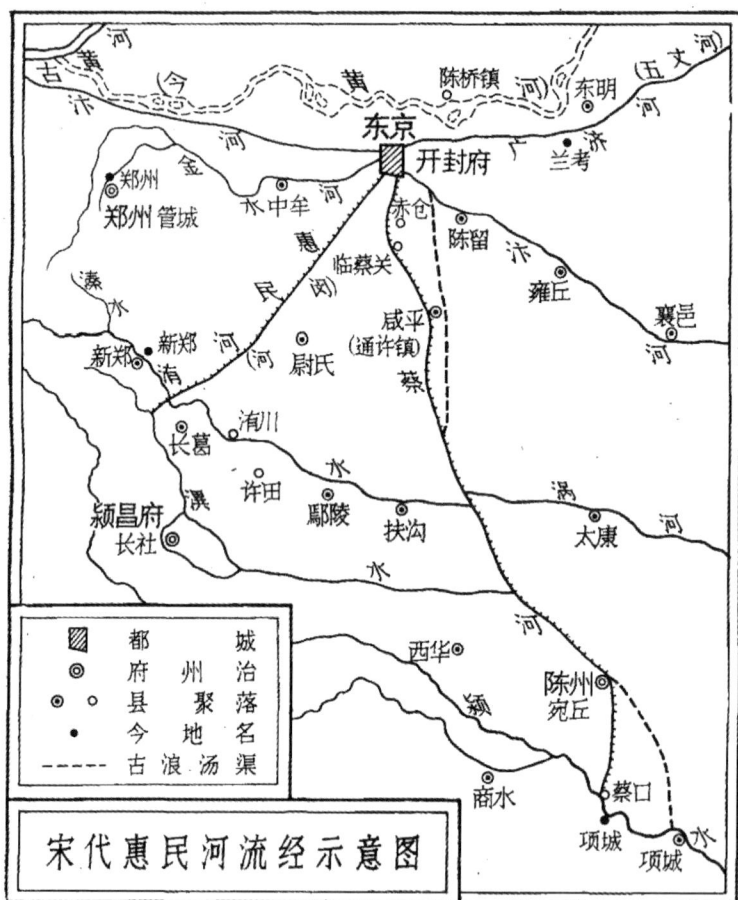

宋代惠民河流经示意图

（古项城县）北注入颍水。①渠水在汉魏时代为南北水运交通的重要航道，
魏晋以后又称蔡水。宋代的蔡河由于漕运的方便改由开封城内流出，南经
通许县西。《读史方舆纪要》卷四七通许县："蔡河在县西。志云：蔡河自
祥符之范村流入县北，分为两道，名双沟河，至县西复汇而为一，下入扶
沟，建闸启闭。宋时通江淮之漕道也。"②《嘉庆重修大清一统志》开封府

---

① 《水经》蒗荡渠篇"又东南至汝南新阳北"句下脱"南入于颍"四字，郦注以误传误，将别名
百尺沟的正流误作渠水枝津，而将沙河（今茨河）作为渠水下游的正流。详考见陈怀荃：《水
经蒗荡渠及阴沟水篇补正》，《安徽师范学院学报》1957年第2期。

② 《读史方舆纪要》卷四七《河南二·开封府》，第2157页。

关隘："临蔡关在祥符县东南。金史地理志开封县有古通津、临蔡关。通志：临蔡关在府东南三十里，以临蔡河而名。今土人呼其地曰关头。"①当时的蔡河大体上出开封城南经范村（今开封县南范村公社）、关头（今范村南大小关头），经通许县西。自下至淮阳一段河道大致与古浪汤渠相同。

宋代蔡河入颍口较古渠水偏西，由陈州（今淮阳）东一里南流至蔡口入颍。②《资治通鉴》卷二九三"后周显德四年二月乙亥"条胡三省注："今按蔡河自东京戴楼门入京城，出宣化水门，投东南下，经陈州至蔡口入颍河。"③《元丰九域志》项城县（治今沈丘县）有蔡口镇。④《大清一统舆图》在今项城县（水寨镇）北颍河上有蔡河口、蔡桥等地名，当即宋代蔡河入颍河处。⑤可见宋代的蔡河入颍口在今项城县北，而汉魏时代渠水入颍口则在其东今沈丘县北。

闵河之名始见于五代后周。《资治通鉴》卷二九三载，后周显德四年二月，伐南唐，"命右骁卫大将军王环将水军数千，自闵河沿颍入淮"。胡三省注云："丁度曰：闵河本曰琵琶沟，今名蔡河。"⑥可见最早称闵河指的是蔡河。宋初蔡河上源修了新河后，遂将闵河之名移于蔡河上游的新河。不久因闵河的开凿大大丰富了蔡河的水量，漕运畅通。故将闵河改名惠民河。《元丰九域志》在新郑、尉氏、开封等县下标注惠民河，在太康、宛丘（今淮阳）、西华等县下标注蔡河，说明宋代前期两河段的名称是有严格区别的。⑦然而惠民河和蔡河毕竟是一条河流，日久蔡河也蒙惠民之

① 〔清〕穆章阿、潘锡恩等修，王文楚等点校：《大清一统志》卷一八七《开封府二·关隘》，上海古籍出版社2022年版，第6768页。

② 〔宋〕乐史撰，王文楚点校：《太平寰宇记》卷十《河南道十·陈州》，中华书局2007年版，第184页。

③ 〔宋〕司马光编著，〔元〕胡三省音注：《资治通鉴》卷二九三《后周纪四》，中华书局2013年点校本，第9820—9821页。

④ 〔宋〕王存撰，王文楚、魏嵩山点校：《元丰九域志》卷一《京西路》，中华书局1984年版，第35页。

⑤ 《大清一统舆图》南三卷《河南陈州府·项城》，西一页。

⑥ 《资治通鉴》卷二九三《后周纪四》，第9820—9821页。

⑦ 《元丰九域志》卷一，第2、3、31、35页。

名。人们谈起开封漕运四渠，只提惠民而不分闵、蔡，南渡人追记汴京掌故时也将惠民河作为蔡河的正名了。

（二）

闵河的开凿主要是为了解决蔡河的水源问题。蔡河的前身渠水，自战国以来是中原水运交通的干渠，水源是从济水分出来的。①隋唐时代汴水代替了济水地位，而渠水（蔡河）水源又是从汴水分出的。五代后周显德六年（959）二月重浚蔡水时，仍取源于汴水。史载："导汴水入于蔡水，以通陈、颍之漕。"②但是汴水自唐代以来，由于从黄河带来的大量泥沙将河床不断淤高，水流浅涩。每年四月以后，漕船由淮入汴，"多属汴河干浅，又船运停留，至六七月始至河口"③，在航运上存在不少困难。宋代建都开封，汴河在漕运中地位较唐时更为重要，所谓"汴河乃建国之本，非区区沟洫水利同言也"④。因此，汴河的水源、常年流量成为宋朝政府最关注的问题之一。终宋一代，一方面经常更易汴口的位置，以迎黄河的水势；一方面在汴河上游广设水柜蓄水，以调节汴河的流量。⑤即便如此，在漕运繁忙的时候，仍需"以草为堰，壅水以通漕舟"⑥。在这种情况下，如再将汴河的水量分一部分给蔡河，势必更影响汴河的航运。因此，宋代初年恢复蔡河航运时已开始为蔡河另觅水源了。

解决蔡河水源的工程，大致可分为三个部分。

第一部分是开凿闵河，引洧、潩二水为蔡河的上源。先是建隆二年（961）开凿闵河，从新郑县境引洧水经尉氏县西，东北流入开封府城内与蔡河相接。淳化二年（991）又因潩水泛滥，在长葛县西北循南北潩水的

---

① 《汉书》卷二八《地理志》，第1576页。《水经注校证》卷二二《渠水》，第525—537页。

② 《资治通鉴》卷二九四《后周纪五》，第9851页。

③ 《旧唐书》卷四九《食货志下》，第2114页。

④ 《宋史》卷九三《河渠志三》，第2323页。

⑤ 参见拙稿《唐宋汴河淤塞的原因及其过程》，《复旦大学学报（社会科学版）》1962年第1期。

⑥ 〔宋〕李焘：《续资治通鉴长编》卷三〇四"元丰三年五月癸亥"条，中华书局2004年点校本，第7392页。

故道，开渠二十里，沟通洧、潩二水上源，并与惠民河相接。

第二部分是将洧、潩二水的下游也导入蔡河。宋以前洧、潩二水都是南流入颍的。①但《宋史河渠志》蔡河篇却说："洧水自许田注鄢陵东南，历扶沟合于蔡。潩水出郑之大隗山，注临颍，历鄢陵、扶沟合于蔡。"②洧、潩二水究竟何时开始东流入蔡的？《续资治通鉴长编》卷五载："乾德二年二月癸丑，命右武统军陈承昭帅丁夫数千凿渠，自长社引潩水至京合闵河。"③按宋代长社县即今许昌市。今自许昌市至开封直线距离就有九十千米之遥。仅以数千丁夫要在短期内开凿这样长距离的渠道是根本不可能的，况且还要横截洧水等好多条天然河道，从地理形势上看也不可能存在这样一条人工渠道。史书记载中必有错误。《续长编》里的闵河当即指蔡河，"至京"两字或为衍文，或应移于"闵河"之后。乾德二年（964）所开长社以下潩水入蔡的渠道，应该是《宋史河渠志》里所说的"历鄢陵、扶沟合于蔡"。潩水原来每逢"春夏霖雨，则泛滥民田。至是渠成，无水患，闵河益通漕焉"④。

洧水入蔡工程开凿的时间史无记载，从洧水在潩水之东的地理形势看来，应该在潩水入蔡工程之前。其流经当亦如《宋史河渠志》所载，"自许田（笔者按：今许昌市东北许田镇）注鄢陵，东南历扶沟合于蔡"⑤。《嘉庆重修大清一统志》开封府山川："按洧水旧自许州流经鄢陵县南，其在洧川南者，本洧水支流康沟水。《水经注》云：康沟水首受洧水于长社县，东北流经向冈西，后人遏其上口，今水盛则北注，水耗则辍流是也。自宋人通惠民河，引洧水自许田注鄢陵，历扶沟，合蔡水，始经洧川城

---

① 《水经注校证》卷二二，第523页。
② 《宋史》卷九四《河渠志四》，第2336页。
③ 〔宋〕王应麟：《玉海》卷二十二《地理·河渠》，《景印文渊阁四库全书》，（台北）台湾商务印书馆1986年版，第943册，第553页。《宋史·河渠志》蔡河篇"乾德二年"条皆同（第2336页）。
④ 《宋史》卷九四《河渠志四》，第2336页。
⑤ 《宋史》卷九四《河渠志四》，第2336页。

南，鄢陵县北。明时谓之双洎河。"①可知宋时洧水下游入蔡路线大致即今
双洎河下游。《水经·洧水注》记载洧水至今许昌市以东分成数支，主流
南入颍水，数道分支包括康沟水等东流入渠（沙）水。②宋时就是利用洧
水流入渠（沙）的支津故道略加疏浚而已。惟其工程规模不大，为时亦
短，故史阙记载。潩水下游的情况亦相似。《水经·洧水注》载，洧水下
游"合澺陂水，……陂水北出，东入洧津，西北纳潩流"③。《潩水注》：
"潩水又南经颍阴县故城西，……其水又东经许昌城南。"④杨守敬《水经
注疏》云："此处脱文甚多。……盖经许昌城南者乃枝津，东入澺陂水即
洧水篇所云澺陂水西北纳潩流者也。"⑤可知古代潩水下游本有枝津注入洧
水下游支津，同入渠（沙）水。宋代潩水下游入蔡当亦即利用故道加以疏
浚，故仅用丁夫数千而已。

第三部分是将今郑州、许昌一带的河流、湖泊全部疏导纳入蔡河。
《宋史河渠志》蔡河篇："凡许、郑诸水合坚（笔者按：坚字疑为衍文）白
鴈、丈八沟，京、索合西河、褚河、湖河、双河、栾霸河皆会焉。犹以其
浅涸，故植木横浅，栈为水之节，启闭以时。"⑥

古时从新郑、许昌以东流入蔡河的河流湖泊很多，仅见于《水经注》
著录的就有垩沟水（东汜水）、鲁沟水、八里沟水、长明沟水、蔡泽陂、
南陂、鸭子陂、白鴈陂、庞官陂等大小陂塘，直接或间接与蔡河相通，起
着补充水源的作用。⑦其中如长明沟水、康沟水等在《太平寰宇记》中仍
有著录。⑧宋初将这部分水源都导入蔡河后，丰富了蔡河的水量。

---

① 《大清一统志》卷一八六《开封府二·山川》，第6734页。
② 《水经注校证》卷二二《洧水》，第521页。
③ 《水经注校证》卷二二《洧水》，第522页。
④ 《水经注校证》卷二二《洧水》，第524页。
⑤ 〔北魏〕郦道元著，〔清〕杨守敬、熊会贞疏：《水经注疏》卷二十二《潩水》，江苏古籍出版
  社1989年版，第1865—1866页。
⑥ 《宋史》卷九四《河渠志四》，第2331页。
⑦ 《水经注校证》卷二二，第511—549页。
⑧ 《太平寰宇记》卷一《河南道一·开封府》，第13页。

经过上述一系列措施，蔡河"兼闵水、洧水、潩水以通舟"①，成为宋代首都开封通向南方的重要运道。

（三）

蔡河即古浪汤渠，又名鸿沟。自战国魏惠王时兴修鸿沟水系以来，成为中原地区航运水系中的一条重要干渠。《史记·河渠书》："自是以后，荥阳下引河，东南为鸿沟，以通宋、郑、陈、蔡、曹、卫与济、汝、淮、泗会。"②中原地区的几条重要河流，如汴水（又名汳水、获水）、睢水、鲁渠水、涡水等皆自浪汤渠分出，东南流入泗水或淮水，形成一个以鸿沟（浪汤渠）为干渠的水运交通网。

《汉书》卷五二《灌夫传》载：汉武帝即位之初，"以为淮阳天下郊，劲兵处，故徙夫为淮阳太守"。颜师古注："郊谓四交辐辏，而兵又劲强。"③同书卷五十《汲黯传》："上以为淮阳楚地之郊也。"颜师古注："郊谓交通冲要之处也。"④古淮阳郡治陈县，即今淮阳县，为浪汤渠沿岸的城市。淮阳之所以成为交通冲要，无疑是由浪汤渠在水运交通上的重要地位所决定的。魏晋以降，南北战争频繁，因军事行动，顺蔡水而下，经涡、颍入淮的史实，屡见不鲜。⑤北魏时代渠水仍为"漕运所由"⑥，并置粮仓于陈郡以备漕运。⑦隋唐以后，由于经济中心移至东南地区，南北漕运重任为汴河所代替，蔡河渐降于次要地位。但当唐朝后期军阀混战，汴河因战争而遭到阻塞时，"东南转输者不敢由汴渠，自蔡水而上"⑧，蔡河运输

---

① 《宋史》卷九四《河渠志四》，第2336页。

② 〔汉〕司马迁：《史记》卷二九《河渠书》，中华书局1959年点校本，第1407页。

③ 《汉书》卷五二《灌夫传》，第2383页。

④ 《汉书》卷五十《汲黯传》，第2321页。

⑤ 〔晋〕陈寿：《三国志》卷一《魏志·武帝纪》，中华书局1959年点校本，第32页。《三国志》卷二《魏志·文帝纪》，第84页。〔唐〕房玄龄等：《晋书》卷一一四《符坚载记下》，中华书局1974年点校本，第2916—2917页。

⑥ 《水经注校证》卷二二《渠水》，第535页。

⑦ 〔北齐〕魏收：《魏书》卷一一〇《食货志》，中华书局1974年点校本，第2858页。

⑧ 《资治通鉴》卷二二七《唐纪四十三》，7548—7549页。

渐得恢复。《通典》作者杜佑鉴于当时汴河运输经常遭到军阀阻碍的事实，在建中初年曾建议南北漕运利用蔡河运道。他认为蔡河因"官漕久不由此，故填淤不通，若畎流培岸，则功用甚寡；又庐、寿之间有水道，而平岗亘其中，曰鸡鸣山，佑请疏其两端，皆可通舟，其登陆四十里而已，则江、湖、黔、岭、蜀、汉之粟，可方舟而下。由是白沙趋东关，经庐、寿，浮颍步蔡，历琵琶沟入汴河，不复经诉淮之险，径于旧路二千里，功寡利博"①。自后"衣冠商旅率皆直蔡会洛"②，蔡河航行曾一度繁荣起来。晚唐以后，汴河淤废，以汴河为水源的蔡河当也淤浅。至五代后周时为伐南唐需要，开始疏浚蔡河河道。宋初再次疏浚蔡河，并另辟水源，设置斗门，堰水通航③。

宋初有四条河道向开封输送粮食，那是汴河、黄河、惠民河、五丈河，合称漕运四河。惠民河所输送的粮食产地是陈、颍、许、蔡、光、寿等六州。这些地区的粮食生产远不如东南地区。所以惠民河每年运至京师的粮食无论在量或质上都不如汴河。太平兴国六年（981）时，"汴河岁运江淮米三百万石、菽一百万石，黄河粟五十万石、菽三十万石，惠民河粟四十万石、菽二十万石，广济河粟十二万石，凡五百五十万石"④。神宗时规定年额，汴河每年上供六百万石，广济河六十二万石，惠民河六十万石。⑤"惠民河所运止给太康、咸平、尉氏等县军粮而已。惟汴河所运一色粳米兼小麦，此乃太仓蓄积之实。"⑥

惠民河在漕运价值上虽不如汴河，但在航运价值上却不低于汴河。汴河主要沟通东南一路。惠民河却沟通东南和西南二路。东南一路由蔡河经

---

① 《宋史》卷九三《河渠志三》，第2320页。
② 〔唐〕陈鸿：《庐州同食馆记》，《全唐文》卷六一二，上海古籍出版社1990年版，第3册，第2738页。
③ 《宋史》卷九四《河渠志四》，第2336页。
④ 《宋史》卷一七五《食货志上三》，第4251页。
⑤ 〔宋〕张方平：《乐全集》卷二三《论京师军储事》，《景印文渊阁四库全书》，（台北）台湾商务印书馆1986年版，第1104册，第228—234页。
⑥ 《乐全集》卷二七《论汴河利害事》，《景印文渊阁四库全书》，第1104册，第279—280页。

颍河入淮，自淮以下分为二道：一道逾淮达寿春，经巢淝之间水陆通道到达长江；一道由淮水顺流而下抵盱眙，经过新开的龟山运河，由江淮间的山阳渎进入长江。西南一路是由开封向西南，经蔡河、沙河与南阳、襄樊地区相通。《宋史河渠志》白河篇："白河在唐州，南流入汉。太平兴国三年正月，西京转运使程能献议，请自南阳下向口置堰，回水入石塘、沙河，合蔡河达于京师，以通湘潭之漕。"①下向口即今南阳新店镇北六里的夏响铺，石塘是指今叶县东北二十五里石潭河，沙河即今沙河，东入颍河。工程是在下向口作堰，企图竭白河水东北流与沙河相通，由沙连颍，循颍达蔡，以至开封。最终因白、沙二水之间有一片丘陵地，地势高亢，引水不达而罢。但也反映了当时水运交通的发展已有修凿这样一条运河的需要。大中祥符九年（1016）时曾在许州合流镇大流堰穿渠，"置二斗门，引沙河以漕京师"。天圣二年（1024），"重修许州合流镇大流堰斗门，创开减水河通漕，省迂路五百里"②。据《元丰九域志》《金史地理志》，合流镇属临颍县③，但确址无考。大流堰和新渠都无可查考。初步推想大约也是在沙、颍二水之间修凿渠道，沟通南阳盆地和开封之间的水运交通。

惠民河的水源经过宋代人民辛勤劳动得到了很大的丰富，航运事业大为发展。但事物总是一分为二的。由于运河沿线有好几条河流注入，在流量上出现不平衡现象。

首先是洧、溱诸水都是发源于豫西山地，该地区雨量集中，夏秋季节来水迅猛，河流由山地进入平地后，坡度突然平缓，泥沙开始沉积，河流在冲积扇上形成多股分散的、放射形的细流，改道频繁。《水经注》记载洧水自长葛以下分成大小六条分支，分别入蔡入颍；溱水也分成二支入颍入洧。④《太平寰宇记》卷二鄢陵县记载洧水"从许昌县界东南流散

---

① 《宋史》卷九四《河渠志四》，第2345页。

② 《宋史》卷九四《河渠志四》，第2337页。

③ 《元丰九域志》卷一《京西路》，第37页。〔元〕脱脱等：《金史》卷二五《地理志中》，中华书局1975年点校本，第595页。

④ 《水经注校证》卷二二，第511—549页。

漫"①。这些都说明洧水下游分成多支的情况自古已然。唐宋以后洧溵二水下游变迁很大。明清时代因记载较详,可考的变迁更多,在此不必详述。如将近几十年出版的地图相互对照一下,也同样能发现其变迁无常的特点。这种情况势必影响到惠民河的正常流量和河道的稳定。

其次,作为惠民河源的洧、溵二水和颍河都发源于嵩山山脉,来水条件相同。夏秋之际,两股河流同时涨水,在下游蔡、颍会合处相互顶托,时常泛滥成灾。元丰四年(1081)六月,陈州胡宗愈言:"本州地势卑下,秋夏之间,许、蔡、汝、邓、西京及开封诸处大雨,则诸河之水并由陈州沙河、蔡河同入颍河,不能容受,故境内潴为陂泽。"②故而在熙宁、元丰、元祐年间就有人建议循蔡河东岸八丈沟(即今茨河)故迹,加以疏浚,既可排泄蔡河之余水,又可灌溉沿河民田。另一派人则认为颍水排水不畅主要是淮水同时涨水的缘故,"淮水一涨,百沟皆壅",淮水问题不能解决,即使开凿八丈沟也无济于事,③结果开八丈沟的建议未付实施。另外,开封城内积水往往由蔡河排出,也是造成蔡河沿岸内涝的一个原因。

(四)

流量丰沛、航运畅通的惠民河为什么在元明以后很快就淤废了呢? 这有两方面的原因。

惠民河在金代仍有航运之利,但主要是为了对宋战争的军事需要。《金史》卷九二《曹望之传》:"天德元年自洺州输燕子城运米八十万斛,由蔡水入淮,馈伐宋诸军。"④贞祐二年(1214)在洧川(今尉氏县西南洧

① 《太平寰宇记》卷二《河南道二·开封府》,第34页。
② 《宋史》卷九五《河渠志五》,第2374页。
③ 〔宋〕苏轼:《东坡全集》卷六十《奏议十·申省八丈沟利害状二首》《奏议十·奏论八丈沟不可开状》,《景印文渊阁四库全书》,(台北)台湾商务印书馆1986年版,第1108册,第8—9页。
④ 《金史》卷九二《曹望之传》,第2035页。

川）置惠民仓，至金末哀宗天兴元年（1232）五月还曾"凿洧川漕渠"①。不久迁都开封，那时北有蒙古大军压境，南有宋朝军队的骚扰，蔡河的航运只是沟通开封和淮河之间军事物资运输，其规模当然远不如宋代。再说在那战争纷乱的年代，对宋代人工修筑的几条供水渠道，根本无暇加以维护和修缮，蔡河的水源和航运必然受到严重影响。元代统一后建都北京，南北漕运开始以海运为主，修凿会通河后，京杭大运河又成为南北水运交通的干线，而开封城已降为地方性的都会。同时黄河流经开封城北，东南至徐州入运，水运交通完全可以利用黄河而不必恢复宋代的蔡河。所以依靠人工维持的惠民河（蔡河）因长期得不到维护和修缮，渐趋淤废。这是社会方面的原因。

其次是自然方面的原因，主要是黄河南泛所造成的。南宋端平元年（1234）蒙古军决开封城北寸金淀，用河水灌宋军。寸金淀在开封城北三十里，②约今柳园口一带。河水由此夺涡水入淮，这是黄河第一次南夺涡水。蔡河沿岸的通许、太康一带，首次遭到黄河的水患。至元二十三年（1286）十月，黄河在原武、阳武、中牟、延津、开封、祥符、杞县、睢州、陈留、通许、太康、尉氏、洧川、鄢陵、扶沟等十五处决口。③其中开封、陈留、通许、太康、尉氏、洧川、鄢陵、扶沟等八县，都是蔡河流经的地方，黄河下游即由蔡、颍河一线南注入淮。明李濂《汴京遗迹志》卷七河渠三"蔡河"条："至元二十七年黄河决祥符之义唐湾，而西蔡河上源由是湮废，其汴河下流亦皆淤塞而不能东达淮泗，其水亦入蔡河焉。后以其水浅不能行舟，乃立闸以积水。"④延祐年间黄河在杞县小黄村决口，滔滔南流走涡、颍一带入淮。"陈颍濒河膏腴之地浸没。"⑤由于受到

① 《金史》卷一七《哀宗本纪上》，第387页。

② 《读史方舆纪要》卷四七《河南二·开封府》，第2145页。

③ 〔明〕宋濂等：《元史》卷一四《世祖纪十一》，中华书局1976年点校本，第292页。

④ 〔明〕李濂撰，周宝珠、程民生点校：《汴京遗迹志》卷七《河渠三·蔡河》，中华书局1999年版，第92页。

⑤ 《元史》卷六五《河渠志二》，第1623页。

河水带来泥沙的灌淤，泰定年间蔡河"河底填淤，高出地面，秋霖一至，横溃为患"①。此后元一代黄河经常南决涡颍入淮，蔡河常为黄河所夺，河道渐趋淤废。明洪武二十四年（1391）河决原武黑洋山，经开封城北五里，东南夺颍入淮。颍河一度成为黄河的正流，称为"大黄河"，原来黄河的正流贾鲁河反称"小黄河"。②蔡河正当黄河所经，宋时开封城内外蔡河上有以通舟楫的大小闸十九座，如小木闸、惠济闸、独乐闸、赤仓闸、万龙闸等，经洪武二十四年黄河夺蔡河后，"蔡河及闸皆淤塞不复可见"。洪武三十二年黄河再次泛滥，"〔蔡〕河及闸俱被埋没"。自后宣德、正统、成化、正德年间，黄河曾多次夺颍入淮。当黄河改徙后，蔡河仅存断续河床，"积水弗涸，不复通舟楫"③。崇祯十五年（1642），以李自成为首的农民起义军围攻开封城，明统治者扒开河堤，企图用河水灌淹起义军，结果大水冲入开封城，造成空前的灾难。经过这次洪水，开封城内蔡河上东西二桥尽为埋没④，惠民河至此完全淤废。

古代在许昌、鄢陵一线以北和新郑、尉氏之间河流多作西南向东北或西向东流向，《水经·洧水注、溵水注》的记载以及宋代闵河、洧水、溵水注入蔡河的流路，皆可为证。说明这一带的地势是自西向东或东北作微度倾斜。由于黄河自元代以后，多次决向开封一带，东南夺涡、颍入淮，洪水经常浸淹蔡河流域，结果使大量泥沙落淤，地貌上起了显著的变化。今天在这里绝无自西向东或自西南向东北流向的河流，而在中牟西南和尉氏西北部一带却残留着许多南北向的沙丘和沙质岗地，高八至十米，宽度自几十米至数百米，长达数千米，这些都是黄河古泛道洪流区形成的沙质沉积物。这些泥沙长期沉积的结果将新郑、尉氏境内的惠民河完全淤平，开封以下的蔡河在清末，"陈城（指陈州淮阳）以上，垫为平陆。陈城以

---

① 《元史》卷一九四《李黼传》，第4392页。

② 〔清〕张廷玉等：《明史》卷八三《河渠志一》，中华书局1974年点校本，第2016页。

③ 《汴京遗迹志》卷七《河渠三·蔡河》，第93页。

④ 〔清〕陈梦雷：《古今图书集成》职方典卷三七一《开封府山川考》，中华书局、巴蜀书社1985年影印本，第11089页。

下，尚存东西蔡河之名"①，今日淮阳一带积水赖东西蔡河排入颍河。

宋代惠民河的淤废当始于元初，终于明代。金元开始黄河南泛对黄淮平原上的河流变迁有很大的影响。惠民河的淤废就是一个典型的例子。

［原载《开封师院学报（社会科学版）》1978年第5期］

---

① 《淮系年表》卷四《全淮水道编》，收入《中国大运河历史文献集成》，第43册，第287页。

浙东运河的变迁

陈桥驿

浙东运河是钱塘江和姚江这两条潮汐河流之间的几段内河的总称。它北起钱塘江南岸，经西兴镇到萧山县城，东南到钱清镇。在古代，它在此与另一条潮汐河流钱清江（浦阳江下流的一支）交会，设有堰坝。再东南经过绍兴县城东折而到达曹娥镇，在这里又与另一条潮汐河流曹娥江交汇，也设有堰坝，曹娥江以东，它起自梁湖镇，东经上虞旧县城而到达通明坝，在这里它与从四明山地发源的姚江会合，从此过堰进入姚江，经余姚、旧慈溪、宁波，会合奉化江后称为甬江，东流从镇海以南入海。通明以东的一段，即姚江和甬江，乃是天然河流，不能认为是浙东运河的河道。浙东运河应该是从钱塘江南岸到通明这一段的称谓。在古代，这一段河道的长度各书记载稍有出入，约为250里左右。（见表1）

表1 各书记载的浙东运河长度

（单位：里）

书名	萧山段	山阴段	会稽段	上虞段
嘉泰《会稽志》（影印本采鞠轩本）12	62	53里100步	93	
宝庆《会稽续志》（影印采鞠轩本）4	60	45		
嘉泰《会稽志》				70
嘉靖《萧山县志》（天一阁原本）1	50			

续表

书名	萧山段	山阴段	会稽段	上虞段
《名胜志》（南京图书馆崇祯刊本）浙4	50			
《读史方舆纪要》（国学基本丛书本）92	50	55	100	40
《古今图书集成》（光绪十年铅印本）986				30
《水道提纲》（霞城雅舍利本）16	100		90余	30
雍正《浙江通志》（商务影印本）57	200余			
《浙程备览》（光绪观自得斋刊本）	45	55		

浙东运河所在的地区，就是郦道元所谓"万流所凑、涛湖泛决、触地成川、枝津交渠"①的地区。运河本身即是萧绍虞平原上数量庞大的内河网中的几段，这个庞大的内河网，是古代劳动人民为了灌溉与舟楫的需要而陆续挖掘的。要明确地指出它们是何代何人所凿，实际上十分困难。《吴越春秋》记载越王勾践的话是："以船为车，以楫为马。"②说明这个地区早在春秋越部族时代，水上交通就已经相当发展。而《越绝书》所记："山阴古水道，出东郭，从郡阳春亭，去县五十里。"③其实就是指从绍兴城到曹娥的一段河道，这是现存的有关浙东运河的最早记载。

直接记述浙东运河的资料，要到宋朝才大量出现。《嘉泰会稽志》说："运河在府西一里，属山阴县，自会稽东来经县界五十余里入萧山县，《旧

---

① 《水经注》卷二九《沔水注》，影印上海涵芬楼藏武英殿聚珍版本，第11页。（编者按：原文作者指该条史料出处为"《水经注》卷八九"，现查得准确出处为《水经注》卷二九，故改。）

② 〔汉〕赵晔：《吴越春秋》卷十《勾践伐吴外传》，涵芬楼影印嘉业堂藏明刊本，第24页。（编者按：原文作者注此条史料出处为"《吴越春秋》卷六"，查得准确出处为《吴越春秋》卷十，故改。）

③ 张宗祥校注：《越绝书校注》卷八《越绝外传记地传第十》，商务印书馆1956年影印本，第10页。

经》云：晋司徒贺循临郡，凿此以溉田。"①《嘉泰志》所引的《旧经》乃指北宋大中祥符年间所修的《越州图经》，这是一部官修文献，所记当不至于全无依据。贺循在公元300年前后主持开凿这些河道是可能的。有人认为，这一带原是水乡泽国，河道纵横，贺循主持开凿，只是将原有的若干河道连接和疏浚而已。②因为鉴湖成于后汉永和五年（140），③晋代尚是鉴湖灌溉的全盛时期，劳动人民在这期间对于湖外灌溉渠道的整治，必然是做了大量工作的。自晋至唐，有关这条运河的记载是山阴运河沿岸的所谓运道塘的修建，这是唐元和十年（815），观察使孟简主持修建的。④运道塘即是运河沿岸的一条石路，它不仅便于船只的避风停泊，而且更便于船舶的拉纤。所以这条石路在当地习惯上称为"纤路"。这就说明到了唐代，随着这个地区生产力的发展，运河的运输量已经有了进一步的提高。

尽管这条古运河自晋至唐有所建树，但它到底只是一条区域性的航道。其重要性完全不能与我国北方和中原的一些运河相比。但是到了宋代，特别是在南宋，由于政治经济形势的改变，浙东运河的重要性与日俱增，文献记载一时大量出现，而河道和沿河堰坝设备也随着有所改进。建炎三年（1129），赵构本人曾依靠这条运河，从杭州经越州到明州入海以逃避金军的追击⑤。建炎四年，又通过此道北返⑥，并在这条运河的中心越州临时驻跸⑦。特别是在绍兴二年（1132）定都临安以后，这条运河成为富庶的绍兴府、明州和浙东许多地区沟通首都的要道。诸如漕米、食盐和其他物资的运输和官商人等的往来，都依靠这条运河。又因南宋陵园设在

---

① 〔宋〕施宿等：《嘉泰会稽志》卷十《水·府城》，1926年影印清嘉庆采鞠轩本，第1页。
② 陈桥驿：《古代鉴湖兴废与山会平原农田水利》，《地理学报》1962年第3期。
③ 〔唐〕杜佑：《通典》卷一八二《州郡十二·越州》，中华书局1984年影印本，第966页。
④ 〔宋〕欧阳修等：《新唐书》卷四十一《地理志》，二十四史百衲本，第5页。
⑤ 〔宋〕李心传：《建炎以来系年要录》卷二九至三十，商务印书馆1937年国学基本丛书本，第569—596页。
⑥ 〔宋〕熊克：《中兴小纪》卷八，商务印书馆1936年丛书集成初编本，第89—102页。
⑦ 《建炎以来系年要录》卷四九"绍兴元年十一月乙巳"条，第875页。

绍兴，帝后梓宫的搬运，非水路莫办，全赖这条运河进行。[①]特别需要指出的是，早在北宋，朝鲜等海外国家来我国，已经取道明州、越州，[②]南宋建都临安，临安与日本、朝鲜等国就更有所来往。临安濒浙江北岸，这些来往本来可借浙江进行，但是由于浙江江口泥沙壅塞，航行素来困难，于是，浙东运河就同时成为临安与海外联系的交通要道。这就是姚宽所说的："海商船舶畏避沙浑，不由大江。惟泛余姚小江，易舟而浮运河，达于杭越矣。"[③]所以当时从明州到绍兴府的运河上，置有专门船只，从事运输。[④]绍兴的水上交通在南宋初可以"航瓯舶闽，浮鄞达吴"，[⑤]也就是靠的这条运河。这样，浙东运河随着运输的日趋频繁，运河的整治从南宋以来就大大加强了。例如绍兴元年越州、余姚段的整治，[⑥]淳熙间上虞小堰的修建和渣湖航道的疏浚，[⑦]嘉泰元年（1201）山阴钱清新堰和上虞通明北堰的修建，[⑧]嘉定十四年（1221）西兴、钱清段的疏浚[⑨]等均是其例。

　　浙东运河虽然从南宋以来随着航运的频繁而加强了河道的整治及沿河堰坝的修建，但运河的航行条件仍然并不理想。由于运河阻隔于浙江、钱

① 〔宋〕周必大：《周益公文集》卷一七二至一七三《思陵录》，《四库提要著录丛书》，北京出版社2010年版，集部第20册，第278—341页。

② 〔清〕徐松辑：《宋会要辑稿》（以下简称《宋会要》）蕃夷四之一〇四："政和八年五月十五日，知明州楼异言：依诏措置，打造高丽坐船一百只，今已毕工。……十月十七日，知明州楼异言：检准高丽入贡。"（中华书局1957年影印本，第7765页）（编者按：原文注该条史料出处为"《宋会要辑稿》卷197"，实际是指"第197册"之意，原文几处《宋会要》注释中所言卷数皆是此意。）又《宝庆四明志》卷六《叙赋下·湖田》："初，高丽使朝贡每道于明，供亿繁夥。"（清咸丰四年烟屿楼刊本，第15页）

③ 〔宋〕姚宽撰，孔凡礼点校：《西溪丛语》卷上，中华书局1993年版，第25页。

④ 《宋会要》食货四七之一八："绍兴五年三月十五日，两浙运副吴革言：明州、绍兴府运河，车堰渡江，各置二百料止三百料船，专门往来搬运。"（第5621页）

⑤ 〔宋〕王十朋：《会稽三赋》卷一《风俗》，天一阁藏明万历刻本，第20页。

⑥ 《宋会要》方域一七之一八，第7605页。

⑦ 〔明〕黄宗羲：《南雷文定》前集卷二《余姚至省下路程沿革记》，商务印书馆1936年丛书集成本，第21—23页。

⑧ 《嘉泰会稽志》卷四《堰》，第17—18页。

⑨ 〔宋〕张淏：《宝庆会稽续志》卷四《水·山阴萧山运河》，1926年影印清嘉庆采鞠轩本，第6页。

清江、曹娥江三条潮汐河流之间，而会稽县境内的一段利用东湖（古代鉴湖的一部分）通航，上虞通明以东又利用了姚江，各段水位高下不同，因而沿河必须设置一系列的堰坝，不仅各段河道的通过能力互不相同，而船货的盘驳，更大大地浪费了劳力和降低了运输速度。北宋末叶，知明州军蔡肇曾记载了他从杭州经越州到明州的运河行程是："三江重复，百怪垂涎，七堰相望，万牛回首。"①这里的所谓三江就是指的把这条运河分隔为几段的浙江、钱清江、曹娥江这三条潮汐河流。七堰则指西兴堰、钱清北堰、钱清南堰、都泗堰、曹娥堰、梁湖堰、通明堰。这些堰坝，船舶小者可以牵挽而过，大者则必须盘驳。牵挽过堰也必须等待潮汐。例如在钱清堰，运河在钱清江低潮位时高出钱清江一丈余，②必须候潮启闸，方能通过船舶。由此常因"潮汐西下，壅遏不前，则纷然计授，甚至殴伤堰卒，革日夜不得休"。③上虞通明堰因有运盐任务，而"盐运经由需大汛，若重载当碛，则百舟坐困，旬日不得前"④。会稽都泗堰，虽然与潮汐河流无关，但鉴湖内外，水位差距不小，⑤所以也是沿河一处要害。⑥当年赵构奔逃时，匆忙间船舶竟无法过堰，赵构曾亲自下令破堰而过。⑦至于大舟重载，就必须赖牛力进行盘驳。所以各堰都备有大量役牛，这就是蔡肇所说的"万牛回首"了。由于堰坝分布和河道条件的差异，因此直到南宋航运频繁之时，这条运河的各段落，在船舶通过能力方面，仍然是不同的。根据《嘉泰会稽志》的记载，这条运河在萧山县境内可通行二百石舟，在山

---

① 《嘉泰会稽志》卷十《江》，第16页。

② 《周益公文集》卷一七三《思陵录下》"淳熙十五年三月乙卯"条，《四库提要著录丛书》，集部第20册，第317页。

③ 《嘉泰会稽志》卷四《堰·山阴县》，第16页。

④ 《嘉泰会稽志》卷四《堰·上虞县》，第19页。

⑤ 〔宋〕孔灵符《会稽记》（宛委山堂本《说郛》卷六一）："筑塘蓄水高丈余。"这是后汉鉴湖初期的情况，到了宋代，因湖水流失，水位降低，这种差距当然相对缩小。（编者注：《太平御览》卷六十六引《会稽记》里有此语，各个版本的《说郛》里引《会稽记》均无此语。）

⑥ 《宋会要》食货八之四四："都泗堰闸，尤为要言害。"（第4956页）

⑦ 《建炎以来系年要录》卷二九"建炎三年十一月辛未"条："移御舟过都泗堰，不克，上命斧碎之。"（第580页）

阴县境内可通行五百石舟，在上虞县境内可通行二百石舟，过通明堰进入姚江后，又能通行五百石舟。①《嘉泰志》对姚江的通行能力的记载看来是必须补充的。因为姚江与内河不同，它受潮汐的明显影响，而且由于河床的比降较一般内河要大得多，因此四明山地雨水对它的影响也比对一般内河明显。《光绪上虞县志》所说："潮至可通巨艘，潮退必须稽候时日，如天雨四明山水发，可无阻碍。"②对于姚江特别是它的上流的通航情况，比《嘉泰志》记载得更为翔实。

从南宋到明代，浙东运河的航行条件有了进一步的改善。南宋是古代鉴湖最后湮废的时代，由于鉴湖的湮废，湖内外的水位差消失，都泗堰就自然撤除，航运就不必再绕道越州城内，到了明嘉靖前后，由于浦阳江因碛堰开通而北流③和三江闸的建成④，钱清江由一条潮汐河成为内河，钱清南、北堰就从此撤除。浙东运河的主要段落，即由浙江南岸经过绍兴到曹娥的二百里航道，可以一直通航，不再有牵挽盘驳之劳。但是另一方面，这条运河与钱塘江之间的交通条件，却因钱塘江江道北移而较前困难。浙东运河北端原来起于西兴，即春秋越部族时代的固陵，是滨临江边的。⑤这里在南北朝时代称为西陵，仍然紧靠江边，所以谢惠连的《西陵遇风寄康乐诗》说："昨发浦阳汭，今宿浙江湄。"⑥当时这里的堰坝称为牛埭，⑦说明往来船货仍可借牛力盘驳过堰。但是南宋以来，由于钱塘江江道逐渐

---

① 《嘉泰会稽志》卷十二《八县》，第16、23、28、33页。

② 〔清〕储家藻、徐致靖：《光绪上虞县志》卷二二《舆地志三·山川》，光绪二十四年刊本，第11页。（编者注：原文作者注此条史料出处为"《光绪上虞县志》卷一九○"，查得准确出处为《光绪上虞县志》卷二二，故改。）

③ 浦阳江碛堰不详何代所筑。历来时开时堵，最后开而不堵在嘉靖十六年，见〔清〕毛奇龄：《绍兴知府汤公传》，《西河合集传目》卷五，清嘉庆间萧山陆凝瑞堂刻本，第1—3页。

④ 三江闸建成于嘉靖十六年，见《明史》卷二八一《汤绍恩传》，二十四史百衲本，第25—26页。

⑤ 《吴越春秋》卷七《勾践入臣外传》："君臣皆送至浙江之上，临水祖道，军阵固陵。"（第1页）

⑥ 丁福保编：《全汉三国晋南北朝诗》全宋诗卷三，中华书局1959年版，第659页。

⑦ 〔唐〕李延寿：《南史》卷三五《顾恺之传》，二十四史百衲本，第15页。

北移，南岸涨沙壅塞，以至西兴距江岸日益遥远。到了乾道三年（1167），不仅西兴通浙江两闸全段江沙淤塞，而且从西兴到浙江江边已远达二十里，不得不从西兴向北再挖掘河道，[①]增加了盘驳的困难。

总的说来，南宋以后，一方面是浙东运河河道通航条件有了改善，另一方面是沿河城邑在经济上有了较大的发展。运河北端的杭州，历元、明、清各代，都是浙江的省城，而运河东端（通过姚江）的宁波在这段时期中逐渐发展成为浙江最大的港埠，而沿河其他城邑如绍兴、余姚等地，也都是省内富庶之区。此外，浙江中部和南部的台州和温州二府与省城的交通，在当时也主要是循海道入宁波，由姚江转入浙东运河，或是从陆路到嵊县。由曹娥江转入浙东运河，浙东运河成为"浙东四府（按指宁、绍、台、温）之人，往来会城及两京各省"[②]的要道。当时在这一带游历的人，曾目击这条运河中"舟行如梭"，而且是"有风则帆、无风则牵、或击或刺，不舍昼夜"，[③]交通繁盛，可见一斑。

浙东运河的历史发展概况大体如上。新中国成立后，这条古老的运河也和全国其他河道一样得到新生。经过二十多年来的大力整治，河道条件和沿河各种设施，都有了很大提高。首先是大大改进了堰坝设备。在运河北端钱塘江南岸新建了七格船闸，可以通过载重100吨的船舶，只待闸内新渠道疏挖完成，就可使用。为了解决运河北段运输频繁的需要，又在运河别道（即古钱清江西段）新建了浦阳江沿岸的临浦峙山船闸和新坝船闸，通过能力为60吨。运河东段的曹娥和通明，都新建了过船坝，利用电动升降机，能通过20—50吨的船舶。对于运河上虞段长期来存在的水量不足，则新建了12个流量的曹娥江拗花山翻水站，使运河能经常保持通航所必须的水位。其次是河道的疏浚和拓宽，1949年以来的疏浚工程量

---

① 〔元〕脱脱等：《宋史》卷九七《河渠志七》，二十四史百衲本，第16页。
② 〔明〕任三宅：《修萧山北海塘议》，《两浙海塘通志》卷一九《艺文上》，清乾隆十六年刊本，第4页。
③ 〔明〕王穉登：《客越志》，《古今游名山记》卷十下，天一阁藏明嘉靖四十四年何镗刻本，第57页。

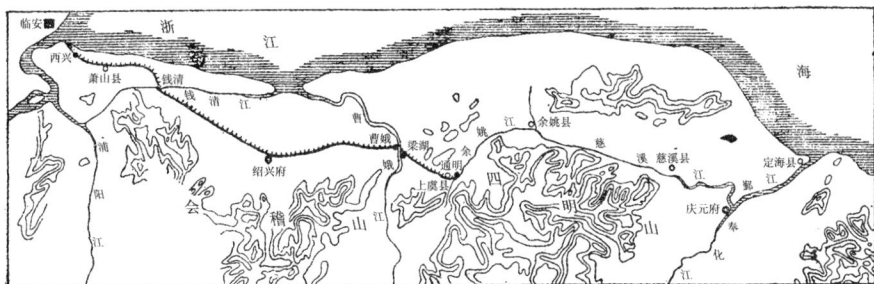

图 1　浙东运河图

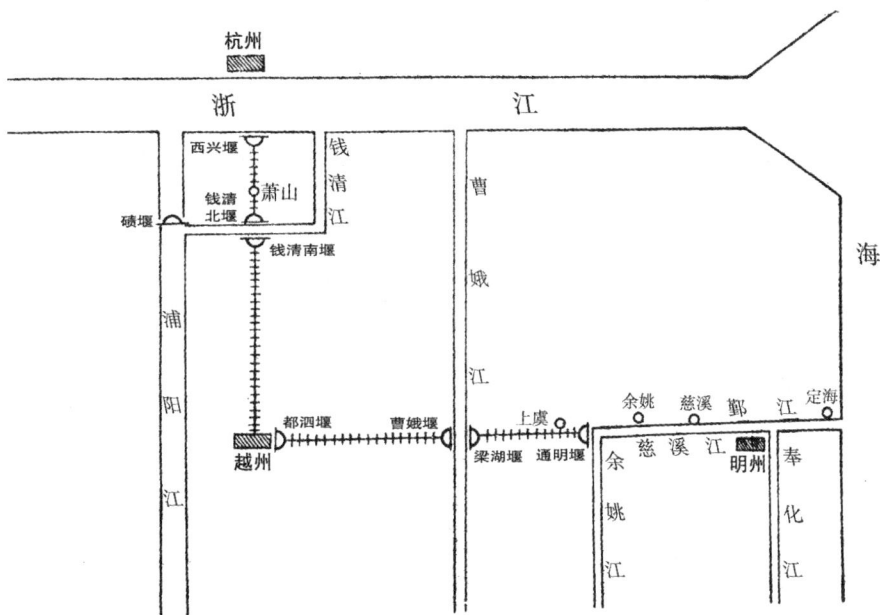

图 2　浙东运河堰坝示意图

是十分巨大的。河道拓宽工程也在分段进行，例如绍兴境内泾口以西一段，现在已经拓宽到24—50米，可以通航100吨的船舶。此外，为了提高河道的通航能力，还拆建了横跨运河的全部桥梁，使净空从原来的3米跃升到目前的15米。至于对运河的全面整治和新航道的规划等，也都在积极进行之中，古老的浙东运河已经恢复了它的青春。

（原载《运河访古》，上海人民出版社1986年版）

宋代国内海道考

冯汉镛

从张星烺先生《中西交通史料汇编》[①]，知我国的海上对外交通，远在秦汉时代，就已经开始了。至于国内的海航，其初期则为两眼能望见大陆的沿岸近海航行，故人们多未尝留心其航线。后来由于造船工业的发展，大的海舶逐渐出现，因而沿岸的近海航行，就产生了困难。例如长江口北面海岸，多是泥涂，沿岸航行的大舶，则易搁浅；而长江口以南的海岸，多是岩岸，沿岸航行，则易触礁。为了安全起见，故沿岸航行，也必须遵循一定的线路来行驶。读《宋史》称刘豫献海道图于金主亶，以期从山东航海侵浙[②]，就可知海道在航行上的重要意义。

顾炎武《日知录》卷二九历数古代在国内海道上的运输事件，可谓详尽。[③]但他对这些海道的途程，却缺少说明，是令人深为遗憾的。尝考我国海道，在长江口外北面航行的，多系平底船；而长江口外南面航行的，则主要是尖底船。用平底或尖底来航海，与海底是浅沙或礁石有关。[④]而海底的地质构造不同，还影响到海道的曲折。且南方沿海，位处热带，时有飓风，故航海者更宜熟习其情况，以便避风。因此论述我国海道，就宜

---

① 张星烺编：《中西交通史料汇编》，中华书局2003年版。
② 〔元〕脱脱等：《宋史》卷四七五《刘豫传》，中华书局1977年点校本，第13799页。
③ 〔清〕顾炎武著，〔清〕黄汝成集释，栾保群、吕宗力校点：《日知录集释》卷二九《海运》，上海古籍出版社2013年版，第1632—1643页。
④ 《鼠璞》称"登莱一带惟平底（船）可用，过料角则用尖底"。（〔宋〕戴埴：《鼠璞》卷上《防海》，中华书局1985年点校本，第13页）

以长江口为分界，故首先从这里谈起。

长江口外海道

长江口的情况，是复杂的。唐鉴真东渡，就因不熟悉这种情况，故舟至江口即搁浅。其搁浅之处，今人有谓在狼山附近的。①考狼山一地，乃唐宋时候出入海域的要冲。《资治通鉴》卷二五二"乾符二年"条说："浙西狼山镇遏使王郢等六十九人有战功，节度使赵隐赏以职名而不及衣粮。郢等论述不获，遂劫库兵作乱，行收党众近万人，攻陷苏、常，乘舟往来，泛江入海，转掠二浙，南及福建，大为人患。"胡注云："今通州静海县南有狼山，五山相连，上接大江，下达巨海，绝江南渡，抵苏州常熟县福山镇，顺江至崇明沙，扬帆乘顺，南抵明州定海县。陶隐居所谓狼五山对句章是也。"②又《大清一统志》通州直隶州引《名胜志》称："狼山港，宋时大海去县八十里。"③

从胡注及《一统志》知狼山乃长江出海的咽喉要地。狼山之前，则是料角。料角乃宋时出入长江的险要门户。《舆地纪胜》卷四一说："海门有料角，昔号形势控扼。绍兴间，差舟船把搕。其沙脉坍涨不常，潮小则委蛇曲折，水落可见。潮水大则一概漫没，非属于往来舟师，未易即此。"④又《宋史·沈与求传》也说："料角水势诸险，必得沙上水手，方能转运。"⑤又《辍耕录》卷五说："相传胸山海门水中，流积堆淤，江沙其长无际，浮海者以竿料浅深，此浅生角，故曰料角，明不可渡越。"⑥此外，

---

① 〔唐〕真人元开著，汪向荣校注：《唐大和上东征传》，中华书局2000年版，第51页。
② 〔宋〕司马光编著，〔元〕胡三省音注：《资治通鉴》卷二五二《唐纪六十八》，中华书局2013年点校本，第8406—8407页。（编者按：原文指该条史料为"乾符三年条"，现据点校本改为"乾符二年"。）
③ 〔清〕穆章阿、潘锡恩等修，王文楚等点校：《大清一统志》卷一〇六《通州直隶州·山川》，上海古籍出版社2022年版，第3285页。
④ 〔宋〕王象之编著，赵一生点校：《舆地纪胜》卷四一《通州》，浙江古籍出版社2012年版，第1261页。
⑤ 《宋史》卷三百七十二《沈与求传》，第11542页。
⑥ 〔元〕陶宗仪撰，李梦生校点：《南村辍耕录》卷五，上海古籍出版社2012年版，第58页。

在《永乐大典》卷一一〇七七引《扬州府志》也有类似的记载。[1]

不过料角虽然险阻难行，但它却是宋代出入长江的必经之所。例如李宝的胶西之捷，其舟师就是经此出海北上的。[2]而金朝的统治者，如要从海道南侵杭州，也必经料角而辗转抵达。故《玉海》卷一五记沈与求说：金人若以海舶自京东（山东益都）侵浙，"必由泰平石港（《鼠璞》作泰州港口）、通州料角、陈贴通明镇（《宋史·沈与求传》作崇明镇）等处，次至平江南、北洋，次至秀州金山，次至明州向头"[3]。这几句话，既说明了料角在进出长江的重要地位，还说明了从山东到浙江的海道途程。

考泰州石港，即今江苏石港，位在南通的东北，现在已距海甚远。料角一地，《舆地纪胜》和《扬州府志》都说它的东面，"有咸淡二水，不相混杂"[4]，则其位置在崇明岛东沙淡水洋的西面，启东港附近。平江南、北洋，据《指南录》的"北洋入山东，南洋入江南"[5]之语，知长江口的北岸海面称北洋；南岸海面称南洋。至于秀州金山，当是杭州湾内的金山卫或它对面的金山岛。惟向头一地无考。

从料角到金山的航程，沈与求谓要经过崇明镇，而吕颐浩则说要经过青龙港。考《大清一统志·江苏·太仓州》说："青龙港在崇明县东，港口约十余处，逼县城下。又县南有斜港，直抵太仓刘河。"[6]就可知沈、吕二人所说的崇明镇或青龙港，实际上都在一处。

这条取道料角、青龙港的航线，吕氏称之为浙西路。另外，吕氏还说：从山东有一条"抛洋"直达明州定海的浙东路。按《建炎以来系年要

---

① 〔明〕解缙等：《永乐大典》卷一一〇七七《觜·料角觜》，中华书局1986年版，第5册，第4623页。

② 《大清一统志》卷一〇六《通州直隶州·山川》，第3286页。

③ 〔宋〕王应麟：《玉海》卷一五《地理·地理书》，《景印文渊阁四库全书》，（台北）台湾商务印书馆1986年版，第943册，第376页。

④ 《舆地纪胜》卷四一《通州》，第1261页。《永乐大典》卷一一〇七七《觜·料角觜》引《扬州府志》，第5册，第4623页。

⑤ 〔宋〕文天祥撰，吴海发注：《指南录详注》卷四《北海口》，上海古籍出版社2021年版，第164—165页。

⑥ 《大清一统志》卷一〇三《太仓直隶州一·山川》，第3190页。

录》卷五六说：

> ［绍兴二年七月甲申］吕颐浩言：然敌人舟从大海北来，抛洋直
> 至定海县，此浙东路也。自通州入料角，放洋至青龙港，又沿流至金
> 山村、海盐县，直泊临安江岸，此浙西路也。[1]

据上文，知浙西路所要经过的地方，都在海边，说明了它是一条沿岸航行的海道。

这条海道，从石港北航，要经过盐城（今江苏盐城），故宋人防金兵从浙西路来侵时，还主张在盐城设防。按《建炎以来系年要录》卷一八六说："楚州盐城县，距海不过一里，又居料角之上，可为藩篱。若屯以千人，假以一二十舟，障蔽其前，则料角决可力守。"[2]从长江口到盐城的这段航程，除料角有浅沙外，还有很多浅沙，妨碍行舟。《癸辛杂识·续集》卷上说："常从老张万户入海，自张家滨至盐城，凡十八沙。凡海舟搁浅沙，势须出米令轻。如更不可动，则便缚排［筏］求活，否则舟取不及势矣。"[3]读了这段记载，就可知浙西路虽是沿海航行，但为避免浅沙，仍须要遵循一定的航道来行驶。

至于远海航行的浙东路，研究起来，在五代时候就出现了。按《旧五代史·司马邺传》说："［开平三年］使于两浙。时淮路不通，乘驿者迂回万里。陆行则出荆、襄、潭、桂入岭，自番禺入海至闽中，达于杭越。复命则备舟楫出东海，至于登、莱。而扬州诸步多贼船，过者不敢循岸，必高帆远引海中，谓之入阳。"[4]高帆远引海中叫"入阳"，其意义显然与上述吕颐浩所称的"抛洋""放洋"相同。从杭州"抛洋"（入阳）至山

---

① 〔宋〕李心传撰，辛更儒点校：《建炎以来系年要录》卷五六"绍兴二年七月甲申"条，上海古籍出版社2018年版，第1015页。

② 《建炎以来系年要录》卷一八六"绍兴三十年九月庚辰"条，第3314页。

③ 〔宋〕周密撰，王根林校点：《癸辛杂识》续集上《海蛆》，上海古籍出版社2012年版，第88页。

④ 〔宋〕薛居正等：《旧五代史》卷二十《司马邺传》，中华书局1976年点校本，第270—271页。

东，因钱塘江中有罗刹石阻途，[1]故须在定海起碇。按《资治通鉴》卷二七〇"梁贞明四年"条说："［吴越王］始自海道出登、莱，抵大梁。"胡三省注谓："此闽、越入贡大梁水程也，但吴越必就许浦或定海就舟。"[2]胡注的定海就舟到登、莱一线，就是司马邺远引海中"入阳"返登莱的路线，也是宋人所称莱州"抛洋"直航定海的浙东路。然则浙东路的开拓时间，至迟应在五代初期。至于胡所称的许浦一线，许浦就是现在常熟的浒浦。从这里发船到登、莱，必须出长江口，经料角、盐城到登、莱，无疑就是宋人的浙西路了。

浙东与浙西两条海道，其间并非不可逾越，而是可以互通的。《资治通鉴》卷二七八"长兴四年"条说："吏部侍郎张文宝泛海使杭州，船坏，水工以小舟济，飘至天长。"胡注云："今通州海门县崇明镇东海中有大洲，谓之天赐盐场。舟人扬帆遇顺，东南可径至明州定海，西南可以至许浦达苏州，恐即此也。"[3]前考崇明镇，乃浙西路之所经，而崇明东南行即可航定海，说明了两条海道是可以互通的。

按《南村辍耕录》卷五说：朱清、张瑄为元人漕江南海运至燕京，从崇明入海，三日夜得达沙门岛，"且不逢浅角"。[4]而《两抄摘腴》则谓朱、张自称这条运路，是"自古未尝行此道"，乃他们所开创的新线。又《元史·食货志》和《经世大典》也说这条运路，是至元二十九年（1292）朱清等开辟的新线。但经过考订，却发现这条新线，实际就是宋代的浙东路。且"三日夜得达沙门岛"之说，在南宋姚宽的《西溪丛话》卷下里，也有"自胶水镇，三日而抵明州定海"的记载，都足以说明元人称为的海道新运路，就是宋代的浙东路，并非他们的始创。关于这一问题，我还要在后面给予论述。

---

① 〔宋〕潜说友纂修：《咸淳临安志》卷二三《山川二·城南诸山·秦望山》，《宋元方志丛刊》，中华书局1990年影印本，第4册，第3579页。
② 《资治通鉴》卷二七〇《后梁纪五》，第7092页。
③ 《资治通鉴》卷二七八《后唐纪七》，第9332页。
④ 《南村辍耕录》卷五，第58页。

另外，需要补充的，是前引《玉海》所说"平江南北洋"的位置。考文文山《指南录》说："淮海本东海地，于东中云南洋、北洋。北洋入山东；南洋入江南。人（趄）〔趋〕江南而经北洋者，以扬子江中渚沙为北所用，故经道于此，复转而南，盖绕道数千里云。"①根据这段话，首先可以看出，宋代进出长江的海道路线，都在北岸航行。如果要到长江南岸海面，也须要从北转南，绕道前往。与现在进出吴淞口，可直接在南岸江面行驶，是不同的。其次还可进一步了解到南、北洋的界限。从"北洋入山东"一语，知长江北岸至山东的一段海面，都可称为北洋。至于"南洋入江南"一语，则颇费解释。然考《指南录》的下文说"自北海渡扬子江至苏州洋，其间最难得山，仅得蛇山、洋山、大小山数山而已。自入浙东山渐多，入乱礁洋，青翠万迭，入画图中"②。这里所说的北海，就是上文的北洋。从北洋渡过长江，便抵达苏州洋，说明了苏州洋就是南洋。盖南洋沿岸的陆地，宋时多为苏州所辖，所以又称为苏州洋。此外，我们从文中所述的蛇山（佘山）、洋山（大、小洋山）等语，知长江南岸到钱塘江北岸的海面，就是南洋或苏州洋的界限。而过了洋山，便进入浙东定海的乱礁洋。所以宋人对山东到定海的海道，称为浙东路，而把沿海航行，经料角、崇明、金山、海盐的一线，则叫做浙西路。

钱塘江外的海道

钱塘江口的杭州，按地理位置言，应该是一个良港。但因"浮山峙于江中，与渔浦诸山相望，犬牙错入，以乱潮水，洄洑激射，其怒百倍，沙碛转移，状如鬼神。虽舟师渔人，不能知其浅深"③。同时钱塘江口，"起自篡风亭，北望嘉兴大山，水阔二百余里。故海商舶船，怖于上潬（原注：水中沙为潬），惟泛余姚小江，易舟而浮运河，达于杭越矣"④。由于

---

① 《指南录详注》卷四《北海口》，第164—165页。
② 《指南录详注》卷四《乱礁洋》，第170—171页。
③ 《咸淳临安志》卷二三《山川二·城南诸山·浮山》，《宋元方志丛刊》，第4册，第3579页。
④ 〔宋〕王明清：《挥麈录》前录卷之四，上海书店出版社2021年版，第33页。

这些天然障碍，所以杭州虽有海舶出入，[①]也曾设立过市舶司，[②]但始终不能成为海道的必经之地。

按《玉照新志》说"杭州在唐，繁雄不及姑苏……其东沧溟，虽海山际天，风涛豪壮。然海门中流至狭浅，不可浮大舟"[③]，所以钱塘江口的海道中心，就不在杭州而在明州。不过杭州虽非中心，但在这里，从宋代起，就有对海舶的导航设备。《西湖游览志》卷二四说："六和塔在月轮峰旁，宋开宝三年智觉禅师建。先是梁开平五年，钱王于仁王废院掘地得大钱，以为瑞应，因建大钱寺。设宝幢二座于寺门，入宋寺废。禅师乃即钱氏南果园建塔，以镇江潮，高九级五十余丈，撑空兀突，跨陆俯川，海船夜泛者，以灯塔为指南焉。"[④]又按《宋史翼·蒙亨传》载亨的六和塔对联说："一塔七层八面，万佛千灯。"[⑤]塔内既然点了这样多的灯，完全可以起到导航的作用，进一步证实了《游览志》的话是可信的。

杭州湾内，不仅有六和塔导航，同时海盐县的资圣寺塔，也是一所导航标志。《闲窗括异志》说："资圣寺在海盐县西，本普明院。旧记：晋戴威舍宅为寺，司徒王珣建为光兴寺，天禧二年赐今名。寺有宝塔极高峻，层层用四方灯照东海，行舟者望以为标的焉。"[⑥]通过这些有关的记载，足以体会到杭州湾在海道上的重要性。

前面提到，杭州湾的海道中心在明州，从明州往北，有直航山东登、莱诸州的浙东路。向偏西方向，则可以到崇明而达许浦。而《宣和奉使高丽图经》还称其可直航朝鲜等国。但航行国外海道，本文不拟讨论，故从

---

① 〔宋〕吴自牧：《梦粱录》卷一二《江海船舰》，中国商业出版社1982年点校本，第103页。

② 《舆地纪胜》卷一一《庆元府》，第430页。

③ 〔宋〕王明清撰，汪新森、朱菊如校点：《玉照新志》卷五，上海古籍出版社2012年版，第101页。

④ 〔明〕田汝成辑撰，尹晓宁点校：《西湖游览志》卷二四《浙江胜迹》，上海古籍出版社2017年版，第213页。

⑤ 〔清〕陆心源撰，吴伯雄点校：《宋史翼》卷三十四《柴蒙亨传》，浙江古籍出版社2015年版，第878页。

⑥ 〔宋〕鲁应龙：《闲窗括异志》，中华书局1985年点校本，第8页。

略。而明州向南航行，则可到达廉州（广西合浦）。王明清《挥麈前录》卷四说：

> 大中祥符九年，奉诏按察岭外。尝经合浦郡，沿南溟而过海康（雷州），历陵水（化州），涉恩平（恩州），往南海（广州）。迨由龙川（惠州），抵潮阳（潮州），泊乎出会稽（越州），移莅句章（明州）。是以诸郡，皆沿海滨。[1]

王氏所记的州郡，就是从明州南航须要经过之处。以明州至福州的一段海程为例。《资治通鉴》卷二六七"梁开平三年"条胡注说：从明至福，其海程是首途象山洋，经天门山，取台州洋，过温州洋，而入福州洋的。[2]至其途次的情况，我们则可从《云麓漫钞》《挥麈三录》及《后录》等书所记宋高宗赵构航海之役的行经之处，来得到一些梗概。

按《中兴小纪》卷八知宋高宗航海，是从余姚（浙江余姚）登上海舶的。[3]根据这一事实，结合《挥麈前录》所称的海舶"怖于上潬，惟泛余姚小江"之语，知余姚乃杭州海航的终点或起点站。又《宋史翼·李撰传》："调越州余姚主簿，有茶商夜行，遇海舶钲鼓偕，疑为盗，持短兵格斗，杀伤十余人。"[4]这条资料，显示出在余姚行驶的海舶还是很频繁的。

宋高宗登舟到明州后，再航定海，经昌国县，出沈家门，南入象山洋至台州，再过章安镇的牡蛎滩，入青澳门，最后抵达温州的馆头。这段航程，《云麓漫钞》卷二说："自定海招宝山泛海东南行两潮，至昌国县。自昌国县泛海到沈家门，过鹿狮山，亦两潮至山下。"[5]昌国县是舟山群岛中

---

[1] 《挥麈录》前录卷之四，第32页。
[2] 《资治通鉴》卷二六七《后梁纪二》，第8949页。
[3] 〔宋〕熊克撰，顾吉辰、郭群一点校：《中兴小纪》卷八，福建人民出版社1985年版，第96页。
[4] 《宋史翼》卷十九《李撰传》，第410页。
[5] 〔宋〕赵彦卫撰，傅根清点校：《云麓漫钞》卷二，中华书局1996年版，第29页。

的一大岛，唐开元二十年（732）析明州䣝县（鄞县）置。元丰元年（1078）又割定海一乡隶属昌国。①沈家门在补陀落伽山，补陀又名宝陀，即今人所称的普陀。《云麓漫钞》称其"东南天水混合无边际，自东即入辽东、渤海、日本、毛人、高丽、扶桑诸国；自南即入漳、泉、福建路"。②《云麓漫钞》所说东驶日本的航线，一直下到明清，都仍然遵循着。如《指南正法》载宁波到日本的航线，是从普陀发舶，用单卯针行十四更，再用单卯针十更，甲寅针八更，单甲针八更，即可抵达长崎，就是例证。③至于《指南正法》所称的单卯、单甲、甲寅等，则是指的航向。如单卯为90°，航向为正东。单甲为75°、甲寅为67.5°，航向为东北。而所称的更，则指的是海程。《浪迹丛谈》卷四说："海道以更计里，一昼夜为十更。"④《西洋朝贡典录》卷上说："海行之法，六十里为一更。"⑤但《东西洋考》卷九、《台湾志略》卷一则谓五十里或四十里，也可称更。⑥

明清人用"更"来计算航程，而在宋前，则是用"潮"来计程。如《指南录》谓通州"两潮可到"扬子江口。⑦又《舆地纪胜》卷一二八也说：福州的廉山，"两潮"可到西洋岛。⑧皆是以"潮"计程之例。

从明州南航，除取道沈家门，经象山洋，入台州外，还可不经沈家门，乘渡船过海到象山转台州。按《攻媿集》卷五九《象山县渡船记》说：

---

① 〔宋〕楼钥撰，顾大朋校点：《楼钥集》卷五五《昌国县主簿厅壁记》，浙江古籍出版社2010年版，第1005页。〔编者按：原文为"元丰六年（1083）又割定海一乡隶属昌国"，今查点校本为"元丰元年，又割定海县之一乡隶焉"，故改为"元丰元年"。〕

② 《云麓漫钞》卷二，第30页。

③ 向达校注：《两种海道针经》，中华书局1961年版，第168—169页。

④ 〔清〕梁章钜撰，吴蒙校点：《浪迹丛谈》卷四《日本》，上海古籍出版社2012年版，第46页。

⑤ 〔明〕黄省曾著，谢方校注：《西洋朝贡典录校注》卷上《占城国第一》，中华书局2000年版，第1页。

⑥ 〔明〕张燮著，谢方点校：《东西洋考》卷九《舟师考》，中华书局2000年版，第174页。〔清〕李元春删辑：《台湾志略》卷一，《闽台历代方志集成·台湾志书辑》，社会科学文献出版社2021年版，第3册，第412页。

⑦ 《指南录详注》卷四《扬子江》，第167页。

⑧ 《舆地纪胜》卷一二八《福州》，第2877页。

象山为邑，海市三垂……今西北至庆元府（明州），水陆一百六十里，中有一渡之险。由宁海陆行，则回远避之，故多以渡为便。渡实支海，南曰陈山，去邑十五里，北曰东宿，皆潮退而行。中途少憩海口，俟潮登而后善达。旧以小舟往来，多有风涛盗劫之虞。隆兴二年，今资政殿大学士赵公彦逾主邑簿，始创二大舟，帆樯篙橹，器用皆备，募习于操舟者，月给之分，置二渡以便行者。①

这条渡船所行经的海路，研究起来，就是现在宁波到温州航线中的一段，它是不须要通过沈家门的。

至于经沈家门到台州的航线，《挥麈后录》卷九谓去往象山的途中，要经过碛头。碛头的位置在象山港北，穿山东，又名崎头角。而赵甡之《遣史》因不知这点，遂误以为沈家门即崎头。②过了象山后，即到达台州所属的宁海县三山镇。镇乃小岛。《夷坚乙志》卷十六谓其距县治"凡两潮乃可得至"③，上设有巡检兵百人，地当海口，是海商的出入之所。

再向南航，则抵章安。章安故城，在临海县东南一百一十五里。距章安五里有金鳌山，位在灵江口北岸，与海门山对峙如阙，形势险要。所以宋高宗航海逃跑，都要在这里稍事休息。而后来的文天祥随少帝南行，也要在这里停留驻扎。从两代皇帝逃难都曾在此逗留，就可看出它是海道上的一个重要所在。

金鳌之南，则是松门寨。松门地当海道，故有水军巡检的设置。据文献记载，高丽使船因大风失道，曾漂至松门，④则其位置，也同样是重要的。

---

① 《楼钥集》卷五六《象山县渡船记》，第1017页。
② 《建炎以来系年要录》卷三一"建炎四年正月丙寅"条，第623页。
③ 〔宋〕洪迈撰，何卓点校：《夷坚志·乙志》卷十六《三山尾闾》，中华书局1981年点校本，第318页。（编者按：原文指该条史料出处为"《夷坚乙志》卷六"，查得该史料出自《夷坚乙志》卷一六，故改。）
④ 〔宋〕程俱撰，徐裕敏点校：《北山小集》卷三四《故武功大夫昭州团练使骁骑尉徐公行状》，人民文学出版社2018年版，第597页。

从松门到温州，途中要经青澳门，青澳门又名青澳山，在玉环附近海中，两山相峙，不仅控扼海道，有军事价值。而且也是海船停泊之地。按《宋季三朝政要》卷六说：

> ［丙子］二月广、益王由海道趋温州，二王驻温州之江心寺。苏刘义，陆秀夫来会。时陈宜中海船泊（清）［青］澳门，诸人往见之，共议兴复。①

广、益二王所驻的江心寺，位在永嘉北江中，地名孤屿山，宋高宗航海之役时，也在这里停留过。②宋高宗来江心寺，是通过馆头进入的。馆头即今瑞头，位在温州海口，是进出温州港的必经之所。据典籍所记，当时在温州港内停泊的，除了国产海船之外，还有昆仑舶与日本舶等。③此外，从周密《齐东野语》卷一二，知温州港外还有偷漏税收的海舶在停靠。④

闽江口外海道

《真腊风土记》说："自温州开洋行丁未针，历闽、广海外诸州港口，过七洲洋，经交趾洋……"⑤从"历闽、广"一语，知温州南航，无论前往国外或国内南部诸州港口，都要行经福建的港澳。

从温州港出航，首先就要通过本州的莆门。莆门，《清一统志》称蒲门所⑥，在平阳县南一百二十里。《北山集》卷三四《昭州团练使徐公行状》谓其地有"禁严，当海道，商贩所往来"。⑦所以其上驻有巡检水军，来保卫海道和查缉商税。

---

① 〔元〕佚名撰，王瑞来笺证：《宋季三朝政要笺证》卷六，中华书局 2010 年版，第 452 页。
② 《大清一统志》卷三〇四《温州府·山川》，第 10991 页。
③ 《夷坚志·支志丁》卷三《海山异竹》，第 986 页。
④ 〔宋〕周密撰，黄益元点校：《齐东野语》卷一二《火浣布》，上海古籍出版社 2012 年版，第 127 页。
⑤ 〔元〕周达观著，夏鼐校注：《真腊风土记校注》，中华书局 2006 年版，第 15 页。
⑥ 《大清一统志》卷三〇四《温州府·关隘》，第 11005 页。
⑦ 《北山小集》卷三四《故武功大夫昭州团练使骁骑尉徐公行状》，第 597 页。

当时驻扎在莆门的水军，其所驾的战舰，具有很强的战斗力。《建炎以来系年要录》卷一九一说：

> ［绍兴三十一年六月］温州进士王宪特补承节郎充温州总辖海船。先是降空名告身六十道，下温、福诸郡造海舟。宪献策乞用平阳莆门寨所造巡船为式，每舟阔二丈八尺，其上转板坦平，可以战斗。诏用其言，故有是命。①

这种上有转板的战船，疑即照咸平三年（1000）造船务工人项绾所创造的"转海战船"模型而制成的实体。②战斗时对主方有利，故当时曾向项颁奖，绍兴时又以它作为典型来推广。

莆门再往南航，就进入福建的福州。其位置在闽江的入海处。据《唐会要》卷八七陈磻石说，"［海船］自福建不一月至广州"③，知它在唐时，就已成为港口了。惟当时因进出港口的航道上，有巨石为梗，以致对其发展带来了困难。直到五代的王审知主闽，为了繁荣海上贸易，才设法开凿巨石，来促进福州港的兴盛。有关这一开凿的事迹，历史上存在着两种说法。一说是王氏疏通旧港，妨碍航道的巨石被炸毁，消除了危险，使船舶平安进出，畅通了海运。《舆地纪胜》卷一二八说："甘棠港在闽县，旧名黄崎港。先有巨石，为舟楫之患。唐天祐中，闽王（王审知）命工凿之，忽然震碎，敕改甘棠港。"④又《淳熙三山志》说："甘棠港旧有巨石，屹立波间，舟多覆溺。唐天祐元年，琅玡王审知，具牲醴祷于神，将祈之，其夕雷雨爆炸，石皆梯解，迟明安流如砥。"⑤另一说是甘棠港为王氏

---

① 《建炎以来系年要录》卷一九一"绍兴三十一年七月癸酉"条，第3413页。
② 〔宋〕李焘：《续资治通鉴长编》（以下简称《长编》）卷四七"咸平三年九月辛丑"条，中华书局2004年点校本，第1026页。《玉海》卷一四七《兵制·水战》，《景印文渊阁四库全书》，第946册，第804页。
③ 〔唐〕王溥：《唐会要》卷八七《漕运》，上海古籍出版社2006年点校本，第1895页。
④ 《舆地纪胜》卷一二八《福州》，第2881页。
⑤ 〔宋〕梁克家：《淳熙三山志》卷六《地理类六》，《景印文渊阁四库全书》，（台北）台湾商务印书馆1986年版，第484册，第166页。

所新开。《北梦琐言》卷七说："福建道以海口黄崎岸，横石峭巉，常为舟楫之患。闽王琅玡王审之思欲制置……因命判官刘山甫……别开一港，甚便行旅，当时奏录，赐号甘棠港。"①两说中以哪一说为符合事实，不敢臆断，但有一点可以肯定，则是福州港在五代以后才趋于繁荣。所以下到宋代，为了众多海舶进出口的便利，就有人在马尾建筑了罗星灯塔来导航。②罗星塔和前述的杭州六和塔、海盐资圣寺塔，是现在能考出的三所宋代灯塔，当然还有一些未能考出的灯塔。但仅通过这三所塔，即可看出宋人对于海航安全的注意，已设置了我国最早的导航标志。

由于福州在宋代，已成为一个重要港口，所以就出现了与它有关的海程记载。《舆地纪胜》卷一二八说："福州：西洋在巨海中，四顾惊涛，莫知畔岸。廉山驾舟，两潮始达。"③西洋即西洋岛，廉山当在今连江。据《指南正法》及《武备志》，该岛地当海路，由北航来的海舶，都要经此而进入福州。

除此之外，在港外的福清海口，还设置了征税的派出机构，④并委派了巡检兵来防御海盗和协助查缉偷漏税收的海舶，⑤而福州延祚寨的水军，更是有名的捕盗能手，为当时海盗所畏惧。⑥

不过当时被迫为盗的人太多，往往是捕者自捕，而盗者自盗。以福州地方来说，郑广就是这里的有名海盗。按岳珂《桯史》说："海寇郑广，自号滚海蛟，云合亡命，无不以一当十，陆梁莆、福间。"⑦这几句话，不仅道破了海盗的多，而且也提到了福州有海路通莆田。它乃航线上的一个

---

① 〔五代〕孙光宪撰，林艾园校点：《北梦琐言》卷七《玄德感》，上海古籍出版社2012年版，第58—59页。

② 罗星塔传为宋七娘建，宋太守程师孟为题"中流砥柱"四字，现世界航海图册中，也标有这一灯塔。详见陈恺夫：《罗星塔轶事》，《航海》1982年第6期。

③《舆地纪胜》卷一二八《福州》，第2877页。

④《夷坚志·支志丁》卷五《海口镇鳜鱼》，第1007页。

⑤ 编者注：原文这里注释"《夷坚志》支丙八"，但《夷坚志》中未找到相关内容。

⑥《舆地纪胜》卷八九《广州》，第2196页。

⑦ 〔宋〕岳珂撰，黄益元点校：《桯史》卷四《郑广文武诗》，上海古籍出版社2012年版，第37页。

港口，所以路过这里的舟船，都要在此停泊。《夷坚支戊志》卷一说："福州人郑立之，自番禺泛海还乡，舟次莆口舣浮湾，未及出港……"①文中的莆口，就是莆田海口的简称。从广州返福州，途中要在此停留，显然它就是这段航线的中间站，因此莆田有在外经营贸易的。按《夷坚支景志》卷九又说："兴化军（莆田）境内，地名海口。旧有林夫人庙（天妃、海神），莫知何年所立，室宇不甚大，而灵异素著。凡贾客入海，必致祷祠下。"②这里的"灵异素著"四字，显示了其香火之盛，间接说明了入海经商的人之多，则其港口的兴盛情况，也就可以推知其概略。

从福州通向广州，其间还要经过泉州。泉州是宋代的大港之一，顾炎武《天下郡国利病书》卷一二〇曾推断唐时的三路司舶司内中一处，就设置在泉州③。至其海道交通情形，除从《梦粱录》卷一二知它通向国外之航路，要经岱屿门外④，还可从《夷坚甲志》卷七知其往三佛齐的海道，是南行三日而东，否则船必触礁⑤。另外，在《舆地纪胜》卷一三〇里也记有它去往流求的海路，是东航二日至高华屿，再二日至鼋鼊屿，再二日至流求⑥。鼋鼊是一种有文采的乌龟，疑鼋鼊屿是乌龟洋中一小岛。乌龟洋位在南日岛、海坛岛之间，湄洲岛之北。明人从厦门的太武发舶至流求，就是取道湄洲岛前往的。然则这条航线，当在宋或宋以前就出现了。

至于它的国内海道交通情况，据《真文忠公文集》的《申枢密院乞推海盗赏状》《申尚书省乞措置收捕海盗》《申枢密院措置军政状》《申枢密院乞修沿海军政状》等文，研究起来，泉州是一个"南、北洋舟船必泊之

---

① 《夷坚志·支志戊》卷一《浮曦妃祠》，第1058页。

② 《夷坚志·支志景》卷九《林夫人庙》，第950页。

③ 〔清〕顾炎武撰，黄坤等校点：《天下郡国利病书·交趾西南夷备录·佛郎机国》，上海古籍出版社2012年版，第3837页。

④ 《梦粱录》卷一二《江海船舰》，第102页。

⑤ 《夷坚志·甲志》卷七《岛上妇人》，第59页。

⑥ 《舆地纪胜》卷一三〇《泉州》，第2945页。

地"。①所以在该港的内外地带，置有水军巡检七处。左翼三处，实际则是四处：曰法石、曰永宁、曰宝林新寨及旧寨。沿海四处：曰石湖，曰小兜、曰围头、曰石井。这七处水军，经真德秀重新布置为法石、永宁、围头、石湖、小兜等五处。它们的位置如下：

（1）法石：距泉州城十五里，水面广阔。内足以捍卫州城，外足以扼控海道。在晋江下游与海交汇的冲积平原上。1959年曾在附近的鸡母沃出土过船板与缆绳，1982年又发掘出宋船。②这些文物的出土，说明它在泉州海上交通史上的重要性。

（2）永宁：又名水湾，距法石八十里，在祥芝角南，"阛临大海，直望东洋"③。一日一夜就可抵达澎湖列岛。为当时去台湾的主要航线。

（3）围头：距永宁五十里，故真德秀谓其"上可接永宁，下可接烈屿"④，烈屿就是小金门，所以围头就能应援与烈屿相邻的料罗（金门岛南部）和吴屿（金门岛）；又能捍卫与它有支港相通的石井。《读史方舆纪要》卷九九谓石井也是宋时海舶汇集的一个口岸，有长达八百多丈的安平桥，与对面的安海连接。⑤由于围头的形势重要，所以真德秀就将宝林水军合并于围头，而称宝盖寨水军。宝盖寨邻宝盖山，山顶有石塔，名关锁塔，俗称姑嫂塔，海舶望此以为抵岸的标志，起导航作用，惜不详其修建时代。围头港澳深阔，宜于避风，而且有丰富的淡水，可供海舶取水，因此南北洋往来的舟船，都要在此停泊，是泉州所属的一个重要口岸。

（4）石湖：距州城五十里，旧名海口，南镇与北镇相对，为泉州内

① 〔宋〕真德秀：《西山先生真文忠公文集》卷八《泉州申枢密院乞推海盗赏状》、卷九《申枢密院措置军政状》、卷十五《申枢密院乞修沿海军政状》《申尚书省乞措置收捕海盗》等文，《四库提要著录丛书》，北京出版社2010年影印本，集部第249册，第157、167、252、253页等。

② 周世德等：《泉州法石古船试掘简报和初步探讨》，《自然科学史研究》1983年2期。

③ 《西山先生真文忠公文集》卷八《申枢密院措置沿海事宜状》，《四库提要著录丛书》，集部第249册，第164页。

④ 《西山先生真文忠公文集》卷八《申枢密院措置沿海事宜状》，《四库提要著录丛书》，集部第249册，第163页。

⑤ 〔清〕顾祖禹撰，贺次君、施和金点校：《读史方舆纪要》卷九九《福建五·泉州府》，中华书局2005年版，第4271页。

门。当时通往国外航道所必经的岱屿门，就在石湖境内。

（5）小兜：距州城八十里，在泉州湾北面临海，即今崇武。其地在宋时甚为荒僻，然有港澳，可以停泊。故北洋航来的海舶，都要先拢此处，然后才进入泉州。

将以上五处摆在地图上，就可看出进出泉州的舟船，是先小兜，次法石，次石湖，次永宁，次围头，经料罗海而入漳州境。

首先到达的是漳州海口，《大清一统志》说："海口镇在龙溪县东南。九域志：县有海口、峡口、清远三镇。《旧志》：宋置，以收海道商税。"①海口即龙海县的镇海，明设镇海卫于此。但从《旧志》的"宋置"二字，知其设置水军的历史，是由来已久。

再向南航，则经诏安的葵冈山，其山在县东四十五里，山势延亘，有垒石而成的古关隘，《大清一统志》说它是宋时"沿海道巡海所"驻扎之处，并引《旧志》谓陆秀夫扶帝昺过此，还曾在诏安泊舟②。则其地自是一个海道要冲。

泉州东航则至台湾省，南航则到广州，北航则抵长江口而转入镇江。《宋会要·食货》五十之十一说："自来闽、广客船并海南蕃船，转海至镇江府买卖至多。"③但如不在长江转海，继续北上，则可以达楚州（淮安盐城），而进抵密州的板桥镇（山东胶县）。《长编》卷三四一说："问得泉州知海道商人言：两番奉使，若自楚州泛海，至密州板桥镇，不过二三日。"④通过这些资料，说明了宋代泉州在海道上的重要地位。

珠江口外海道

泉州经漳、潮等州续航，即可达广州。广州是南方的最大港口，其历

---

① 《大清一统志》卷四二九《漳州府·关隘》，第15848页。
② 《大清一统志》卷四二九《漳州府·关隘》，第15835页。
③ 〔清〕徐松辑：《宋会要辑稿》（以下简称《宋会要》）食货五〇之一一，上海古籍出版社2014年点校本，第7126页。
④ 《长编》卷三四一"元丰六年十一月甲子"条，第8201页。

史非常悠久。《史记·货殖列传》和《汉书·地理志》都称它是一"都会"，足证公元前二世纪它已相当繁荣。[①]到了唐代，更是日益兴盛，[②]除国内设置市舶司之外，还在国外赢得了"支那"的专称。[③]尽管广州已经取得了重大的发展，但当时的统治者却只注意到收税，而不注意兴建。

广州位处热带，时有飓风袭击，故港内舟船，每因风灾受损。直到宋景德间（1004—1007），高绅守广州，才开始挖掘南濠，并建造闸门来蓄水、排水，以供海舶的安全停靠，这是历史上第一位组织对广州港进行修建的人。按《永乐大典》一一九〇六卷引《广州志》说："南濠在越楼下，限以闸门，与潮上下，古西澳也。景德间经略高绅所辟，纳城中诸渠水以达于海。维舟于是者，无风涛恐，且以备火灾。"[④]

高绅所开的南濠，虽起到避风作用，但还嫌不够完善，故大中祥符间（1008—1016），邵煜又开凿了一条内濠，以更利于避风。《长编》卷八三说："（大中祥符七年）广州言：知州右大中大夫邵煜卒（《宋史》作邵晔）。州城频海，每番舶至岸，尝苦飓风，煜凿内豪通舟，飓不能害。"[⑤]煜所凿的内濠，据《大典》引《广州志》的"旧无内濠"一语，知是他新开的。后来在庆历时（1041—1048），魏瓘又环城浚池。熙宁初（1068），王靖成东城，复濠其外。[⑥]

这些修建，增强了广州港内的安全，促进了它的更加发达。但在当时，缺乏维护，以致高绅所开的南濠，岁久湮塞。到淳熙二年（1175），周自强又加以疏浚，使其畅通。嘉定初（1208），陈岘守广州，对旧濠作了一番调整，以州城东南的平海门为海道的入口，环绕南城，至西南金肃门为海道的出口。一入一出的单行航道，可以避免互撞。此外，陈又在州

---

① 〔汉〕司马迁：《史记》卷一二九《货殖列传》，中华书局1959年点校本，第3268页。〔汉〕班固：《汉书》卷二八《地理志》，中华书局1962年点校本，第1670页。
② 岑仲勉：《隋唐史》第五十八节《市墟及商务》，商务印书馆2015年版，第510—523页。
③ 〔唐〕义净著，王邦维校注：《大唐西域求法高僧传》卷上，中华书局1988年版，第103页。
④ 《永乐大典》卷一一九〇六《广州志》，明写本，第36页。
⑤ 《长编》卷八三"大中祥符七年七月壬辰"条，第1888页。
⑥ 《永乐大典》一一九〇六卷引《广州志》，明写本，第34页。

城西南与东南海道的出入口处，建筑石栏以维护航道。并称石栏为雁翅，雁翅之间的城垣，则称为雁翅城。复于雁翅的末端，各建一闸，以排水蓄水，供海舶出入之用，两闸相距一千六百丈。[1]

根据上述，知广州港的码头，自景德时起，即设置在州城东南到西南的一段，因此这段地带，就成为海舶汇聚之所。所以嘉祐时（1056—1063），魏炎就在这里建造了市舶亭，[2]则日人藤田丰八在《宋代之市舶司与市舶条例》中考证市舶亭在州南门之说，自是可信的。[3]

考《萍州可谈》卷二谓市舶亭处，有海山楼[4]，按《大清一统志》说："海山楼在南海县东门外，楼下即市舶亭。"[5]因这段码头航道是东进西出，故"楼下"二字，可解为楼的下游，则《一统志》谓楼在"东门外"之说，看来也合乎实际。《贵耳集》卷三称："市舶亭水，为番船必取，经年不臭不坏。"[6]而《萍州可谈》则谓市舶亭水在小海中流。小海是广州出航首先经过之处，过小海就是零丁洋，《武备志》卷二一三称其因东莞对面有伶丁山而得名，海名九星洋。[7]宋文天祥为元兵所执后，有过《零丁洋》诗，即咏此地。

在广州东南八十里，有扶胥海口，[8]上有扶胥镇。宋《重修南海神庙

---

① 《永乐大典》一一九〇六卷引《广州志》，明写本，第36页。

② 《大清一统志》卷四四二《广州府二·古迹》，第16458页。

③ 〔日〕藤田丰八著，魏重庆译：《宋代之市舶司与市舶条例》，山西人民出版社2015年版，第26页。

④ 〔宋〕朱彧撰，李伟国校点：《萍州可谈》卷二《舶船蓄水就风法》，上海古籍出版社2012年版，第28页。

⑤ 《大清一统志》卷四四二《广州府二·古迹》，第16458页。

⑥ 〔宋〕张端义撰，李保平校点：《贵耳集》卷下，上海古籍出版社2012年版，第139页。

⑦ 〔明〕杨元仪辑：《武备志》卷二一三《占度载·海防五》，明天启间刻本，第18页a。（编者按：原文指该条史料出处为"《武备志》卷212"，查得该史料出自"《武备志》卷213"，故改。）

⑧ 〔唐〕韩愈：《南海神庙碑》，《全唐文》卷五六一，上海古籍出版社1990年版，第2514—2515页。

碑》称这段航程为"东南道"。①以里程征之，疑扶胥镇就是《元和郡县图志》卷三四所云"州东八十里"的古斗村。②且古斗村也位居海口，"自此出海，浩淼无际"，与扶胥的环境也相同。

韩愈《南海神庙碑》说："扶胥之口，黄水之湾。"③黄水湾疑即《广州志》所记香山（中山）的黄旗角大海。

从黄水湾继续航行，东向则经涨海，④而前往东南沿海诸省。过溽州则航行国外。西向则抵达海南岛以及广西的北部湾。这段海道，比起东航的海道，途程就要艰险得多。按《岭外代答》卷一说："自广州而东，其海易行；自广州而西，其海难行。自钦、廉而西，则尤为难行。盖福建、两浙，濒海多港，忽遇恶风，则急投近港。第广西海岸多砂土，无多港澳，暴风卒起，无所逃匿。至于钦、廉之西，海多巨石，尤为难行，观钦之象鼻［砂］，其端倪已见矣。"⑤

西航难行的原因，主要是缺少避风港口，难以迅速靠岸逃生。为了避免这种缺陷，所以宋时的西航海道，多是沿岸航行，以便遇风即可抵岸。关于这点认识，可从下面两点来说明：

1.《太平治迹统类》卷一○说："［侬智高］或顺风下海掠琼管及海壖诸州。厚戍则兵不足；无备则寇乘之。如能断海道，则不以日月淹速计也。"⑥文中谓往攻琼州（海口市）所属，而能便道掠"海壖诸州"，就可看出他是沿岸航行，所以才能随时靠岸，去攻击海边州县。另外，"断海道"的设想，也只能施之于沿岸航行的船舶。

---

① 〔清〕陆耀遹编：《金石续编》卷一三《大宋新修南海广利王庙碑铭》，《续修四库全书》，上海古籍出版社2002年版，第893册，第696页。

② 〔唐〕李吉甫撰，贺次君点校：《元和郡县图志》卷三四《岭南道一》，中华书局1983年版，第887页。

③ 《南海神庙碑》，《全唐文》卷五六一，第2514—2515页。

④ 《旧唐书》卷四十一《地理志四》，中华书局1975年版，第1712页。

⑤ 〔宋〕周去非注，杨武泉校注：《岭外代答》卷一《地理门·象鼻砂》，中华书局1999年版，第37页。

⑥ 〔宋〕彭百川：《太平治迹统类》卷十《仁宗平侬智高》，《景印文渊阁四库全书》，（台北）台湾商务印书馆1986年版，第408册，第279页。

2.《指南正法》载有"广东宁登洋（零丁洋）往高州山形水势"。①据向校所释，其航线要经澳门、上川岛、阳江、电白、湛江。所过之地，都在海边。故从明人的这条航道，即可看出宋时是沿岸航行。

沿岸航行，虽容易靠岸，但也容易搁浅或触礁。除上举的象鼻砂外，还有三合流，也是航道上的险阻之处。《代答》卷一又说："海南四郡之西南，其大海曰交趾洋，中有三合流，波头溃涌而分流为三；其一南流，通道于诸蕃国之海也。其一北流，广东、福建、江浙之海也。其一东流，入于无际，所谓东大洋海也。南舶往来，必冲三流之中，得风一夕可济。苟入险无风，舟不可出，必瓦解于三流之中。"②三合流的位置，据《诸蕃志》卷下说："徐闻有递角场，与琼岛相对，相去约三百六十余里，顺风半日可济，中流号三合流，涉此无风涛，则舟人举手相贺。"③从而知其在琼州海峡的海道上。

递角场又作地角场，是这段海道的要冲，故李纲往琼州，要在地角渡海。④而苏东坡从海康去合浦，也要通过地角。⑤据《宋史·张鉴传》，知这段航程来往的舟船甚多，所以张鉴在广州做官时，才经常把俸米托商舶带去给他的亲戚。⑥

在合浦附近的博白沿海，正如《代答》所说，是"海多巨石"。这些巨石造成的海难，真是多得很，因而引起了高骈的重视，而有"人牵财利，石陷衡津，才登一去之舟，便作九泉之计"的感叹。⑦乃命摄长吏林

---

① 《两种海道针经》，第158—160页。

② 《岭外代答》卷一《地理门·三合流》，第36页。

③ 〔宋〕赵汝适著，杨博文校释：《诸蕃志》卷下《志物·海南》，中华书局2000年版，第216页。

④ 〔宋〕李纲著，王瑞明点校：《李纲全集》卷二四《次地角场俾宗之社祭伏波庙》，岳麓书院2004年版，第318页。

⑤ 〔宋〕苏轼：《东坡志林》卷一《记过合浦》，中华书局1985年点校本，第1页。

⑥ 《宋史》卷二七七《张鉴传》，第9417页。

⑦ 〔唐〕高骈：《请开本州海路表》，《全唐文》卷八○二，第3736页。

讽、湖南军都将余存古及海门防遏使杨俊等，①率领兵士及水手来疏凿。②又以厚酬奖赏石工来粉碎挡路的巨石。③通过这些努力，终于开辟了"天威径"海道，"以通南海之利"。④合浦再西，则是《代答》所提到的象鼻砂与钦江口的天分遥等地了。

在两广沿岸航行，为了安全，他们不仅要克服海道上的乱流、礁石、浅沙等险阻，而且还要时刻注意到飓风的袭击，在飓风来临之前，先期抵岸避风。因此对飓风的预测，是一件非常迫切的事情。据唐宋文献所记，他们预测飓风的方法，有这样一些：

（一）《岭表录异》卷下说："南海秋夏间，或云物惨然，则其晕如虹，比候则飓风必发，故呼为飓母。忽见有震雷，则飓风不作矣。舟人常以为预候，为之备。"⑤

（二）《国史补》卷下说："南海人言：海风四面而至，名曰飓风。飓风将至，则多虹霓，名曰飓母，然三五十年始见。"⑥

（三）《全唐诗》卷四四〇白居易一七《送客春游岭南》说："天黄生飓母，雨黑长枫人。"⑦

（四）《诸蕃志》卷上说："琼州黎母山之东北郡治，即古崖州也。政和间，升为节镇，以靖海军为额。濒海少山，秋霖春旱，夏不极热，冬不甚寒。多飓风，常以五、六月发，有晕如虹者，谓之飓母。"⑧

（五）《舆地纪胜》卷一一八说："飓风，雷州人以鹊巢占之，盖巢低

① 〔唐〕裴铏：《天威径新凿海派碑》，《全唐文》卷八〇五，第3651—3752页。

② 《永乐大典》卷二三四二《梧·宦迹》，第1册，第992页。

③ 〔宋〕王钦若等：《册府元龟》卷六七八《牧守部·兴利》，中华书局1960年影印本，第8103页。《北梦琐言》卷五《高太尉机诈》，第37页。

④ 参考《唐会要》卷八七《漕运》，第1895页。《旧唐书》卷一九《懿宗本纪》，第661页。〔唐〕顾云《天威行》，《全唐诗》卷六三七，第10册，中华书局1999年版，第7353—7354页。

⑤ 〔唐〕刘恂：《岭表录异》卷上，中华书局1985年点校本，第1页。（编者按：原文注此条史料出自"《岭表录异》卷下"，现查得史料出处为《岭表录异》卷上，故改。）

⑥ 〔唐〕李肇：《唐国史补》卷下，中华书局1991年影印本，第156页。

⑦ 〔唐〕白居易：《送客春游岭南》，《全唐诗》卷四四〇，第7册，第4914页。

⑧ 《诸蕃志》卷下《志物·海南》，第217页。

则有飓风，高则无之。"①

（六）《宋文鉴》卷一〇苏过《飓风赋》："海气甚恶，非祲非祥，断霓饮海而北指，赤云夹日而南翔，此飓之渐也。"②

上述这些从气象或生物来预测飓风的方法，有一定的正确性。而运用这些方法的人，其籍贯则是琼州、雷州，其职业则是"舟人"。显然就是这段海道上的船工，为了安全，提前避风而研究出来的。

黄淮以北海道

长江口以南的国内海道，已如上述。至于它北面的海道，我们除可从前述浙东、浙西路来了解一些外，还可从石臼岛战役中李宝的进军路线来观察。按《宋史·李宝传》称宝以舟师出江阴，经料角（见《大清一统志》），至苏州洋遇风，退泊明州。③集舟复发，至东海县（连云港东北），解海州（连云港市）之围。《建炎以来系年要录》卷三九载秦桧说："窃见海州入海，当由东海县及淮口、丁祀、马皋地分。"④惜乎桧所说的三地，现俱无可考。惟淮口一地，疑是宋时的淮河入海口。宝解海州之围后，复发舶至密州的石臼岛（日照石臼所），接着即进攻驻胶西县海口外唐岛上的金兵。唐岛《宋史·高宗本纪》作陈家岛。⑤《大清一统志》谓唐太宗往辽东，与高丽作战时，曾在此岛驻跸，故名唐岛。⑥根据李宝的这一行军路线，就可看出他是走的浙西路。也是后来元人海运粮食到燕京，最初行驶的路线。

胶州湾内的胶西县，北宋初年，称板桥镇。元祐三年（1088），因海运兴旺，海贸发达，才改为胶西县，并设置市舶司。《长编》卷四〇九说：

---

① 《舆地纪胜》卷一一八《雷州》，第2715页。

② 〔宋〕苏过：《飓风赋》，载于〔宋〕吕祖谦编，齐治平点校：《宋文鉴》卷十，中华书局1992年版，第127页。

③ 《宋史》卷三七〇《李宝传》，第11500页。

④ 《建炎以来系年要录》卷三九"建炎四年十一月癸亥"条，第760页。

⑤ 《宋史》卷三十二《高宗本纪九》，第605页。

⑥ 《大清一统志》卷一七四《莱州府一·山川》，第6162页。

"［元祐三年］询访得本镇，来自广南、福建、淮、浙商旅，乘海舶贩到香药，诸杂税物。乃至京东、河北、河东等路商客，般运见钱、丝、帛、绫、绢，往来交易，买卖极为繁盛。然海商之来，凡乳香、犀、象、珍宝之物，虽于法一切禁榷。缘小人逐利，梯山航海，巧计百端，必不能无欺隐透漏之弊……改板桥镇为胶西县，军额以临海为名。"原注："密州板桥置市舶司。"①又《宋史·李全传》也谓："胶西当登、宁、海之冲。"②故从这里除可航达江、浙、闽、广之外，还可航登州（蓬莱）、莱州（掖县）。而航行到登、莱的船舶，又往往私到辽国（主要是辽东湾）贸易。因而《宋会要》刑法二之六二，就载有这样的一段话："［政和四年］三月十八日：尚书省契勘密州接近登、莱州界，系南、北商贾所会去处，理合禁止番舶及海南舟船到彼。今添修下条：诸商贾海道兴贩，不请公凭而行，或乘船自海道入界河及往登、莱州界者，贩诸蕃及海南州县物回，若海南州船到密州界，同徒二年。往大辽国者加二等。"③从法令在禁止往辽国贸易，就可知当时必有许多商人经登州去到辽国，所以才会出现这一禁令。

登州航辽国，是从黄县起碇的。《太平寰宇记》卷二〇说："大人故城，在（黄）县东北二十里，司马宣王伐辽东，造此城运粮，船从此入。今新罗、百济往还，常由于此。"又说："大海在［黄县］北三里，又县西至海四里，当中国往新罗、渤海大路由此。"④渤海就是指辽东湾，从黄县既可至新罗，又可至渤海，则往辽东半岛的航线，都是从这里起航的。

尝考《日知录》卷二九说："唐太宗遣强伟于剑南伐木造舟舰，自巫峡抵江阳趋莱州，此广陵下海至山东之路。汉武帝遣楼船将军杨仆，从齐

---

① 《长编》卷四〇九"元祐三年三月乙丑"条，第9956—9957页。

② 《宋史》卷四七六《李全传》，第13823页。

③ 《宋会要》刑法二之六二，第8316页。（编者按：原文指该条史料出自《宋会要》刑法二之二一，现据点校本改。）

④ 〔宋〕乐史撰，王文楚点校：《太平寰宇记》卷二〇《河南道二十·登州》，中华书局2007年版，第413页。

浮渤海击朝鲜，魏明帝遣汝南太守田豫督青州诸军，自海道讨公孙渊……此山东下海达辽东之路。"①又考《两钞摘腴》说："朱、张海饷，自三山大洋，径至燕京耳。言：自古未尝行此道，昉自今日。然杜少陵出塞诗云：渔阳豪杰地，击鼓吹笙竽，云帆转辽海，粳稻来东吴，越罗与楚练，照曜舆台躯。又昔游云：函燕盛用武，供给亦劳哉，吴门持粟帛，泛海凌蓬莱。然则自昔燕地皆海运，非始于今也。"②

由上举史料，知长江北面海道，是我国最早出现的海道。它不仅用于军运和客货运，在宋时，也曾用于漕运。《长编》卷九〇说："［天禧九年］令江淮发运使漕米三万石，由海路送登、维、密州，从京西安抚使张廓之请也。"③因此元初的朱清、张瑄称海道漕运开始于他们，显然就存在问题。假如这句话的含义，是指至元二十九年（1292）所开的两条新线，④而从崇明三沙放洋的航路，实际就是宋人远海航行的浙东路，并且这条海道早在五代就出现了。考姚宽《西溪丛语》卷下说："尝闻习海者云：航海自二浙可至平州。闻登州竹山、驼基诸岛之外，天晴无云，可望平州城壁。自今二浙至登州与密州，皆由北洋，水极险恶。然有自胶水镇三日而抵明州定海者。"⑤从这几句话，知"由北洋"的是一线，而三日抵定海的则是另一线。足证朱清称为的新线早已有了，并不是由他开创的。

按《舆地纪胜》卷九说："北淮海船，十百相衔，长江接天，不可涯涘。"⑥说明了这条海道运输的繁忙。所以每当江淮运路阻塞时，就要依靠海道来补救。《旧五代史·王审知传》说："是时杨氏据江淮，故闽中与中国隔越。审之每岁朝贡，泛海至登、莱抵岸。"⑦又陆游《南唐书》卷七说："［周世宗］曰：江南自谓唐室苗裔，衣冠礼乐，异于他国，与朕隔

① 《日知录集释》卷二九《海师》，第 1623 页。

② 〔宋〕史浩辑：《两钞摘腴》，中华书局 1985 年影印本，第 26—27 页。

③ 《长编》卷九〇"天禧元年八月丙子"条，第 2076 页。

④ 〔明〕宋濂等：《元史》卷九十三《食货志一·海运》，中华书局 1976 年点校本，第 2364 页。

⑤ 〔宋〕姚宽撰，孔凡礼点校：《西溪丛语》卷下，中华书局 1997 年版，第 94 页。

⑥ 《舆地纪胜》卷九《江阴军》，第 341—342 页。

⑦ 《旧五代史》卷一三四《王审知传》，第 1792 页。

一水，未尝遣使修好，惟航海通北虏，此何礼也。"①陆书同时还记有辽人泛海至南唐卖马、买药之事。又《建炎以来系年要录》卷五一说："绍兴二年正月诏：商贩茶盐并许经由海道出入，以运河阻浅故也。"又《指南录》说："自狄难以来，从淮入浙，必由海而通，为孔道也。"②仅从这些资料，可看出这条海道对南北沿海一带交通的重要意义。

总的说来，在航海事业发达的宋代，除在造船和导航技术方面有很大的进展外，对航道也作了细致深入的研究，所以在当时就出现了论述航线的专著，如《绍兴海道图》与冯忠嘉《海道记》，③就是这些专著的一部分。④可惜这些专著，现已全部散佚，以致无法知道它们的内容。

陶南村《辍耕录》卷一七说："江浙行省建治所于杭，陆路赴〔燕〕都三千九百二十里。若水程则四千四百四十里，东至大海四百九里……东南则漳州路海岸二千四百九十里……东北到松江海岸五百二十里。"疑他对海程能作出这种详明的记述，就是从海道图之类的著作中得来的。

（原载《文史》第26辑，中华书局1986年版）

① 〔宋〕陆游撰，胡阿祥、胡萧白点校：《南唐书》卷七《钟谟传》，南京出版社2010年版，第263页。
② 《指南录详注》卷四《海船》，第161页。
③ 《玉海》卷一五《地理·地理书》，《景印文渊阁四库全书》，第943册，第376页。《建炎以来系年要录》卷一八六"绍兴三十年九月己丑"条，第3316页。（编者按：原文此处注释标注"《建炎以来系年要录》卷180"，查得相关内容出自《建炎以来系年要录》卷186，故改。）
④ 《建炎以来朝野杂记》甲集卷二〇称刘豫献海道图于金主亶，说明宋时这类专著甚多。（〔宋〕李心传撰，徐规点校：《建炎以来朝野杂记》甲集卷二〇《李宝胶西之胜》，中华书局2006年版，第459—460页）

两宋和高丽海上航路初探

王文楚

两宋时代，中国社会经济、文化科学有了迅速的发展，造船和航海技术达到相当高的水平，发明了指南针并运用于航海，海上交通发展到一个新的阶段，对南洋、印度洋及高丽、日本诸国的海航之盛，远超前代。以前研究海上交通史者，多注重于南洋和印度洋诸国的航海路线，而对高丽的海上航路极少注意，本文就这一问题，试作探索。

一

北宋对高丽海上航行的主要港口，是山东半岛的登州（今蓬莱县）和浙东的明州（今宁波市）。南北海港的更替，明显地划出前后两个历史时期：熙宁之前，主要在登州；熙宁以后，主要在明州。《续资治通鉴长编》卷三三九："天圣以前，〔高丽〕使由登州入；熙宁以来，皆由明州。"[①]熙宁六年（1073）已有高丽船舶由明州港进出的记载，至七年（1074），便正式规定在明州港了。《续长编》卷二四七：熙宁六年，"高丽自国初皆由登州来朝，近岁常取道明州，盖远于辽故也"。[②]《宋史》卷四八七《高丽传》："往时高丽人往反皆自登州，（熙宁）七年，遣其臣金良鉴来言，欲远契丹，乞改途由明州诣阙，从之。"[③]明州成为接待高丽来宋的海港，凡

---

① 〔宋〕李焘：《续资治通鉴长编》（以下简称《续长编》）卷三三九"元丰六年九月庚戌"条，中华书局2004年点校本，第8164页。

② 《续长编》卷二四七"熙宁六年十月壬辰"条，第6029页。

③ 〔元〕脱脱等：《宋史》卷四八七《高丽传》，中华书局1977年点校本，第14048页。

宋商往高丽从事贸易，都由明州市舶司管理签发，《苏东坡奏议集》卷八《乞禁商旅过外国状》："元丰三年（1080）八月二十三日中书札子节文，诸非广州市舶司辄发过南蕃纲舶船，非明州市舶司而发过日本、高丽者，以违制论。"①

从登州改换明州的原因，上叙引文中已提及。北宋与辽以大茂山、白沟为界，渤海湾以北属辽，登州密迩辽境，是北宋海疆，"地近北虏，号为极边，虏中山川，隐约可见，便风一帆，奄至城下。自国朝以来，常屯重兵，教习水战，旦暮传烽，以通警急"②。从登州往返，易受辽舟袭击，改由明州，安全无患。北宋政府又严禁商人自海道往登、莱州及辽经商，实行海禁。③到了南宋，秦岭、淮河以北广大地域，为女真族的金朝占领，对高丽的海港，就更集中于明州了。《宋会要·职官》四四之二九：乾道三年（1167），"姜诜言，明州市舶务每岁夏泛高丽、日本外国舶船到来"④。《宝庆四明志》卷六："凡中国之贾高丽与日本，诸蕃之至中国者，惟庆元（绍熙五年升明州为庆元府）得受而遣焉。"⑤

北港在登州，由此形成了一条海路北线，由登州东航至朝鲜半岛西岸瓮津。熙宁之前，主要经行这条航线。《宋史·高丽传》：淳化四年（993）二月，宋遣秘书丞直史馆陈靖、秘书丞刘式为使，陈靖等自东牟趣八角海口，得高丽王遣使白思柔所乘海船及高丽水工，"即登舟自芝冈岛顺风泛大海，再宿抵瓮津口登陆，行百六十里抵高丽之境曰海州，又百里至阎州，又四十里至白州，又四十里至其国"⑥。按登州，又称东牟郡，八角海口即今福山县西北八角镇。芝冈即之罘，芝、之声同相通，冈、罘形近

① 〔宋〕苏轼：《苏文忠公全集》奏议集卷八《乞禁商旅过外国状》，明嘉靖年间江西布政司刻本，第4页。

② 《苏文忠公全集》奏议集卷二《登州召还议水军状》，第17页。

③ 《苏文忠公全集》奏议集卷八《乞禁商旅过外国状》，第1—5页。

④ 〔清〕徐松辑：《宋会要辑稿》职官四四之二九，上海古籍出版社2014年版，第4218页。

⑤ 〔宋〕罗濬等：《宝庆四明志》卷六《叙赋下·市舶》，1950年故宫博物院影印宋刻本，第1页。

⑥ 《宋史》卷四八七《高丽传》，第14040—14041页。

而讹，即今烟台市北芝罘岛。①瓮津即今朝鲜海州西南瓮津。则海舟由登州芝罘岛出海，东航至高丽瓮津登陆，陆路至海州、阎州（今延安）、白州（今白川），再至高丽国都开城府（今开城）。

南港在明州，与之相应的是海路南线，从明州北航至朝鲜半岛西岸礼成江碧澜亭。熙宁以后直至南宋，宋和高丽海上往来主要航行此路。这条航线在《续长编》卷三三九、《宋史·高丽传》、《文献通考》卷三二五《四裔》二高句丽中，都有记述，但全是寥寥数语，过于简略，难以窥测全貌。②宣和五年（1123），奉议郎徐兢随同给事中允迪、中书舍人傅墨卿出使高丽，归撰《宣和奉使高丽图经》（以下简称《图经》），对高丽的城邑、山川、风俗、典章、制度作了记录，是今天研究高丽史的珍贵文献。③此书卷三十四至三十九详载出使归国海上往来道路，是考察这条海路最重要的史料，现据此书所记海道经过主要地名，参考其他史书图籍，逐一予以考定。

《图经》记海船自明州出发，经由水路大浃港（即今甬江），到达定海县（今镇海县）；出海口招宝山，过虎头山，至大浃港口七里山，"虎头山，以其形似名之"。过虎头山，即至蛟门。按今镇海县甬江西岸招宝山东北是虎蹲山，屹立海口，当即虎头山，又东北是七里屿，此东是蛟门，都为镇海县出海道所经行。④至昌国县（今定海县）沈家门，即今普陀县；又至梅岑，梅岑，宋代又名补陀洛迦山，即今普陀山。过蓬莱山，至半洋礁。康熙《定海县志》卷三："大衢山，离县三百余里，宽广百余里，四山环聚，地势平衍，宋元时称为沃壤，与岱山统名蓬莱。"⑤按《乾道四明

---

① 〔清〕杨士骧等：光绪《山东通志》卷二七《登州府·山川》，民国七年铅印本，第11页。

② 《续长编》卷三三九"元丰六年九月庚戌"条，第8163—8164页。《宋史》卷四八七《高丽传》，第14055页。〔元〕马端临：《文献通考》卷三二五《四裔考二·高句丽》，中华书局2011年点校本，第8959页。

③ 〔宋〕徐兢：《宣和奉使高丽图经》（以下简称《图经》），商务印书馆1937年版。

④ 〔清〕宗源瀚：《浙江全省舆图并水陆道里记》卷四《浙江宁波府总图》，"浙江宁波府图说"一文，清光绪二十年石印本，第1页。

⑤ 〔清〕王元士：康熙《定海县志》卷三《山川》，天一阁藏康熙五十四年刻本，第11页。

图经》卷七昌国县："蓬莱山在县东北四百五十里，四面大洋。"又："西岱山在县西北二百四十里。东岱山在县北二百五十里。"①则蓬莱、岱山为二，蓬莱在北，岱山在南，蓬莱山应是今大衢山。《海国闻见录·沿海全图》，黄龙山之东偏南为半洋礁，即今东半洋礁，二者之间注有"深水"，则船舶航经今普陀山、大衢山、东半洋礁海路。②

入白水洋、黄水洋、黑水洋。宋人对海洋已有科学的认识，并给予正确的名称。海水由于深浅不同，选择吸收太阳光线，出现颜色的差异。海水颜色，又与泥沙的多少有密切的关系。蓬莱山一带泥沙少，海水深呈碧绿色，《图经》："舟行过蓬莱山之后，水深碧色如玻璃。"③自此以北，船只沿两浙海岸航行，离岸愈近，海水愈浅，水质澄清，海面多呈碧绿色，故称为白水洋。黄河是含沙量最大的河流，它的流量又相当大，浑浊泥沙一直带到海口较远的海洋，海水受它的影响而混浑不清，尽是一片黄色。北宋宣和时，黄河由今南运河至天津由海河入海，但在此前天禧三年（1019）、熙宁十年（1077），黄河曾两次决口，南走清河、淮水入海，④故淮水入海附近海面，尽是浑浊水流，故称黄水洋。《图经》："黄水洋，即沙尾也，其水浑浊且浅。舟人云，其沙自西南而来，横于洋中千余里，即黄河入海处。"⑤可知船只北航经行两浙、淮南海岸（在今海岸之西）之东海洋。离岸愈远海水愈深，水色浓蓝而成黑色，称为黑水洋，也即深水洋，《图经》："黑水洋，即北海洋也，其色黯湛渊沦，正黑如墨。"⑥元周致中《异域志》卷上："朝鲜国，东南至明州，海皆绝碧，至洋则黑，海人谓之无底谷也。"⑦《元史》卷九十三《食货志》"海运"条记海运运道：

①〔宋〕张津等：《乾道四明图经》卷七《昌国县·山》，清咸丰四年烟屿楼校本，第4页。
②〔清〕陈伦炯：《海国闻见录》附图《沿海全图》，中华书局1991年影印本，第67—100页。
③《图经》卷三四《海道一·半洋焦》，第120页。
④《宋史》卷九一《河渠志一·黄河上》，第2263页。《宋史》卷九二《河渠志二·黄河中》，第2284页。
⑤《图经》卷三四《海道一·黄水洋》，第121页。
⑥《图经》卷三四《海道一·黑水洋》，第121页。
⑦〔元〕周致中：《异域志》卷上《朝鲜国》，中华书局1981年点校本，第2页。

至元二十九年（1292），于三沙洋子口（指长江北口）至匾担沙（今启东县东南），过万里长滩（今盐城县至如东县海岸一带），经黑水大洋，而至成山。①至元三十年，自刘家港入海，至崇明三沙（今崇明县北），向东行入黑水大洋，直取成山。《郑开阳杂著》卷八《海防一览》，在山东崂山岛东南、千里岛（今千里岩）南注有黑水洋②，同书卷九《海运图说》，在东海所（今江苏连云港东南）东北注有黑水大洋③。可知今江苏之东、山东半岛之南与东以及朝鲜半岛西一带黄海深洋是黑水洋，则船只自淮水海口以东航入黑水洋。

至夹界山、五屿、白山、黑山。这里先论辩黑山名称及其方位。黑山是宋与高丽之间海路航行的枢纽，船舶往来中途停宿之地，《图经》："昔海程云，是使舟顿宿之地，馆舍犹存，今取道更不抛泊。上有民居聚落，国中大罪得贷死者，多流窜于此。每中国人使舟至，遇夜，于山巅明火于燧燧诸山次第相应，以迄王城，是此山始也。"④《宋史·高丽传》记载这条海道，却作"墨山"，与《图经》字异，其云："自明州定海遇便风，三日入洋，又五日抵墨山，入其境。自墨山过岛屿，诘曲礁石间，舟行甚驶，七日至礼成江。"⑤《文献通考》"高句丽下"所记，同于《宋史》⑥。考《续长编》卷三三九，元丰六年（1083）记高丽使者"自明州还，遇便风四日兼夜抵黑山，已望其国境，但自黑山入岛屿，安行便风，七日至京口，陆行两驲至开州（按即开城府）"⑦。又作黑山，与《图经》字同。宋代专记高丽事的《鸡林志》："高丽僧住寺修行者或犯戒律，配白、黑二

① 〔明〕宋濂等：《元史》卷九十三《食货志一》"海运"条，中华书局1976年点校本，第2366页。

② 〔明〕郑若曾：《郑开阳杂著》卷八《海防一览》，《景印文渊阁四库全书》，（台北）台湾商务印书馆1986年版，第584册，第626页。（编者按：原文作者标注出处为"《郑开阳杂著》卷八《海防二览图》"，查得该书第八卷标题为"海防一览"，故改。）

③ 《郑开阳杂著》卷九《海运图说》，《景印文渊阁四库全书》，第584册，第629页。

④ 《图经》卷三五《海道二·黑山》，第124页。

⑤ 《宋史》卷四八七《高丽传》，第14055页。

⑥ 《文献通考》卷三二五《四裔考二·高句丽》，第8959页。

⑦ 《续长编》卷三三九"元丰六年九月庚戌"条，第8164页。

山。"①《鸡林遗事》："岁以八月论囚，……至期多赦者，或配送青屿、黑山。"②也都作黑山。元世祖忽必烈曾派人考察这条海路，《元史》卷六《世祖纪》三：至元五年（1268）七月，"高丽国王王植遣其臣崔东秀来言备兵一万，造船千只。诏遣都统领脱朵儿往阅之，就相视黑山、日本道路，仍命耽罗别造船百艘，以伺调用"。③《元史》卷一六七《王国昌传》："至元五年，人有上书言高丽境内黑山海道至宋境为近，帝命国昌往视之。泛海千余里，风涛汹涌，从者恐，劝还，国昌神色自若，徐曰：'奉天子威命，未毕事而遽返，可乎？'遂至黑山乃还。"④《高丽史》卷二十六《元宗》二也记载此事，元宗九年（即元至元五年）十月，蒙古遣明威将军都统头脱朵儿、武德将军统领王国昌、武略将军副统领刘杰，高丽遣郎将朴臣甫、都兵马录事禹天锡同"往视黑山岛。十二月丁丑，王国昌、刘杰等还自黑山"⑤。由此可见作黑山是，而"墨山"盖为"黑山"之误。《朝鲜舆地说》：全罗道"西南滨海南悬一岛，设济州治之，幅员四百余里，……明末为李氏增置旌义、大静二县。西北为黑山岛。《宋史》：自浙江定海县入洋，顺风五日可抵黑山。"⑥《乾隆十三排图》、《海国图志》卷三《东南洋图·朝鲜国南界图》，济州岛西北有黑山岛，即是，核之地望，为今大黑山岛⑦。黑山岛既定，由此来推断其他各岛。《图经》记，先过白山，后至黑山，同书又记徐兢等归国，"早过黑山，次过白山"⑧，则黑山

① 〔清〕陈梦雷：《古今图书集成》边裔典卷二五《朝鲜部》，中华书局、巴蜀书社1985年版，第25062页。

② 《古今图书集成》边裔典卷二五《朝鲜部》，第25059页。

③ 《元史》卷六《世祖本纪三》，第119页。

④ 《元史》卷一六七《王国昌传》，第3926页。

⑤ 〔朝鲜〕郑麟趾等编纂：《高丽史》卷二十六《元宗二》，《域外汉籍珍本文库》，西南师范大学出版社、人民出版社2012年版，史学第三辑，第1册，第668页。

⑥ 〔清〕薛培榕：《朝鲜舆地说》，〔清〕王锡棋辑：《小方壶斋舆地丛钞》，第十帙，杭州古籍书店1985年版，第39页。

⑦ 《乾隆十三排图》，见汪前进、刘若芳整理：《清廷三大实测全图集》，外文出版社2007年版。〔清〕魏源：《海国图志》卷三《东南洋图·朝鲜国南界图》，岳麓书院1998年版，第83页。

⑧ 《图经》卷三九《海道六·礼成港》，第135页。

在北，白山在南，今大黑山岛东南有荞麦岛，恰为航路所经行，或是。《图经》却说"黑山在白山之东南"[①]，与海路途经不符，当误。又《图经》云：海上小山为屿，五山相近，谓之五屿。又云：夹界山，"华夷以此为界"。[②]今大黑山岛西南有五小岛，亦在荞麦岛西南，成南北列，中为上、中、下苔岛，其北为弁屿，南是间屿，盖是古五屿。五屿西南为小黑山岛，岛南是今中朝领海分界处，可能是夹界山。

至月屿、竹岛、苦苫苫、群山岛、横屿。《图经》："月屿二，距黑山甚远，前曰大月屿，回抱如月，旧传上有养源寺；后曰小月屿，对峙如门。"[③]又《东国舆地胜览》卷三十五罗州：半月岛，周十二里，在州西五十里海中，水路俱过百里，且有居民。按半月岛盖为月屿，考其方位，在今罗州西海中前、后曾岛。[④]同书卷三十三古阜县："竹岛，在郡西海中五十五里。"[⑤]同书卷三十四兴德县："竹岛在县西，水路七里。"[⑥]同书卷三十六茂长县："大竹岛、小竹岛，俱在县北海中。"[⑦]今竹岛位于茂长西北、兴德西、古阜西南，即是。《图经》记苦苫苫"距竹岛不远，其山相类，亦有居民，丽俗谓刺猬毛为苦苫苫，此山林木茂盛不大，正如猬毛，故以名之"。[⑧]《东国舆地胜览》卷三十四扶安县："猬岛，在县西海中，周三十里。"[⑨]所谓猬岛，正是苦苫苫林木繁盛如猬毛而改名，今扶安西南之猬岛，即是。《东国舆地胜览》卷三十四万顷县："群山岛，在县西海中，周六十里，有澳可以藏舟，凡漕运往来者，皆候风于此。"[⑩]《郑开阳杂著》卷五《朝鲜图》、《广舆图》卷二《朝鲜图》、《大清一统舆图》，都绘有群

① 《图经》卷三五《海道二·黑山》，第124页。
② 《图经》卷三五《海道二·夹界山》，第123页。
③ 《图经》卷三五《海道二·月屿》，第124页。
④ 《东国舆地胜览》卷三十五《罗州·山川》，奎章阁本，第3页。
⑤ 《东国舆地胜览》卷三十三《古阜县·山川》，第28页。
⑥ 《东国舆地胜览》卷三十四《兴德县·山川》，第16页。
⑦ 《东国舆地胜览》卷三十六《茂长县·山川》，第21页。
⑧ 《图经》卷三六《海道三·苦苫苫》，第126页。
⑨ 《东国舆地胜览》卷三十四《扶安县·山川》，第20页。
⑩ 《东国舆地胜览》卷三十四《万顷县·山川》，第5页。

山岛，即今古群山群岛。①自此岛过横屿，《图经》又记回程："过横屿，入群山门，泊岛下。"②则横屿在群山岛之北，但《图经》又云"横屿在群山岛之南"③，自相抵牾，当有误。

过富用山，"即舟人所谓芙蓉山也。其山在洪州境内"。过洪州山，"（洪）州建其下"。过鸦子苫，"亦名轧子苫"。泊马岛，"盖清州境也，……有客馆曰安兴亭"。④按光绪三十二年（1906）编著的《二十世纪中外大地图》第三十三《朝鲜图》，安眠岛上有洪州，现称承彦里，即洪州山。⑤先经富用山，再过洪州山，则今安眠岛南之元山岛，当是古富用山，属古洪州境。《东国舆地胜览》卷二十海美县："阳陵浦在县西十里，即海浦也。……马岛在县西阳陵浦岸。《大明一统志》：国中牧地，有客馆曰安兴亭。"⑥今海美、泰安西有地名安兴，马岛即是该地。又《图经》记"自轧子苫一瞬之间，即泊马岛"⑦，则轧子苫距离马岛甚近，即今安兴西贾谊岛附近。

又过九头山、唐人岛、双女焦、大青屿、和尚岛、牛心屿、小青屿，次紫燕岛。这里先考紫燕岛。《图经》："即广州也。倚山为馆，榜曰庆源亭。"⑧按广州即今汉城东南广州，则紫燕岛属广州境内。《东国舆地胜览》卷九仁川都护府："紫燕岛，在府西二十七里，周五十五里，有牧场。《大

① 《郑开阳杂著》卷五《朝鲜图》，《景印文渊阁四库全书》，第584册，第564页；（编者按：原文此处为"《郑开阳杂著》卷四《朝鲜图》"，查得《朝鲜图》出自该书卷五，故改。）〔元〕朱思本撰，〔明〕罗洪先补订：《广舆图》卷二《朝鲜图》，明万历七年钱岱刻本，第82—83页；《大清一统舆图》南一卷《朝鲜国·忠州道》，清同治二年湖北抚署景桓楼刻本，东二页。

② 《图经》卷三九《海道六·礼成港》，第135页。

③ 《图经》卷三六《海道三·横屿》，第127页。

④ 《图经》卷三七《海道四·马岛》，第130页。

⑤ 周世棠、孙海环编：《二十世纪中外大地图》第三十二《朝鲜图》，新学社1906年。（编者按：原文此处为"《二十世纪中外大地图》第三十二《朝鲜图》"，查得该书目录中《朝鲜图》为"第三十三"，故改。）

⑥ 《东国舆地胜览》卷二十《海美县·山川》，第25页。

⑦ 《图经》卷三七《海道四·马岛》，第130页。

⑧ 《图经》卷三九《海道六·紫燕岛》，第133页。

明一统志》：旧有客馆，曰庆源亭。"①按仁川都护府即今仁川，则紫燕岛又在今仁川西二十七里。日人津田左右吉《朝鲜历史地理》第二卷第十八《关于元代高丽西北境之混乱》一文，认为紫燕岛"就是今天的永宗岛"②。此说与《图经》《东国舆地胜览》所记，完全符合。据《图经》记，小青屿在紫燕岛南，"其山差小，而周围多焦石"③，据《古今图书集成》第二一一册《边裔典》朝鲜部记④，在广州海中。今永宗岛南有小岛，当是。小青屿之南是牛心屿、和尚岛，《古今图书集成》同卷："和尚岛，在广州海中。"⑤今永宗岛西南有龙游岛、大午衣岛，北距小岛甚近，为海路径途，龙游岛疑是牛心屿，大午衣岛疑是和尚岛。又《古今图书集成》同卷记：大青屿在广州海中，双女焦在清州海中。⑥《嘉庆重修一统志》卷五五〇《朝鲜》："唐人岛，在（青）[清]州海中，与九头山相近。又有马岛，亦在青州海中。"⑦则双女焦、唐人岛、九头山同属清州境，与马岛相近，可惜记载简略，又缺乏其他资料参证，今安兴以北海域，众岛林立，颇难判断，尚待今后深入探讨。

到急水门，"其门不类海岛，宛如巫峡江路，山围屈曲，前后交锁，两间即水道也"。抵蛤窟，"其山不甚高大，民居亦众，山之脊有龙祠"。⑧《图经》卷十七又记："蛤窟龙祠在急水门上隙。"⑨至礼成江，于碧澜亭登陆，由陆路入于王城。《东国舆地胜览》卷四开城府："礼成江，在府西三

① 《东国舆地胜览》卷九《仁川都护府·山川》，第20页。
② [日]津田左右吉：《朝鲜历史地理》第二卷第十八《关于元代高丽西北境之混乱》，（东京）南满洲铁道株式会社1913年版，第161页。收入《韩国地理风俗志丛书》，（首尔）景仁文化社2005年版，第20册，第173页。
③ 《图经》卷三九《海道六·小青屿》，第133页。
④ 《古今图书集成》边裔典卷二五《朝鲜部》，第25062页。
⑤ 《古今图书集成》边裔典卷二五《朝鲜部》，第25062页。
⑥ 《古今图书集成》边裔典卷二五《朝鲜部》，第25063页。
⑦ 〔清〕穆彰阿、潘锡恩等纂修：《大清一统志》卷五五〇《朝鲜·山川》，上海古籍出版社2008年影印本，第12册，第720页。
⑧ 《图经》卷三九《海道六·蛤窟》，第134页。
⑨ 《图经》卷十七《祠宇·蛤窟龙祠》，第60页。

十里，黄海道江阴县助邑浦之下流，至府西为梨浦，又为钱浦，又为碧澜渡，又东为礼成江，南入于海。高丽朝宋，皆于此发船，故谓之礼成。……江居两山间，束以石峡，湍激而下，所谓急水门，最为险恶。"①《朝鲜志》卷下："碧澜渡在［开城］府西三十六里。"②《宋史》："自急水门又三日抵岸，有馆曰碧澜亭，由此登陆，崎岖四十余里，乃其国都者是也。"③据此，今礼成江入海之口，乃急水门，蛤窟在急水门之上际，碧澜渡在今开城西礼成江东岸，船舶于此停岸。

从上所叙，这条航线的起讫、途经较为清楚了。高丽至宋，也经行此海路。《图经》记徐兢等回国，沙尾（即黄水洋）以北航途，与出使时经过地点完全一致，自南过黄水洋，又过东西胥山，入浪港山，过潭头，过苏州洋，泊栗港，过蛟门、招宝山，到达定海县。④其间经过地名有别，东西胥山、潭头，皆不知所在。《文山先生全集》卷十三《苏州洋》："一叶漂摇扬子江，白云尽处是苏洋。"⑤嘉庆《松江府志》卷八《山川志》："自金山东过胜山（按即小金山）为大洋，又东至洋山（即今大、小羊山），又东为南大洋，北至高家嘴（今吴淞口南）为苏州洋。"⑥则长江海口以南、钱塘海口大小羊山以北海面为苏州洋，这一海面是两浙海域，正是前文所述之白水洋，其称苏州洋，因唐代属苏州海域而得名。又《乾道四明图经》卷七昌国县："良港山，在县东北九百里。"⑦今大衢山东之浪岗山列岛，即是，位于东半洋礁东南。《嘉庆重修一统志》卷二九一《宁波府·山川》："烈表山，在定海县金塘山西北，隔一小港相表里，一名烈

① 《东国舆地胜览》卷四《开城府上·山川》，第8页。

② 《朝鲜志》卷下《山川》，清刘氏嘉荫簃钞本，第5页。

③ 《宋史》卷四八七《高丽传》，第14055页。

④ 《图经》卷三九《海道六·礼成港》，第135页。

⑤ 〔宋〕文天祥：《文山先生全集》卷十三《苏州洋》，景乌程许氏藏明刊本，第55页。

⑥ 〔清〕宋如林等：嘉庆《松江府志》卷八《山川志》，《中国方志丛书》华中地方第10号，（台北）成文出版社1970年版，第203页。

⑦ 《乾道四明图经》卷七《昌国县·山》，第3页。

港。"①按烈、栗声同字异，今定海县西金塘山之沥港即是。从归经浪港山、苏州洋、栗港、蛟门、招宝山来看，与出使航路大致相同。

直到南宋，和高丽之间的往来，都经此海路。《乾道四明图经》卷一记："南则闽广，东则倭人，北则高句丽，商舶往来，物货丰衍，东出定海，有蛟门、虎蹲天设之险，亦东南之要会也。"②《宝庆四明志》卷一载同。③《云麓漫钞》卷二："补陁落迦山，自明州定海县招宝山泛海东南行，两潮至昌国县，自昌国县泛海到沈家门。"又记：补陁落迦山，"自东即入辽东、渤海、日本、毛人、高丽、扶桑诸国"。④《文献通考》高句丽："今日三韩直趋四明，四明距行都（即杭州）限一浙江尔。虽自明而丽，海道渺弥，中隔洲岛，……出急水门，至群山岛，始谓平达，非数十日不至也。然南北行，各遇顺风，则历险如夷。杨应忱戊申之役，其回也，九月癸未发三韩，戊子至明州之昌国县，仅六日耳。"⑤据《建炎以来系年要录》卷十七记，建炎二年（1128），杨应诚自高丽回国⑥，即《文献通考》记载戊申年事，但"应忱"作"应诚"。又前文引述《元史》记高丽"黑山海道至宋境为近"⑦。凡此，皆足以证明这条海路一直维持到南宋。

两浙的杭州，是两宋与高丽的海航港口，《宋史》卷三三八《苏轼传》：哲宗元祐时，"通判杭州，高丽入贡"。又记："杭僧净源，旧居海滨，与舶客交通，舶至高丽，交誉之。元丰末，其王子义天来朝，因往拜焉。至是，净源死，其徒窃持其像，附舶往告。义天亦使其徒来祭。"⑧

---

① 《大清一统志》卷二九一《宁波府·山川》，第7册，第66页。

② 《乾道四明图经》卷一《总叙·分野》，第3页。

③ 《宝庆四明志》卷一《叙郡上·风俗》，第17页。

④ 〔宋〕赵彦卫撰，傅根清点校：《云麓漫钞》卷二，中华书局1996年版，第29页。

⑤ 《文献通考》卷三二五《四裔考二·高句丽》，第8961页。

⑥ 〔宋〕李心传撰，辛更儒点校：《建炎以来系年要录》卷十七"建炎二年九月癸未"条，上海古籍出版社2018年版，第363页。

⑦ 《元史》卷一六七《王国昌传》，第3926页。

⑧ 《宋史》卷三三八《苏轼传》，第10813页。

《建炎以来系年要录》卷十四：建炎二年，杨应诚与韩衍充高丽国信使、副使，"自杭州登海船以往"。①可知杭州是宋和高丽海船进出之港口，因钱塘江海口，南有龛山，北为赭山，岸狭势逼，波涛奔激，而且海口一带水中无数沙堆，给海航带来危害，航海者多忌畏。《西溪丛语》卷上："浙江之口，起自纂风亭（今上虞县西北），北望嘉兴大山，水阔二百余里，故海商舶船，畏避沙滩，不由大江，惟泛余姚小江，易舟而浮运河，达于杭、越矣。"②故高丽海航多经由明州港，再由余姚江、浙东运河，渡浙江而至杭州。宋船由杭州出航，也大多渡浙江，从浙东运河、余姚江，由明州港出海。由此可见明州港及其海路南线在两宋时代的重要性。

由于宋人气象知识丰富、航海技术高明，经行这条海路是利用季风。东海、黄海是典型的季风区，冬季亚洲大陆风吹向海洋，主要是偏北风。夏季盛行海洋风，主要是偏南风。春季是冬夏季风转换季节，偏北风逐渐北移，偏南风逐渐旺盛。秋季是夏冬季风转换季节，偏北风日益南移。我国东南沿海海岸和朝鲜半岛西部海岸，呈南北走向，这与东南季风、西北季风的风向几乎一致，宋人正是掌握了季风规律，扬帆经由两国南北沿岸海面，横渡辽阔的黄海，进行政治联系和经济、文化的交流。去高丽多在夏季，利用东南季风，来宋时多在秋季，利用西北季风。《图经》卷三："每朝廷遣使，皆由明州定海放洋，绝海而北，舟行皆乘夏至后南风。"③同书卷三十九："使人之行，去日以南风，归日以北风。"④

航海季风利用得好，船舶凭自然风力，在大洋里乘风破浪，航期极短，只要五六天，就可往或返一次。《宝庆四明志》卷六："往来率道于明，来乘南风，去乘北风，风便不逾五日。"⑤《建炎以来系年要录》卷一七："建炎二年（1128）九月癸未，国信使杨应诚等以海舟发高丽，复五

① 《建炎以来系年要录》卷十四"建炎二年三月丁未"条，第314页。
② 〔宋〕姚宽撰，孔凡礼点校：《西溪丛语》卷上，中华书局1993年版，第25页。
③ 《图经》卷三《城邑·封境》，第7页。
④ 《图经》卷三九《海道六·礼成港》，第135页。
⑤ 《宝庆四明志》卷六《叙赋下·市舶》，第4页。

日至明州昌国县。"①一般情况下，则需要十多天，前引《续长编》卷三三九记自明州至高丽港口航程十一天②，《宋史·高丽传》记十八天③。有时船只横渡浩渺大海，因气候的骤变，遭到飓风恶浪的袭击，不但航期长，且多危险。《宋史·高丽传》："由海道奉使高丽，弥漫汪洋，洲屿险阻，遇黑风，舟触礁辄败。"④《图经》记徐兢等于七月中回国，时值初秋，西北季风和东南季风相互推移交替，风向时常变异，沿路航行受阻，八月上过竹岛，忽起"东南风暴，复遇海动，舟侧欲倾，人大恐惧"，直到八月底到达定海县。⑤这次归程，历尽艰难，共航行了四十二天。有时，宋商至高丽，因逆风不能归国，就定居于高丽。《宝庆四明志》卷六："中国贾人至其地，风候逆，或二三岁不可返，因室焉。"⑥所以风向的逆顺，与航期的长短有密切关系。

二

在两条南北海路航线之外，还有另一条北路航线和海路南线的两条支线。

另一条北路航线由密州板桥镇（今山东胶县）至高丽，它是北宋时的航路。《续长编》卷三四一：元丰六年（1083），入内供奉官、勾当龙图天章宝文阁冯景为高丽国信使，"令排办修补过河船及案视近便海道，今至登、密州，问知得二处海道并可发船至高丽，比明州实近便。诏景同密州官吏募商人赉牒试探海道以闻"⑦。从密州往高丽，其港口在板桥镇，《苏东坡奏议集》卷八《乞禁商旅过外国状》：元祐五年（1090），"杭州市舶司准密州关报，据临海军状申，准高丽国礼宾院牒，据泉州纲首徐成状

---

① 《建炎以来系年要录》卷一七"建炎二年九月癸未"条，第363页。
② 《续长编》卷三三九"元丰六年九月庚戌"条，第8163—8164页。
③ 《宋史》卷四八七《高丽传》，第14055页。
④ 《宋史》卷四八七《高丽传》，第14052页。
⑤ 《图经》卷三九《海道六·礼成港》，第135页。
⑥ 《宝庆四明志》卷六《叙赋下·市舶》，第6页。
⑦ 《续长编》卷三四一"元丰六年十一月己酉"条，第8197页。

称，有商客王应升等，冒请往高丽国公凭，却发船入大辽国买卖"①。据《续长编》卷四〇九记，元祐三年（1088），"改板桥镇为胶西县，军额以临海军为名"②。海商王应升假托往高丽领取公凭出海，实往辽国贸易，是由密州、临海军申报，可知是由板桥港口出海的。又《图经》黄水洋下记："自中国适高句骊，唯明州道则经此，若自登州、板桥以济，则可以避之。"③可见北宋时另有一条由板桥镇通往高丽的海路，但此海路很少经行。

上述海路南线在江南沿海有两条支线：一在长江下游入海附近。长江海口料角嘴为海道航行所经，故处于料角嘴岸边的海门县（今江苏启东县东北），也曾是北宋时港口，高丽船舶由海路南线到此登陆，《续长编》卷二二三：熙宁四年（1071）五月丙午，"通州言，高丽使民官侍郎金悌等入贡，至海门县。诏集贤校理陆经假知制诰馆伴，左藏库副使张诚一副之"。④自北宋中期以后，料角嘴海岸不断向外伸展，海门县失去了作为海港的自然条件，故此后不经此港。长江通往大海的又一港口是江阴（今江苏江阴县），北宋时外国船舶常由此进出，《王文公文集》卷第五十五《予求守江阴未得酬昌叔忆江阴见及之作》："黄田港北水如天，万里风樯看贾船。海外珠犀常入市，人间鱼蟹不论钱。"⑤按黄田港是江阴城中北入长江的河港，⑥南宋隆兴时，高丽海船泊此港口，《絜斋集》卷一七《赵善待墓志铭》：擢隆兴元年（1163）进士第，历江阴县，江阴军有市舶务，"高丽之至者，初止一艘，明年六七焉"。⑦可见长江入海处也是高丽来宋的航

---

① 《苏文忠公全集》奏议集卷八《乞禁商旅过外国状》，第1页。

② 《续长编》卷四〇九"元祐三年三月乙丑"条，第9957页。

③ 《图经》卷三四《海道一·黄水洋》，第121页。

④ 《续长编》卷二二三"熙宁四年五月丙午"条，第5432页。

⑤ 〔宋〕王安石著，唐武标校：《王文公文集》卷五十五《予求守江阴未得酬昌叔忆江阴见及之作》，上海人民出版社1974年版，第622页。

⑥ 〔明〕赵锦等：嘉靖《江阴县志》卷三《山川》，《中国方志丛书》华中地方第456号，（台北）成文出版社1970年版，第9页。

⑦ 〔宋〕袁燮：《絜斋集》卷一七《赵善待墓志铭》，《景印文渊阁四库全书》，（台北）台湾商务印书馆1986年版，第1157册，第233—234页。

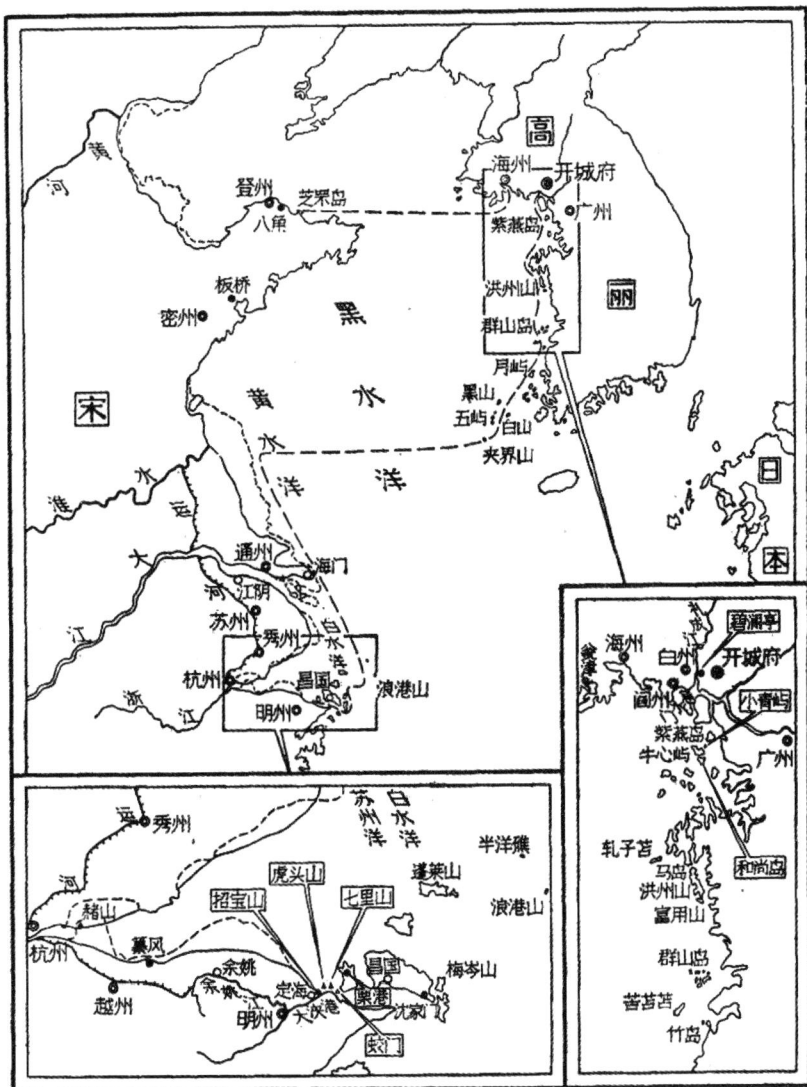

刘思源 绘图

两宋与高丽海上航路图

路，这条航线在长江海口之外，与海路南线相接，即为南路航线的支线。

二在福建泉州港。泉州是两宋与高丽通航海港，《宋史》卷三三一《罗拯传》：神宗熙宁时，"拯使闽时，泉商黄谨往高丽，馆之礼宾省"。①

---

① 《宋史》卷三三一《罗拯传》，第 10646 页。

《苏东坡奏议集》卷六《乞令高丽僧从泉州归国状》："窃闻泉州多有海舶入高丽，往来买卖。"[1]南宋时，高丽船舶常至泉州，《云麓漫钞》卷五："福建市舶司，常到诸国船舶"[2]，有南洋和印度洋诸国及高丽国。按福建市舶司设在泉州。[3]由此可知，海路南线一直向南延伸，南达泉州。但泉州距高丽过远，主要是南洋和印度洋诸国来往中国的海港，而明州则是两宋和高丽航海的主要起讫地，显得特别重要，其海路南线则是最重要的航路。

（原载《文史》第12辑，中华书局1981年版）

---

① 《苏文忠公全集》奏议集卷六《乞令高丽僧从泉州归国状》，第23页。
② 《云麓漫钞》卷五，第88页。
③ 《宋史》卷一六七《职官志七》，第3971页。

五代北宋时期泉州海上交通之发展

李东华

本人前作《唐末泉州的兴起及其背景》(《台大历史学报》第9期)一文①,已对唐代泉州海上交通兴盛的原因作了探讨,从而说明泉州对外交通的兴起是世界性海上贸易圈形成下的产物。其后本应接叙五代时期的发展,然纯就泉州对外交通而言,五代实为关键时期,已萌芽的海上交通在五代有了重大的转机,奠定了宋代泉州对外交通的深厚基础,到宋室南迁,泉州始因客观环境的改善而进入另一全盛时期。因此,本文将五代、北宋泉州对外交通合并讨论。本文先就五代及北宋设置市舶司以前泉州的对外交通加以探讨,其次对五代、北宋时代泉州对外交通转盛的原因,作广泛而深入的研究,最后再就泉州市舶司设置后的对外交通加以叙述,期望能深入而清楚地阐释泉州在这段重要转折期间对外海上交通的演变。

第一节 五代时期泉州对外交通之进展

五代时期在我国历史上虽不占重要地位,但在福建地区之发展史上,十国中的闽却居举足轻重的地位,根本地改变了福建往后的历史发展。其中最值得注意的就是海外交通与贸易的重大转变。此种转变的最大原因,一系福建地区之割据所造成的孤立,一系主政者之积极奖励海上贸易。就前者而言,泉州在唐宋之间,由唐光启二年(886)王潮割据泉、漳起,

---

① 李东华:《唐末泉州的兴起及其背景》,《台大历史学报》1982年第9期。

至陈洪进宋太平兴国三年（978）纳土归降止，前后在割据的局面下单独发展达九十年之久。就后者而言，这段时期中主泉政者，前之王审知，后之留从效、陈洪进等，均在主观、客观形势的驱使下，积极地鼓励对外贸易，对泉州海上交通的发展，产生了深远的影响。

割据之初，王潮、审知、审邦兄弟先占有泉、漳、汀三州，大顺中（890—891）更北上并有福、建二州，因此由此时起至945年南唐灭闽止，福建地区均在王氏控制下。945年后，留从效据泉、漳，虽奉南唐正朔，但实际为割据独立的局面，使泉漳地区更脱离福建其他三州，单独发展三十余年。地位的孤立，形成它与其他地区不同之发展方向。由于割据一方，又与邻近地区如粤之南汉、浙之吴越，处于敌对状态，致彼此交通几乎完全中断，《旧五代史》卷一三四《王审知传》载：

> 是时（王审知为政时），杨氏据江、淮，故闽中与中国隔越，审知每岁朝贡，汛海至登、莱抵岸，往复颇有风水之患，漂没者十四五。①

已说明了闽时期福建地位的孤立，至后期留、陈据泉、漳时，情况更为恶劣。留从效自述其情云：

> 此一方（指泉、漳）东渐于海，与福州世为雠敌；南限于广州瘴厉之地，人使不通，西连鄞水（即汀江），皆猿径鸟道，近岁干戈屡动，三农废弃，冬征夏敛，仅足自赡。②

这种情形使得福建地区过去南与广州，北与明州、杭州、扬州的海上交通，完全断绝，加上福建人口之大量增加，农业生产之不足（详后），主

---

① 〔宋〕薛居正等：《旧五代史》卷一三四《王审知传》，中华书局1976年点校本，第1792页。

② 见〔宋〕路振：《九国志》卷十《留从效传》，留从效对南唐屯将语。（商务印书馆1937年丛书集成初编本，第101页）近成干戈屡动系实情，如《十国春秋》卷九十所云："同光二年（924）夏四月，（南）汉之引兵入寇，屯汀、漳境上，击之，败归。"〔清〕吴任臣撰，徐敏霞、周莹点校：《十国春秋》卷九十《闽一·司空世家》，中华书局2010年版，第1314页）

政者乃顺应客观情势的发展，主动积极地提倡对外贸易，因此，福建地区对外海上交通非但未因政治割据而受到不利影响，反而有更大的进展。这在闽时期及留从效、陈洪进时代，都有明确的史料记载。《新五代史》称王审知"招来海中蛮夷商贾"[①]，其招来之实情，除曾开福州港水道以利交通外[②]，亦有一鳞半爪，可供一述。吴任臣《十国春秋》卷九五张睦传载：

> 张睦，光州固始人。唐末从太祖（王审知）入闽。太祖封琅琊王，授睦三品官，领榷货（物）［务］。睦抢攘之际，雍容下士，招来蛮夷商贾，欲不加暴，而国用日以富饶，累封梁国公。[③]

可见王审知治下之福建，曾置榷货务，以处理外来蛮夷商贾贸易之事。他更曾派员出使南海，同书卷九十太祖世家载：

> （闽）开平四年（910）□□月，命员外郎崔□□聘于南海。[④]

《五国故事》卷下亦载：

> 又尝使南方回者，以玻璃瓶献之。[⑤]

而曾任王审知推官之黄滔，更在《贾客诗》中吟道：

> 大舟有深利，沧海无浅波。利深波也深，君意竟如何。鲸鲵齿上路，何如少经过。[⑥]

---

① 〔宋〕欧阳修：《新五代史》卷六八《王审知传》，中华书局1974年点校本，第846页。
② 详李东华：《唐末泉州的兴起及其背景》，《台大历史学报》1982年第9期，第148页。
③ 《十国春秋》卷九五《闽六·张睦传》，第1377页。
④ 《十国春秋》卷九十《闽一·太祖世家》，第1310页。
⑤ 佚名：《五国故事》卷下，中华书局1991年点校本，第14页。
⑥ 见〔清〕李调元编：《全五代诗》卷八四《贾客》，商务印书馆1937年丛书集成初编本，第1260页。黄滔《十国春秋》卷九五有传，言其天复元年（901）充威武军节度推官。（《十国春秋》卷九五《闽六·黄滔传》，第1373页）详请参阅韩振华：《伊本柯达贝氏所记唐代第三贸易港之Djanfou》，《福建文化》1947年第1期，第47页。

海外贸易所获之利，竟使商人不顾海路之险恶，外出经商，而为诗人所不取。至于外人来闽，除唐末之三佛齐人外，亦有见诸记载者。淳熙《三山志》卷三三载：

> （福州）龙德外汤院，崇贤里，〔天福〕十年（945）置。地多燠泉，数十步必一穴，或迸河渠中，味甘而性和热，胜者气如琉黄，能熟蹲鸱，旱潦无增减。伪闽天德二年（944），占城遣其国金氏娑啰来，道里不时，遍体疮痍，访而沐之，数日即瘳，乃捐五千缗，创亭其上，仍集鸠僧以司之。陈庄记庆历二年（1042）修，有蕃书二碑在。①

占城人所至虽在福州，但反映了福建地区对外海上交通之盛。至于泉州地区，王邦（审邦）招宝侍郎一事即为最佳之说明。王审邦系审知仲兄，景福二年（893）王潮、审知兄弟北上福州时，审邦即留任泉州刺史，前后十二年，天祐二年（905）卒②。其后终闽之亡其子延彬、延美、延武，孙继严、继业、继勋相继出任泉州刺史，其中尤以延彬两度出任此职，前后共计二十六年（天祐元年至天成元年，904—926；天成元年十二月至长兴元年，926—930）③为最久。此即《五国故事》谓其"招宝三十年，每发蛮舶，无失坠者"的原因④。可见泉州对外贸易亦不稍让福州。无怪乎后

---

① 〔宋〕梁克家：淳熙《三山志》卷三三《寺观类一》，《景印文渊阁四库全书》，（台北）台湾商务印书馆1986年版，第484册，第496页。〔清〕冯登府辑：《闽中金石志》卷五，"蕃书二碑"条亦载有。〔《石刻史料新编》第一辑，（台北）新文丰出版公司1982年版，第17册，第12718页〕

② 〔清〕王昶：《金石萃编》卷一一八：王审知德政碑载"泉牧（王潮）遂以泉郡委仲弟审邦，而与公（审知）皆赴（福州）"。时在景福二年。〔〔清〕王昶：《金石萃编》卷一一八，（台北）台联国风出版社1964年影印本，第22页〕又据乾隆《泉州府志》卷二六《文职官上》"泉州刺史"条，太祖从弟王彦复景福二年权州事，乾宁元年（894）任；王审邦乾宁元年权州事，三年（896）任。则审邦是在894年始任泉州。如以《泉州府志》所载王延彬天祐二年（905）继其父任泉州刺史看，审邦可能在是年去世，倒推十二年，其初任时应在景福二年，《泉州府志》说疑误。（乾隆《泉州府志》卷二六《文职官上》，清光绪八年补刻本，第4页）

③ 详见乾隆《泉州府志》卷二六《文职官上》，第4—5页。

④ 《五国故事》卷下，第17页。

世对王氏在闽之海外贸易要大书特书。天祐三年（906）立之王审知德政碑序文云：

> ［三］佛齐国虽同临照，靡袭冠裳，舟车罕通，琛赍罔献。□亦逾沧海，来集鸿胪。此乃公示以中孚，致其内附，虽云异类，亦慕华风。宛土龙媒，宁独称于往史，条支雀卵，谅可继于前闻。……凡列土疆，悉重征税，商旅以之壅滞，工贾以之而殚贫。公则尽去繁苛，纵其交易，开讥阛市，匪绝往来，衡麓舟鲛，皆除守御，故得填郊溢郭，击毂摩肩，竞敦廉让之风，骤睹乐康之俗。闽越之境，江海通津，帆樯荡样以随波，篙楫崩腾而激水，途经巨浸，山号黄崎，怪石惊涛，覆舟害物。公乃具馨香黍稷，荐祀神祇，有感必通，其应如响。祭罢，一夕震雷暴雨，若有冥助，达旦则移其艰险，别注平流，虽昼鹢争驰而长鲸弭浪，远近闻而异之。……赐名其水为甘棠港。

其铭文更曰：

> 佛齐之国，绥之以德。……关讥不税，水陆无滞，遐迩怀来，商旅相继。黄崎之劳，神政惊涛，役灵祇力，保千万艘。[1]

先言其招徕三佛齐入贡之功，次叙其招徕政策所带来闽中贸易之盛况，终颂其开福州港之功德。其中尤以鼓励商贾来华贸易，竟至"关讥不税"之境地，最值得注意。此种鼓励政策下福建对外贸易给当地带来了极大的财富，宋初"重建琅琊王庙碑"写的最明白：

> 公（王审知）生当离乱之运，出值艰难之秋，划据一方，蕃养百姓，得深沟高垒之固，存披坚执锐之众。赡水陆之产，通南北之商。铸铜于蜀山，积粟于洛口者，不足于言其富也。连临淄之袂，投浥河

之簏者，不足于言其庶也。①

富庶至此，非海外贸易所得，何克及此！

至于留从效946年据泉、漳后，福州归吴越，建、汀则归南唐，泉州地区更形孤立，与邻近地区既在敌对状态之下，对外贸易只得避开这些地区，长途泛海贩易，这是福、泉并兴局面的结束，也是中外海舶由南海直接大量来泉州贸易的开始。前引《闽书》已知其两次扩建泉州城，在泉州开发史上厥功至伟。《宋史·留从效传》复谓其"出自寒微，知人疾苦，在郡专以勤俭爱民为务，常衣布素，置公服于中门之侧，出则衣之。每言我素贫贱，不可忘本。民甚爱之，部内安治"②。其与外国贸易之事亦见于记载。泉州《留氏族谱》载：

> 泉州城市旧狭窄，至是扩为仁风、通淮等数门……陶器、铜铁注
> 于蕃国，取金贝而还，民其称便。③

除了说明留从效扩筑泉州城外，更指出了泉州对外贸易的一般情形。大致是以所出产的陶器、铜铁运销国外，其交往之蕃国，包括新罗、高丽与南海诸国。《十国春秋》卷九六《闽王㒩传》载："是时景宗官左仆射……会新罗国遣使来聘，且献宝剑。"④同书卷九二闽三景宗本纪云：

> 初通文（936—938）中，［闽］常越海通使于契丹。⑤

《新五代史》卷六十八闽世家第八亦载：

> 昶世（即通文年间），新罗遣使聘闽以宝剑。……曦既立（永隆

---

① "重建琅琊王庙碑"文系宋开宝九年（976）福州刺史钱昱撰，收入《闽中金石志》（卷六，《石刻史料新编》第一辑，第17册，第12721—12725页），《闽中金石略》亦有（卷三，《石刻史料新编》第一辑，第17册，第12900—12904页）。

② 〔元〕脱脱等：《宋史》卷四八三《留从效世家》，中华书局1977年点校本，第13958页。

③ 转引自庄为玑：《谈最近发现的泉州中外交通的史迹》，《考古通讯》1956年第3期，第44页。

④ 《十国春秋》卷九六《闽七·王㒩传》，第1385页。

⑤ 《十国春秋》卷九二《闽三·景宗本纪》，第1336页。

年间，939—942），而新罗复献剑。①

既能通使于契丹，与高丽之往来当亦不难。泉州府志曾有五代时高丽僧元衲居于南安福清寺的记载②。郑麟趾《高丽史》卷一太祖世家五年（后唐明宗元成三年，928）载：

> 新罗僧洪庆自唐闽府航载大藏经一部至礼成江，王亲迎之，置于帝释院。③

更可明显看出双方的交往，这是宋代福建商人（尤以泉州商人为最多，详下节）往高丽商贾之先声，也是五代时泉州海外贸易开展的明证。至于泉州与南海之交通，则可由其向中朝上供之贡品中看出。《十国春秋》卷九二闽三景宗本纪"永隆三年（941）"条载：

> 王延羲（审知少子）冬十月贡白金四千两，象牙二十株，葛五十四，干姜、蕉、乳香、沉香、玳瑁诸物，谢恩加官。④

《宋史》卷四八三《留从效传》载：

> 从效遣衙将蔡仲赟等为商人，以帛书表置革袋中，自鄂路送款内附。又遣别驾黄禹锡间道奉表，以獬豸通犀带、龙脑香数十斤为贡。⑤

《宋史》同卷《陈洪进传》亦载：

---

① 《新五代史》卷六十八《王延义传》，第852页。
② 高丽僧元衲居福清寺事，见《十国春秋》卷九九《闽十·僧元衲传》，第1419页。乾隆《泉州府志》卷十六《坛庙寺观》亦有记载。（第45页）
③ ［朝鲜］郑麟趾：《高丽史》卷一《太祖世家一》，明景泰二年朝鲜活字本，第25页。
④ 《十国春秋》卷九二《闽三·景宗本纪》，第1339页。
⑤ 《宋史》卷四八三《留从效传》，第13958页。《宋会要辑稿》（以下简称《宋会要》）蕃夷七之一，谓留入贡在宋太祖建隆元年（960）十二月二十三日。（［清］徐松辑：《宋会要》蕃夷七之一，大东书局1936年北平图书馆影印本）

建隆四年（即乾德元年，963），［洪进］遣使朝贡。是冬，又贡白金万两，乳香、茶、药万斤。①

及江南平，吴越王来朝，洪进不自安，遣其子文颢入贡乳香万斤，象牙三千斤，龙脑五斤。②

《宋会要辑稿》蕃夷七更载：

大平兴国二年（977）四月，陈洪进进银千两，香二千斤，干姜万斤，葛万匹，生黄茶万斤，龙脑、蜡面茶等。（蕃夷七之七）

同年八月五日，陈洪进来朝，对于崇德殿，进相见银万两，绢万匹。谢允朝观绢千匹，香千斤。谢降使远加劳问绢千匹，香千斤。谢远赐茶药绢千疋，香千斤。谢迎春苑赐宴绢千匹，香千斤。谢差人船绢千匹，香千斤，币帛二千匹，涂金鞍勒马绢一匹，钱二百万。其子文颢进绢千匹，又进贺登极香万斤，牙二千斤，又乳香三万斤，牙五千斤，犀二十株，共重四十斤，苏木五万斤，白檀香万斤，白龙脑十斤，木香千斤，石膏脂九百斤，阿魏二百斤，麒麟渴二百斤，没药二百斤，胡椒五百斤。又进贺纳后银千两，绫千匹。又谢赐都亭驿安下乳香千金。谢追封祖考及男以下加恩，乳香万三千斤。又进通犀带一，金匣百两，白龙脑十斤，金合五十两，通牯犀一株，金合百两，牯犀四株，金合两百两，真珠五斤，玳瑁五斤，水晶碁子五副，金合六十两，乳香万斤。九月六日，陈洪进贡助宴银五千两，乳香万斤，泉州土产葛三万匹，干姜两万斤，金银器皿二千二百两，绫二千匹。十三日，陈洪进进银万两，钱万贯，绢万匹，谢恩乳香二百斤，牙二千斤。（蕃夷七之七至八）

（同年）十一月，陈洪进贡贺开乐乳香五千斤，象牙千斤。（蕃夷

---

① 《宋史》卷四八三《陈洪进传》，第13961页。《宋史》卷一《太祖本纪》同。（第15页）
② 《宋会要》蕃夷七之六，谓其入贡在开宝九年（976）七月十三日，象牙作二千斤，白龙脑为五千斤，略有不同。

七之九）①

其贡品中属泉州土产者，不过葛、绢、绫、干姜等，其余如乳香、龙脑香、没药等各种香料，及象牙、犀角、玳瑁、真珠等俱非闽南土产，而系泛称之南海所产。此外，《太平寰宇记》中记泉、漳土产中，列有"海舶香药"项②，当亦系来自南海。其时与广州贸易既已中断，这些东西当系直接来自南海诸地，而数量之大，品类之多，尤足以显示其时泉州与南海贸易之盛。

总之，在五代宋初王、留、陈三氏之经营泉、漳，独立发展对外贸易，对泉州海外交通之发展，意义极为重大。成田节男认为泉州之对外交通至五代始有稍为具体之史料出现，王赓武更认为王、留二氏之经营为奠定"泉州时代"来临之重要关键。③其中尤以开其后闽商赴海外贸易之先机及奠定泉州对外直接交通之基础两项为最重要。在此之前因往来航程过长，及政府对国人下海并不鼓励，故多外商来贩，我国人之下海者极为有限。自五代始则因航海工具的日渐进步，以及南汉之刘氏与闽之王氏的鼓励对外贸易，华商出海贩易者乃日渐增多，此种为商而商，变被动为主动之形态是我国对外海上交通的一大转变④。而泉州适在此时由原来以广州为我国总吞吐口之情势下，因政治之分裂，不得不自力直接往南海贩易，也根本改变了在唐末泉州仅为广、扬（明）间转口港之地位，成为直接对

① 《宋会要》蕃夷七之七至九。

② 见《太平寰宇记》卷一〇二，江南东道泉州"漳州土产"条［（台北）文海出版社影印清嘉庆刊本］。此处尚需说明的是当时占据两浙、福州之吴越钱氏的贡品中，也有大量的香、药、犀、牙等物，其与南海亦有交通亦属必然。

③ 见［日］成田节男：《宋元时代の泉州の发达と广东の衰微》，《历史学研究》第6卷第7期，1936年，第8页。该文极佳，唯于第9页引《宋史》卷四八三《陈洪进传》载宋太祖与李煜（南唐后主）诏中"泉州昔尝附丽，尤荷抚绥"一语中之附丽，为依附高丽，为一明显之错误。王赓武论点见其著，"The Naihai Trade: A Study of the Early History of Chinese Trade in the South China Sea", *Journal of the Malayan Branch of the Royal Asiatie Society*, Vol. XXXI, No. 182, 1958, pp. 88–89.

④ 此段受吴景宏先生之启示。详见氏著《五代两宋时代中菲关系之探讨》，《大陆杂志》1966年第2、3、4期，第3—4页。

外贸易的另一口岸。这两项重大的转变是宋代对外海上交通大盛的潜在原因，也是泉州对外贸易逐渐转盛，终至能与广州并驾齐驱的根本因素。

第二节　北宋设置市舶司以前泉州的对外交通

一、北宋政府对外贸易政策的转变

论者每谓宋代是奖励对外贸易的时代。事实上这大半是指南宋而言的，至于北宋，与其说是主动积极的奖励贸易，不如说它能不断地因应海内外贸易的情势，逐步改善并放宽对外贸易的限制来得恰当。这种情形与唐末五代以来，商人势力的大增有莫大关系。自唐末五代以来，由于国势衰微，内乱纷起，农民由于战乱迫害及营商利润之诱惑，涌入城市谋生者不少。官宦之家亦有弃官经商者，富商巨贾乃能利用其资财影响政治，跻身仕宦之林[1]，此种情形在五代泉州地区尤为明显（详下节）。因此北宋政府虽仍抱持传统重农抑商政策（尤其在儒学复兴以后）[2]，但在重利之引诱及商人势力日渐增高的情势下，许多禁令根本未曾认真执行，逐渐形同具文[3]。熙宁年间新党执政后，对外贸易政策有大幅度的改变，北宋泉州的海外贸易最足以说明此种转变的过程。

宋初之不重视海外贸易，可由下述二事看出。其一是平定南方诸国后，仅援唐制在971年设置广州市舶司处理"蕃货海舶贸易征榷"诸事[4]，

---

① 见李陈顺妍《晚清的重商主义》中的《中国传统经济思想及其变迁》一节。[原刊于《"中研院"近史所集刊》1972年第3期。后收入《近代中国思想人物论——晚清思想》，（台北）时报文化出版公司1980年版，第334—335页]

② 参见宋晞：《宋代士大夫对商人的态度》，收入氏著《宋史研究论丛》（第一辑），"国防研究院"1962年版，第1—4页。该书后于1979年由华冈出版有限公司再版。

③ 详见 E. A. Kracke, Jr., "Sung Society, Change Within Tradition", *Far Eastern Quarterly*, XIV, 4 (1955), p. 484.

④ 见《宋会要》职官四四之一"提举市舶司"条。《宋史》卷一八六《食货志下八》"互市舶法"条同。（第4559页）

对已有良好对外贸易基础之泉州、明州则未置市舶司。其次是对唐末以来华商出海贸易的事实也予扼杀，严禁华商下海，一直到雍熙二年（985）还有"禁海贾"诏令的颁布①。对外商来贩，虽并不禁止，但由于外货至广、泉、交、两浙后，全由官榷，因此也禁止民间与外商私自贸易。《宋会要辑稿》职官四四载其事云：

> 太平兴国（976—983）初，京师置榷易院，乃诏诸蕃国香药、宝货至广州、交趾、泉州、两浙，非出于官库者，不得私相市易。②

同书职官四四也记载了太平兴国元年（976）严禁华民与蕃客贸易的诏令：

> 敢与蕃客贸易，计其直满一百文以上，量科其罪，过十五千以上黥面配海岛，过此数者押送赴阙，妇人犯者配充针工。③

在官榷贸易政策下，对外货之流通，影响极大。至太平兴国二年香药库史张逊乃建议出官库香药宝货，加价卖予商人，外货流通稍广。李焘《续资治通鉴长编》卷一八载其事云：

> ［太平兴国二年三月壬申］香药库使高唐张逊建议，请置榷药局，大出官库香药宝货，稍增其价，许商人金帛买之，岁可得钱五十万贯，以济国用，使外国物所泄，上然之。一岁中果得三十万贯，自是岁有增益，卒至五十万贯。④

---

① 《宋史》卷五《太宗本纪二》"雍熙二年九月己巳"条，第76页。

② 《宋会要》职官四四之一。《宋史》卷一八六《食货志下八》"互市舶法"条略同。（第4559页）

③ 见《宋会要》职官四四之一至二。（编者按：原文正文中作者指该条史料出处为《宋会要》"职官五五"，查得准确出处为职官四四，故改。）《宋史》卷一八六《食货下八》"互市舶法"条，亦引此诏，惟十五千以上黥面，作"十五贯以上"，亦同。（第4559页）

④ 〔宋〕李焘：《续资治通鉴长编》（以下简称《长编》）卷十八"太平兴国二年三月壬申"条，中华书局2004年点校本，第401页。（编者按：原文作者标注该条史料日期为"太平兴国二年正月乙亥"，现根据点校本改为"太平兴国二年三月壬申"。）《宋史》卷二六八《张逊传》略同。（第9223页）

其后此专卖香药之榷药局（《宋会要》作香药易院）更并入榷货务，与他货一同出卖①。此次张逊请转售香药予商人获得重利，是宋初对外贸易政策转变的重大因素，盖宋室发现出售多余香药宝货予商人可获重利。因此乃有太平兴国七年（982）放宽官榷货物种类的措施：

> ［闰十二月］诏，闻在京及诸州府人民或少药物食用，令以下项香药止禁榷广南、漳、泉等州舶船上，不得侵越州府界，紊乱法条，如违，依条断遣，其在京井诸处即依旧官场出卖，及许人兴贩，凡禁榷物八种：玳瑁、牙、犀、宾铁、龟皮、珊瑚、玛瑙、乳香。放通行药物三十七种：（下略）。②

此诏后半段所言，不但缩小了官榷的范围，而且非禁榷物可在当地出卖，许商人兴贩，对外货之流通与商贾之贸易均有甚大便利。外商来贩既对皇室有利，乃有五年后派遣内侍赴南洋招徕商贾及加设两浙市舶司之举：

> 雍熙四年（987）五月遣内侍八人赍敕书、金帛，分四纲，各往海南诸蕃国勾招进奉，博买香药、犀、牙、真珠、龙脑。每纲赍空名诏书三道，于所至处赐之。③

设置两浙市舶司则在端拱二年（989）左右。④初置于杭州，后移明州，后更两处分别设置，听蕃客从便⑤。同时更颁布了华商赴海外贸易的办法。《宋会要》职官四四之二载端拱二年五月诏云：

> 自分商旅海外蕃国贩易者，须于两浙市舶司陈牒，诸官给券以

① 《宋会要》食货五五之二二云："大中祥符二年（1009）二月，（榷药局）拨并入榷货物。"
② 《宋会要》职官四四之二。
③ 《宋会要》职官四四之二。
④ 详见［日］藤田丰八：《宋代市舶司及市舶条例》，收入［日］藤田丰八著，何健民译：《中国南海古代交通丛考》，商务印书馆1936年版，第265—266页。石文济：《宋代市舶司的设置》，《宋史研究集》第五辑，1970年，第348页亦可参看。
⑤ 杭州市舶司在淳化三年（992）移于明州。次年，又移归杭州。至真宗咸平二年（999），两州并置。见同上注。

行，违者没入其宝货。①

至此，才确立了宋初招徕外蕃，准许国人赴海外贸易的政策。其时去太祖创业开国已近三十年，去971年灭南汉与外蕃接触起，亦近二十年。

在这种政策执行下，虽然走私贸易不绝（详下节），但大体来说政府收入亦不恶，《宋史》卷一八六《食货志》"互市舶法"条载：

> 天圣（1023—1030）以来，象、犀、珠玉、香药、宝货充物府库，尝斥其余以易金帛、刍粟，县官用度，实有助焉。②

此政策大体言之，除禁榷之不断放松外③，迄神宗熙宁年间（1068—1077）未有重大改变。在此期中所见之补充禁令，均系针对日后所生不法事件所颁。补充禁令，约有以下四项：

（一）禁往高丽、新罗及登、莱二州贸易：庆历年间（1041—1048）敕令云：

> 客旅于海路商贩者，不得往高丽、新罗及登、莱州界。若往余州，并须于发地州军，先经官司投状，开坐所载行货名件，欲往某州军出卖，许召本土有物力居民三名结罪保，明委不夹带违禁及堪造军器物色，不至过越所禁地分。官司即为出给公凭，如有违约及海舶无公凭，许诸色人告捉，船物并没官，仍估物价钱，支一半与告人充赏，犯人科违制之罪。④

不准往高丽、新罗及登莱贩易，主要是针对辽（契丹）而发的。恐海商往

---

① 《宋会要》职官四四之二。《宋史》卷一八六《食货志下八》"互市舶法"条略同。（第4559页）

② 《宋史》卷一八六《食货志下八》"互市舶法"条，第4559页。

③ 如《宋会要》职官四四之二载淳化二年（991）四月诏广州市舶云："（上略）自今，除禁榷货外，他货择良者，止市其半，如时价给之，粗恶者恣其卖，勿禁。"

④ 此令见《三苏全集》东坡集卷二八《奏议·乞禁商旅过外国状》所引。（清道光十三年眉州三苏祠刻本，第19—20页）其后嘉祐年间（1056—1063）曾重申前令。

高丽"遂通契丹",而又怀疑高丽等国与契丹私通。

（二）严禁明州市舶所辖往南海，广州市舶所辖往日本、高丽贸易：

> 诸非广州市舶司辄发过南蕃纲舶船，非明州市舶司而发过日本、高丽者，以违制论，不以赦降去官，其发高丽船仍依别条。①

是明白显示广州市舶掌南海贸易，而两浙市舶掌日本、高丽贸易。

（三）严禁无市舶司地区船舶出海，即严禁走私贸易。有关此项禁令，淳化五年（994）曾重申太平兴国元年前令而处罚较轻：

> 四贯以上徒一年，递加二十贯以上黥面，配本地充役兵。②

（四）禁铜钱出口。《续通鉴长编》卷一三二载庆历元年（1041）五月诏云：

> 乙卯，诏以铜钱出外界，一贯以上，为首者处死。其为从者，若不及一贯……广南、两浙、福建人配陕西。其居停贸给者，与同罪。如捕到蕃人，亦决配荆湖、江南编管。③

这些禁令，对中外海上交通也有或多或少的不利影响。以上这些政策在熙宁年间有了重大改变，这与新法之施行有莫大关系。新政既以理财为一重要政策，因此乃对宋初以来的商业政策做了彻底的检讨。其在对外贸易方面的改变大体可分两方面来说：一方面是对海外贸易限制的放宽，对过去未认真执行之禁令，加以废除，使国人海外贸易之限制减至最少，以增加贸易量；另一方面则对财政体系作一全面的变革，使财税组织更趋系统化、制度化，将前述化暗为明的海外贸易纳入体系之中，加强管制，以减少财税之漏失，增加国库之收入。有关前者，如铜钱出口禁令在熙宁七年

---

① 见《三苏全集》东坡集卷二八《奏议·乞禁商旅过外国状》引用元丰八年（1085）九月十七日敕令节文。（第21页）

② 《宋会要》职官四四之二。

③ 《长编》卷一三二"庆历元年五月乙卯"条，第3122页。

（1074）即被废止。《续通鉴长编》卷二六九载熙宁八年张方平论钱禁云：

> 自熙宁七年颁行新敕，删去旧条，削除钱禁，以此边关重车而出，海舶饱载而回。……钱币中国宝货，今乃与四夷共用！[1]

对高丽贸易之禁令，也在元丰八年（1085）解除：

> 商贾由海道贩诸蕃，惟不得至大辽国及登、莱州，即诸蕃愿附船入贡或商贩者，听。[2]

这两项禁令的解除，无疑对海外贸易有重大影响，但另一方面由于财税体系之系统化与制度化，福建地区长期以来的走私贸易，也为中央正视，而逐步纳入了管制之中。熙宁二年行均输法后条例司即曾建议以发运使兼掌市舶，以纳市舶入中央财政体系中。《续通鉴长编拾补》卷五"熙宁二年九月"条载：

> 壬午，条例司言银、铜、冶坑、市舶之物皆上供而贾出诸路，故转运使莫肯为，课入滋失。今既假发运使以钱货听移用六路之财，则东西南经费皆当由公办，谓令发运使副兼提举九路银、铜、冶坑、市舶之事，条具利害以闻。乃诏发运司薛向、副使罗（极）［拯］兼都大提举江淮、两浙、荆湖、福建、广南等路银、铜、铅、锡、坑冶、市舶等，从之。[3]

对市舶等已有加强管制，集中事权之意。熙宁五年行市易法后，在各处置市易务，更有将市舶司并入市易务之意，因故未行[4]。但终于在元丰三年

---

[1] 《长编》卷二六九"熙宁八年十月壬辰"条，第6593—6594页。（编者按：原文作者标注此条史料时间为"熙宁九年"，现据点校本改为"熙宁八年"。）

[2] 引自《三苏全集》东坡集卷二八《奏议·乞禁商旅过外国状》，第21页。

[3] 〔清〕黄以周等辑注，顾吉辰点校：《续资治通鉴长编拾补》卷五"熙宁二年九月壬午"条，中华书局2004年版，第239页。

[4] 《宋会要》职官四四之六载其事云："熙宁七年七月十八日，诏广东路提举司劾广州市易务勾当公事吕邈，以擅入市舶司拘拦蕃商物故也。十九日，诏广州市舶司依旧存留，更不并归市易务。"

（1080）将原由地方官兼理之市舶司，改由转运使兼理，市舶成为中央财税系统之一环。《宋会要》职官四四之六云：

> 元丰三年八月二十七日中书言，广州市舶条已修定，乞专委官推行。诏广东以转运使孙迪，广西以转运使陈倩，两浙以转运副使周直孺，福建以转运判官王子京，迪、直孺兼提举推行，倩、子京兼觉察拘拦，其广南东路安抚使更不带市舶司。①

此诏变地方官兼理市舶为转运司兼理，无疑为一大转变。②而此诏言于福建路置觉察拘拦，亦系针对福建地区走私贸易而发，希望能加强管制，以减少赋税漏失。前此更有人建议于泉州置市舶司（详见本文第四节），因此早在熙宁七年（1074）已有加强对泉、福诸地外货处理之诏令：

> ［熙宁］七年正月一日诏诸舶船遇风信不便，飘至逐州界，速申所在官司，城下委知州，余委通判或职官，与本县令佐躬亲点检。除不系禁物税讫给付外，其系禁物即封堵，差人押赴随近市舶司勾收抽买。诸泉、福缘海州，有南蕃海南物货船到，并取公据验认，如已经抽买，有税物给到回引，即许通行，若无照证及买得未经抽买，物货即押赴随近市舶司勘验施行。诸客人买到抽解下物货，并于市舶司请公凭引目，许往外州货卖。如不出引目，许人告，依偷税法。③

是可见泉、福诸州在市舶司设置之前，对外来船货已有完税抽买后即可自由行销的规定，这一方面显示了泉、福地区外货日盛，政府不得不加强管制，以使其制度化；另一方面，此诏也表明了贸易地区的放宽。前此只有置市舶司处（即广、杭、明三州）准许外商贸易，此后蕃舶于抽解后，沿

---

① 《宋会要》职官四四之六。

② 〔元〕马端临：《文献通考》卷六二《职官考十六》"提举市舶"条谓："熙宁中始变市舶法。……旧制虽有市舶司，多州郡兼任，元丰中始令转运使兼提举，而州郡不复预也。"（中华书局2011年点校本，第1868页）其下文与《宋会要》同。

③ 见《宋会要》职官四四之六。

海各地无不可贸易。前引《续通鉴长编》卷二六九熙宁八年张方平论钱禁云：

> 自熙宁七年颁行新敕，删去旧条，削除钱禁，以此边关重车而出，海舶饱载而回。……诸舶旧制，惟广州、杭州、明州市舶司为贸纳之处，往还搜检，条列甚严，尚不得取便至他州也。今日广南、福建、两浙、山东，恣其所往，所在官司，公为隐庇。①

以上这种一方面开放贸易地区，一方面则在诸贸易地区加强管制，是熙、丰新政在对外贸易方面的重大转变，终于造成日后沿海州郡纷纷设置市舶司的结果②，泉州即在元祐二年（1087）设置了市舶司。

二、设置市舶司以前泉州的对外交通

前节已说明了五代时期福建对外海上交通有长足的进步，奠定了宋代泉州海上交通繁盛的基础。因此，虽然宋初并未在泉州设置市舶司，但由于主客观情势之逐步成熟（详下节），泉州对外交通继续发展，终于在熙、丰以后对外贸易政策改变下，朝廷采纳了地方官吏的建议，于元祐二年（1087）在泉州设置了市舶司，本段仅就置司前泉州对外交通作一探讨，置司以后暂不论及。

经过五代的发展，到北宋初年，泉州的对外贸易地位已很重要。前引《宋会要》职官四四之一即载：

> 太平兴国初，京师置榷易院，乃诏诸蕃国香药、宝货至广州、交趾、泉州、两浙，非出于官库者，不得私相市易。③

---

① 《长编》卷二六九"熙宁八年十月壬辰"条，第6593—6594页。（编者按：原文作者标注此条史料时间为"熙宁九年"，现据点校本改为"熙宁八年"。）
② 如哲宗元祐二年（1087）置泉州市舶司，次年置密州市舶司于板桥镇，徽宗政和三年（1113）之置秀州市舶司等。
③ 《宋会要》职官四四之一。

同书同卷又载：

> ［太平兴国］七年闰十二月诏，闻在京及诸州府人民或少药物食
> 用，今以下项香药止禁榷广南、漳泉等州舶船上，不得侵越州府界，
> 紊乱法条。①

陈洪进降宋在太平兴国三年（978），这两段记载明显地反映了泉州对外贸
易因陈洪进之纳土归降而丝毫未受影响，也说明了泉州地区经过五代的发
展后，已与交、广、明三州并称为外蕃来贩的重要据点。但其后宋仅在广
州及两浙设置市舶司，泉州未置。其未在泉州设置市舶司之原因，虽未见
有关史料，但闽省与内陆交通运输之不便应为一重要原因。盖宋代禁榷贸
易，贵重者皆须运往京师榷易，广州、杭州、明州与内陆交通均较便利②，
福建与内陆交通之困难状况，至有"北畔是山南畔海，祗堪图画不堪行"
的说法③，其不便可知。泉州虽未设置市舶司，但商贩出海贸易风气已经
形成，故在北宋时期，官方记载虽少见有关泉州对外交通之事，但阅若干
相关记载，即知泉州对外贸易并非不盛。仁宗末曾两度出任泉州知州的蔡
襄所著《荔枝谱》中即载有：

> ［荔枝］水浮陆转以入京师，外至北戎、西夏，其东南舟行新罗、
> 日本、流求、大食之属，莫不爱好。重利以酬之，故商人贩益广，而
> 乡人种益多，一岁之出不知几千万亿，即乡人得饫食者盖鲜，以其断
> 林鬻之也。④

---

① 《宋会要》职官四四之一。
② 广州可利用北江水运至南雄，越大庾岭至虔州后，即又可利用赣江水运转长江北上入汴。详
　见全汉昇：《宋代广州的国内外贸易》，《史语所集刊》第八本第三分册，1939年，第335页。
　明州、杭州利用大运河更为方便。
③ 五代诗人杜荀鹤语。见〔清〕李调元编：《全五代诗》卷四《闽中秋思》，第69页。
④ 见〔宋〕蔡襄：《荔枝谱》第三篇，收入〔宋〕左圭辑刊：《左氏百川学海》第30册癸集上，
　民国武进陶氏据宋本影刊本，第2—3页。该书自序署嘉祐四年，岁次己亥，是在1059年，襄
　第二次出知泉州时所写。

可见仁宗（1023—1063）时，泉州商贾赴海外贩荔枝者已不少。接替蔡襄守泉之关咏，亦有有关泉州海外贸易之资料。乾隆《泉州府志》卷二九《名宦一·关咏传》云：

> 关咏……嘉祐八年（1063）自太常少卿知泉州。……泉有蕃舶之饶，官州者多市取其货，十不偿一，惟咏与参军杜纯无私买，竟以不察举他官坐免。[1]

《宋史》卷三三○《杜纯传》亦云：

> ［纯］以荫为泉州司法参军。泉有蕃舶之饶，杂货山积。时官于州者私与为市，价十不偿一，惟知州关咏与纯无私买，人亦莫知。后事败，狱治多相牵系，独两人无与，咏犹以不察免，且檄参对。纯愤懑，陈书使者为讼冤，咏得不坐。[2]

都说明了泉州置司以前对外贸易已相当繁盛。不过最足以说明泉州对外交通之盛者，还是泉州商人掌握宋丽（高丽）贸易之事。

有关泉州商人与高丽贸易的问题，宋晞先生曾根据郑麟趾《高丽史》卷四至卷二八世家的记载，统计出自宋真宗大中祥符五年（1012，高丽显宗三年）至南宋帝昺祥兴元年（1278，高丽忠烈王四年）的两百六十六年间，宋商（官方聘使来往不计）赴高丽之次数达129回，人数多达五千余人。这些并无奇特之处，惟其中商人之籍贯，竟以福建路的泉州与两浙路的明州为最多[3]。明州为对高丽贸易市舶司所在，理有必然，而泉州商人之高居首位，实令人难以置信。此处仅就设置市舶前，宋商赴丽情形，列表于后，以作说明：

---

① 乾隆《泉州府志》卷二九《名宦一·关咏传》，第10页。
② 《宋史》卷三三○《杜纯传》，第10632页。
③ 宋晞：《宋商在宋丽贸易中的贡献》，《史学汇刊》1977年第8期，后收入氏著《宋史研究论丛》（第二辑），"中国文化学院"出版部1980年版，第146—159页。

表1　宋商赴丽一览

年代	宋商人数	进献品名	备考
宋真宗大中祥符五年，高丽显宗三年（1012）十月丙午	宋南楚人陆世宁等	方物	
真宗天禧元年，显宗八年（1017）	宋泉州人林仁福等四十人	方物	√
真宗天禧二年，显宗九年（1018）闰四月癸卯	宋江南王肃子等二十四人	土物	
真宗天禧三年，显宗十年（1019）七月己巳	宋泉州人陈文轨等一百人	土物	√
同年同月壬申	宋福州虞瑄等百余人	香药	√
真宗天禧四年，显宗十一年（1020）二月	宋泉州人怀贽等	方物	√
仁宗乾兴元年，显宗十三年（1022）八月甲寅	宋福州人陈象中等	土物	√
同年同月辛酉	宋广南人陈文遂等	香药	
仁宗天圣元年，显宗十四年（1023）十一月丙申	宋泉州人陈亿		√
仁宗天圣四年，显宗十七年（1026）八月壬午	宋广南人李文通等三人	方物	
仁宗天圣五年，显宗十八年（1027）八月丁亥	宋江南人李文通等	书册凡五百九十七卷	
仁宗天圣六年，显宗十九年（1028）九月丙申	宋泉州人李额等三十余人	方物	√
仁宗天圣七年，显宗二十年（1029）八月己亥	宋广南人庄文宝等八十人	土物	
仁宗天圣八年，显宗二一年（1030）七月己巳	宋泉州人卢遵等	方物	√
仁宗天圣九年，显宗二二年（1031）六月乙未	宋台州商客陈惟志等六十四人		
仁宗明道二年，德宗二年（1033）八月甲午	宋泉州商都纲林蔼等五十五人	土物	√

续表

年代	宋商人数	进献品名	备考
仁宗景祐元年，德宗三年（1034）十二月庚寅	宋商客参加八关会	方物	
仁宗景祐三年，靖宗二年（1036）七月辛巳	宋商陈谅等六十七人	土物	
同年十一月己丑	宋商参加八关会	方物	
仁宗景祐四年，靖宗三年（1037）八月乙酉	宋商朱如玉等二十人		
同年同月丁亥	宋商林赟等	方物	
仁宗宝元元年，靖宗四年（1038）八月戊子	宋明州商陈亮、台州商陈维绩等一百四十七人	土物	
仁宗宝元二年，靖宗五年（1039）八月庚申	宋商惟积等五十人	方物	
仁宗庆历元年，靖宗七年（1041）十一月己未	宋商王诺等	方物	
仁宗庆历五年，靖宗十一年（1045）五月丙寅	宋泉州商林禧等	土物	√
仁宗庆历七年，文宗元年（1047）九月丁丑	宋商林机等	土物	
仁宗皇祐元年，文宗三年（1049）八月己巳	宋台州商徐赞等七十一人	方物	
同年同月辛巳	宋泉州商王易从等六十二人	珍宝	√
仁宗皇祐四年，文宗六年（1052）八月乙酉	宋商林兴等三十五人	土物	
同年九月癸卯	宋商赵受等二十六人	土物	
同年同月壬子	宋商萧宗明等四十人	土物	萧，泉州人，详下"仁宗嘉祐三年"条
仁宗至和元年，文宗八年（1054）七月庚午	宋商赵受等六十九人	犀角、象牙	
同年九月庚午	宋商黄助等四十八人		

续表

年代	宋商人数	进献品名	备考
仁宗至和二年，文宗九年（1055）二月戊申	寒食，飨宋商叶德宠等八十七人于娱宾馆，黄拯等一百五人于迎宾馆，黄助等四十八人于清河馆		
同年九月辛未	宋都纲黄忻状称，臣携儿蒲安、世安来投，而有母年八十二，在本国，请遣还长男蒲安供养。许之		
仁宗嘉祐元年，文宗十年（1056）十一月辛巳	宋商黄拯等二十九人	土物	
仁宗嘉祐二年，文宗十一年（1057）八月丁未	宋商叶德宠等二十五人	土物	
同年同月丁卯	宋商郭满等三十三人	土物	
仁宗嘉祐三年，文宗十二年（1058）八月乙巳	宋商黄景文等	土物	高丽文宗十三年八月戊辰条："宋泉州商黄景文、萧宗明，医人江朝东等将还。制许留宗明、朝东等三人。"则知黄景文、萧宗明皆泉州人
仁宗嘉祐四年，文宗十三年（1059）四月丙子	宋商萧宋（应作宗）明等乞就饥街路瞻望法驾。许之		√
同年八月乙酉	宋商傅男等	方物	
仁宗嘉祐五年，文宗十四年（1060）七月乙巳	宋商黄助等三十六人	土物	
同年八月癸亥	宋商徐意等三十九人	土物	
同年同月乙亥	宋商黄元载等四十九人	土物	

续表

年代	宋商人数	进献品名	备考
仁宗嘉祐六年，文宗十五年（1061）八月丙子	宋商郭满等	土物	
仁宗嘉祐八年，文宗十七年（1063）九月壬寅	宋商郭满等	土物	
同年十月庚午	宋商林宁、黄文景	土物	黄文景泉州人，见前"嘉祐三年"条
英宗治平元年，文宗十八年（1064）七月丙戌	宋商陈巩等	土物	
同年八月甲午	宋商林宁等	珍宝	
英宗治平二年，文宗十九年（1065）九月癸未	宋商郭满、黄宗等	土物	
神宗熙宁元年，文宗二二年（1068）七月辛巳	宋人黄慎来见		为泉州人，见《宋史》卷三三一罗拯条："泉商黄谨（即慎）往高丽"
同年同月辛巳	宋商林宁等	土物	
神宗熙宁二年，文宗二三年（1069）六月壬寅	宋商杨从盛等	土物	
同年七月丁丑	宋商王宁	土物	
神宗熙宁三年，文宗二四年（1070）八月己卯	宋湖南、荆湖、两浙发运使罗拯复遣黄慎来		为泉州人，说见前
神宗熙宁四年，文宗二五年（1071）八月丁丑	宋商郭满等三十三人	土物	
同年九月乙酉	宋商元积等三十六人	土物	
同年同月丁酉	宋商王华等三十人	土物	
同年十月乙卯	宋商许满等六十一人	土物	
神宗熙宁六年，文宗二七年（1073）十一月辛亥	设八关会，大宋国人	礼物	
神宗熙宁八年，文宗二九年（1075）五月乙酉	宋商王舜满等三十九人	土物	

续表

年代	宋商人数	进献品名	备考
同年六月丙辰	宋商林宁等三十五人	土物	
神宗熙宁十年，文宗三一年（1077）七月己酉	宋商林庆等二十八人	土物	
同年九月辛亥	宋商杨从盛等四十九人	土物	
神宗元丰二年，文宗三三年（1079）八月丁巳	宋商林庆等二十九人	土物	
神宗元丰四年，文宗三五年（1081）二月甲戌	宋商林庆等三十人	土物	
同月八月戊辰	宋商李元绩等六十八人	土物	
神宗元丰五年，文宗三十六年（1082）八月乙亥	宋商陈仪等	土物	
哲宗元祐二年，宣宗四年（1087）三月甲戌	宋商徐戬等二十人	《新华严经》板	徐，泉州人，见苏轼奏议《论高丽进奉状》
同年四月丙戌	宋商传高等二十人	土物	

本表引自宋晞：《宋商在宋丽贸易中的贡献》，略作补充。

在元祐二年（1087）置司前六十九次至高丽的宋商中，可肯定属闽籍者，竟有十八次之多，其中除两次为福州商外，其余十六次概为泉州商人。其余仅著宋商者，可能还有籍隶泉州者。《三苏全书·东坡集》卷二七载元祐四年《论高丽进奉状》云：

> 自二圣嗣位，高丽数年不至，淮、浙、京东吏民有息肩之喜，唯福建一路多以海商为业，其间凶险之人，犹敢交通引惹，以希厚利。……福建狡商专擅交通高丽，高丽引惹年利，如徐戬（泉州商）者甚众。[1]

《论高丽进奉第二状》更谓：

---

[1]《三苏全书·东坡集》卷二七《奏议·论高丽进奉状》，第1页。

［明州］惠国院之僧净源，本是庸人，只因多与福建海商往还，故商人等于高丽国中妄有谈说。①

可见彼时宋丽贸易中，福建商人的势力甚大。甚至在严禁交通高丽时期，亦有泉州商客来往高丽。前表所引黄慎（《宋史》作谨）其人即系明显之例。缘宋丽间由宋仁宗天圣八年（1030）至神宗熙宁二年（1069）已四十年无信使往还，熙宁二年高丽政府委托黄慎等返宋时，携带国书与宋官吏，表示欲通使。《宋史》卷三三一《罗拯传》载其事云：

拯使闽时，泉商黄谨往高丽，馆之礼宾省，其王云自天圣后职贡绝，欲命使与谨俱来。至是，拯以闻，神宗许之，遂遣金悌入贡。高丽复通中国自此始。②

《文献通考》卷三二五《高丽传》亦云：

熙宁二年，其国礼宾省移牒福建转运使罗极（《东坡奏议》《宋史》作拯）云，商人黄真（即慎）、洪万来称，运使奉密旨令招接通好。"当国避居旸谷，邈恋天朝，祖祢以来，梯航相继，蕞尔平壤，逦于大辽，附之则为睦邻，疏之则为劲敌，虑边骚之未息。盖陆响以靡遑，久困羁縻，难图携贰，故违述职。……今以公状，附真、万西还，俟得报音，即备礼朝贡。"……三年，极以闻，时议者亦谓可结之以谋契丹，帝许焉。命极论之，以供拟腆厚之意。③

此事系宋对高丽政策转变之始，其后即有元丰八年（1085）解除禁止交通高丽之诏。其中值得注意者有三：高丽附函返宋华商传递信息，不至登、莱，不至密州，不至明州，竟交由福建转运使，而黄、洪又为泉州人，益

---

① 《三苏全集》东坡集卷二七《奏议·论高丽进奉第二状》，第14页。
② 《宋史》卷三三一《罗拯传》，第10646页。
③ 《文献通考》卷三二五《四裔考二·高句丽》，第8955页。（编者按：原文正文中作者指该条史料出处为《文献通考》"卷三二四"，查得准确出处为卷三二五，故改。）

证泉州与高丽间关系之密切，此其一。宋政府虽一再严禁宋商赴丽贸易，官方关系亦时断时续，但由于禁令不严，宋商赴丽者，仍大有人在，黄洪特一例耳，此其二。宋丽官方往来在熙丰前多由登州出发，在熙丰后则由明州①，但商旅之私贩（或曾于明州市舶司注册）往禁区——高丽贸易，则遍及泉州以北的海面，盖泉州商掌握其间部分贸易的缘故，此其三。这种情形一直到元祐泉州置司时还是如此。《东坡集》卷二七《乞令高丽僧从泉州归国状》云：

> 访闻明州近日少有因便商客入高丽国，窃恐久滞，逐僧在彼不便。窃闻泉州多有海舶入高丽，往来买卖，除已牒明州契勘，如寿介等到来年［元祐五年］卒无因便船舶，即一面申奏乞发往泉州附船归国。②

遣高丽僧返国，在明州久候赴高丽商舶不得，苏轼竟欲将彼等发往泉州附商船返高丽，泉州对高丽之交通固已超过明州！再以留居高丽的华人情形来看，更知此言不虚：

> ［高丽］王城有华人数百，多闽人，因贾船而至者。密试其所能，诱以禄仕，或强留之终身。朝廷使至，有陈牒来述者，则取以归。③

泉州商人在设置市舶司以前掌握宋丽贸易之实情，充分显示了五代以降福建商人在对外贸易中所占的重要地位。这种情形，非但未受官方忽视的影响，反而在对外贸易禁令执行之疏忽下，更方便其下海贩易的行动。这种繁盛的走私贸易终于成为宋政府不得不在泉州设司管理，将之化非法为合

---

① 熙丰前如淳化四年（993）宋使陈清、刘式赴高丽，即从登州出海。《宋史·高丽传》云："往时高丽人往来皆自登州。（熙宁）七年，遗其臣金良鉴来，言欲远契丹，乞改由明州诣阙，从之。"（第14046页）
② 《三苏全集》东坡集卷二七《奏议·乞令高丽僧从泉州归国状》，第16页。
③ 见《宋史》卷四八七《高丽传》，第14053页。《文献通考》卷三二五《四裔考二·高句丽》同。（第8958页）

法的原因之一。

至于论及泉州对南海贸易的情形，就不如宋丽贸易，有对方留下史料可供研究。不过在我国史籍中仍有一鳞半爪，可略窥其情。在未置市舶司前，泉州商人欲往南海者，往返皆须往广州注册。《文献通考》卷六二《职官考》提举市舶条载其事云：

> 泉人贾海外者，往复必使诣广东（原作东诣广，疑误），否则没其货。海道回远，窃还家者过半，岁抵罪者众。①

其所谓"海道回远"指由南海（尤其南洋群岛一带）可利用夏季西南季风直接返回泉州，转赴广州是极为不便的。其往南海诸国贸易者，亦偶见记载。如往交趾即见于《续通鉴长编》卷二七三载熙宁九年二月壬申诏：

> 福建、广南人因商贾至交趾，或闻有留于彼用事者。②

福建与占城间的贸易亦甚发达。《文献通考》卷三三二载占城国传云：

> 占城国……北去广州便风半月程，东北至两浙一月程。③

可见其时人对占城与两浙间航程已颇熟知，则两浙南邻的福建当亦不例外。司马光《涑水记闻》卷十二更载：

> 庆历三年（1043）正月，广南东路转运司奏：前此温、台府巡检军士鄂陵，杀巡检使，寇掠数十州境，亡入占城。泉州商人邵保，以私财募人之占城，取鄂陵等七人而归，枭首广市。乞旌赏。④

---

① 《文献通考》卷六二《职官考十六》"提举市舶"条，第1868页。

② 《长编》卷二七三"熙宁九年二月壬申"条，第6692页。

③ 《文献通考》卷三三二《四裔考九·占城》，第9158页。（编者按：原文正文中作者指该条史料出处为《文献通考》"卷三二四"，查得准确出处为卷三三二，故改。）

④ 〔宋〕司马光撰，邓广铭、张希清点校：《涑水记闻》卷十二《鄂陵》，中华书局2017年版，第262页。《宋会要》兵十一之十七略同。

邵保为在广州之泉州商，其往来于泉、广间及广州、占城间应极为可能。其能募人入占城取鄂陵等归，对占城亦必极为了解，其时泉、广、占城间之商旅往来是明显可见的。至于南洋群岛诸国，由于开发之逐步成熟，与中国之交通亦日盛。三佛齐（苏门答腊一带）、勃泥（今Bronei）、阇婆（爪哇）诸国，均位居广州正南方海中，其来中国如顺夏季之西南季风而来，至泉州虽较远，但未必较去广州不便。《文献通考》卷三三二《三佛齐国传》云：

> 三佛齐汎海便风二十日至广州，如泉州，舟行顺风，月余亦可到。[1]

是以在南洋群岛诸国逐步形成后，我国对外海上交通重心颇有东移之势（详下节），何况泉州尚兼擅东北亚高丽之贸易，在此颇易得广州难见之物，自然逐渐形成三佛齐诸国来华之另一中心。《宋史》卷四九三《阇婆传》载：

> （淳化三年，992）明州言阇婆国遣使乘大船求贡方物。……先是，朝贡使泛舶船六十日至明州定海县……译者言云：今主舶大商毛旭者，建溪人，数往来本国，因假其乡导来朝贡。[2]

是可见宋初已有华商来往阇婆与中国之间，其来贡不由广州，而由明州，可见其顺风而来未必经由广州，但泉州未置市舶，是以由明州入贡，更说明了泉州对南洋群岛交通之便利。其实，（三）佛齐人在唐末来华时，已有由福建而不由广州的记录。又《文献通考》卷三三二《勃泥传》云：

> 元丰五年二月，其（勃泥）王锡理麻喏复遣使贡方物，其使乞从

---

[1] 《文献通考》卷三三二《四裔考九·三佛齐》，第9163页。（编者按：原文正文中作者指该条史料出处为《文献通考》"卷三二四"，查得准确出处为卷三三二，故改。）

[2] 《宋史》卷四九三《阇婆传》，第14092页。《文献通考》卷三三二《四裔考九·阇婆》同。（第9150页）

泉州乘海舶归国，从之。①

其时泉州尚未设置市舶司，而其使竟要求由泉州乘船回国，则由泉州去南洋群岛必有其便利之处。此亦可见泉州之重要。

至于印度洋上诸国，则以史料难稽，不易得知，不过仍有可供一述者。《诸蕃志》卷上"天竺国"条载：

> 雍熙间（984—987），有僧啰护哪航海而至，自言天竺国人。蕃商以其胡僧，竞持金缯珍宝以施，僧一不有，买隙地建佛刹于泉之城南，今宝林院是也。②

该僧由何处来，虽难知晓，但印度人东来，不全至广州，亦有抵达泉州者是可以断言的。这也提供泉州对南方的交通不限于南海的一个重要消息。

在泉州当地，晚近也发现了真宗大中祥符二年（1009）阿拉伯人的墓碑。碑文云：

> 死者名黑提漆，异国阿拉伯女人。她是有名的人高尼微的爱女，卒于回历四百年（即大中祥符二年）□月二十四日的上午。③

这是迄今泉州发现最早的阿拉伯人墓碑，也是当时泉州已有外国人居留的最佳证据。

总之，北宋置司前，泉州对外交通的情形，因史料不全，难窥全豹，但由现存之零星史料，亦可推知当时泉州对外交通已颇兴盛。其与南海交通虽不如与高丽贸易之盛，但已与交趾、占城、三佛齐、阇婆、勃泥，甚

---

① 《文献通考》卷三三二《四裔考九·勃泥》，第9166页。（编者按：原文正文中作者指该条史料出处为《文献通考》"卷三二四"，查得准确出处为卷三三二，故改。）《宋史》卷四八九《勃泥传》同。（第14095页）
② 〔宋〕赵汝适著，杨博文校释：《诸蕃志》卷上《志国·天竺国》，中华书局2000年版，第86页。
③ 碑原为阿拉伯文，马克恩中译。译文载吴文良：《泉州宗教石刻》，科学出版社1957年版，第6页。此处转引自苏宗仁：《宋代泉州市舶司研究》，香港大学1950年硕士学位论文，第372页。

至印度，有所往来。这一繁盛的交通遂构成宋在泉州设置市舶司的主要条件。

第三节　五代北宋以降泉州海上交通转盛的原因

五代以降，泉州能由居唐末广、扬间转运站之地位，一跃而为独立对外贸易港市，其原因虽已于一、二节中约略道及，然其后复能于北宋初年之忽视泉州对外交通下，仍能有持续不断的发展，实有值得深入探讨之处，爰于此节专论之。

有关唐末五代我国对外海上交通之兴起，论者每谓与唐末黄巢之入广州（879年）有重大关系。在黄巢之乱以前，掌握中外海上贸易者多为阿拉伯人，黄巢入广州杀"蕃"商十二万人，后来外商视为畏途，国人遂起而代之[1]。然出海贩易者仍多为岭南道人，福建地区则尚未见。因此论及泉州在五代后在海外交通中所占地位逐渐重要，还要从其他方面探讨。论到五代、北宋时代泉州对外交通转盛的原因，至少可由以下三方面加以讨论：其一是主观形势的改变，即福建（尤其是泉州）商人的兴起，在对外贸易中逐渐掌握了举足轻重的地位。其二是客观形势的逐步成熟，这包括东洋航路之肇兴与西洋航路之转变两方面。其三就是航海技术的重大进展。兹分别论述于后。

一、主观形势之改变——闽（尤以泉州为最）商之兴起

前已论及在唐中期以前，来往中阿间从事海上贸易者，多为阿拉伯（大食）人，后来稍有改变，中国人出海贸易者渐多。但其时出海贩易者多为岭南道人，至五代起形势始变，闽商出海贩易者日盛一日。此种转变

---

[1] 黄巢杀蕃商事，见阿拉伯人马素迪（Abu-I-Hassan Ali-el-Masudi）著《黄金牧地》，并云蕃商途止于马来半岛上之 Kalah 贸易。此论点见方豪：《宋泉州等地之祈》，收入氏著《方豪六十自定稿》，（台北）台湾学生书局1969年版，下册，第1230页。

的理由，复可由以下几项分别说明：

1. 福建之地狭人稠：以今日地理区而言，福建属浙闽丘陵区，多山岭丘陵，海拔在 400—1500 米之间，位于大陆边缘，为火山喷发物堆积而成；地形破碎，河流短促，且均独流入海，故仅有局部冲积平原，可耕地不多①。而随着人口的增加，闽地逐渐变为地狭人稠，出产不足的现象。这种地理因素，至今已成为国人论闽粤华人出海维生之重要理由。但此处所需决定者是此种地狭人稠现象由何时开始。在南朝陈时，晋安郡尚为粮食过剩之区②。唐末韩愈谓"闽越地肥衍"③，沉怀远"次绥安"（今漳浦县）诗亦云"闽方信阻狭，兹地亦丰沃"④，可见在唐末以前"阻狭"是不错的，但因"地肥衍"，尚无粮产不足之现象。因此此种现象之产生，当在五代宋初以后。这与五代北宋时期福建及泉州地区的开发有重大关系。

五代、北宋时期在福建及泉州地区之开发史上居于关键地位。就福建地区而言，宋初是单独设置地方最高行政区（路）之始。福建地区在五代以前，或属岭南，或属江南（东道），至宋，于收入版图后即单独设路，漳泉未附前先称两浙西南路，太宗雍熙二年（985）起更名福建⑤。福建之于宋初设路，是因为唐末五代以来中原人士的大量移入，使州县人口大量增加，偏僻荒芜之区有更进一步的开发，在五代时就已有许多地区因发展已达相当程度而设县。以泉州地区而论即有五个之多：唐德宗贞元十九年（803）置之大同场，在五代闽王曦永隆元年（939）升为同安县；唐穆宗

---

① 参何敏求、陈寿、程璐：《中国地理概论》，正中书局 1936 年版，第 312—313 页。
② 《陈书》卷三五《陈宝应传》载："是时（指侯景之乱），东境饥馑，会稽尤甚，死者十七八，平民男女，并皆自卖。而晋安独丰沃。宝应自海道寇临安、永嘉及会稽、余姚、诸暨，又载米粟与之贸易，多致玉帛子女，其有能致舟乘者，亦并奔归之，由是大致赀产，士众强盛。"其时晋安郡之富庶可见。（〔唐〕姚思廉撰，中华书局 1972 年点校本，第 487 页）
③ 引自《大明一统志》卷七四《福州府》"形胜"条，三秦出版社 1990 年影印本，第 1146 页。
④ 沉怀远有谓系南朝宋人，实误。〔宋〕王象之编著，赵一生点校：《舆地纪胜》卷一三一《福建路·漳州·碑记》，有《唐沉怀远碑》（咸通二年，861）记载，明谓其系唐末人。（浙江古籍出版社 2012 年版，第 2980 页）
⑤ 详见〔宋〕王存：《元丰九域志》卷九《福建路》，（台北）文海出版社影印乾隆校刊本，第 1 页。

长庆二年（822）置之桃林场，在五代后晋长兴元年（930，时王审知治闽，未称帝）升为永春县；唐懿宗咸通五年（864）置之小溪场，在五代南唐保大十三年（955）升为清溪县（次年更名为安溪）；同年，唐僖宗乾符三年（876）置之武德场亦升为长泰县（以上四县俱由南安县分出）；宋初太平兴国六年（981，即并有泉州之第四年）又划晋江县洛阳江北地区成立惠安县①。是泉州由唐原有之四县（南安、莆田、仙游、晋江）增为九县。由县邑增置之快、之多，可以明显看出唐末五代以来泉州地区开发之迅速。因此宋领有福建后，即对福建之行政区划做了大幅度的调整，由原来之五州（福、建、泉、汀、漳）扩为八州（军），上四州之建、南剑、邵武（军）、汀及下四州之福、兴化（军）、泉、漳。而原属泉州不在晋江流域范围内的莆田、仙游划归兴化军，长泰划归漳州，而原属福州之德化则划入泉州，即泉州新领之七县全属晋江流域，与地理区域更相符合②。至此泉州之辖域大体定型，其后终清之世未有重大改变。

　　这种快速的开发，自然与人口之快速增长有莫大关系。缘唐中期中原已遭安史之乱的摧残，人口流徙来南者已不少；唐末复经王仙芝、黄巢之乱的杀戮，中原更加残破不堪，入闽仕民更为众多。王潮、审知、审邽兄弟入闽的一支即为最大的一次③。严耕望先生由《文献通考》及《宋史》所载后周及各国各地之户数，统计出五代之末全国户口以漳泉、吴越及南唐为最稠密④。自隋到南宋初年福建人口增加的情形可由下表看出：

① 〔宋〕乐史：《太平寰宇记》〔（台北）文海出版社影印嘉庆刊本〕、《元丰九域志》、《宋史》卷八九《地理志五》（第2208页）皆作太平兴国六年。而《舆地广记》则作淳化五年（994），疑误。〔〔宋〕欧阳忞：《舆地广记》卷三四，（台北）文海出版社1962年影印士礼居本，第3页〕

② 有关五代宋初福建、泉州之州县沿革，详见《太平寰宇记》卷一〇二"江南东道泉州、漳州"条。

③ 至今闽南大姓族谱均谓其族在唐末入闽，如郿、林、黄、陈等。闽南一带亦有传言，谓随王潮入闽之兵丁，将原来男子都杀了，娶他们的妻子为妻，所以女人叫作"诸传人"，意即无诸传下来的人。男人叫作"唐补人"，意即外来的唐人。唐末王氏入闽在福建移民史上的意义可见。详见王孝泉：《从地理、民族、学术的变迁说到研究福建文化的途径》，《福建文化》第1集第3期，1932年4月，第4—9页。

④ 详见严耕望：《中国历史地理》隋唐五代十国篇，"中国文化大学"华冈出版部1983年版。

表2 南宋初年福建人口增加情况

年代	户数	人口数	资料来源
隋	12420	（未载）	《隋书》卷三一《地理志》
唐初	15336	22820	《旧唐书》卷四十《地理志》
唐开元时	90689	411587	《旧唐书》卷四十《地理志》
天宝时	83538	537472	《通典》卷一八二《州郡十二》
天宝年间	84311	（未载）	《元和郡县图志》卷二九《江南道五》
元和时	86079	（未载）	《元和郡县图志》卷二九《江南道五》
宋太平兴国年间	467785	（未载）	《太平寰宇记》卷一〇二
元丰三年	992087	2043032	《文献通考》卷十一《户口考》
元丰年间	1044335	（未载）	《元丰九域志》卷九
宋绍兴三十二年	1390565	2828852	《宋史》卷八九《地理志五》

如以唐天宝时（742—756）与宋元丰三年（1080）比较，户数增加近十二倍，口数增加近四倍，人口增加之多，已可大略看出。至于泉州人口的增加，下表亦可显示一斑：

表3 唐宋时期泉州人口增长情况

年代	户数	人口数	资料来源
唐开元时	30754	（未载）	《元和郡县图志》《乾隆泉州府志》载37054户，未知孰误
天宝时	23806	160295	《旧唐书》卷四十《地理志五》
天宝时	35571	（未载）	《元和郡县图志》卷二九
乾元时	33800	（未载）	《乾隆泉州府志》卷十八《户口志》
元和时	24586	154900	《通典》卷一八二《州郡十二》泉州府志载户35500有奇
宋太平兴国时	96581	（未载）	《太平寰宇记》卷一〇二《江南道》
元丰时	201406	（未载）	《元丰九域志》卷九，《宋史·地理志》载崇宁时户同

年代	户数	人口数	资料来源
淳祐时	255758	348874	《乾隆泉州府志》卷十八

由唐元和年间（806—820）至北宋元丰时，户数增加达八倍之多，成为当时全国户数在二十万以上有数的大州之一。[1]虽然宋后浮报户数以逃税之风气极盛，但唐末到北宋末年，泉州人口增长之速是大概可以看出的。

这种人口快速的增长，遂造成宋初以后泉州地狭人稠、生产不足的现象。《宋史》卷八九《地理志》"福建路"条载：

> 民安土乐业，川原浸灌，田畴膏沃，无凶年之忧。而土地迫狭，生籍繁夥，虽硗确之地，耕耨殆尽，亩直寖贵，故多田讼。[2]

已说明福建虽土地肥沃，无凶年之忧，但却因地狭人稠，而使地价腾贵。而乾隆《泉州府志》卷十八《户口志》更谓在宋真宗时福建、两浙已因地狭人贫，至人多终身佣作，无力缴纳丁钱：

> ［宋］真宗之世，念南方地狭人贫，终身佣作，仅了身丁，其间不能输纳者，父子流窜，甚或生子不举。祥符中下两浙、福建除身丁钱四十五万贯。其时漳、泉、兴化三州，以丁钱折变输米，无为论奏者，除钱诏令遂不行于三郡。[3]

至南宋初年廖刚的投省论私买银札子时，已至"七闽地狭人稠，为生艰

---

[1] 户数在二十万以上之州有：潭州、汴州、京兆（长安）、杭州、吉州、洪州、福州及泉州等，户数俱见《元丰九域志》。程溯洛《宋代城市经济概况》言户数二十万以上者仅有六州，不实。（程溯洛：《宋代城市经济概况》，《历史教学》1956年5月号）

[2] 《宋史》卷八九《地理志》，第2210页。

[3] 乾隆《泉州府志》卷十八《户口志》，第16页。

难，非他处比"的境地①。

福建既因地理环境所限，可垦之地有限，而人口又如此大量地增加，自然造成地狭人稠、生活困难的情形。农产不足，遂迫使闽人纷纷出海，从事海外贸易。北宋熙宁间历官兴化军的泉州惠安人谢履《泉南歌》云：

> 泉州人稠山谷瘠，虽欲就耕无地辟，州南有海浩无穷，每岁造舟通异域。②

就是最好的说明。

2.寺田的集中：福建人稠的因素固在唐末五代逐渐形成，但如无其他因素之推波助澜，人口过剩现象犹不至太过严重。但唐末五代以降，福建佛教势力之大量扩张，遂使原已地狭人稠的局面，更形恶化。

唐中叶起，南禅在江南如日中天。福建由青原行思第五世雪峰义存受王审知礼遇，以福州为传法之地后，亦开始大盛③。有关寺庙之建筑，五代时期数量之多不但空前，而且绝后。清同治重纂《福建通志》卷二六四云：

> 闽自建安立郡以来，一切建置不详，独佛寺为最古：绍因、林泉、延福创于晋；资福、建福创于齐；萧梁之际，塔既骤增，浮屠相

---

① 见〔宋〕廖刚：《高峰文集》卷一《投省论和买银札子》，四库珍本初集本，第21页。此外，〔宋〕方勺《泊宅集》卷三亦云："七闽地狭瘠，而水源浅远，其人虽皆至勤俭，而所以为生之具，比他处终无有甚富者，垦山陇为田，层起如阶级然。"（读书斋丛书本，第3页）（编者按：原文作者标注此条史料出自"《泊宅集》卷中"，所用《泊宅集》版本为"读书斋丛书本"，查得相关内容出自该版本《泊宅集》的第三卷，故改。）《宋史》卷一七三《食货志上一》"农田"条亦谓："淳熙元年十有一月，余瑞体、郑侨言'福建地狭人稠，无以赡养，生子多不举。'"俱可见。（第4193页）

② 《舆地纪胜》卷一三〇《福建路·泉州·诗》载谢履《泉南歌》，第2960页。

③ 有关佛教在福建的兴盛，可阅〔日〕竺沙雅章：《唐五代における福建佛教の展开》，《佛教史学》七卷一号，1958年2月，第24—45页。及〔日〕竺沙雅章：《宋代福建の社会と寺院》，《东洋史研究》十五卷二号，1956年10月，第170—196页。（编者按：原文作者引竺沙雅章该文，名为"宋代福建の社会と佛教"，现查得该文名为"宋代福建の社会と寺院"，故改。）黄敏枝：《宋代寺院经济的研究》第四章《宋代福建的寺院与社会》亦可参考。（台湾大学1978年博士学位论文）

望；陈、隋及唐，以数百计；王氏入闽，度僧三万，增寺二百六十七，称佛国焉。①

已经说明了五代在福建佛教史上的地位。魏应麒曾经统计在王氏入闽前（885），自晋太康间（380—389）福建有僧寺以来六百年间所建寺观，不满320所。而由王氏入闽至灭亡（885—945）首尾六十二年中，竟达337所之多。而自闽亡至宋统一（945—977）的三十三年间所建寺观之数，也有141所②（《十国春秋》卷九十更载有221所之多）。至宋时泉州遂有"泉南佛国"之称，曾巩《元丰类稿》卷四九佛教条载：

> 开宝中，令僧尼百人，许岁度一人。至道初，又令三百人岁度一人，以诵经五百纸为合格。先是泉州奏，僧尼未有度者万数，天子震骇，遂下诏曰：古者一夫耕三人食，尚有受馁者，今一夫耕十人食，天下安得不重困，水旱安得无转死之民。③

泉州僧之未度者，即以万数，泉州佛教之盛可知。

佛教大盛，寺庙众多，在寺领庄园不断扩张下，原已地狭人稠的福建地区，农业问题更形严重。《十国春秋》卷九一《惠宗本纪》云：

> 天成三年（928）多十二月，度民二万为僧，由是闽地多僧。王〔延钧〕之量田土为三等，膏腴上等以给僧道（原注：因有寺田之名），其次以给土著，又其次以给流寓。④

---

① 道光《重纂福建通志》卷二六四《寺观》，清同治十年福州正友堂刻本，第1页。
② 详见魏应麒：《五代闽史稿之一——宗教与神话》，《中山大学语言历史研究所周刊》第7集第76号，1929年，第3005页，以三表分别列出此三时期之所有寺观。黄敏枝也由《福建通志》统计谓"五代以前佛寺极少，唐懿宗时102所，僖宗时有五六所，昭宗时更减至18所，但闽时代增至267所。945年并入吴越后，迄978年纳土降宋止，三十二年间又新建221所，合建达782所之多"。见黄敏枝：《宋代寺院经济的研究》，第196页。
③ 〔宋〕曾巩：《南丰先生元丰类稿》卷四九"佛教"条，明刊本，第7页。
④ 《十国春秋》卷九一《闽二·惠宗本纪》，第1323页。《宋史》卷一七三《食货志》农田条谓"初，闽以福建六郡之田分三等，膏腴者给僧寺、道院，中下者给土著、流寓"亦同。（第4191页）

《泉南杂志》卷下亦谓：

> 泉至五代之际，腴田多属寺观，民间其下者耳。[①]

《闽书》卷三九《版籍志》更称：

> 伪闽之量田土，第为三等，膏腴上等以给僧寺，此寺田所由起
> 也。其后王延彬、陈洪进及诸家多有田入寺者。顾窃喜施之名，多推
> 产米于寺，而以轻遗其子孙，故寺田产米，比民业独重。[②]

都可以看出五代以后佛教寺田势力之大，尤以后两段所载专指泉南而言，
更值得重视。至其确实所占农田之比例，黄敏枝曾由淳熙《三山志》统计
宋代福州的情形，据其统计，福州寺田山地竟占全州田地的20.9%，而寺
户仅占全州的0.46%[③]，土地集中于寺庙的情形可知。闽南漳、泉一带虽
无详细资料可供统计，但据南宋中期人陈淳的说法，泉南一地寺田所产竟
占全额十分之七，其产多至八九十千，甚至百千，岁入以万斛计，富寺有
田一百五十顷，极为平常，而富家不过五顷十顷而已[④]。而漳州寺产所占
比例，更高达七分之六。[⑤]难怪陈淳对寺观要大肆抨击。

　　原已地狭人稠的局面，复因佛教寺院之剥削而问题更形严重，是以迫
使闽省百姓出洋贸易者，实与上述人口之增长及寺田之大量膨胀有不可分
的关系。由这种情形所造成的农业剩余人口，在原本已具有海上经验的沿
海州县社会中，转向海上发展的可能性自然极大。他们在唐末受到外商来
贩获得重利之引诱，逐步走上出海贸易的路，复遭遇五代特殊环境的孕育
（详下），入海商贾人数大量增加，至宋初已造成一股不可阻拦的海上力量。
这是日后闽南泉漳一带社会中特重贸易取向（Trade-orientation）的原因。

---

① 〔明〕陈懋仁：《泉南杂志》卷下，商务印书馆1936年版，第20页。
② 〔明〕何乔远：《闽书》卷三九《版籍志·寺田》，福建人民出版社1994年点校本，第967页。
③ 黄敏枝：《宋代寺院经济的研究》，第197--198页。
④ 见〔宋〕陈淳：《北溪大全集》卷四四《上赵寺丞论拜提令》，四库珍本四集本，第3页。
⑤ 〔宋〕陈淳：《北溪大全集》卷四三《拟上赵寺丞改学移贡院记》，第10页。

《后村先生大全集》卷十二《泉州南廓》二首把这种现象说得最为明白：

> 闽人务本亦知书，若不耕樵必业儒。惟有桐城南郭外，朝为原宪暮陶朱。
>
> 海贾归来富不赀，以身殉货绝堪悲。似闻近日鸡林相，不博黄金不博诗。[1]

其始在唐宋之际，而绝非如某些学者所谓在明中叶以后也。[2]

3.五代福建地区割据的影响：有关这一点，于前述五代时期泉州对外海上交通中已约略提及，至少有两方面对闽商大量出海从事贸易有相当重要的影响。其一是五代割据期间之主政者，前之王氏，后之留从效、陈洪进，皆对海外贸易颇为鼓励。他们鼓励对外贸易的原因，虽无具体史料可查，但与地狭人稠，农业生产不足，而海外贸易能获取暴利，可能有关。其中尤以王审知之"招来海中蛮夷商贾"及其侄王延彬在泉州积极从事对外贸易，号"招宝侍郎"为最重要。他们对海外贸易的鼓励政策，大有异于传统中国的价值取向，是造成日后福建沿海地区与中原传统文化有重大差异的重要原因。福建僻处我国一隅，在"天高皇帝远"的局面下，原本就容易造成与中原文化歧异的现象。加之五代时统治此地的君主又为传统下层社会出身，其文化与上层文化容有不同。商业在传统中国社会中虽被视为最低的一种职业，但五代君主则多持鼓励商业的政策，遂使商业在福建地区的社会中占重要地位，终至造成福建偏重贸易的价值取向[3]。至宋

---

① 〔宋〕刘克庄：《后村先生大全集》卷十二《泉州南廓二首》，四川大学出版社2008年版，第341页。

② 有关闽南社会之贸易取向，过去学者因探讨明清以后闽粤之移民海外，均谓此种取向在明中期后始形成。事实上如追溯其根源，自唐末以降，此种形态已逐步形成，故绝非在明末才形成。详见陈达：《南洋华侨与闽粤社会》第一部分，商务印书馆1938年版。许烺光书评已说明闽南社会在明末并非由传统农业社会直接走向海外贸易，而以侨乡中农业人口只占十分之五，商业人口已占十分之三，说明其早具商业之传统。（许烺光：《评南洋华侨与闽粤社会》，《人文科学学报》第1期，1943年6月）而近人之著作，均沿袭前人之说，而未曾溯其本。如林丽月《闽南士绅与嘉靖年间的海上走私贸易》一文即是。（《台湾师大历史学报》1980年第8期）

③ 参阅许烺光：《评南洋华侨与闽粤社会》，第207—220页。

再度统一中国时，此种取向已根深蒂固，难作更改。周起元谓："自王审知招航海之商，而闽人泛粤以转市于夷。"①即已说明王审知之鼓励商业政策，造成闽人从事海上贸易之习性。

其二是割据的局面改变了闽省海上贸易的形态。原来闽商出海贸易例须经过广州往南海，明州往韩、日，因闽省之割据，其与粤之南汉，浙之吴越俱为仇敌，无法再经由广州及杭、明诸州的转运，因此由王氏入闽起，福建割据者皆直接泛海由登、莱入贡中朝，而闽人亦直接与新罗、高丽往来。南海所出产的香药珍宝也大量汇集于泉州。此种变过去间接来往为直接往来，是日后宋政府虽未置司泉州，而闽南商客仍能由泉州直接放洋，北往高丽、日本，南去南海之最重要因素。

以上三点理由，是泉州能由唐末广扬间中途站转而成为独立对外贸易之港埠的重要原因。福建泉州地区，虽然僻处东南沿海，腹地狭小，与内陆交通又极不便，但终在闽商（大部为泉州商）在五代后之兴起，掌握了大部分对高丽贸易及部分对南海贸易后，逐渐成为我国对外交通中的新兴港市。这是宋初泉州对外交通继续发展的首要主观因素。

二、客观形势之逐渐成熟——东、西洋航线之重大转变

在五代宋初闽商逐步抬头后，客观形势的演变亦逐渐有利于泉州，这可由两方面论之。一方面是西洋航路的转变，一方面是东洋航路的兴起。

东西洋一辞，虽至元初始见于记载②，但由于它是南海贸易地区不断

---

① 详见〔明〕周起元为〔明〕张燮《东西洋考》所作的序，商务印书馆1936年国学基本丛书本，第1页。

② 我国史籍记载东、西洋名词最早者，为元大德八年（1304）陈大震所著《南海县志》一书〔赖《永乐大典》残本（二〇二册）以存〕。详见饶宗颐：《南海地名新商榷——据永乐大典新资料立论》一文（香港大学金禧纪念学术讲座稿，1961年）。饶氏著作原为英文，著者未见，其论点转见于吴景宏：《元代中菲关系之探讨》，《大陆杂志》第33卷第10期，1966年，第306—307页。吴晗虽不知《南海县志》一书，但在《十六世纪以前之中国与南洋》一文引汪大渊《岛夷志略》，谓"东西洋名词之构成，至晚当在元代以前"，其说极是。（吴晗：《十六世纪以前之中国与南洋》，《清华学报》1936年第1期，第173页）

扩大下的产物，因此在宋时应该已经存在。原来我国与南海之贸易只限于与位于广州西南方之国家的交易，是故在初期（约在魏晋以前）沿岸航行时期，外人来华率以交州为门户。待其后航海术有所进步，掌握了南海季风之秘密，商贾于穿过麻六甲海峡后渐敢越南海航行时，广州才成为对外贸易的大商埠，此即隋唐时代广州大盛之主要原因。其时由广州去南洋，率皆于冬季乘东北季风南下，即可抵达三佛齐（即室利佛逝，在今苏门答腊之旧港 Palembang 一带），其后由于阇婆（爪哇）、渤尼（婆罗洲）以及在今菲律宾群岛的摩（麻）逸逐步开化，乃使南海与我国交往地区日渐扩大。这条由广州顺风南下之航线已无法到达上述新增的贸易地区，东西洋一辞遂逐渐出现。由广州顺冬季东北季风南下可及之区以西，谓之西洋，以东谓之东洋。如此说属实，则东西洋之出现，应在北宋勃泥、阇婆、摩逸等国使臣来华后。而由于当时国人并未详究冬季所吹系东北风，概以北风视之，因而对南海诸国在方位的辨认上，亦颇有偏差。宋洪遵《泉志》卷十二《外国品下》载：

> 三佛齐国钱。诸蕃风俗云，在广州正南。
> 佛（勃）泥国钱。诸蕃风俗云，在广州东南。[1]

《岭外代答》卷二"海外诸蕃国"条亦云：

> （上略）正南诸国，三佛齐其都会也。东南诸国，阇婆其都会也。[2]

事实上，佛泥（婆罗洲）、阇婆（爪哇）一线才在广州之正南，而三佛齐已偏在广州西南。此点证明国人对南海方位之辨认，全依贸易风为之，由广州顺风所达之地，即为正南，殊不知因所吹为东北风，故所到之地已偏

---

① 〔宋〕洪遵：《泉志》卷十二《外国品下》，上海书店出版社 2018 年点校本，第 135 页。

② 〔宋〕周去非：《岭外代答》卷二《外国门上》"海外诸蕃国"条，清乾隆三十七年至道光三年长塘鲍氏刻知不足斋丛书本，第 9 页。

在西南①。但无论方位如何，如顺冬季贸易风南下，可直达之地为三佛齐，所谓东西洋亦以此分野。是故以广州为基点划分东西洋，三佛齐应为"东洋尽处，西洋所自起"之地。元大德八年（1304）陈大震《南海县志》一书，为"广舶官本"，代表广州人对南海之看法，称单马令（新加坡）与三佛齐为小西洋，而佛坭（即勃泥）即为东洋或小东洋，单重布罗（婆罗州南部之Tandjung）、阇婆为大东洋，其以假里马打（Karimata）海峡及巽他（Sunda）海峡划分东西洋明矣②！但由于宋后泉州之兴起，至南宋泉州对外交通更有凌驾广州之上的趋势，其后终元末止，国人多由泉州出海，亦有以泉州为基点划分东西洋者。明万历年间张燮《东西洋考》卷五"文莱"条云："文莱，即婆罗国，东洋尽处，西洋所自起也。"③论者皆谓东西洋分界线之由假里马打、巽他海峡东移文莱，是1617年《东西洋考》一书问世后的转变④，事实上，这是不明了东西洋分界理由者所做的推论。张燮，漳州人，其所谓东西洋分界点，系代表闽南以泉州（明以前）或漳州（明中期以后）为出发点之观念，自然与以广州为基点的划分不同。下述泉州、勃泥间航线在宋时的出现最足以说明这个道理。

1. 西洋航路之转变——泉州、勃泥直接航线的开通

两宋时，三佛齐仍为东西交通之重要转运站，《岭外代答》谓其系"诸蕃水道之要冲"⑤，《诸蕃志》更谓其"扼诸蕃舟车往来之咽喉"⑥（《文献通考》同）。由印度洋东来之船舶，在过麻六甲海峡后，要在此

---

① 有关此点，日本学者宫崎市定有极精辟之见解。见氏著《南洋を东西洋に分つ根据に就いて》，《东洋史研究》第7卷第4号，1942年，第197—218页，另收入《アジア史研究》第二集，（东京）同朋舍1963年版，第533—555页。但其有关东西洋转变说，则颇有疑问。

② 详见吴景宏：《元代中菲关系之探讨》，第306—307页。

③ 《东西洋考》卷五《东洋列国考·文莱》，第67页。

④ 如前引宫崎市定的《南洋を东西洋に分つ根据に就いて》及许云樵的《永乐大典中的南海资料》（《星洲日报》1962年元旦特刊）等均持此说。

⑤ 《岭外代答》卷二《外国门上》"三佛齐国"条，第11页。

⑥ 《诸蕃志》卷上《志国·三佛齐国》，第36页。

停靠，等待夏季西南风起再北来广州，而其东之阇婆（爪哇）等国亦须先至三佛齐，或占城（越南南部），再来广州。《岭外代答》卷二三佛齐国条所谓"东至阇婆诸国，西至大食诸国，无不由其境而入中国者"①，即指此而言。但其间由于往返商旅之摸索、指引，渐亦有直接由阇婆来华之航线。《岭外代答》卷三"航海外夷"条载：

> （上略）三佛齐者，诸国海道往来之要冲也。三佛齐之来也，正北行，舟历上下竺与交洋，乃至中国之境。其欲至广州者，入自屯门，欲至泉州者，入自甲子门。阇婆之来也，稍西北行，舟过十二子石而与三佛齐海道合于竺屿之下。②

竺屿在苏门答腊南端都鲁把旺港外，则由阇婆来中国虽利用一段三佛齐航路，但已不经三佛齐，这自是一条新的直接航路。但就阇婆与中国之地理方位言之，如阇婆利用夏季风来中国，则自阇婆西北行后再转入三佛齐海路来广州，反不如直接北航至我国东南沿海便利。故《岭外代答》所述或只是诸航路之一。必另有航路可不经三佛齐旧路而径至我国东南沿海。如前引《文献通考》卷三三二"阇婆"条载其淳化三年（992）来贡云：

> 先是朝贡使泛海船六十日至明州定海县。掌市舶监察御使张肃，先驿奏其使饰服之状与尝来入贡波斯相类。译者言云：金（《宋史》作今）主舶大商毛旭者，建溪人，数往来本国，因假其向导来朝贡。③

阇婆既能直接来我国东南沿海，则居于其东北的勃泥自亦能来。同书"勃泥"条载其太平兴国二年（977）来贡云：

> 其王向打遣使施弩，副使蒲亚里，判官哥心案［来贡］……［其

---

① 《岭外代答》卷二《外国门上》"三佛齐国"条，第11页。
② 《岭外代答》卷三《外国门下》"航海外夷"条，第11页。
③ 《文献通考》卷三三二《四裔考九·阇婆》，第9150页。

表]横读之，以华言译之云：勃泥国王向打，闻有朝廷，无路得到。昨有商人蒲卢歇船泊水口，差人迎到舟，言自中朝来，比诣阇婆国，遇猛风，破其船，不得去。此时闻自中国来，国人皆大喜，即造舶船，令蒲卢歇导达入朝贡。①

阇婆、勃泥来华直接航路之开通，无疑为往昔须经三佛齐转运之一大转变。阇婆、勃泥等来华既至东南沿海为便，终于有元丰五年（1082）勃泥国使者要求由泉州放洋回国之事：

> 元丰五年二月，其（勃泥）王锡理麻喏复遣使贡方物，其使乞从泉州乘海舶归国，从之。②

其使要求从泉州乘海舶归国，说明了泉州—勃泥间之直接海路较广州—勃泥之路要方便，盖顺东北季风也。勃泥、阇婆之来往泉州既较广州为便，泉州商客南下者乃能另辟以勃泥为转运站之新航线，泉州对外交通乃日盛一日。

2.东洋航路之兴起

勃泥—泉州航线之开通，对东洋新兴地区的贸易也有重大影响，盖无须再经由三佛齐之转运，而可由勃泥顺风来泉州。今日中外史家多承认摩（麻）逸（Mait，即Mindoro）属菲律宾，而有关摩逸之记载初见于《文献通考》卷三三二"阇婆"条：

> 又有摩逸国，太平兴国七年（982）载宝货至广州。③

此次来贡与前引五年勃泥之来贡有密切关系④，《宋史》《文献通考》

---

① 《文献通考》卷三三二《四裔考九·勃泥》，第9165页。
② 《文献通考》卷三三二《四裔考九·勃泥》，第9166页。
③ 《文献通考》卷三三二《四裔考九·阇婆》，第9151页。
④ 详见吴景宏：《五代两宋时代中菲关系之探讨》，《大陆杂志》第32卷第2期，第38—40页。

两书"勃泥"条均言勃泥去占城及摩逸各三十日程①，即初期摩逸等国来华先西南行三十日至勃泥，再北来广州。其后勃泥既因风向之便，转而由泉州归国，摩逸当亦随之。至南宋以后遂能直接由泉州往来贸易。

就东洋而言，来泉州既较广州为便，复由于我国航海针路之运用（详后），泉州遂成为我国交通东洋唯一之港埠。试比较南宋反映广州对外交通之《岭外代答》及叙述泉州对外交通之《诸蕃志》二书，即可明白看出。《岭外代答》载海外诸蕃国云：

> 阇婆之东，东大洋海，水势渐低，女人国在焉。愈东则尾闾所泄，非复人世。稍东北则高丽、百济耳。②

值得注意的，是根本未提及勃泥及以东诸国。盖元丰以后勃泥即由泉州往来，而阇婆仍由三佛齐来广州，故存其名，却将阇婆视为最东之"人世"；其东则仅有传闻中的女人国，再东则"非复人世"，可见南宋初年广州对南海之了解，最东仅止于阇婆，对其东之东洋诸国鲜有所知。但反观泉州，《诸蕃志》虽有抄袭《岭外代答》处，然于述完西洋诸国后，接着叙述勃泥、摩逸国、三屿、蒲哩噜诸国，后更述流求国、毗舍耶国，才及于新罗、倭国③。可见泉州方面对今婆罗洲以东之东洋诸国，如菲律宾（麻逸、三屿、蒲哩噜等）、毗舍耶（Visaya Is.）、流求等由于商贾来往贸易，

---

① 《宋史》卷四八九《勃泥传》："勃泥国在西南大海中，去阇婆四十五日程，去三佛齐四十日程，去占城与摩逸各三十日程，皆以顺风为则。"（第14094页）《文献通考》卷三三二《四裔考九·勃泥》同。（第9165页）

② 《岭外代答》系南宋浙人周去非所作，以曾官桂林通判，返乡后问岭南事者甚多，书以代答，故名。该书自序署淳熙戊戌（即淳熙五年，1178）。引文见《岭外代答》卷二《外国门下》"海外诸蕃国"条，第9页。

③ 《诸蕃志》为赵汝适所作，赵氏曾提举福建路市舶，自序题宝庆元年（1225），唯书中颇多抄袭《岭外代答》处，其以泉州市舶司之资料所载诸蕃已极完备，加上《岭外代答》有而己所无者，反为蛇足之举。如东洋引述周去非以传言所载之女人国及沙华公国等是。

了解甚深。早于《诸蕃志》的《云麓漫钞》①卷五有"福建市舶司常到诸国舶船",记载得更明白:

> （上略）勃泥国则有脑版，阇婆国则多药物，占城、目丽、本力千、宾达侬、胡麻巴洞、新洲国则有夹煎。佛啰安、朋丰、达啰啛、达磨国则有木香。波斯兰、摩逸、三屿、蒲哩噜、白蒲迩国，则有吉贝布，贝纱。②

自西而东依次叙述常到泉州诸国，自波斯兰以下五国俱属今菲岛范围，而其上接阇婆诸国，下接高丽一国③，更可见泉州对东洋关系之深厚。泉州此种在南海贸易中兼通东西洋的优越地理位置，是我国其他港市难及的条件。更何况泉州还掌握了前述对东北亚高丽的贸易，这更使它成为南海（包括东西洋）与高丽之间的转口港，泉州对外贸易焉能不盛。梁嘉彬先生说得好:

> 在泉州开港前，福州以北诸港系指定交通东海，其出帆系藉夏季西南信风（遇西风或南风尚可开航，遇西北或北风，则无开航之理），故易交通流求、日本、韩国。广州以南诸港系指定交通南海，其出航系藉冬季东北信风（遇东风或北风尚可开航，遇东南风或南风，则无开航之理），故易交通中南半岛诸国。台湾、菲律宾诸岛因偏处南海之东，故每为东海航线，南海航线所瓯脱。宋代泉州贸易大盛，航海术续有进步，而泉州港之出帆，一年祈风两次（夏季西南风，及冬季东北风），兼通东海、南海诸国，由是台湾、菲律宾诸岛乃始航路

---

① 赵彦卫《云麓漫钞》版本极多，有四卷本（如笔记小说大观本）及十五卷本（如涉闻梓旧本），前者无此段，后者始有。今据涉闻梓旧本。该书自序署开禧二年（1206）是早于《诸蕃志》。

② 《云麓漫钞》卷五，清咸丰涉闻梓旧本，第14页。

③ 以上有关中菲交通之论述，均参阅前引吴景宏《五代两宋时期中菲关系之探讨》一文。

畅通。①

诚为此说最精要之结论。

三、航海技术的重大进步

五代以后我国海上交通大盛的另一因素，厥为航海技术的进步。在唐末以前从事南海贸易者既多为阿拉伯人，故有关航海资料极少见于我国史籍。至五代以后情况大变，华商既成为贸易常客，我国之航海知识亦随之大为进步。其与泉州海外交通之发展有密切关系的有下列几项：

1.福建造船技术国内领先：五代以后闽商大量出海贸易，海舟为彼等所必备。在《唐末泉州的兴起及其背景》中，已论及自古福建地区即有制造海船的传统，自此以后造船技术续有重大的进步。其时福建地区的海舶建造，多为民间造船业（迄宋室南迁止，少见官方在福建设有造船厂），完全是在繁盛的对外贸易中滋生成长，与其他地区为官方经营者，大为不同。如《宋会要》刑法二之一三七载南宋嘉定五年（1212）九月二十八日臣僚言：

> 漳、泉、福、兴化，凡滨海之民所造舟船，乃自备财力，兴贩牟利而已。②

而宋初成书的《太平寰宇记》中，泉州土产项下即有"海舶"一项，则造船业在宋初即已为泉州主要制造业之一。而福建地区所造之海船为最佳。徐梦莘《三朝北盟会编》卷一七六云："海舟以福建为上。"③《忠穆集》卷二更云："南方木性与水相宜，故海舟以福建为上，广东、广西船次之，

---

① 见梁嘉彬：《论隋书流求与琉求台湾菲律宾诸岛之发现》，《学术季刊》1958年第3期，第97页。梁氏其他著作亦屡言此点，见氏著《流求及东南诸海岛与中国》一书。（东海大学，1965年）

② 《宋会要》刑法二之一三七。

③ 〔宋〕徐梦莘：《三朝北盟会编》卷一七六，上海古籍出版社2019年影印本，第1278页。

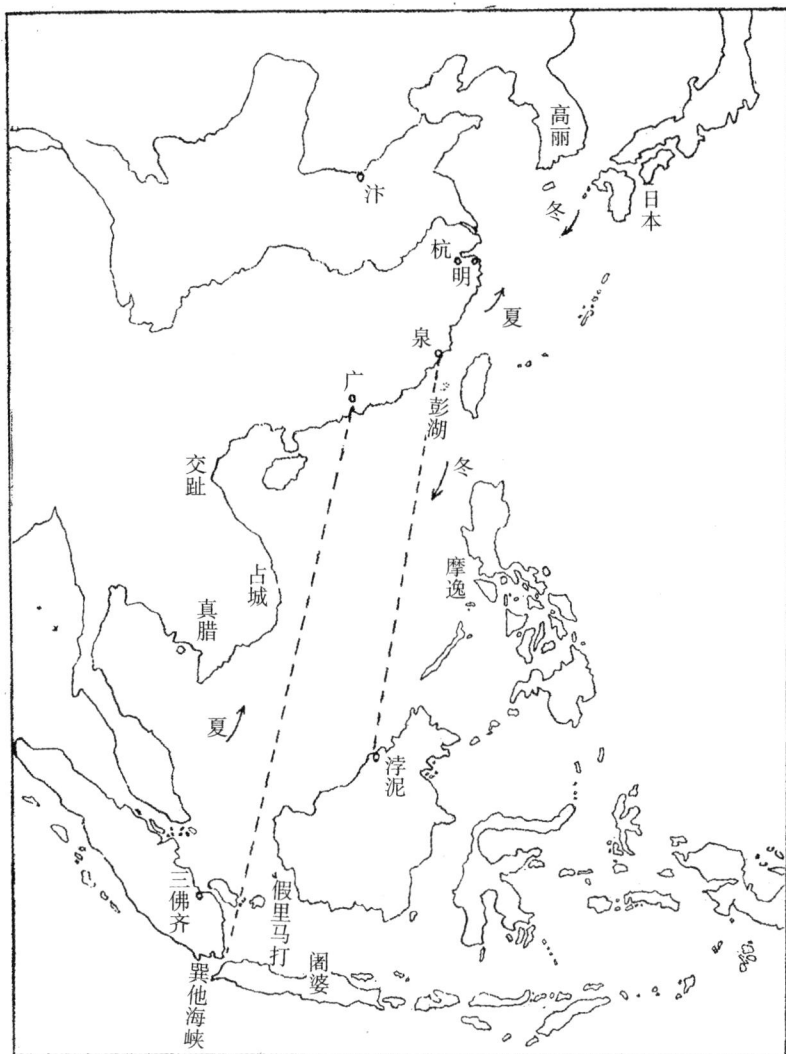

东西洋与泉、广位置比较图

温、明州船又次之。"①《宋会要》食货五○之十八载绍兴二十八年
（1158）七月二日福建路安抚转运司更言：

> 昨准指挥令两司共计置打造出战觔鱼船一十只，付本路左翼军统

---

① 〔宋〕吕颐浩著，徐三见等点校：《吕颐浩集》卷二《上边事善后十策》，浙江古籍出版社
2012年版，第22页。

制陈敏水军使用。契勘鲥鱼船乃是明州上下浅海去处，风涛低小，可以乘使，如福建、广南海道深润，非明海洋之比，乞依陈敏水军见管样，造尖底海船六只，每面阔三丈，底阔三尺，约载二千料，比鲥鱼船数已增一倍，缓急足当十舟之用。诏从之。①

可见两浙路明州一带因"浅海去处，风涛低小"，所适用之战船鲥鱼船是不能用于"海道深阔"的福建、广东海面，而要就地造更大的战船。粤人出海则多用广东所造之藤舟，据《岭外代答》卷六"藤舟"条载：

> 深广沿海州军，难得铁钉、桐油造舟，皆穿板穿藤约束而成，于藤缝中以海上所生茜草干而窒之，遇水则涨，舟为之不漏矣。其舟甚大，越大海商贩皆用之。②

又据《萍洲可谈》卷二所记广州之船谓：

> 船方正若一木斛，非风不能动，其樯植定而帆侧挂，以一头就樯柱如门扇，帆席谓之加突，方言也。③

广船方正，不利破浪，而藤舟虽不至漏水，但难御风涛，皆有缺点。福船据《太平寰宇记》卷一〇二"泉州风俗"条则载："船头、尾尖高，当中平阔，冲波逆浪，都无畏惧，名曰丫乌船。"④《宣和奉使高丽图经》载由福建征来之客舟，对福船的描写更为详细：

> ［客舟］长十余丈，深三丈，阔二丈五尺，可载二千斛粟。其制皆以全木巨枋挽叠而成。上平如衡，下侧如刃，贵其可以破浪而行也。其中分为三处，前一仓不安艎板，唯于底安灶与水柜，正当两樯

---

① 《宋会要》食货五〇之十八。
② 《岭外代答》卷六《器用门》"藤舟"条，第8页。
③ 〔宋〕朱彧撰，李伟国校点：《萍洲可谈》卷二，上海古籍出版社2012年版，第29页。
④ 《太平寰宇记》卷一〇二"泉州风俗"条。本文各点大体依据王曾瑜《谈宋代的造船业》一文写成。（《文物》1975年第10期，第25页）

之间也。……船首两颊柱，中有车轮，上绾绳索，其大如椽，长五百尺，下垂矴石，石两旁夹以二木钩……遇行则卷其轮而收之。后有正柂，大小二等，随水浅深更易。当屆之后，从上插下二棹，谓之三副屆，唯入洋则用之。……每舟十艣……大樯高十丈，头樯高八丈。[1]

这种二千料的大船由于晚近泉州湾宋代海船的出土，得到了印证。泉州湾后渚港出土的海船，系南宋末年的海船[2]。长 34.55 米，宽 9.9 米，深 3.27 米[3]，换算为长 10 丈多一点，宽 3 丈左右，深不及 1 丈（指船舷以下）；故其应为一千料至二千料的大船，即载重千石至两千石，合六十吨至一百二十吨[4]。而其特点：长宽比小，尖底，多隔舱，多重板及双桅等，除甲板以上朽坏无从稽考外，余均与《高丽图经》所载大体相符，是可见宋代泉州造船技术已达到相当高的水准，因此官方出使高丽常向福建征调船只：

> 旧例，每因朝廷遣使，先期委福建、两浙监司顾慕客舟，复令明州装饰，略如神舟，具体而微。[5]

出使高丽，不就近于山东征调，而委福建、两浙监司招募，即可看出福建造船确有过人之处。

除了海船的出土以外，晚近泉州亦发现了古代船坞的遗址，在泉州东南位于法石镇沿海的乌墨山澳、鸡母澳一带，掘出了零星的船板、船桩或

---

① 〔宋〕徐兢：《宣和奉使高丽图经》卷三十四《海道一·客舟》，商务印书馆 1937 年版，第117 页。

② 详见泉州湾宋代海船发掘报告编写组：《泉州湾宋代海船发掘简报》，《文物》1975 年第 10 期，第 1—8 页，认为系宋末海船。陈高华、吴泰：《关于泉州湾出土海船的几个问题》，《文物》1978 年第 4 期，第 81—82 页，虽言"船沉于至元十四年秋"，但亦承认该船在"宋末就已建成下海"，而定其建造年代在宋亡前三年。两说虽有不同，但可肯定是南宋末所造的船。

③ 见泉州湾宋代海船复原小组、福建泉州造船厂：《泉州湾宋代海船复原初探》，《文物》1975 年第 10 期，第 28—35 页。

④ 前引"复原初探"谓其为载重二百吨之大船。陈高华、吴泰文则认为系一千料至二千料之船，即载重六十吨至一百二十吨之船，后说为是，前说有问题。

⑤《宣和奉使高丽图经》卷三四《海道一·客舟》，第117 页。

船索；1958年更有船桅的出土，都说明了此地为昔日的造船之所①。宋代泉州造船业之盛，不只有文献资料的记载，更有出土的实物为证，故泉州造船凌驾于其他地区之上是显而可见的。

2. 祈风所显示对风向之控制及利用：五代宋初以后，泉州对外交通兴盛的原因，除了造船技术领先外，航海知识的进步，也占极重要的地位。缘泉州位于我国东南沿海中段，正居于海岸线由东西向转为南北向之转折点。此种优越之地理位置，加上对我国南方沿海一带季候风之善于利用，遂使其成为我国兼通日、韩与南海之唯一港市。宋代泉州市舶的祈风，就是对季候风的利用已达极高程度之最佳说明。

我国沿海有极规律之季候风（或称信风、汛，后因来往商贾多乘之往来，亦称贸易风），在南海方面，冬季吹东北风，夏季则吹反向之西南风。唐时蕃商来广州贸易，多乘夏季西南风来华，乘冬季东北季风南返。能了解季风之秘密，进而运用其做最有利航海之安排，是唐以后中外海上交通大盛的重要原因。此种季风秘密，由阿拉伯人传来后②，国人亦逐渐了解，华商出海贩易者亦渐知利用，而终于发展出地方官及掌管市舶官吏祈风之举。在泉州方面，季风可以利用的价值更大。冬季东北季风对从事南海贸易诸港，如广州而言，是蕃舶南返时，故一年中仅夏季为贸易季节，一入冬令即无蕃舶再来。而交通东海诸港则反是，华商类皆乘夏季西南季风赴日、韩，而乘冬季东北季风南返；是夏季为淡季，而冬季反为贸易旺季。《宣和奉使高丽图经》云："舟行皆乘夏至后南风，风便不过五日即抵岸焉。"③故宋商抵达高丽多在七、八、九月，乘西南季风也。回航则以十月、十一月为宜，以利用东北季风。泉州位于我国海岸线之转折处，遂可兼营两地之贸易，冬季一方面有华商、蕃商往南海贸易，一方面有赴东北

---

① 详见泉州海外交通史博物馆调查组：《泉州涂关外法石沿海有关中外交通史迹的调查》，《考古》1959年第11期，第611—612页。
② 对季候风之了解，始于西亚。盖印度洋上也有信风，风向同于南海。公元1世纪左右，罗马水手已了解其中秘密，后由罗马传与波斯，波斯复传给阿拉伯人。
③ 《宣和奉使高丽图经》卷三《城邑·封境》，第7页。

亚贸易者（尤以高丽为最，见前）返来，夏季一方面有南海商客入港，一方面又有赴东北亚者出海，一年中几无淡季可言。前引赵彦卫《云麓漫钞》所载福建市舶司常到诸国舶船所云："以上船舶［南海］候南风方向，惟高丽北风方回。"①就是泉州兼通南海、东北亚贸易之实况，也是它能逐渐凌驾广州之上的根本原因。宋代泉州一年祈风两次，正是最好的说明。

说到祈风，唐时广东蕃商来华已知利用信风，怀圣寺尚有阿拉伯蕃商祈风的仪式，南宋方信儒《南海百咏》记其事云：

> 番塔，始于唐时，曰怀圣塔，轮囷直上，凡六百十五丈，绝无等级，其颖标一金鸡，随风南北，每岁五六月，夷人率以五鼓登其绝顶，叫佛号，以祈风信。②

岳珂《桯史》亦云：

> 绍熙壬子，先君帅广，余年甫十岁，尝游焉。……后有窣堵波，高入云表，式度不比它塔。……岁四、五月，舶将来，寻獠入于塔，出于宝，啁晰号嘑，以祈南风，亦辄有验。③

回教徒以四、五、六月南风将起时，有祈风之举，明显可见。而我国官吏后亦有祈风之举，《萍洲可谈》卷二载其事云：

> 舶船去以十一月、十二月，就北风；来以五、六月，就南风。……广帅以五月祈风于丰隆神。④

祈风应每年两次，然所见广州祈风资料，无论回教徒、官方均只言于五月

---

① 《云麓漫钞》卷五，第15页。

② 〔宋〕方信儒：《南海百咏》，清咸丰三年仁和胡氏木活字印琳琅秘室丛书本，第10页。

③ 〔宋〕岳珂撰，黄益元校点：《桯史》卷十一《番禺海獠》，上海古籍出版社2012年版，第90—91页。方信儒宋宁宗开禧二年任南海尉，书即成于是时。岳珂，飞孙，绍熙壬子（三年）其父曾知广州。彼等所述均亲见或亲闻，史料价值极高。虽藤田丰八否认怀圣寺始建于唐，但阿拉伯人在唐来华时已经了解南海季风之秘密，应无问题。

④ 《萍洲可谈》卷二，第28—29页。

祈"回舶风"（南风），除史料失载之可能性极大外，可能与我国市舶司只重外商来贩，抽解以取重利，对海商之南去，并不重视，是以无祈风之仪式，而仅设筵遣其行。《岭外代答》卷三"航海外夷"条所载：

> 岁十月，提举司大设筵蕃商遣之，其来也当夏至之后，提举司征其商而覆护焉。[①]

所述就是这情形。所谓祈风，并非不知风向之季节变化，不过是祈神"使风之从律而不愆"[②]，以后遂成例行公事；设筵遣商之事掩灭了冬季祈风之举。至于泉州，则所见史料皆明言一年有两次祈风——四月及十一月。泉州九日山祈风第三石刻（方豪所编订）云："舶司岁两祈风于通远王庙。"真德秀祈风文亦云："一岁而再祷焉。"其他祈风石刻，在初冬者谓"遣舶祈风"（第二石刻），孟夏者则曰："祷回舶南风"（第六石刻），均可明显看出。不过迄今所见祈风石刻皆属南宋[③]，值得探讨的是泉州祈风仪式究起于何时？北宋时是否已有？若有，是设置市舶司以后（元祐二年，1087）才有？还是以前就有？有关此问题，方豪《宋泉州等地之祈风》一文，已有说明。方师以祈风石刻常见《修岁祀》（第一石刻）、《修故事》（第二石刻）说明第一石刻绝非祈风开始之时。乾隆《泉州府志》卷七《山川二》"九日山"条引南宋初李邴《水陆堂记》云：

> 泉之南安，有精舍曰延福，其刹之胜，为闽第一。院有神祠曰通

---

①《岭外代答》卷三《外国门下》"航海外夷"条，第10页。

②〔宋〕真德秀：《西山真文忠公文集》卷五十《祈风文》，《四部丛刊初编》，集部第210册，上海书店1989年版，第14页。（编者按：原文作者注此条史料出自"《真文忠公文集》卷四九"，查得准确出处为卷五十，故改。）

③ 泉州九日山宋代祈风石刻之最早者（第一石刻）为淳熙元年（1174），最晚者（第九石刻）为宝祐六年（1258）。见方豪：《宋泉州等地之祈风》，收入氏著《方豪六十自定稿》，下册，第1201—1246页。宋晞：《宋泉州南安九日山石刻之研究》，《学术季刊》1955年第4期，第32—51页；吴文良：《泉州九日山摩崖石刻》，《文物》1962年第11期，第33—47页，均可参看。唯吴文错误极多，尤以将东峰崇宁三年八月方正叔等石刻，擅加"以遣舶祈风"字句而成祈风石刻（第36页）最为误人。宋晞在《吴文良"泉州九日山摩崖石刻"读后》一文已辨明。（《史学汇刊》1968年第1期）

远王，其灵之著，为泉第一。每岁之春、冬，商贾市于南海暨番夷者，必祈谢于此。……车马之迹盈其庭，水陆之物充其俎，戕物命不知其几百数焉。已而散胙饮福觞豆杂进，喧呼狼籍。有禅师慧远遂以绍兴元年尸是院……曰：吾教以杀牲为大戒……神许余以不杀，余将以是会以报神之功。[1]

绍兴元年（1131）在南渡后第五年，而其前已有祈谢通远王之礼，是在北宋已有祈风之举，应属无疑。而方师更引《闽书》卷八《方域志》所载说明不但在北宋时已有祈风之举，甚至在宋室设置泉州市舶司以前，已有祈风之举：

山麓有寺曰延福……水旱疾疠，海舶祈风，辄见征应。宋时累封通远王，赐庙额曰昭惠，其后迭加至善利、广福、显济六字。风之祈也，盖宋时泉有市舶，郡守岁以四月十一日（方师辨为十一月之误）同市舶提举，率属以祷。宣和二年，提举张佑陛辞，朝廷至颁御香诣殿焚之，其重如此。[又有庙]曰肉身王，姓陈名益，熙宁间西夏有警，诏求勇敢士，郡守辟益为巡辖官。元丰间，从守祈风，睹庙之灵，誓舍身为佐，遂植仗立化。僧泥益躯，别祠奉焉。[2]

似乎不只在市舶设置后之宣和二年（1120）有皇帝颁香事，在市舶设置前之元丰年间（1078—1085）已有祈风之举。市舶设置前即有祈风之举，其时海外交通贸易之盛，概可想见。

3.罗盘应用于航海之重大贡献——航海针路的出现：航海罗盘应用于航海，无疑为宋代海上交通大盛的重要原因之一。往昔我国舟子航海，所恃者除风向外，昼则观日，夜则观星，或以绳钩取海底泥嗅之辨舟之所在。简言之，即丈量星象以定方向[3]。指南针应用于航海，则根本地改变

---

[1] 乾隆《泉州府志》卷七《山川二》"九日山"条引南宋初李邴《水陆堂记》。（第12页）
[2] 《闽书》卷八《方域志》，第197页。
[3] ［日］木宫泰彦著，陈捷译：《中日交通史》第十一章《日本与北宋之交通》，商务印书馆1931年版，第283页。言宋商赴日"惟据天星以定方向"，唯未见注明出处。

了此种形态。

指南针应用于航海之始，已难稽考，唯北宋时已见于记载。《萍洲可谈》卷二载：

> 舟师识地理，夜则观星，昼则观日，阴晦观指南针，或以十丈绳钩取海底泥嗅之，便知所在。[①]

《宣和奉使高丽图经》卷三四"半洋焦"条亦载：

> 是夜，洋中不可住维，视星斗前迈，若晦冥，则用指南浮针，以揆南北。[②]

是指南针在北宋哲宗元符二年至崇宁元年（1099—1102）或父服知广州时，已用于航海。在其前有关指南针之制法亦已见于其他载籍[③]。指南针应用于航海，使得已知利用季风之我国舟子得到最精确之方向指示器。原来此时航海技术已极进步，船舶顺风入洋，风向变化，除当头风外，均可以调整帆篷之方向，以顺风势继续航行。《萍洲可谈》卷二所谓"海中不惟使顺风，开岸就岸风皆可使，唯风逆则倒退尔，谓之使三面风，逆风尚可用，可石不行"[④]（疑有脱误）即指此而言。前引《宣和奉使高丽图经》卷三四"客舟"条所载更详：

> 大樯高十丈，头樯高八丈，风正则张布帆五十幅，稍偏则用利篷，左右翼张，以便风势。大樯之巅，更加小帆十幅，谓之野狐帆，风息则用之。然风有八面，唯当头不可行。……大抵难知正风，故布

---

① 《萍洲可谈》卷二，第 29 页。

② 《宣和奉使高丽图经》卷三四《海道一·半洋焦》，第 120 页。

③ 如〔宋〕沈括撰，金良年点校：《梦溪笔谈》卷二四《杂志一》，中华书局 2015 年版，第 232 页；〔宋〕曾公亮等撰，陈建中、黄明珍点校：《武经总要》前集卷十五《制度十五·乡导》，商务印书馆 2017 年版，第 241 页。详参徐玉虎：《郑和时代航海术语及名词之诠释》，收入氏著《明代郑和航海图之研究》，（台北）台湾学生书局 1976 年版，第 22—27 页。

④ 《萍洲可谈》卷二，第 29 页。

帆之用，不如利篷翕张之能顺人意也。[①]

更可看出航行除当头风外，余皆可用，只要有更精密之方向指示，航海范围当不限于顺风涛可至之处[②]。因此往昔不顺风涛，海路又称凶险之处，海船亦能仗恃针路之指引，御风前往，上述东洋航路，出现泉州直航摩逸、三屿等地（均在今菲律宾群岛）的直接航线，就是最好的例子。虽然迄今能见之针路（或称海道针经）最早仅能上推至明初郑和航海图，但宋代史籍中已有用针盘定方向的记载。《诸蕃志》卷上"阇婆国"条云："阇婆国，又名莆家龙，于泉州为丙巳方。"[③]丙巳方位于157.5度处（见附图），并不合于今爪哇之方位，其系得自航海舟子配合东北风之风向，所修定之航行方向是显而可见的。其后航海既以针路为主，星象为辅，泉州对外交通遂得以开辟更多新的贸易地区。

宋代闽南造船技术在我国既居首位，对风向之掌握又臻成熟，复因指南针用于航海，成为航行之利器，新辟诸航线（主要指东洋航线）于泉州又最为方便，泉州对外交通在五代以后愈来愈盛，是丝毫不足为奇的事。

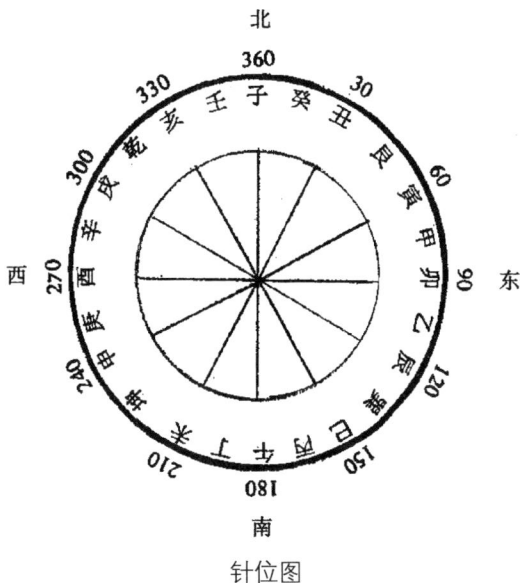

针位图

---

① 《宣和奉使高丽图经》卷三四《海道一·客舟》，第117页。

② 如澎湖落漈之传说。《元史》卷二一〇《瑠求传》云："〔瑠求〕在南海之东，漳、泉、兴、福四州界澎湖诸岛，与瑠求相对，亦素不通。天气清明时，望之隐约，若烟若雾，其远不知几千里也。西南北岸皆水，至澎湖渐低，近瑠求则谓之落漈，漈者水趋下而不回也。凡西岸渔舟到澎湖已下，遇飓风发作，漂流落漈，回者百一。"（〔明〕宋濂等撰，中华书局1976年点校本，第4667页）前引《岭外代答》载阇婆以东，亦有类似说法。

③ 《诸蕃志》卷上《志国·阇婆国》，第54页。

第四节　泉州市舶司之设置及其后泉州的对外交通

一、福建市舶司的设置

前几节已经说明了泉州在宋初虽未设置市舶司，但闽南（泉州商居多数）却始终未曾中断他们往来贸易的活动。在这期间，泉州商人往高丽者须先至明州注册，往南海者须至广州，往返极为不便，因此不但私自出海贸易，而且直接返向福建，形成走私贸易。前引《文献通考》卷六二《职官考十六》载其事云：

> 泉人贾海外者，往复必使东诣广（疑误，他本作诣广东），否则没其货。海道回远，窃还家者过半，岁抵罪者众。[1]

这种情形，地方官并非不知，然始终未曾设法改善者，乃彼等能由其中获得暴利。前引嘉祐八年（1063）至治平二年（1065）知泉州的关咏及参军杜纯事，即为最好的例证。至神宗熙宁年间，王安石行新法时，此一问题才受到重视。盖新法以富国为主，市舶获利不赀，当然亦在整顿之中，因此有人建议在泉州设置市舶司。《宋史》卷一八六《食货志》"互市舶法"条载：

> 熙宁五年（1072），诏发运使薛向曰："东南之利，舶商居其一。比言者请置司泉州，其创法讲求。"[2]

似乎中央政府已有在泉设置市舶司的打算，是以下诏薛向探讨其规制，薛向正新党理财能手。《宋史》卷三二八《薛向传》载：

> 神宗知向材，以为江、浙、荆、淮发运使。……时方尚功利，王

安石从中主之，御史数有言，不听也。向以是益得展奋其材业。①

薛向得王安石之信赖可知。但其后由于王安石之去职（七年），议未果行。其后复有陈偁于元丰年间再次上书请求。《万历泉州府志》卷十《陈偁传》载其事云：

> 陈偁，字君举，（南剑州）沙县人。……熙宁八年（1075），召开封府属，新法行，请外知泉州，以治行闻，召见，改惠州。元丰五年（1082）复知泉州。旧法蕃商至，必使诣广东，否则没其货，偁请立市舶于泉，诏从其议。②

但据《文献通考》卷六二所云："太守陈偁奏疏愿置市舶于泉，不报。"③则宋廷对陈偁元丰五年之请，并未作成任何决定，故于元祐二年（1087）旧党执政后，始由李常之请于泉州设置了市舶司。《续通鉴长编》"哲宗元祐二年十月"条载：

> 泉州增置市舶，从户部尚书李常请也。④

李常原亦属新党，后因反对王安石青苗法之收息，遂出知于外，与新党渐疏，及司马光执政，任其为户部尚书，以示政府无意再从事聚敛。《宋史》卷三四四《李常传》云：

> 熙宁初，［常］为秘阁校理，王安石与之善，以为三司条例检详官……安石立新法，常预议。不欲青苗收息……通判滑州……哲宗立，改吏部，进户部尚书。或疑其少干局，虑不胜任，质于司马光，

---

① 《宋史》卷三二八《薛向传》，第10587页。
② 万历《泉州府志》卷十《官守志下·陈偁传》，明万历刻本，第4页。乾隆《泉州府志》卷二九《名宦一·陈偁传》同。（第10页）
③ 《文献通考》卷六二《职官考十六》"提举市舶"条，第1868页。
④ 《长编》卷四〇六"元祐二年十月甲辰"条，第9889页。

光曰："用常主邦计，则人知朝廷不急于征利，聚敛少息矣。"①

可见李常亦颇受旧党之猜忌，而其看法则略同于新党，只因青苗法不主张收息，与王安石等意见不和，遂为旧党所援引，以示旧党之最不同于新党处——"不急于征利"。是以元祐时李常之请置市舶于泉，可能是看到过去陈偁的奏书，只是旧事重提，也可能出自一己之新措施，而终蒙朝廷准许。初议置市舶于泉，始于新政，而竟成于旧党为政时，实始料所未及。

有关泉州自熙丰起即议置司，竟拖延达十五年之久始蒙批准的原因，日人成田节男以为有两个因素：其一是广州方面的反对，其二是泉州内陆交通的不便②。此二因素固有部分关系，但熙丰以来新旧党交替为政，政策始终摇摆不定，可能亦有部分原因（详后）。

二、置司后泉州的对外交通

泉州始置市舶，既成于旧党之手，而彼等对新党之"敛财"最表反对，其设置市舶于泉，系由与新党有相同看法之李常所请，是故虽已置司，但并未受重视。因此由元祐二年（1087）始置市舶至崇宁元年（1102）甚或至大观元年（1107）以后，新党有较长期之执政时，泉州市舶司始成定制。在其前近二十年中，泉州市舶屡设屡罢。此即曾知泉州，元符二年（1099）复知广州之朱服子或《萍洲可谈》卷二所云：

> 崇宁初，三路各置提举市舶官，三方唯广最盛。官吏或侵渔，则商人就易处，故三方亦迭盛衰。朝廷尝并泉州舶船令就广，商人或不便之。③

即可见此期泉州市舶之屡被罢废，而"商人或不便之"一语说明了泉州商客及泉州对外贸易已达相当之基础。其时罢时立，大体言之，旧党上台即

---

① 《宋史》卷三四四《李常传》，第10930页。
② 详见［日］成田节男：《宋元时代の泉州の发达と广东の衰微》，第44页。
③ 《萍洲可谈》卷二，第28页。

废市舶（或并入转运使、茶盐使等），新党上台，则又复置。如：

（一）徽宗崇宁元年（1102）五月新党追贬司马光等四十四人官，七月蔡京任相，于十一月即有杭州、明州市舶司依旧复置①及三路各置提举市舶之举②。是专任市舶官之始。

（二）徽宗大观元年（1107）正月，蔡京复相，而于是年三月七日即有"广南、福建、两浙市舶依旧复置提举官"之诏令③。

（三）大观三年（1109）六月，蔡京罢相，七月二日即"诏罢两浙路提举市舶官，令提举常平兼理"④。

（四）政和二年（1112）二月，蔡京复相，五月二十四日即有"两浙、福建路依旧置市舶"⑤之诏。

其间虽少见罢废市舶之诏，但由新党当政后之"复置"，即知其前必曾被罢废⑥。因此泉州市舶司虽云置于1087年，但一直要到崇宁、大观以后，其功能才充分发挥出来。距北宋之亡仅二十余年！

论及置司后泉州对外的交通，在东北亚方面，并不曾受到置司与废司的影响，对高丽之贸易仍持续不断。唯哲宗以后，高丽史所载赴丽贸易华商多不系其里贯，是以其后之宋商即无从知其籍贯。置司后宋丽贸易商客中，肯定知其为泉州商者有二人三次。哲宗元祐二年（1087，即高丽宣宗四年三月甲戌）赴丽之宋商徐戬为一泉州商⑦。元祐四年十月（1089，宣

---

① 见《宋会要》职官四四之八。〔宋〕王应麟：《玉海》卷一八六《食货·理财》，《景印文渊阁四库全书》，（台北）台湾商务印书馆1986年版，第947册，第741页。

② 《萍洲可谈》卷二，第28页。《文献通考》卷二十《市籴考一》"市舶互市"条亦云："崇宁置提举。"（第588页）

③ 见《宋会要》职官四四之九。

④ 《宋会要》职官四四之九。

⑤ 《宋会要》职官四四之九。

⑥ 有关新旧党之倾轧对市舶之影响，此处无暇详论。可参阅石文济：《宋代市舶司之设置与职权》，《史学汇刊》创刊号，1968年，第45—161页。第三章第三节《市舶司与中央及地方之关系》，第三"与新旧党争之关系"，唯仍有可供深入探讨处。

⑦ 《三苏全集》东坡集卷二七《奏议·论高丽进奉状》："同月三日准秀州差人押到泉州百姓徐戬。"知徐系泉州人。后更因售经板与高丽，为苏轼"送千里外州军编管"。（第1页）

宗六年十月）赴丽之宋商徐成，系泉州纲首①。徐成次年（1090）三月曾
再次赴高丽，这三次可以肯定属泉州之商客，说明了福建与高丽间海上交
通之继续发展。其后元祐五年宋廷虽从苏轼之请颁布了往高丽之禁令②，
但赴高丽贸易之宋商，仍络绎于途③，在这些商客中可能仍有极多的泉
州人。

除此之外，与东北亚交通最值得注意的是赴日贸易亦有泉州商客。北
宋时代日本正值藤原氏全盛时期，对外贸易采闭关政策，禁止国人私自渡
海贩宋，故往来宋日间者，多为宋商宋船④。除两浙明州、温州、台州籍
不少外，福建商客（多福州人）亦不少。如1002年建州海商周世昌遭风
漂至日本，1026年、1027年福州商客陈文祐两度赴日及1028年福州商客周
文裔之赴日等均是⑤。但尚未见泉州商客赴日者，至泉州置司后，则出现了
赴日贸易之泉州商客——李充。充不但在崇宁元年以后曾数度赴日⑥，且留
下了其在崇宁四年（1105）六月赴日本贸易时明州市舶司所发给之公凭。

往东北亚方向的交通，除至日、丽外，亦有至两浙、江南东路贩易
者。前引莆田祥应庙碑有云：

> 往时游商海贾冒风涛，历险阻以牟利于他郡外蕃者，未尝至祠
> 下，往往不幸有覆舟于风波，遇盗于蒲苇者。其后郡民周尾商于两
> 浙，告神以往，舟次鬼子门，风涛作恶，顷刻万变，舟人失道，涕泣
> 相视，尾曰……吾仗神之灵，不应有此，遂号呼以求助。虚空之中，
> 若有应声，俄顷风恬浪息，舟卒无虞。⑦

① 《三苏全集》东坡集卷二八《奏议·乞禁商旅过外国状》有"据泉州纲首徐成状称"，可见彼
  亦为泉州人。（第18页）
② 《宋会要》职官四四之八，元祐五年十一月二十九日刑部言。
③ 见宋晞：《宋商在宋丽贸易中的贡献》，第154—159页，"宋商赴丽一览表"。
④ 详参［日］木宫泰彦著，陈捷译：《中日交通史》，第270页。
⑤ 详见［日］木宫泰彦著，陈捷译：《中日交通史》，第271—279页，"北宋交通一览表"。
⑥ 详见［日］木宫泰彦著，陈捷译：《中日交通史》，第279页。
⑦ "祥应庙碑记"见《闽中金石略》卷八，《石刻史料新编》第一辑，第17册，第12987—
  12990页。

是商于两浙者。《宋会要》食货五十之一船项载建炎三年三月四日臣僚言：

> 自来闽、广客船并海南蕃船转海至镇江府买卖至多，昨缘西兵作过，并张遇徒党竟劫掠，商贾畏惧不来。欲下两浙、福建、广南提举市舶司招诱兴贩，至江宁府岸下者抽解，收税量减分数。①

建炎三年（1129）在南渡后不久，其"自来"一语，当指北宋以降泉州商客已有至镇江府贸易者。

至于论及对南海的贸易，前引莆田祥应庙碑续云：

> 又泉州纲首朱纺，舟往三佛齐国，亦请神之香火而虔奉之，舟行迅速，无有艰阻，往返曾不期年，后利百倍，前后之贾于外蕃者，未尝有是，咸皆归德于神。自是商人远行，莫不来祷。②

碑记成于绍兴八年（1138），在南渡后十一年，此时祥应庙香火鼎盛，其溯源诸事，应在南渡以前不成问题。往三佛齐者，除朱纺外，尚有"前后之贾于外蕃者"，可见设司后泉州对南海之交通亦有长足之进步。

除此之外，泉州设市舶司后，曾遣人招纳外人来华进贡贸易。《宋会要》职官四四之十载政和五年（1115）七月八日礼部奏云：

> 福建提举市舶司状，昨日兴复市舶，已于泉州置来远驿，与应用家事杂物等并足，定犒设馈送则例及以置使臣一员监市舶务门，兼充接引干当来远驿。及本司已出给公凭付刘著等收执，前去罗斛、占城国说谕招纳，许令将宝货前来投进外，今照对慕化贡奉诸蕃国人等到来，合用迎接犒设津遣差破当直人从与押伴官等，有合预先措置申明事件。③

---

① 《宋会要》食货五十之一。
② 《闽中金石略》卷八，《石刻史料新编》第一辑，第 17 册，第 12987—12990 页。
③ 《宋会要》职官四四之十。

其所招纳之占城、罗斛两国先后来到。《宋会要》同页续云：

> 福建市舶司依崇宁二年二月六日朝贡招纳到占城、罗斛二国前来
> 进奉。内占城先累赴阙，系是广州解发外，有罗斛国，自来不曾入
> 贡，市舶司自应依政和令询商其国远近大小强弱，与（己）［已］入
> 贡何国为比奏。……八月十三日诏提举福建市舶施述与转一官，以诏
> 诱抽买宝货增益也。①

由泉州市舶设立不久，即招到占城、罗斛之贡使观之，其时占城等地泉州
商人来往必极频繁。至罗斛国（在真腊西，即今泰国暹罗湾一带）则为入
贡我国之始，更可见泉州商人能力之大，其曾来往罗斛等地，亦系不争之
事实。而泉州市舶使施述与竟以此有功转一官，更系宋代开始奖励对外贸
易官吏之表征。其后宣和元年（1119）十二月十四日，更有泉州市舶使蔡
柏及勾当公事赵实加官之举：

> 诏福建提举市舶蔡柏职事修举，可特转一官，勾当公事赵实转一
> 官，令再任。②

可见泉州市舶司在设置之初，已有良好之表现。可能系市舶收入极多，因
而奖励其主管官员，这更是往昔泉州对外贸易已有良好基础所造成的。

再由北宋的市舶收入亦可看出泉州置司后的转变。兹将《文献通考》
所见市舶收入资料列表于后，以作说明：

表4 《文献通考》所见市舶收入

时间	市舶收入（缗）	资料来源
太宗时（976—997）	约五十万	《宋史·张逊传》

① 《宋会要》职官四四之十。
② 见《宋会要》职官四四之十一。

续表

时间	市舶收入（缗）	资料来源
仁宗皇祐间（1049—1053）	五十三万有余	《玉海》卷一八六云："海舶岁入象、犀、珠宝、香药之类，皇祐中五十三万有余，治平中增十万。"
英宗治平间（1064—1067）	六十三万	同上
徽宗崇宁、大观年间（1102—1110）	百万以上	《文献通考》卷二十"市舶互市"条言："崇宁置提举，九年之间，收置一千万矣。"

由英宗治平年间之约六十三万缗，一跃至崇宁以后之九年间收置一千万缗，虽不能尽归功于泉州之设置市舶司，但由前述泉州之招徕外蕃，及市舶官吏之曾受奖励诸事来看，泉州新设市舶司与宋代市舶收入突增应有相当之连带关系。这由南渡前两年（宣和七年，1125）赐予三路市舶司的度牒数目，也可约略看出：

> ［宣和］七年三月十八日诏，降给空名度牒，广南、福建路各五百道，两浙路三百道，付逐路市舶司充折博本钱，仍每月具博贸并抽解到数目，申尚书省。①

以空白度牒赐三路市舶司为博贸本钱，泉州竟与广州同为五百道，远高于两浙之三百道，可见泉州此时之入口货显已在两浙市舶司之上，而有与广州市舶收入并驾齐驱之势。

泉州在北宋设置市舶司，仅有短短的四十年（1087—1127，如以崇宁、大观起算，则仅二十余年），有关市舶司设置后之史料又极贫乏，但由于往昔泉州对国内外贸易的良好基础，及零星可见之资料，可知北宋之末，泉州对外贸易已可与广州相比，南渡后在新局面的影响下，终于成为我国对外贸易最大的港埠。

（原载《台大历史学报》1984年第10、11期）

---

① 见《宋会要》职官四四之十一。

北宋汴河、淮南运河的通航能力与漕粮定额

吴　同

一、问题的提出

通航能力是评判一条运河最为核心的指标，运河所能发挥的种种效益，都是建立在其通航能力之上。本文以北宋时期（960—1127）汴河、淮南运河，即东京开封至扬子江北岸真州、扬州的运河干道为中心，①考察北宋时期大运河的通航能力及其瓶颈，并探讨北宋漕粮立额与运河通航能力之间的关系。

北宋定都开封，都城"仰给漕运，故河渠最为急务"。②而"漕运之法分为四路"，即汴、黄、蔡、五丈河，"当时最重者惟是汴河"。③漕运是运河的核心功能，粮食则是汴河漕运的最大宗物资，自真宗以降年运量大抵以600万石为指标。南宋吕中即举此例，夸耀祖宗朝之德政：

> 太祖之兵不过二十万。召募之日广，供馈之日增，盖端拱、雍熙

---

① 北宋时期，汴河、淮南运河转输淮南，两浙，江南东、西，荆湖南、北六路物资，真、扬二州为南端两枢纽，分别汇总转输江湖四路及两浙之漕运物资，即"江湖路自真州并两浙路自扬州"。参见徐松辑《宋会要辑稿》职官四二之三六，上海古籍出版社2014年版，第4089页。自汴京直至真、扬的所谓"唐宋大运河"可分为汴河与淮南运河两段。汴河自黄河汴口经汴京至泗州入淮，淮南运河自楚州淮河口至真、扬两州入长江。以下讨论涉及汴河、淮南运河的具体问题时将分别指称，在此之外，径称"运河"。

② 〔宋〕李焘：《续资治通鉴长编》（以下简称《长编》）卷一"建隆元年正月乙巳"条，中华书局2004年版，第6页。

③ 〔元〕马端临：《文献通考》卷二五《国用考三》，中华书局2011年版，第754页。

以后之事。此岁漕所以日增而日广也。惟我仁祖为定额，故熙宁大臣增茶盐之税，倍榷酤之征，而漕运之法则不敢有一毫之增，则亦前朝有定额故也。（仁祖立漕运额，虽王安石不敢妄增。）①

姑且不论吕中此处所犯的史实错误及其鲜明的价值判断，但其提出朝廷制定定额乃是根据"量出为入"原则，该观点自南宋至今仍具影响力。斯波义信指出，北宋东南六路上供漕米乃是根据京师、府界兵卒和京城官僚粮食需要，结合交通成本而采取量出制入原则制定。②李伯重对该观点作了进一步阐发，指出"朝廷计算出军队、百官对粮食的需要总量，减去北方诸路赋入可提供的数目，从而得知每年需从东南六路运谷600万石至北方（京畿地区）"。③粘振和也认为宋代漕粮定额在600万石，隐含恤民的考量，而对东南物资的征调保持自我克制。北宋制定汴河年额，是在配合政府的国计稳定、惠民德政以及外患评估之后。漕运政策以稳定为原则，每岁漕运江淮六路的粮米上供量始终维持在600万石左右。汴河的运输能量基本上犹有余裕。④

以上对宋代制定漕粮年额的分析，都认为漕粮定额乃是宋廷根据自身需要，兼顾考量百姓负担，采取"量出制入"原则而得出的结果。即便施行新法"开源逐利"以后，漕粮定额仍保持稳定不变。无论从供需角度，还是从惠民角度，上述学者都未将汴河的通航能力纳入考量。

事实上，已有学者指出运河的通航能力并不乐观，面临诸多瓶颈。早在20世纪80年代，邹逸麟即指出唐宋汴河由于水源不足，含沙量高，通航极不理想。更指出运河保障国家漕运已属不易，一般客商往来贩运更是

---

① 〔宋〕吕中撰，张其凡、白晓霞整理：《类编皇朝大事记讲义》卷一〇《漕运额》，上海人民出版社2014年版，第217页。

② 〔日〕斯波义信著，何忠礼、方健译：《宋代江南经济史研究》，江苏人民出版社2012年版，第149—150、153—154、240—241页。

③ 李伯重：《斯波义信〈宋代江南经济史研究〉评介》，《中国经济史研究》1990年第4期。

④ 粘振和：《北宋汴河的利用与管理》，（台北）花木兰文化出版社2009年版，第87、189页。

不便，因此不能过分夸大历史时期运河在商品流通方面所起的作用。[①]惜在当时并未得到足够重视。郑学檬从技术角度探讨了宋代造船业的发展情况，论及汴河漕船的制造、形制和载重等内容。[②]刘海旺从形态考古学角度考察了今古宋河东西两侧汴河遗址两岸数十平方千米的范围内发现的唐宋时期房屋建筑遗物堆积，指出商丘段汴河河道宽在60—150米之间，一般河道宽约60米；码头区河道宽度则逐渐加宽到150米，可能有利于停靠更多的船舶。下游河道宽度为20—50米。除较大的码头区外，河堤的宽度在9—30米之间。[③]黄纯艳则从传世文献出发，考察了宋代不同河道的水情，其中对汴河、淮南运河的深、宽、闸堰、通航时间、水情变化、船舶运力进行了细致探讨，[④]扭转了此前研究对汴河通航能力的过高估计。[⑤]这些研究成果事实上对邹逸麟的论断给予了有益补充。以上对于宋代汴河、淮南运河航运技术与水情的基础性研究，是我们进一步理解和审视宋代运河通航能力与漕粮定额关系的基础，也关系到民间物资究竟能在多大程度上利用运河进行流通。本文拟从运河船闸启闭频率出发，重新考察、估算运河通航能力，并探讨北宋漕粮立额所面临的困境及增长瓶颈。

二、淮南运河的改堰为闸与过闸流量

唐宋大运河各河段存在诸多通航瓶颈，汴河的主要问题在于无法全年

---

① 邹逸麟：《从地理环境角度考察我国运河的历史作用》（原载《中国史研究》1982年第3期），邹逸麟：《椿庐史地论稿》，天津古籍出版社2005年版，第227、234页。

② 郑学檬：《中国古代经济重心南移和唐宋江南经济研究》，岳麓书社2003年版，第139—152页。

③ 刘海旺：《唐宋汴河形态考古学探讨》，《华夏考古》2016年第4期。

④ 黄纯艳：《宋代运河的水情与航行》，《史学月刊》2016年第6期。

⑤ 如周宝珠采信日本僧人成寻的日记和周邦彦的诗赋，认为汴河航船载重量可达万石。参见《〈清明上河图〉与清明上河图学》（河南大学出版社1997年版，第58页）。黄纯艳则指出从汴河平均水深3—5尺、宽20—50米的水情看，通常行船均在600石以下，1000石船通航已是极限，万石船断不可能。参见黄纯艳：《宋代运河的水情与航行》，第107页。

通航，①且含沙量高，淤积严重；淮南运河的问题则在于"高江、淮数丈，自江至淮，凡数百里，人力难浚"，②蓄水通流亦面临严峻挑战。当时，真正切合实际的措施，是恢复唐末五代废弃的河堰来保障蓄水，维持通航。堰是较低的挡水溢流的建筑物，横截河中，用以抬高水位，保障船只通航。然而船只过堰时，一般需卸下重货，借人力、畜力牵挽。③上京漕船"自真、扬入淮、汴，历堰者五"，每次越堰都极为烦琐、费力，更有"民力疲于牵挽，官司舰舟由此速坏"之弊。④时人则对"瓜洲堰埭阻行桡"颇感惆怅不耐。⑤但对于北宋政权而言，最难容忍的恐怕还是淮南运河上五道水堰阻滞航道，通航效率低下，对漕计的妨害。

随着废堰通流的呼声越来越高，北宋于天禧三年（1019）相继"毁龙舟、新兴、茱萸三堰"，由此取得了所谓"漕船无阻，公私大称其便"的效果。这种效果的实现，其实是通过"开扬州古河缭城南接运渠"，⑥即通过开新河入运河以增加蓄水来实现的。此外，早在后周时期，就已开始在淮南运河建设水闸："转般仓，在［山阳县］大运河西岸。唐漕江淮等道米，于此转送关陕，北有［北］神堰，周世宗始置满浦闸，以通水运。"⑦"满浦闸"，当距淮河口的北神堰不远。但楚州北神堰及位于长江口的真州江口堰，由于地势明显高于江、淮二水，尚不具备一并废罢的条件。直到天圣四年（1026），淮南运河水堰阻滞漕运的问题才告初步解决：

> 淮南转运司言楚州北神堰、真州江口堰修水闸成。初，堰度舟，

---

① 这主要是由于元丰二年（1079）导洛通汴前，黄河为汴河主要水源，黄河裹挟泥沙入汴加剧汴河淤积，冬春则易存在凌汛问题，必须关闭汴口，导致运河无法全年通航。运河通航时间短的问题在导洛通汴后得以初步解决。

② 〔元〕脱脱等：《宋史》卷九六《河渠六》，中华书局1985年版，第2389页。

③ 高荣盛：《宋代江苏境内漕运工程考述》，《江苏社会科学》1997年第2期；黄纯艳：《宋代运河的水情与航行》，《史学月刊》2016年第6期；官士刚：《京杭大运河工程技术的考古学研究——以漕仓与水闸建造为中心》，中国人民大学2017年博士学位论文，第198页。

④ 《长编》卷九三"天禧三年（1019）六月辛卯"条，第2149页。

⑤ 〔宋〕蔡襄：《莆阳居士蔡公文集》卷四《宿扬州》，北京图书馆出版社2004年版，第16页b。

⑥ 《长编》卷九三"天禧三年六月辛卯"条，第2149页。

⑦ 〔宋〕王象先：《舆地纪胜》卷三九《淮东路·楚州》，四川大学出版社2005年版，第1728页。

岁多坏，而监真州排岸陶鉴、监楚州税王乙并请置水闸堰旁，以时启闭。及成，漕舟果便，岁省堰卒十余万。乃诏发运司，他可为闸处，令规画以闻。①

至此，船只自真州、楚州两端出入运河，无需再忍受越堰之苦，从扬州出入运河，亦只需翻瓜洲一堰。②设水堰会阻滞通航，无堰则易致蓄水外泄，淮南运河通过"改堰为闸"，大抵在行船效率和蓄水通航间寻得平衡。

尽管仁宗以降，淮南运河除瓜洲堰外全面实现了改堰为闸，但闸门的启闭开合仍然会泄出大量河水。为保障蓄水，就有必要控制开闸频率，而不能如现代船闸频繁开合。从蓄水角度考量，控制开闸频率固然有助于储水，但长期闭闸储水又会反过来阻滞通航，因此仍要找到一个合适的平衡，在保证蓄水的前提下，尽量提升开闸频率以使船只尽速通过。从下引三节文献可证，淮南运河改堰为闸后，北宋在相当长一段时间内对船闸的开合频率作了制度性规定：

1.（熙宁六年四月，1073）廿五日（戊戌）天晴。使臣殿直来，书与云："去文来，为发运司指挥，须管每一船闸，要船一百只已上，到一次开。如三日内不及一百只，第三日开。不得足，失水利，今日已是第三日，近晚必开闸，出闸便行者。"终日虽行开闸，不开，过日了，最以为难。③

2.（宣和五年四月，1123）又诏："东南六路诸闸，启闭有时。此闸纲舟及命官妄称专承指挥，抑令非时启版，走泄河水，妨滞纲

---

① 《长编》卷一〇四"天圣四年十月乙酉"条，第2424页。
② 成寻渡江，自瓜洲入运河仍载，"越堰，牛廿二头，左右各十一，牵上入上河"（参见［日］成寻著，王丽萍校点：《新校参天台五台山记》卷三，熙宁五年九月十三日，上海古籍出版社2009年版，第231页），可知天圣以后，尽管江南东西、荆湖南北路船只自真州可过闸入运河，但两浙路自瓜洲出入淮南运河的船只则仍旧需翻堰。瓜洲堰改闸至哲宗绍圣时最终得到解决，当时曾公亮子孝蕴"建言扬之瓜洲，润之京口，常之奔牛，易为闸，以便漕运、商贾。既成，公私便之"（参见《宋史》卷三一二《曾孝蕴传》，第10235页）。
③ 《新校参天台五台山记》卷八，熙宁六年四月廿五日，第694页。

运，误中都岁计，其禁止之。"①

3.本朝（笔者注：徽宗朝）发运使曾孝蕴严三日一启之置，复作归水澳，惜水如金。比年行直达之法，走盐茶之利，且应奉权幸，启闭不暇，欲归水则力不给矣。②

第一条引文是日本僧人成寻沿汴、淮河而至楚州界，等待过闸进入淮南运河的一段记载。等待三日后，闸仍不开，使臣殿直遂向其出示发运司的开闸规定，以安抚成寻一行的焦虑。从发运司指挥节文看，该规定的基本原则即是在积滞船舶不足一百艘的情况下，每三天一开闸。只有当候闸船只多于百艘，闸门才不受规定拘束，可即时开启。第二、三条引文，表明第一段使臣殿直出示成寻的发运司规定并非临时性指令，而是长期执行的制度条文，直至徽宗朝改行直达法后才出现紊乱。船闸启闭频率和通过船只量的规定，不仅给我们考察北宋时期运河的蓄水与船闸管理提供了制度性细节，也为我们考察运河的通航能力，提供了关键信息。

上引发运司节文"须管每一船闸，要船一百只已上，到一次开。如三日内不及一百只，第三日开"，两种情况应分主次：由"曾孝蕴严三日一启之置""东南六路诸闸，启闭有时"看，三日一启应是常态性规定，是发运司对淮南运河闭闸蓄水、开闸通航两方面要求评估后得出的结果；不足三日而有超过一百艘船候闸，则只是为因应候闸船只过多的一种备案。③如果淮南运河经常性积滞百艘以上船只，船闸开闭频繁而无规律，将造成蓄水不足，也使得"三日一启"之制成为无法执行的具文。且以淮南运河之狭窄，于闸前滞留上百舟船，非船闸所能容纳，双向之通行，纤夫水手之安置也将出现问题。因此三日百艘，当是发运司评估淮南运河平均通航流量而得出的结果，是一种不常发生的例外情况。如果结合淮南运河三日一开闸（候闸船只不足百艘）的多数情况和三日内候闸船只超过百

---

① 《宋史》卷九六《河渠六》，第2390页。
② 《胡宏集·杂文·向侍郎行状》，中华书局1987年版，第167页。
③ 成寻过楚州闸时等候三日，也表明当时候闸船只不足百艘。

艘的少数情况看，那么估算淮南运河船只过闸的平均频率，大抵应为三日一百艘，甚至应更低一些。

由于历史文献中缺乏有关北宋汴河通航能力的直接记载，以往对汴河通航能力的评估方式大抵有以下两说：第一，将汴河上供漕粮的600万石定额作为参考依据。第二，依据船纲数据形容汴河的通航情况。如建炎二年（1128）五月十二日，发运副使吕淙言："祖宗旧法，推行转般。本司额管汴纲二百，每纲以船三十只为额，通计船六千只，一年三运，趁办岁计。"[1] 又如韩桂华指出："以六千只纲船，一年三次，来往于汴河运粮；若再加以钱、物之纲运，以及公私商旅、人船客货之往来，则汴河之上舳舻相接，繁忙运输之景象，可想而知。"[2]

以上角度均有较大局限性：第一种角度的局限在于汴河漕额只是汴河整体通航能力的一部分，既有研究尚未厘清漕运在运河通航中所占的比例；第二种角度的局限则在于船舶容或有停泊、损坏或沉失等情况发生，如成寻上京沿途即见"河中有损沉船，凡此驶河见损船及廿余只"。[3]此外，由于汴河适航船只在600料以下，一般为300—400料，而淮南运河则更低。[4]如果以货运量＝纲船数×年运次数×单艘载货量来计算，那么保守货运量和不保守货运量分别如下：

保守货运量＝6 000×3×400＝7 200 000（石）

不保守货运量＝6 000×4×600＝14 400 000（石）

由此可见，即便按400料船这样的轻载船，以行运3次的较低值计算，[5]得出的货运量也已大大超过600万石的漕运定额，不保守算则达定

---

① 《宋会要辑稿》职官四二之五三，第4098页。

② 韩桂华：《宋代纲运研究》，（台北）花木兰文化出版社2013年版，第112页。

③ 《新校参天台五台山记》卷三，熙宁五年十月六日，第264页。

④ 黄纯艳：《宋代运河的水情与航行》，《史学月刊》2016年第6期。

⑤ 事实上汴河纲船行运一般为三至四次，甚者有一年五运者。如天圣五年八月，江淮发运司言："管押汴河粮纲殿侍、军大将，准条四百料至五百料纲船，自今楚州般得四运斛䤵及三万六千石已上，泗州般得五运斛䤵及四万二千石已上，到京卸纳了足，及经冬短般，至年终，无抛失欠少，即依条酬奖。"（《宋会要辑稿》食货四六之一〇，第7038页）

额的两倍以上。这样的计算结果，显然不具备参考性。

而上面船只过闸频率的推出，则为我们计算运河的通航能力提供了另一种可能。由于东南地区北上货物，不论采取直达还是转般换船，①无论漕船、商船还是官民行旅，楚州北神闸都是入淮入汴的必经关卡，因此可以认为上面得出的淮南运河平均过闸频率即是东南六路人流、物流上京的频率。神宗熙宁时期运河已通行百年，除淮南运河改堰为闸外，在运河维护、航运管理、漕粮定额等其他方面并未出现大的变化，因此以三日百艘的过闸频率评估运河的通行流量，具有代表性和一般性。船只过闸频率则为我们评估北宋时期跨汴河、淮南运河长途货运的年均通航流量和货运量的上限，提供了另一种计算方式：

$$年均通航流量 = \frac{365}{开闸频率} \times 平均候闸船只量 = \frac{365}{3} \times 100 \approx 12\,167$$

（船次）

$$货运量上限 = 年均通航流量 \times 单艘最大载重量$$

$$= \frac{365}{3} \times 100 \times 600 = 7\,300\,000（石）$$

730万石应大抵是运河上各类型长途运输船只全年货运量的上限。首先，由于淮南运河为单线双向通行，因此不存在因支流、岔道而脱漏过闸量计算的可能。其次，单艘船只最大载重量，选取的是汴河适航船只的最大载重，而淮南运河所行船只的载货量普遍要更低。再者，上面的计算是按全年365天通航计，但导洛通汴前汴河"一岁通漕才二百余日"，②全年

---

① 按"天圣中，发运使方仲荀奏请废真、楚州堰为水闸，自是东南金帛茶布之类直至京师，惟六路上供犹循用转般法"（参见《宋会要辑稿》食货四七之三，第7050页），可知大抵漕运上供粮（重载船）采取转般之法，其他类型的运输船只（轻载船）上京则可直达。且即便漕运上供米仍采行转般法，也长期遵循"汴船不出江"（参见《宋史》卷一七五《漕运》，第4253页）的制度规定，可知大部分汴河漕船也需要过北神闸进入淮南运河，以承接真、扬、楚三转般仓之米粮，只有转般泗州的汴河船不必入淮南运河。

② 《宋会要辑稿》方域一六之一一，第9593页。

只有三分之二的时间通航，[1]因此尽管淮南运河能够全年通航，[2]但入汴船只则受通航时间限制，经淮南入汴的货运量只会有减无增。最后，船只过闸为双向通行，候闸船只数并不知是单向100艘，还是双向共100艘，这里仍有讨论的空间。但如果是后一种情况，则通航量要减半。[3]按照过闸量计算航运流量，则将大部分变量和影响因素排除在外，据此算出的货运量上限值，则为各种变量留出充分冗余，可说为北宋时期汴河、淮南运河的通航能力划出了一个较具参考意义的上限值。

需要指出，730万石这一货运量的计算，乃是依据淮南运河日常的船只过闸频率，因而只适用于评估经行淮南运河并过闸的船只数和货运量。尽管"三日一百艘"是运河上每道船闸的过闸频率，但运河各船闸通航船只的性质却不尽相同，如自长江过闸进入真、扬两州的船只与自楚州过闸进入淮河的船只就大有不同，因此730万石的实际意义和适用性要更复杂一些。首先，这一计算涵盖了东南各地经真、扬两州运河口过闸并进入淮南的船只，因此据原算法，理论上应有1460万石规模货物自长江汇入淮南运河，但自楚州闸北上入淮河只有一口，能继续北上的船货规模才被限制在730万石。这中间存在落差，可能是因为有相当一部分货物于真、扬或以北州军就地卸下而不再北运，或由陆路至淮、泗再转入淮、汴水运，剩下才是经淮南运河入汴的货物。其次，这一计算涵盖了在淮南运河内部及其支流进行短途航行的船只，如通、泰等淮南产盐州军往返真、扬及长江沿线的运盐船。最后，这一计算涵盖了楚州闸口进入淮、汴的船只，包

---

[1] 黄纯艳：《宋代运河的水情与航行》，《史学月刊》2016年第6期。

[2] 黄纯艳在《宋代运河的水情与航行》（《史学月刊》2016年第6期）一文中指出淮南运河与汴河一样，冬季施行"放冻"。但这并不代表淮南运河在冬季全面停航，这里的"放冻"只适用于因汴河停航而无法上京的"汴纲"，诸如东南发运司漕船及其他盐纲等在冬季仍可于淮南运河上正常航行。导洛通汴前汴河冬季关闭汴口，全线停航，既有冬季黄河枯水的因素，但主要是为防止黄河浮凌的危害，淮南运河段则无这一问题。导洛通汴后汴河能够实现全年通航的另一大前提，也是建立在淮南运河冬季能够维持通航的基础之上的。

[3] 笔者倾向认为单向候闸数即为100艘，因为如果双向候闸100艘，则运河运力只有365万石，远远低于漕运600万石的岁额，则600万石的漕运定额毫无存在意义。

括自真、扬、楚等州始发的北上船只，其中相当一部分当是转般东南物货的转般船，在此之外则是东南经淮南运河入汴的船只。尽管淮南运河每道船闸均有以上三种类型船只通过的可能，但不同船闸侧重应有不同，如楚州北神闸便应以最后一种类型船只通过为主。前文指出730万石是横跨汴河、淮南运河各类型长途运输船只货运量的上限，便是以最后一种情况作为根据。

三、漕粮定额原则

宋代漕运物资可分"上供斛斗"和"杂般诸纲"（如钱、绢）两类，前者有定额，后者则无。传统时期河道通行有"粮运盛行，运舟过尽，次则贡舟，官舟次之，民船又次之"的先后次序，[①]则"上供斛斗"有航运优先权。此外，粮纲船的完好度、载重能力也优于杂般纲船，如欧阳修即指出河北"自来纲船利于杂般，多将未及年限粮船故意损坏，及虚有申报，退作杂般船"。[②]神宗时都城开封负责汴河漕运物资装卸的"东排岸司岁管粮纲，般上供斛斗四百万石，及杂般纲运，比之（笔者注：西、南）两司最为烦要"。[③]既表明当时汴河漕运量远超黄、蔡、广济三河，也说明上供斛斗相较杂般诸纲，更为有司所关切。以上都表明，上供米粮是运河行运物资的主体部分，其他单一品类物资在重要性和运量两方面，都无法与之比拟。

前文通过淮南运河船只的过闸频率、年过闸船次，推导出730万石应是北宋时期运河开封至真、扬河段全年全程单向通航能力上限的参考值。且这还是对年通航时间、船只力胜等变量采用理论最大值而得出的结果，已难称保守。从计算结果看，730万石的通航能力，漕米即要占去600万石的份额，至如漕船贩私，钱、绢等杂般纲，官民行旅、商船等人流、物

---

① 〔明〕万恭：《治水筌蹄》卷二《运河》，水利电力出版社1985年版，第119页。
② 〔宋〕欧阳修：《欧阳修全集》卷一一八《河北奉使奏草卷下·乞条制催纲司》，中华书局2001年版，第1809页。
③ 《宋会要辑稿》职官二六之二九，第3703页。

流的总和，仅余130万石。这对我们审视北宋时期汴河、淮南运河的运输结构，漕运年额的制定原则具有重要的参考意义。北宋政权确定汴河漕运年额，无论主观怎样权衡，都要尊重运河通航能力的客观限制。如果年额无限接近乃至超过这个上限，就会变成不切实际的指标。

需要指出，漕粮定额并不完全涵盖在前述所计算出的运河货运上限之内。前者是淮南真、扬、楚、泗四州转般仓发出上京斛斗之总额，后者则是基于淮南运河船只过闸频率得出。因此存在两项偏差：一是泗州并不在淮南运河上，本州、毗邻州县及陆运转般而来的远州上供粮就脱漏于运河过闸量；①二是容或有部分漕粮于水闸处卸下并换装闸头对侧船只，免去开闸走水。就前者言之，泗州周边转般仓起发的大部分上供斛斗，仍应是远途经淮南运河过闸而来，毕竟长途陆运成本过高；就后者言之，北宋前期"汴船不涉江路"，其后则"江、汴之舟，合杂混转而无辨矣"，②可知汴河船至少能入淮，甚或有入江者，大部分漕粮上京，都为这类船只承载。因此上述两种脱漏情况，在全部上供漕粮中的比例不会过大。以淮南运河过闸量有限的承载力，承担上供斛斗、杂般诸纲，以及漕船拦搭的私货，仍非常紧张。由于汴河漕米年额与运河通航能力十分接近，且淮南运河改堰为闸前通航能力更不乐观，通航能力的限制很可能在北宋初制定漕运年额时被纳入考量。

北宋确定上供漕粮年额，始于宋真宗景德三年（1006）：

> [景德三年十月]十一日，都大发运副使李溥言："诸路逐年上京军粮元无立定额，只据数拨发。乞下三司定夺合般年额。"三司言："欲以淮南、江浙、荆湖南、北路至道二年至景德二年终十年般过斛

---

① 如泗州上游之亳、宿州，漕粮完全可径直上京或入泗州转般仓，而不必转赴楚州；属于淮河流域的光、寿、濠等淮西州军，亦无须入淮南运河。属于长江流域黄、蕲、舒、庐、和、无为等淮西州军，漕粮经长江、淮南运河输纳较为合理。陈峰在《北宋东南漕运制度的演变及其影响》（《河北学刊》1991年第2期）一文中判断，楚州、泗州分别负责淮南东、西路上供漕粮的收纳。实际运作未必如此机械。
② 《长编》卷一八八"嘉祐三年十一月己丑"条，第4534—4535页。

斟数目酌中取一年般过数定为年额，仍起自景德四年船般上供六百万石，永为定制。仍以夏秋税及和籴斟除桩留准备外，余数并尽装般，须管数及年额。内有路分灾伤，般挚不敷额，即具保明申奏减免分数。"从之。①

景德三年三司制定上供年额，直接的参考依据是前此十年的上供米粮数，600万石就是依据这十年的上供均数得出，"其后或增或减，然其大约以景（祐）〔德〕所定岁额为准"。②元丰年间，毕仲衍编成《中书备对》，载斟斗定额仍是"六百二十万石"，其中"六百万石正额，二十万石补填抛失破碎，每年截卸二十万"，③半个多世纪未有变动，可知景德定额具有相当的稳定性。另一关键的问题是，三司强调诸转运司除将部分米粮封桩之外，"余数并尽装搬，须管数及年额"，则"装搬"至何处呢？

如所周知，宋徽宗时期漕运全面实行直达法前，江淮等六路漕粮并非直接上京，而是长期采取转般法，"六路所供之租，各输于真、楚；度支所用之数，集于京师。以发运司总其纲条，以转运使斡其岁入。荆湖舟楫，回载海盐；淮南舳舻，不涉江路"。④根据转般法原则，东南上供米粮上京分两个步骤完成：第一步，东南六路上供米为各转运司征调后，运至位于淮南真、扬、楚、泗四州的发运司转般仓交卸，此即"六路所供之租，输于真、楚"；第二步，发运司将六路装卸于四州转般仓的上供米粮统一装发上京交纳，此即"度支所用之数，集于京师"。如熙宁十年（1077）规定淮南东、西两路上供米粮时限，"第一限十二月，第二限二月，第三限四月"；又"江东第一限十二月，第二限三月，第三限五月；

---

① 《宋会要辑稿》食货四二之三，第6940页。
② 《宋会要辑稿》职官四二之一六，第4078页。
③ 〔宋〕毕仲衍撰，马玉臣辑校：《〈中书备对〉辑佚校注》，河南大学出版社2007年版，第79页。这里的"二十万石补填抛失破碎"属于"耗米"性质，尽管不属于正额，但在实际征发中是存在的，因此很可能也是景德定额时所规定的内容。宋代文献见载"六百二十万"者，即是总计正额与加耗，与"六百万石"统计口径不同而已，而非景德立额之外又有新的立额。
④ 司义祖整理：《宋大诏令集》卷一八四《令江南荆湖两浙造舡团纲般起赴真楚泗转般仓发运司不得拨纲往诸道诏》，中华书局1962年版，第671页。

江西、荆湖南北、两浙第一限二月，第二限四月，第三限六月"。①其中有于三月汴河通航前规定完成者，可知这里所规定的上供时限并非发运司将诸路漕粮起发上京的时限，而是诸路起发至发运司的时限。

由于漕粮上供被分割成两个步骤，而每个环节都可能出现自然和意外损耗，因此"转运司征调漕粮""发运司收到漕粮"和"京师收到漕粮"这三个数字不会一致。宋人对此三者的区别有着清晰的认知：

> 盖发运使岁课，当以到京之数为额，不当以起发之数为额也。今者折欠，尽以折会偿填，而发运使不复抱认其数，但得起发数足，则在路虽有万般疏虞，发运使不任其责矣。今诸路转运司岁运斛斗，皆以到发运司实数为额，而发运司独不以到京及府界实数为额，此何义也？臣欲乞立法，今后发运司岁运额斛，计到京欠折分耗，以定殿罚，则发运使自然竭力点检矣。②

"到发运司实数""到京及府界实数"，应即"发运司四州转般仓收到东南六路发出米粮""京师收到发运司四州转般仓发出米粮"，此外应再加上"东南六路自本路所征发米粮"，以上在当时应是有实际财政意义的概念。

至此，重新审视所谓600万石的"上供定额"及"余数并尽装搬"这两个概念，前者指北宋中央对发运司拨发上京米粮数字所设置的行政指标，具有稳定性；后者则为东南诸路实际递解税米至发运司的数字，是动态变化的（或足额超额、或阙额），两者并非同一层次的概念。③也就是说，在景德三年三司立定漕运年额时，同时明确了另一个原则：东南诸路留州、调剂别路之外的税米，除少量留本路封桩外，其余不得截留，而应尽数作上供递解至发运司，由后者集中调配，以确保上供足额。因此所谓

---

① 《长编》卷二八三"熙宁十年七月甲寅"条，第6932页。
② 《苏轼文集》卷三五《乞岁运额斛以到京定殿最状》，中华书局1986年版，第983页。
③ 张亦冰在《北宋三司财务行政体制研究》（北京大学2017年博士学位论文，第173页）中提出"应上供""实上供"概念，指出"应上供"钱物属于三司对州军的上供规定，"实上供"钱物则系运输组织机构（如转运、发运司）完成的上供运量，后者建立在前者基础上。

东南六路的上供粮，绝大部分也要起发至位于真、扬、楚、泗四州的发运司转般仓贮存，①600万石的漕运年额只是朝廷征调六路上供粮中最终上京的那部分。事实上，北宋前期中央对东南诸路超额起发上供米一直持鼓励态度，即便转般仓监官收到出剩也往往能"批上历子，理为劳绩"，②也因此四州转般仓所贮存上供粮的规模，在北宋前期一度远远超出600万石的漕运年额：

> 祖宗朝，岁漕东南米六百万石，支京师一岁之用。故自真至泗，置仓七所，转相灌注，由江达淮，由淮达汴，而于真州置发运司以总之……于是京师岁计止用六百万石，而发运司所储，常有一千二百万石。别有籴米，可以籴一千二百万石，又在此七仓储米之外。每岁之春，拨发见米上供，至九月间，不待秋苗起催，而其年岁计六百万石已达中都矣。此六百万石，已足给用，而见粟犹有六百万，是嗣岁上供，更有指准。③

可知北宋前期发运司辖下四州七转般仓常年贮存的米粮明确分为"上供米"与"和籴米"两类，各达1200万石，总数竟高达2400万石。前者应是东南诸路历年递解至发运司而未上京的上供米（包括羡余），积少成多而有此规模；后者则是发运司以其籴本历年和籴，未用尽者积攒而来。一般认为，转般仓的主要功能，"一则以备中都缓急，二则以防漕渠阻节，三则纲般装发资次运行更无虚日"。④此外在"州郡告歉"时，发运司可

---

① 诸路递解至发运司的米粮数尚无从考证，但该数字大于发运司漕运上京数则可确定。

② "仁宗天圣二年九月，淮南江浙荆湖制置发运使方仲荀等言：'真、楚、泗州转般仓监官，今后收到出剩，不得批上历子，理为劳绩……'并从之。"参见《宋会要辑稿》食货六二之五五至五六，第7580页。按：发运司收到超额米粮主要应是负责诸路起发纲运者之劳绩，而非发运司监官发挥作用。因此，方仲荀此处反对的乃是奖赏不明，并非反对诸路超额上供。

③ 〔宋〕程大昌：《考古编》卷七《发运司》，中华书局2008年版，第112页。按：这仅为北宋前期东南地方财政宽裕而出现的情况，此后未再见有如此记载，发运司仓储应不复此前之境况。这部分米粮遂消耗殆尽，或是为填补北宋中后期东南上供的经常性缺额，及为他路截用所致。

④ 《文献通考》卷二五《国用考三》，第749页。

"计本州到岁额，以仓储代输京师，谓之代发"。①即在东南州县因天灾告歉、纲船沉失等各种原因未能起送足额上供时，发运司可代为起发该州上供米粮上京，起到调剂作用。②但在这里用作代发和调剂诸路不足的米粮，并非转般仓贮存的往年上供米，而是和籴米粮：

> 顷者，发运司以钱一百万贯，为籴籴之本，每岁于淮南侧近趁贱籴米，而诸路转运司上供米至发运司者，岁分三限。第一限自十二月至二月，第二限自三月至五月，第三限自六月至八月。违限不至，则发运司以所籴米代之而取直于转运司，几倍本路实价。转运司米虽至，而出限一日辄不得充数。江湖诸路，自来皆系出米地分，而难得见钱。旧日官岁籴米，钱散于民，故农不大伤，无钱荒之弊。今发运司以所籴米代供，而责钱于诸路。诸路米无所售，而敛钱以偿发运司，则钱日益荒，而农民最病。此东南之大患也。③

可见如果某年诸路漕运米粮未能如数递解至发运司，则阙额部分并不由转般仓已贮存的往年上供米弥补，而是由旧存和新购的"和籴米"暂代。因此发运司转般仓贮存如此规模的"上供米"，事实上已归属中央财政，即便并未起发上京，但亦不能随意挪作他用。

再举一例言之。真宗时发运使李溥曾言："江、淮廪粟，除留州约支及三年外，当上供者凡一千三百余万石，每岁水运止及五百万，今岁当及七百万，望少损其数。"④这里"当上供"的1300万石米粮，未见在其他年份出现，显然不是每年诸州送至发运司的米粮或发运司递解京师的定额上供，而是宋朝对"江淮仓廪"所藏米粮的一次性划刷。问题是：何以北

---

① 《宋史》卷一七五《漕运》，第 4257 页。
② 李晓认为，和籴、代发漕粮并非发运司天然具备的职能，乃是伴随着转运司地方化，于北宋中期才成为稳定的制度。参见《宋朝江淮荆浙发运司的购买职能》，《中国社会经济史研究》2004 年第 2 期。
③ 〔宋〕苏辙：《苏辙集》卷三七《论发运司以籴籴米代诸路上供状》，中华书局 1990 年版，第 656—657 页。
④ 《长编》卷七一"大中祥符二年四月壬辰"条，第 1601 页。

宋前期发运司要在淮南四州贮存高达1300万石之巨的上供米粮，既不让其就地发挥效用，亦不将其全数征调上京？况且以淮南较北方更为湿热的气候，本就不适宜米粮的大规模贮存。[①]何以发运司长官李溥明确表示在600万石上下的定额上供之外，难以再将朝廷指定划刷的这批1300万石"江淮廪粟"通过运河递解至京师？在此起到限定作用的，应主要是运河通航能力的不足，即运河船闸难以频繁开启以使更多船只通过。在改堰为闸之前，则表现为单位时间内难以使更多的船只越堰。

综上所述，由于东南诸路只有少量上供粮可留存本路，那么三司制定漕粮年额时，"宽恤民力"本不在考量范围之内。另一方面，纵然600万石的漕运年额大抵能应付京师所需，符合"量出为入"的原则，而北宋前期在四州转般仓贮存如此巨额的上供米粮，则显然超出了这个必要。如果从四州转般仓一度高达2400万石、1300万石的巨额贮存和600万石的漕运年额出发，结合730万石的运河最大货运估计值，重新反思北宋漕运年额的制定原则，笔者倾向于认为：景德三年漕粮600万石的立额原则，其直接依据尽管是此前十年的"上供均数"，但这个"上供均数"却是北宋在当时历史条件下倾尽其调拨能力，尽最大可能利用运河通航能力所能达到的货运量。景德定额本质上是北宋中央层级的财政调拨机构三司、发运司向地方层级的转运司、州军此前十年乃至数十年不断增加征调的制度化和固定化。[②]王安石所云"货入空外府，租输陈太仓。东南一百年，寡老无

---

① 南方贮积米粮过多时，地方政府往往选择出粜仓米，以防仓米朽坏。如神宗时司马光上札子乞丰熟州县和籴常平米的同时，又单独强调："其南方及川界卑湿之地，有斛斗难以久贮者，即委提点刑狱相度逐州县合销数目，抛降收籴。才候将来市物货价比元籴价稍增，即行出粜，不得令积压损坏。"参见〔宋〕赵汝愚编：《宋朝诸臣奏议》卷一〇七《上哲宗乞趁时收籴常平斛斗》，上海古籍出版社1999年版，第1156页。

② 包伟民在《宋代地方财政史研究》（中国人民大学出版社2011年版，第232页）一书中提出"阶层性集权概念"，认为集权体制下上级对下级资源的侵夺、独占，这会造成上级部门对资源的浪费，以及下层部门的困窘。北宋漕粮定额的案例，印证了这一点。所谓"上级部门对资源的浪费"，很大程度上是在财政物资由下级调拨至上级的过程当中，即在物资运输过程中发生。

残粮"，①蔡襄所云"岁输六百万，江湖极收敛……或谓取太多，六路有丰俭。期间一不熟，饥殍谁能掩"，②反映的正是这个局面。由于通航能力限制，六路漕粮无法全数上京，但即便如此，朝廷也不允许六路转运司、州军染指扣留，而是退而求其次，于发运司四州转般仓就地封桩贮存。淮南设转般仓，既有调节各路丰歉、适配转般法的考量，也是运河存在通航瓶颈，无法保障东南上供斛斗全数上京的产物。其中贮存的巨额米粮本质上仍属于中央财计，是中央极尽聚敛的结果。只是再将这部分上供粮运至京师，就受制于运河的通航能力了，国家既无这个调拨能力，亦没有强烈的需要，因此索性将这些征调上来的"民脂民膏"暂时贮存在距离京师稍远的淮南罢了。需要指出，北宋前期发运司贮藏巨额上供米粮仅为当时东南地方财政宽裕而昙花一现的"盛况"，这种境况至北宋中后期则已转变为诸路上供经常性的阙额，部分上供米改折轻货，发运司仓储乃至籴本的耗尽。但上述转变则与"北宋汴河600万石漕粮定额的制定取决并受制于运河的通航能力"这个结论无关，后者并不因这一转变的存在而动摇。

四、漕运增长瓶颈

汴河漕运600万石的年额，大抵是北宋倾尽其财政调拨能力所能够达到的货运量。因此自景德三年制定汴河漕粮定额，"其后或增或减，然其大约以景德所定岁额为准"，即在600万石年额上下浮动而不能再大幅增长，并非是受定额制度的限制，而主要是受运河通航能力的制约，陷入了瓶颈。

首先需要指出，早在真宗大中祥符时，漕运米粮曾达到700万石，《宋会要辑稿》称此为国朝"最登之数"。③也就是说早在北宋前期漕运量就已达到历史最高水平，增长陷入瓶颈。此外，这一数字超出景德定额多

---

① 〔宋〕王安石：《临川先生文集》卷四〇《和吴御史汴渠》，《宋集珍本丛刊》第13册，线装书局2004年版，第224页。

② 《莆阳居士蔡公文集》卷三《泗州登马子山观漕亭》，第14页a。

③ 《宋会要辑稿》食货四六之一，第7029页。

达100万石，表明尽管景德定额号称"永为定制"，但并不意味着此后漕粮实上供数受这一定额拘束而不再增长。事实上此后多有超额完成上供的案例。韩桂华《宋代纲运研究》表15《北宋时期汴河漕米岁额表》较为全面地收集了汴河岁入额的有关记载，[1]笔者据该表，将大中祥符之后北宋漕运超额完成且有确切年份的记载编年陈列如下：

1. ［天禧五年］十月，诏奖淮南江浙荆湖发运使周湛，以其自春至冬，运上供米凡六百余万硕故也。[2]

2. ［熙宁三年五月壬子］江、淮等路发运使薛向言："上供米六百二十万石，见已装发，其召募客纲所运二十六万余石入京已过元额，乞理充来年岁计之数。"从之。[3]

3. ［元丰六年闰六月乙未］赐江、淮等路发运副使蒋之奇紫章服。运司岁漕谷六百二十万石，之奇领漕事，以五月至京师，于是入觐，上劳问备至，面赐之。[4]

4. （政和五年，1115）十二月二十六日，发运副使赵霈奏："臣今年督促起运六路直达额斛六百二十万，并已数足外，剩般四十七万八千余石；及催促九路上供钱帛等，比去年亦增五十八万五千余匹两；兼催发六路茶盐钞引，各得增美。委是本司官协力干办，伏望特与推恩。"[5]

5. ［政和七年］九月二十一日，制置发运使任谅奏："奉诏：江淮等六路上供额斛，今岁除本色外，泛籴之数多于常年……措画漕运，六月终已般入汴，计四百六十五万四千一百二十六石，欲乞优与

---

[1] 韩桂华：《宋代纲运研究》，第110—112页。按：该表某些数据对文献记载存在误读，如政和七年（1117）"六百七十二万六千四百余石"，实际为"两年合起上供额斛"。参见《宋会要辑稿》职官四二之三四，第4088页。另有一些记载不足信，说详其后。

[2] 《宋会要辑稿》食货四二之七，第6944页。

[3] 《长编》卷二一一"熙宁三年五月壬子"条，第5137页。

[4] 《长编》卷三三六"元丰六年闰六月乙未"条，第8102页。

[5] 《宋会要辑稿》职官四二之三八，第4090页。

旌赏。"诏任谅令学士院降敕书奖谕，六路漕司官各转一官，仍仰任
谅具合赏人职位、姓名闻奏。①

可见自景德立额以后，不论导洛通汴工程前后，不论转般法施行时期还是
施行直达法的宋徽宗时期，漕粮都有超额完成的情况，但并没有溢出定额
过多。且如果将耗米纳入统计口径，这些年份的上供并未超越 620 万石的
额度。换句话说，即便导洛通汴工程完成、直达法实施，运河的通航能力
也并没有显著的改善。另一方面，以上记载具有较高的同质性，即发运司
负责官员超额完成上供后受到中央奖励，说明上供足额乃至超额并不容易
达成。值得一提的是，第五条所述政和七年（1117）上半年漕运 465 万石
米粮，恐怕不是正常的漕运行为：当年五月、七月，北宋先后诏令起发花
石纲和置提举人船所以保障花石纲运输，②上半年米粮的超额完成，恐是
为了保障下半年花石纲完成而进行的"抢运行为"。徽宗时期运河船闸为
"应奉权幸"而"启闭不暇"，正是为确保更多船只过闸而采取的非常措
施，其结果也只能是解一时之急，最终导致"走泄河水，妨滞纲运"。从
这里也可看出，北宋时期一些年份超额完成漕运，是以船闸频繁开启，走
泄河水为代价，难以长久维持。

以上记载之外，还有一些溢出年额过多的记载，甚至超过了 730 万石
的运河通航能力，因此有必要专门进行讨论：

1.发运司占隶三司军将，分部漕船，旧皆由三司吏自遣，受赇不
平，或数得诣富饶郡，因以商贩，贫者至不能堪其役。［赵］贺乃籍
诸州物产厚薄，分剧易为三等，视其功过自裁定，由是吏巧不得施。
是岁，漕米溢常额一百七十万。（原文注：石塘路成，使以下皆赐奖
谕敕书，事在二年四月，今附见于此。《张纶传》云疏五渠，导太湖

① 《宋会要辑稿》职官四二之三八至三九，第 4091 页。
② 〔宋〕杨仲良：《皇宋通鉴长编纪事本末》卷一三八《花石纲》，黑龙江人民出版社 2006 年版，
第 2163—2164 页。

入于海，复租米六十万，与《赵贺传》稍不同。本志又云贺同内侍张
永和为此役。今止从贺传。）①

2.公（笔者注：张荩）至部，始请下发运舟以补诸路之缺。舟既
出，而民盐稍得至于湖湘之间。公复为之谨盐政，峻治吏，禁弗称
者。久之，奸盐不出，而岁漕大至，几七百万斛。②

3.（笔者注：薛向）改尚书户部员外郎、淮南转运使、江淮制置
发运使，开扬州河，废其三堰，以便漕船，岁以八百万石食京师，其
后罕及其多。③

4.（笔者注：孙长卿）提点益州路刑狱，历开封盐铁判官、江东
淮南河北转运使、江浙荆淮发运使。岁漕米至八百万，或疑其多，长
卿曰："吾非欲事羡赢，以备饥岁尔。"④

5.元丰六年，（笔者注：蒋之奇）漕粟至京，比常岁溢六百二十
万石。⑤

以上所载漕米上供量，少者"几七百万""溢常额一百七十万"，多者竟达
800万石乃至"溢六百二十万石"。800万石也被一些学者认为是北宋一朝
乃至整个中国古代漕运上供米粮的最高值。⑥因此有必要从客观技术条件
和文本性质两方面，对本文的推定进行检验：

大幅提高淮南运河的通航能力，需从增加单位船只运量和单位时间通
行船只量两方面入手，但二者需以通航条件的改造（如拓宽、清淤、保障
蓄水、废除闸堰）为前提。北宋一代对淮南运河的改造，止于改堰为闸和
采行直达，这两者的作用在于降低漕运的经济成本。淮南运河以闸代堰而

① 《长编》卷一〇一"天圣元年闰九月丁未"条并附注，第2337页。

② 〔宋〕沈括：《沈氏三先生文集·长兴集》卷二九《故朝散大夫右谏议大夫知应天府兼南京留
守司公事畿内劝农使上护军清河县开国男食邑三百户赐紫金鱼袋张君墓志铭》，国家图书馆出
版社2013年版。

③ 《欧阳修全集》卷二六《资政殿学士尚书户部侍郎简肃薛公墓志铭》，第402页。

④ 《宋史》卷三三一《孙长卿传》，第10642页。

⑤ 《宋史》卷三四三《蒋之奇传》，第10916页。

⑥ 陈峰：《略论漕运与北宋的集权统治》，《历史教学》1986年第10期。

无法彻底打通，被迫维持"三日一启"的原则，正是由于当时的技术条件无法根本解决淮南运河的蓄水问题。水源不足，即便拓宽、清淤也无法令大船畅行；增加开闸频率，尽管能短暂增加船只过闸量，然河水一旦走泄殆尽，后续船只亦将阻滞。淮南运河水源匮乏，储水不易，在北宋时期始终未能得到改善，这是运河通航能力可以短暂冲高，却难以长久维持的根本原因，也始终是近代以前大运河通航的一大瓶颈。

从文本性质看，上引材料亦有缺陷：首先，它们均属碑志材料。第二则出自沈括《张蒭墓志铭》，第三则出自欧阳修《薛向墓志铭》，第四则《宋史·孙长卿传》本自《两朝国史》，第五则《宋史·蒋之奇传》本自《四朝国史》，没有疑义。第一则尽管出自《长编》，且有明确系年，但附注明言此条本自"赵贺传"，应即《两朝国史·赵贺传》，今本《宋史·赵贺传》作"贺乃籍诸州物产厚薄，分剧易为三等，视其功过自裁定，由是吏巧不得施，岁漕米溢常数一百七十万"。[①]可确证。碑志材料夸饰志主，本是常事，应审慎解读。其次，前四则记载并无明确纪年，[②]如薛向"岁以八百万石食京师"，反似是志主在任期间的常态，但长期达到"八百万石"，与《会要》所载七百万"最登之数"相矛盾，[③]更是无视自然条件对运河通航能力的限制。两相比较，直接取自当时政务文书的《会要》更具参考性。再者，以上记载均属孤证，缺乏其他文献对应支持，上文引漕米稍溢出常额，朝廷即有奖励，而800万石超常额远甚，如此政绩反而不见志主受到相应褒赏的记载。即如第五则蒋之奇一例与《长编》恰可互参，而前者为"溢"620万石，后者只是"漕"620万石，可谓文本修饰的典型。有此一例，则其他四条的可靠性也要打上折扣。

综上所述，笔者认为应将当时技术条件的不足同碑志文本的缺陷结合：在淮南运河通航条件未有显著改善的大前提下，运河船闸开启频率、

① 《宋史》卷三〇一《赵贺传》，第10000页。
② 第一则《长编》引《赵贺传》，将此段系于天圣元年，但《赵贺传》原文并未载纪年。
③ 两宋时期曾多次修纂《会要》，因此这里的"最登之数"是有时间下限的。但今本《宋会要辑稿》尚未见有漕运米粮超过700万石之记载。

通过船只量和船只载重的限制，难以支撑800万石之巨的漕粮过闸北运。要么是这"八百万石"采取了不计成本的极端方式（如陆运转般过淮），要么这"八百万石"根本是碑传作者对志主的夸饰，难以取信。总之由于客观限制始终存在，纯粹由运河漕运的上供斛斗基本无可能达到这一规模，北宋年漕运量的最高值，选取大中祥符初七百万石的"最登之数"作为标准，或更稳妥。

如果说漕运上供米粮足额甚至超额，是一件值得褒赠官员，足以载入史册的"盛事"的话，那么漕运不足额则可说是北宋一朝的"常态"。早在真宗后期，上京斛斗就已"多不及元定额数"。①至神宗熙宁七年（1074），"江淮上供谷至京师者三分不及一"。②熙宁十年，"发运司未运上供粮三百五十余万石"。③哲宗元祐六年（1091），"止运四百五十余万石，而欠折之多，约至三十余万石"。④绍圣元年（1094）时，"上供物数十无二三到者，而汴流今已闭口"。⑤至徽宗大观、政和间，"发运司两年合起上供额斛六百七十二万六千四百余石未到"。⑥漕运不足额的事例，可谓贯穿北宋一朝始终，而其中阙额时常高达年定额的一半甚至三分之二。漕运不足额，与诸多自然、人为因素有关。概而言之，自然因素，如河道淤塞、水旱无常、天灾歉收、纲船沉失等；人为因素，如转运司上供不足、上供折纳他物、借调他路、发运司催督不善、搬运装卸过程中的贪墨、纲船调作他用等，相关讨论已详。⑦

在众多影响因素中，比较值得注意的是运河各类航船过多造成的行船壅塞。景德三年立额表明北宋前期运河实际货运量即已逼近其通航能力的上限。北宋时汴河沿线及东南长期保持稳定，社会经济持续发展，人口持

---

① 《宋会要辑稿》食货四六之八，第7036页。
② 《宋史》卷一七五《食货上三》，第4254页。
③ 《长编》卷二八三"熙宁十年七月"条，第6932页。
④ 《苏轼文集》卷三四《论纲梢欠折利害状》，第975页。
⑤ 《皇宋通鉴长编纪事本末》卷一一二《导洛（广武埽附）》，第1977页。
⑥ 《宋会要辑稿》职官四二之三四，第4088—4089页。
⑦ 参见粘振和：《北宋汴河的利用与管理》，第77—102页。

续增加，但运河通航能力未能有根本改善。由于汴河开封至泗州段为线状航道，无其他通路可以分流，这就意味着漕运对运河航道的占用越来越逼近其极限，既有船只通航只会更受阻滞。真宗时提举纲运谢德权言："汴水公私舟船多有阻滞，盖形势船舫在岸高设樯竿，他船不可过也。"①仁宗至和时曾计划沿汴河设置水递铺，传递往来公文，但因担心"壅遏住滞纲运"而告夭折。②神宗时漕运也常"遇春运拥并"。③徽宗政和四年（1114），两浙转运司言："纲运自北入瓜州闸，并系空纲，镇江府江口放重纲出江之时，望瓜州上口要入，往往被空纲迎头相碍。"④又蔡绦曾记下淮河口小龙"翻江倒海"的故事，当时淮汴交汇处的"汴口所积舟不问官私舟柂与士大夫家所座船七百只"都受到毁损，⑤也反映出运河漕运阻滞之景况。以上足见北宋一朝，汴河航运始终处于相当饱和，勉强维持漕运的状态。

运河沿线库务受纳不及时、商税务阻截抽税，更加剧了行船壅塞。因为漕船以30只船一纲为单位统一行进，"一船点检，即二十九只船皆须住岸伺候"。⑥如果一纲滞留过久，又会影响其他纲的行进，造成航道连锁性阻滞。宋太宗时"省司乘南来运船，于力胜外别附皮革杂用之物至京，而掌库者不时受纳"，以致"舟船数十纲到京，卸毕，月余不能离岸"。⑦仁宗天圣时，商税务严查漕船夹带之私货，船只遭"点检发遣，多是住滞，深见妨滞行运"。有鉴于此，北宋乃"严戒沿江河州军商税务，自今纲运经过，如敢住滞，并乞勘罪断遣。仍据住滞日分虚食请受摊陪，监官亦勘罪行遣"。⑧但至皇祐三年（1051），朝廷又"诏缘汴河商税务毋得苟留公

① 《宋会要辑稿》食货四二之三，第6940页。
② 〔宋〕赵抃：《赵清献公文集》卷六《奏状论置水递铺不便》，《宋集珍本丛刊》第6册，线装书局2004年版，第757页。
③ 《长编》卷二五七"熙宁七年十月壬辰"条，第6281页。
④ 《宋会要辑稿》食货四三之八，第6969页。
⑤ 〔宋〕蔡绦：《铁围山丛谈》卷六，中华书局1983年版，第113页。
⑥ 〔宋〕苏轼撰，茅维编：《苏轼文集》卷三四《论纲梢欠折利害状》，第975页。
⑦ 《宋会要辑稿》食货四二之一，第6937页。
⑧ 《宋会要辑稿》食货四二之九，第6947页。

私舟船"。①尽管中央三令五申，但显然运河沿线商税务为保障税收，阻截漕船的事例仍时有发生，对运河航运效率的负面影响可想而知。

综上所述，随着北宋中期改堰为闸的实现，主管运河漕计的机构——发运司为保障运河蓄水，对淮南运河船闸的开闭制定了配套原则：一般情况下，船闸定时三日一启，以保障蓄水；如航道繁忙，三日内候闸船只超过一百艘时，船闸也相应开启，以保障航道畅通。综合三日开闸（船只不足百艘）的常规情况和不足三日即开闸（船只超过百艘）的特殊情况看，淮南运河的船只过闸频率大体为三日一百艘，再依据运河全年仅有三分之二时间通航及适航船只货运量不足600料来计算年货运量上限，结果大抵应为730万石。这就为我们进一步考察漕运、物资在运河中的比重及其相互关系，提供了必要的数据支持。

漕运上供米粮是运河运输物资的最主要内容，上供规模在短短三十年间，就由国初的数十万石剧增至600万石。景德三年（1006），北宋确立了汴河六百万石的上供年额，这一数字仅为东南诸路全部应上供额的其中部分，一度仅为真、扬、楚、泗四州转般仓贮存米粮的四分之一。600万石年额之外的米粮划刷，发运司即难以实现。因此这一定额的原则应并非出自京师需求或惠民考量，而主要是受运河通航能力的限制，600万石已是北宋倾尽其财政调拨能力所能达到的极限。北宋汴河漕运景德三年定额后难以再向上突破，主要是600万石的定额设置过高，以致逼近运河的通航能力上限。概言之，淮南运河上的诸船闸很难为了更多船次过闸而提高开启频率，是运河通航能力提升的瓶颈。在运河通航能力难有大幅改善的背景下，汴河、淮南运河航运的日益饱和，沿线诸司库务、商税务的阻截，又反过来阻滞了通航效率。因此一旦遭遇天灾人祸等意外，漕运部门更难以通过途径保障漕粮足额上京，缺口达一半甚至三分之二，也就不足为怪了。

（原载《中国经济史研究》2020年第5期）

---

① 《宋会要辑稿》方域一六之六，第9590页。

后　记

　　随着新史观、新文化观和社会科学理论及概念对东方史学之影响，以及"交通"对译西词被普遍接受，自20世纪初起，具有近代意义的交通史便成为中国正史修撰及历史研究中颇受重视的门类之一，记录和研究电报、邮传、道路、运输等历史内容。从历年之研究状况来看，中国古代交通史的内容主要包括陆路交通、驿传制度、内河航运与海上交通四个方面。因交通问题直接关涉王朝一统等政治、军事问题，且于统一时代（包括宋朝之局部统一）记述较多，故以对秦、汉、唐、宋、元、明、清时期之研究居多。宋朝之疆域虽无法与汉、唐、元、明、清诸代相比，但交通史资料却非常丰富，故研究成果亦甚为突出。中外学者以近代史学方法对宋代交通史进行研究，已有百余年的历史。迄今为止，所见研究宋代交通史之专著有八种，涉及宋代交通史内容之重要著作二十余种，论文近三百篇，内容涉及诸多方面。故选取若干篇论文反映有宋一代交通之概貌，殊为不易。有鉴于此，本集着重于宋代交通史研究中最为基本的水陆路交通问题，选择相关最为密切的路线、港口、漕运、驿传及信息沟通等议题的研究论文十三篇，分为陆路与水路两编，以呈现宋代交通的大致情形。所选论文的作者既有开创宋代交通史研究的前辈，亦有时下正呈锐气的青年学者，体现老中青代际兼顾之想法；所选论文，主要考虑议题与研究方法的原创性，属于原创，虽有微瑕，却能反映一时期之学术认知及学者之魅力，便优先选入。后来者虽有进一步提升与增美，限于篇幅，亦只能割爱。

　　所选论文中，有的年月久远，且作者已经作古，原文没有电子版，文字需要重新录入。又，当年的注释格式和所用古籍版本，亦与时下通行不同。为适应当下出版要求，必须依照新的注释格式重新调整，亦有的须使用新的古籍版本。这些工作都是由中山大学历史学系研究生蔡欣彤同学（即将入读研究生）代为完成。校样出来后，又由蔡欣彤帮忙校对，在此深表感谢！还要非常感谢慷慨同意论文转载的作者们，和丛书总主编包伟民先生及责任编辑李信先生。

本书文章选编仓促，有不少好的文章未能选入，选入的文章在录文及编排中亦定有不少失当和错误，请学界师友及广大读者们批评指正。

曹家齐

2024年9月6日于中山大学永芳堂